国家社会科学基金项目成果

数字时代信息资源管理丛书

丛书主编◎刘越男

生态系统视角下我国数字档案馆建设战略研究

刘越男 等 著

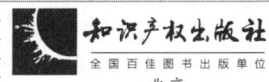

全国百佳图书出版单位

—北京—

图书在版编目（CIP）数据

生态系统视角下我国数字档案馆建设战略研究/刘越男等著. —北京：知识产权出版社，2024.5
ISBN 978-7-5130-9215-9

Ⅰ.①生… Ⅱ.①刘… Ⅲ.①数字技术—应用—档案馆—建设—研究—中国 Ⅳ.①G279.2

中国国家版本馆 CIP 数据核字（2024）第 029855 号

内容提要

本书基于生态系统视角，从外部动态因素对数字档案馆建设关键问题的切实影响入手，以内部变革作为应对外部变化的根本，探讨我国数字档案馆在建设和发展中的一系列问题，旨在引导我国数字档案馆建设朝着更为健康和理性的道路发展，为多元环境下的数字档案馆发展提供新的平台和基点，不仅从战略上统筹数字档案馆建设，而且涉及档案事业在多领域的推进与发展。

策划编辑：王玉茂	责任校对：潘凤越
责任编辑：章鹿野	责任印制：刘译文
封面设计：杨杨工作室·张冀	

生态系统视角下我国数字档案馆建设战略研究

刘越男　等著

出版发行：知识产权出版社有限责任公司	网　　址：http://www.ipph.cn
社　　址：北京市海淀区气象路 50 号院	邮　　编：100081
责编电话：010-82000860 转 8338	责编邮箱：zhluye@126.com
发行电话：010-82000860 转 8101/8102	发行传真：010-82000893/82005070/82000270
印　　刷：三河市国英印务有限公司	经　　销：新华书店、各大网上书店及相关专业书店
开　　本：787mm×1092mm　1/16	印　　张：19
版　　次：2024 年 5 月第 1 版	印　　次：2024 年 5 月第 1 次印刷
字　　数：374 千字	定　　价：106.00 元

ISBN 978-7-5130-9215-9

出版权专有　侵权必究
如有印装质量问题，本社负责调换。

丛书编委会

主　编　刘越男

编　委　（按姓氏笔画排序）
　　　　王英玮　卢小宾　冯惠玲　安小米
　　　　张　斌　张美芳　周晓英　索传军
　　　　贾君枝　梁继红

前　言

　　档案作为兼具凭证性和记忆性的独特资源，自古以来就是国家治理和文化传承的主角。随着数字化转型的深入，数据资源的激增和价值的挖掘正在推动社会生产方式、生活方式和治理方式的变革。在这场数据充当主角的巨变中，数字档案资源的价值也在不断被激发，数字时代守护档案及其价值的专业体系——数字档案馆建设日益引发专业关注，制定整体性、方向性的战略决策更是至关重要。

　　毋庸置疑，与传统档案馆相比，数字档案馆所处的时空环境正在发生深刻的变革。从时间维度来看，信息技术的飞速发展将人类社会拉进数字时代，数字档案馆是传统档案馆在数字时代的发展，正是这样的时间变化将数字档案馆建设牵拉进前所未有的复杂空间中。从空间维度来看，数字档案馆不再像传统档案馆成为业务信息唯一的最终归宿地，而是众多数据管理者中的一员，与数据局、大数据中心、第三方服务平台等共同构成数字中国可持续发展的基础性数据设施，这些数据管理者既有隐性的竞争又可互补合作，这意味着其面临的政策、技术、管理环境更加错综复杂。生态共进是数字档案馆建设的唯一选择。

　　因此，引入生态系统的研究视角并非照猫画虎的学术模仿，而是数字档案馆建设的客观要求。诚然，从1935年生态系统概念提出至今已有80余年，其研究视角从自然科学领域延伸，并引用到多个社会与经济的复杂生态系统，这为本书的撰写提供了扎实的理论基础和研究借鉴。本书将广泛互联、技术赋能、共生协同、动态演进的生态系统研究视角应用在两个方面：一方面，由外而内，即从外部动态因素对数字档案馆建设关键问题的切实影响入手；另一方面，由内而外，即以内部变革作为应对外部变化的根本，把握我国数字档案馆建设的战略方向，探讨数字档案馆当下和未来发展的联通之路。

　　数字中国无疑是我国数字档案馆建设所处的巨型生态系统，著者认为，数字档案馆在数字中国生态系统中的基本定位就是由档案专业力量领衔的数据保存和服务方。数字档案馆的生命力就在于其随着数字时代不断发展的档案专业的生命力。面对数据资源、数据技术、数据主体和数据政策等生态因子的影响，数字档案馆需要在资源布局（体制机制）、业务变革、系统建设等方面全方位加强能力建设，并夯实法规制度和审核评估两种保障。

依照上述研究思路，本书共分为以下9个章节。

第1章"研究视角转换——生态系统视角下我国数字档案馆建设战略的研究框架"是导论，在分析我国数字档案馆建设的现状和问题的基础上，阐释生态系统研究视角的内涵，分析影响数字档案馆建设战略的生态因子，构建数字档案馆建设战略研究框架，为后续研究奠定基础。

第2章"共治机制创新——协同治理理念下我国数字档案馆网建设规划"着眼体制机制问题，从我国数字档案资源和管理机构的现状出发，明确数字档案资源建设和管理面临的主要挑战、数字档案管理思维转型的需求和管理机制转变的现实，从协同治理视角设计数字档案馆网规划思路和馆网建设机制。

第3章、第4章和第5章着眼档案业务变革，依次聚焦"大数据环境下档案鉴定方法的挑战与战略性变革""数据资产视角下档案组织方法的挑战与战略性变革""数字档案长期保存的挑战与方法体系构建"，着重讨论人工智能技术在档案价值鉴定中的可能应用，提出档案资源组织变革的新思路和新方法，构建技术策略和技术工具相互配套的长期保存方法体系。

第6章"系统建设变革——云计算环境下的数字档案馆系统建设及风险控制"没有一般性地阐述数字档案馆系统的功能或标准，而是瞄准云计算环境对档案信息管理系统的重要影响，阐述云数字档案馆的建设模式、关键瓶颈和推进策略。

第7章和第8章则从法规保障、评测保障两个方面，分别阐述"数据权益均衡——数字档案馆资源共享利用中的权责规制""能力建设评价——数字档案馆的综合评估与系统测试"，探索数字档案馆生态系统各利益相关方权责均衡的法理设计，探讨数字档案馆成熟度模型和数字档案馆系统测试工作整合的可能性。

第9章"技术赋能——我国档案数据中心发展与建设"为发展展望篇章，档案数据中心代表数字档案馆发展未来的新形式，需要探讨档案数据中心的内涵与特征、目标和定位、关键技术、整体框架及其实现路径和方法。

全书内容由刘越男设计并统稿。第1章由刘越男执笔，第2章由王宁执笔，第3章由杨建梁执笔，第4章由祁天娇执笔，第5章由钱毅、刘越男、郑悦执笔，第6章由何思源执笔，第7章由冯天予执笔，第8章由钱毅、何思源、刘珂凡执笔，第9章由梁凯执笔。此外，崔浩男、安新宇、张玉洁、王灿、李雪彤、张慧琳、张洋洋、尧胜男、时红花、嘎拉森、戴柏清、姚静等同学参与本书部分章节的资料收集和整理工作。

本书在国家社会科学基金项目成果的基础上加工而成。本书得以出版，要感谢全国哲学社会科学工作办公室对项目研究的大力支持,感谢知识产权出版社编辑老师专业、细致、高效的工作,更要感谢这些年参与项目研究、与我同向而行的同道之人,尤其是拥有敏锐视角的年轻学子,本书记载着我们同行的思考,有困惑,有忐忑,有反复,亦有乐观,更有坚定。

  数字档案馆建设折射出整个档案专业和事业的数字化转型之路,按照生态系统的观念,本书完成之时数字档案馆生态系统已然改变,遑论其中不少问题本书尚未及深入,面对数据时代大潮,本书不过沧海一粟。对于其中疏漏甚至错误之处,恳望专家和广大读者批评指正。

2023 年 10 月 6 日

目　　录

第1章　研究视角转换——生态系统视角下我国数字档案馆建设战略的研究框架 / 001

1.1　数字档案馆建设战略与数字档案馆生态系统相关概念 / 001
1.1.1　数字档案馆 / 001
1.1.2　数字档案馆系统 / 002
1.1.3　数字档案馆建设战略 / 002
1.1.4　生态系统 / 003
1.1.5　信息生态系统 / 004
1.1.6　数字档案馆生态系统 / 004

1.2　数字档案馆建设战略的生态系统研究视角 / 005
1.2.1　广泛互联 / 005
1.2.2　技术赋能 / 006
1.2.3　共生协同 / 008
1.2.4　动态演进 / 009

1.3　我国数字档案馆建设的现状 / 011
1.3.1　数字档案馆建设已经全面铺开 / 011
1.3.2　数字档案馆建设类型和模式不断丰富 / 012
1.3.3　原生性电子档案移交接收推进相对缓慢 / 014
1.3.4　数字档案长期保存仍是核心难题之一 / 015
1.3.5　数据化、知识化、智能化成为当代数字档案馆建设重点 / 017

1.4　影响数字档案馆建设战略的重要生态因子 / 018
1.4.1　数据资源 / 018
1.4.2　数据技术 / 020
1.4.3　数据主体 / 020
1.4.4　数据政策 / 023

1.5 生态系统视角下数字档案馆的定位 / 028
    1.5.1 历史业务数据的最终维护者 / 028
    1.5.2 记忆信息资产的专业管护者 / 029
    1.5.3 活态数字文化的自觉传播者 / 030

1.6 数字档案馆建设战略研究框架 / 030
    1.6.1 研究框架的构成 / 030
    1.6.2 重点研究的战略性问题 / 031

第2章 共治机制创新——协同治理理念下我国数字档案馆网建设规划 / 034

2.1 我国数字档案资源管理面临的挑战 / 034
    2.1.1 新技术环境下数字档案资源分布呈现新趋势 / 034
    2.1.2 资源分布与集中管控要求之间存在冲突 / 038
    2.1.3 技术和管理能力与资源管理需求不匹配 / 040
    2.1.4 数字档案馆建设基础亟待夯实 / 042

2.2 基于数字连续性的数字档案管控思维创新要求 / 043
    2.2.1 管理连续性 / 043
    2.2.2 系统连续性 / 044
    2.2.3 机构连续性 / 044
    2.2.4 利用连续性 / 045

2.3 我国数字档案馆建设的新生态机制 / 046
    2.3.1 数据监管主体 / 047
    2.3.2 资源形成主体 / 048
    2.3.3 数据管理共生主体 / 049
    2.3.4 资源利用主体 / 051
    2.3.5 支撑服务主体 / 052

2.4 基于数字档案资源现状的数字档案馆网规划设计 / 053
    2.4.1 数字档案馆网集中统一建设模式 / 053
    2.4.2 数字档案馆自建模式 / 055
    2.4.3 第三方数字档案馆支撑服务模式 / 056
    2.4.4 建立广泛互联的全国数字档案馆网络 / 057

2.5 基于协同共治的数字档案馆网建设机制 / 059
    2.5.1 坚持档案主管部门统筹规划建设与监管 / 060
    2.5.2 以协商立规为基础开展馆际合作建设 / 061

2.5.3 以资源共享为目标建立馆际战略合作 / 062
2.5.4 建立数字档案馆网建设的全面保障机制 / 064

第 3 章 档案业务变革（一）——大数据环境下档案鉴定方法的挑战与战略性变革 / 067

3.1 数字档案馆档案鉴定的内涵与挑战 / 067
    3.1.1 数字档案馆档案鉴定业务的界定 / 067
    3.1.2 挑战1：鉴定规则不清晰 / 068
    3.1.3 挑战2：人工鉴定效率低 / 069
    3.1.4 挑战3：鉴定必要性存疑 / 071

3.2 鉴定相关的大数据技术 / 072
    3.2.1 大数据技术的内涵与意义 / 072
    3.2.2 档案鉴定与大数据的关系 / 073
    3.2.3 档案鉴定的关键大数据技术 / 075

3.3 大数据环境下档案鉴定的理念变革 / 077
    3.3.1 从被动管护到主动参与 / 077
    3.3.2 从人工为主到人机共治 / 078
    3.3.3 从鉴定方法到鉴定算法 / 079

3.4 大数据环境下档案鉴定的方法变革 / 080
    3.4.1 基于价值规则的鉴定方法 / 080
    3.4.2 基于机器学习的鉴定方法 / 081
    3.4.3 融合知识图谱的鉴定方法 / 083

3.5 鉴定方法变革的先行案例 / 085
    3.5.1 机器智能：澳大利亚新南威尔士州档案与文件局机器鉴定项目 / 085
    3.5.2 知识融合：中国人民大学数字文书档案智能保管期限划分实验项目 / 088

3.6 面向档案鉴定业务变革的数字档案馆发展战略 / 091
    3.6.1 规范鉴定标准，构建标准化鉴定规则 / 091
    3.6.2 更新鉴定机制，推动鉴定智能化转型 / 092
    3.6.3 健全法律法规，明确鉴定边界和权责 / 092
    3.6.4 加强人才建设，培养新一代鉴定专家 / 093

第 4 章 档案业务变革（二）——数据资产视角下档案组织方法的挑战与战略性变革 / 094

4.1 数据资产视角下档案组织的困境与挑战 / 094

4.1.1 数据时代的转型要求 / 094
4.1.2 档案组织的历史沿革 / 096
4.1.3 档案组织面临的挑战与困境 / 099

4.2 数据资产视角下资源组织的新思路 / 101
4.2.1 数据组织的内涵与意义 / 101
4.2.2 数据网络中的语义思维 / 102
4.2.3 基于语义技术的数据组织 / 103

4.3 数据资产视角下档案组织的理念变革 / 104
4.3.1 从面向信息服务的组织到面向知识服务的组织 / 104
4.3.2 从隐式语义组织到显式语义组织 / 105
4.3.3 从线性组织到关联组织 / 107
4.3.4 从填表式组织到建模式组织 / 108

4.4 数据资产视角下档案组织的方法变革 / 110
4.4.1 档案著录方法的变革 / 110
4.4.2 档案标注方法的变革 / 113
4.4.3 档案关联方法的变革 / 115

4.5 数据资产视角下档案组织的先行案例 / 116
4.5.1 基于融合的联通电子档案语义组织 / 116
4.5.2 基于本体的芬兰的国家级语义集体记忆 / 120

4.6 数据资产视角下档案组织变革的保障 / 122
4.6.1 战略前置 / 122
4.6.2 标准先行 / 122
4.6.3 流程控制 / 123
4.6.4 人才推动 / 123

第5章 档案业务变革（三）——数字档案长期保存的挑战与方法体系构建 / 124

5.1 数字档案资源长期保存面临的挑战 / 124
5.1.1 海量信息保存成本高 / 124
5.1.2 新型复杂数据难理解 / 125
5.1.3 信息技术推陈出新快 / 125
5.1.4 存储介质选择难 / 126
5.1.5 技术策略应用难 / 126
5.1.6 网络安全问题突出 / 126

5.1.7　数字档案长期保存责任链复杂 / 127

5.2　数字档案长期保存方法体系的构建 / 127
　　5.2.1　数字档案馆长期保存方法体系的作用 / 127
　　5.2.2　数字档案馆长期保存方法体系的构建原则 / 129
　　5.2.3　数字档案长期保存方法体系的内容 / 130

5.3　数字档案长期保存技术策略体系 / 131
　　5.3.1　数字档案馆长期保存策略技术体系的构成 / 131
　　5.3.2　常规策略 / 131
　　5.3.3　重点策略 / 134
　　5.3.4　辅助策略 / 139

5.4　数字档案长期保存相关技术工具体系 / 140
　　5.4.1　数字档案馆长期保存技术工具体系的构成 / 140
　　5.4.2　接收相关工具 / 141
　　5.4.3　档案存储与数据管理相关工具 / 143
　　5.4.4　行政管理相关工具 / 144
　　5.4.5　保存规划相关工具 / 144
　　5.4.6　存取相关工具 / 145

5.5　数字档案馆长期保存机制 / 146
　　5.5.1　长期保存多主体建立合作机制 / 146
　　5.5.2　长期保存多主体分工协作共担权责 / 146
　　5.5.3　长期保存多主体建立闭环管理机制 / 147

5.6　数字档案长期保存标准体系 / 148
　　5.6.1　长期保存标准体系框架 / 148
　　5.6.2　长期保存标准建设建议 / 151

第6章　系统建设变革——云计算环境下的数字档案馆系统建设及风险控制 / 154

6.1　云数字档案馆建设的动因分析 / 154
　　6.1.1　基于云的信息化建设渐成趋势 / 154
　　6.1.2　数字档案馆建设面临的难题 / 156
　　6.1.3　世界各国积极推进云数字档案馆建设 / 159

6.2　云数字档案馆的框架体系 / 162
　　6.2.1　云数字档案馆的概念框架 / 162
　　6.2.2　云数字档案馆的服务框架 / 166

6.2.3 云数字档案馆的主体框架 / 168

6.3 云数字档案馆的建设模式 / 170

 6.3.1 基于个体的系统迁移模式 / 170

 6.3.2 基于合作的系统共享模式 / 173

6.4 云数字档案馆建设的关键瓶颈 / 180

 6.4.1 顶层设计缺位，试点经验难以推广 / 180

 6.4.2 安全风险突出，信任机制难以建立 / 181

 6.4.3 跨机构的沟通协作存在障碍 / 182

 6.4.4 云数字档案馆建设的基础条件尚未成熟 / 184

6.5 云数字档案馆建设的推进策略 / 186

 6.5.1 宏观层面：构建云数字档案馆生态环境 / 186

 6.5.2 微观层面：建立安全风险管控机制 / 189

第 7 章 数据权益均衡——数字档案馆资源共享利用中的权责规制 / 199

7.1 数字档案资源共享利用中的权责相关概念及研究框架 / 199

 7.1.1 权力、权利、权责和权益 / 199

 7.1.2 档案数据权利的内涵及特点 / 202

7.2 档案数据共享利用中的权责失衡问题 / 208

 7.2.1 公民公开数据获取权与数字档案馆数据保密责任失衡 / 208

 7.2.2 公民人格权利实现与数字档案馆共享利用权力失衡 / 210

 7.2.3 档案数据产权与档案多元开发模式中权益分配失衡 / 213

7.3 档案数据共享利用权责均衡关键瓶颈 / 215

 7.3.1 档案数据确权制度难以建立 / 215

 7.3.2 档案内容管控技术相关应用仍需突破 / 217

 7.3.3 数字档案馆与利用者之间尚未建立互信互谅的信任生态 / 219

7.4 档案数据共享利用权责均衡策略 / 220

 7.4.1 调整权责实现模式，推进场景化应用 / 220

 7.4.2 完善档案数据要素分类分级审查机制，建立确权平台 / 222

 7.4.3 进一步完善档案数据开放利用监督审查规则 / 223

第 8 章 能力建设评价——数字档案馆的综合评估与系统测试 / 225

8.1 数字档案馆评估的背景和作用 / 225

 8.1.1 数字档案馆评估工作的背景 / 225

8.1.2 数字档案馆评估的作用 / 226

8.2 国外数字档案馆评估标准与模型 / 229

8.2.1 可信数字仓储认证标准与规范 / 232

8.2.2 数字保存成熟度模型 / 236

8.3 我国数字档案馆系统测试工作 / 246

8.3.1 我国数字档案馆系统测试的依据、流程与方法 / 247

8.3.2 综合档案馆数字档案馆系统测试内容 / 248

8.3.3 企业数字档案馆系统测试内容 / 250

8.4 数字档案馆评估的基本原则 / 252

8.4.1 政策引领,标准先行 / 252

8.4.2 目标导向,系统严谨 / 253

8.4.3 动态开放,灵活通用 / 253

8.4.4 具体可测,易解可行 / 253

8.5 我国数字档案馆成熟度模型的构建 / 254

8.5.1 数字档案馆成熟度模型的构建方法 / 254

8.5.2 数字档案馆成熟度模型关键过程域和关键实践识别 / 255

8.5.3 数字档案馆成熟度模型构建 / 261

第9章 技术赋能——我国档案数据中心发展与建设 / 267

9.1 内涵与特征 / 267

9.1.1 内涵 / 267

9.1.2 特征 / 268

9.2 建设定位 / 269

9.2.1 数字档案馆建设存在的问题 / 269

9.2.2 档案数据中心的建设目标 / 270

9.3 关键技术 / 271

9.3.1 云原生 / 271

9.3.2 微服务 / 273

9.3.3 分布式架构 / 275

9.4 技术路径 / 276

9.4.1 建设框架 / 276

9.4.2 基础设施建设 / 278

9.4.3 数据平台建设 / 279

9.4.4 数据标准化 / 281

9.4.5 数据中台建设 / 283

9.4.6 安全体系建设 / 285

第 1 章
研究视角转换
——生态系统视角下我国数字档案馆建设战略的研究框架

数字档案资源作为兼具证据与记忆双重属性的战略性信息资源、特殊性经济资源、工具性治理资源、基础性文化资源,在数字政府建设、数字经济发展和数字社会培育中发挥着关键的基础性作用。数字档案馆作为数字档案资源最终归宿地,已经成为数字中国可持续发展的基础性数据设施。在云计算、大数据、物联网、人工智能等新一代信息技术广泛应用的激发下,数字档案馆建设的外部环境和管理对象发生了深刻变革,是一场数字信息和社会生态系统的全面革命。引入生态系统的研究视角,从外部动态因素对数字档案馆建设关键问题的切实影响入手,有助于把握我国数字档案馆建设的战略方向,探讨数字档案馆当下和未来发展的联通之路。本章在分析我国数字档案馆建设的现状和问题的基础上,阐释影响数字档案馆建设战略的生态因子,构建数字档案馆建设战略研究框架。

1.1 数字档案馆建设战略与数字档案馆生态系统相关概念

1.1.1 数字档案馆

数字档案馆这个概念在国内最早出自 2001 年的一篇论文,论文作者认为数字档案馆是一个数字化的信息系统,它把分散于不同载体、不同地理位置的信息资源以数字化的形式存储,以网络化的方式相互连接,从而提供及时利用,实现资源共享。[1] 在网络应用刚刚开始普及的时期,其注重档案资源链接和共享的特征鲜明,

---

[1] 王宇晖. 21 世纪数字档案馆发展之我见 [J]. 档案与建设, 2000 (3): 4-5.

引起广泛共鸣,也激励档案界积极应用信息技术,致力于档案信息资源的开发利用,因而为其后多个概念所沿用。

随着信息技术的深化应用,数字档案馆的概念认识也不断深化,先后出现了"信息系统说""知识信息中心与信息仓库说""档案馆群体""信息系统说""信息服务提供方式说""信息空间与信息环境说"等不同观点。❶ 档案行业标准《电子档案管理基本术语》(DA/T 58—2014)的定义简明扼要:"运用现代信息技术对电子档案及其他数字资源进行采集、存储、管理,并通过各种网络平台提供利用的档案信息集成管理体系"。这个概念一方面将数字档案馆建设内容从突出档案资源链接和共享扩展到覆盖档案收、管、存、用的全过程,从而更加匹配档案馆的职能;另一方面将数字档案馆的属概念界定为"档案信息集成管理体系",对既往的"信息系统""信息空间"等诸说既是突破也是包容。这意味着数字档案馆不仅是管理数字档案的计算机软硬件系统,而且包含多个管理数字档案信息所必需的要素,例如人员、机构、制度等,是一个汇聚了多要素的体系,从而提醒研究人员注重数字档案馆建设的系统性、全面性和衔接性。因此,著者采用此数字档案馆概念。

1.1.2　数字档案馆系统

"数字档案馆系统"概念的使用主要用来区别管理体系意义上的"数字档案馆"。"系统"也有广义和狭义的区别,广义的系统和体系一致,是包含计算机软硬件系统、机构、人员、制度等在内的多要素系统,而狭义的系统仅指计算机软硬件系统。本书中的"数字档案馆系统"采用的是狭义系统概念,特指对电子档案及其他数字资源进行采集、存储、管理的计算机系统,是数字档案馆这个档案信息集成管理体系的一个有机组成,也是数字档案馆建设任务的重点领域。

1.1.3　数字档案馆建设战略

"战略"一词原意是指导、决定战争全局的计划和策略。如今,战略的理念被广泛应用于多个领域、多个层面,与战略原有的军事斗争背景逐渐隔离,几乎成为宏观思维、整体把握的代名词,泛指"全局性、高层次的重大问题的筹划与指导"。❷ 套用此概念,数字档案馆建设战略是指关系到数字档案馆建设发展全局性、高层次的重大问题的筹划与指导。但是哪些问题是关系到数字档案馆建设发展全局

---

❶ 王芳. 数字档案馆学 [M]. 北京:中国人民大学出版社,2010:2-5.
❷ 门洪华. 构建中国大战略的框架:国家实力、战略观念与国际制度 [M]. 北京:北京大学出版社,2005:35-37.

性、高层次的重大问题,在不同时代背景、不同视角下可能有不同的认识。

本书聚焦于我国数字档案馆建设战略,研究目的并非要为我国数字档案馆建设制订切实可行的战略性方案,而是要从生态系统视角出发,发现关系到我国数字档案馆建设的战略性问题,对这样的战略性问题从外到内开展分析,提出应对性策略,从而为数字档案馆建设战略的制订提供支撑。按照数字档案馆建设的内容,战略性问题包括资源布局(体制机制)、业务变革、系统建设、制度建设、能力建设等多个层次。

1.1.4 生态系统

1935年,英国植物生态学家亚瑟·乔治·坦斯利(Arthur George Tansly)提出了生态系统的概念,"在一定时间和空间范围内,生物与生物之间、生物与物质环境之间相互作用,通过物质循环、能量流动和信息传递,形成特定的营养结构和生物多样性,这样一个功能单位就被称为生态系统"❶。此后,生态系统概念和相关研究蔓延至全球。20世纪以来,自然环境的剧烈变化强化了人类保护生态环境的意识,也引发了对生态系统的更多关注,生态多样性、生态风险和生态安全等成为研究重点,表现出向"机理深化、多尺度系统监测与模拟、社会经济自然综合评价与管理对策等多维方向发展的总体趋势"❷。

此概念后被泛指为特定时空范围内多要素互动,整体协调、可持续发展的功能单位,延伸、引用到多个领域,大到自然、社会与经济的复杂生态系统,小到商业生态系统❸、产业集群❹、信息生态系统❺、数字档案馆生态系统❻等专业生态系统,新至人工智能+教育生态系统❼、网络信息生态系统❽等。生态系统研究聚焦于该功能单位的构成及其要素之间非机械(非线性)作用或者说动态演进机制,体现的是一种柔性系统观。生态系统理论中的多个概念,包括生态链、生态圈、生态位、种群、群落等也被借鉴应用到这些非自然生态系统中,构成了丰富多元的研究生态。

---

❶ 刘增文,李雅素,李文华. 关于生态系统概念的讨论[J]. 西北农林科技大学学报(自然科学版),2003(6):204-208.
❷ 傅伯杰. 我国生态系统研究的发展趋势与优先领域[J]. 地理研究,2010(3):383-396.
❸ 姜尚荣,乔晗,张思,等. 价值共创研究前沿:生态系统和商业模式创新[J]. 管理评论,2020(2):3-17.
❹ 赵进. 产业集群生态系统的协同演化机理研究[D]. 北京:北京交通大学,2011.
❺ 康蠡,曾荣. 我国信息生态系统研究现状与展望[J]. 图书情报工作,2020(4):113-124.
❻ 金波,汤黎华,何伟祺. 数字档案馆生态系统的建构[J]. 档案学通讯,2010(1):53-57.
❼ 吴永和,刘博文,马晓玲. 构筑"人工智能+教育"的生态系统[J]. 远程教育杂志,2017(5):27-39.
❽ BHATTACHARJEE A,舒凯,高旻,等. 网络信息生态系统中的虚假信息:检测、缓解与挑战[J]. 计算机研究与发展,2021(7):1353-1365.

1.1.5 信息生态系统

1978年,福雷斯特·伍迪·霍顿(Forest W. Horton)正式提出了"信息生态"概念,20年之后,我国学者李美娣撰文对信息生态系统的构成、功能进行阐述,开启了我国信息生态系统研究的篇章。她提出,信息生态系统是"信息自身与生命体及其周围环境相互联系和相互作用的有机整体"。❶ 信息、人和环境的相互关系引起图书情报与档案管理学科(后更名为"信息资源管理学科")的广泛关注。21世纪之后,信息生态系统相关研究逐渐增加,关于信息生态系统概念的阐释也日益丰富,例如将人界定为信息人,拓展为信息人及组织,将信息环境中的信息技术单独列出等,但本质上还是没有脱离"一定时空内信息人、信息、信息环境等因信息活动结合而成的动态统一体"。❷

随着信息技术的广泛应用,信息资源的战略价值得到了越来越多的共识。大数据技术的火热,更是将作为"一切电子或非电子形式的信息记录"的数据推到风口浪尖,数据驱动业务、管理乃至整个社会治理方式的变革,数据激增在带来巨大能量的同时,也引发了大量的问题或风险,包括信息诈骗、信息茧房、大数据杀熟、个人信息泄露等,信息生态系统的良性发展越发引人关注。

1.1.6 数字档案馆生态系统

1998年,就在李美娣发文提出整体性信息生态系统概念之前,薛春刚撰文提出"档案信息生态系统"的概念,呼吁秉持国家可持续发展的重大战略,推动档案事业的可持续发展。他提出:"档案信息生态系统是指以实现档案信息的产生、积聚、传递、开发、利用等为目的,具有特定的结构和秩序的由各种要素组成的相互关系的总和"。❸ 2008年,金波教授的"数字档案馆生态系统研究"项目获得国家社会科学基金立项,其成果《数字档案馆生态系统研究》入选2013年度"国家哲学社会科学成果文库"。该书全面系统地研究了数字档案馆生态系统概念、结构、演化、平衡等问题,作者将数字档案馆生态系统定义为"数字档案馆空间范围内的人与其环境相互作用而形成的统一复合体"。❹

数字档案馆本身的定义中已经揭示了其是一个由人、机构、系统等多要素构成的体系(即广义系统),将"数字档案馆"和"生态系统"组合,一方面巩固了数

---

❶ 李美娣. 信息生态系统的剖析[J]. 情报杂志, 1998(4): 3-5.
❷ 康蠡, 曾荣. 我国信息生态系统研究现状与展望[J]. 图书情报工作, 2020(4): 113-124.
❸ 薛春刚. 档案信息生态系统的平衡与档案事业的可持续发展[J]. 档案与建设, 1998(4): 12-14.
❹ 金波, 丁华东, 倪代川. 数字档案馆生态系统研究[M]. 北京: 学习出版社, 2014: 121.

字档案馆由多要素构成之义；另一方面打通了数字档案馆体系与外部环境的连接。在金波等构建的数字档案馆生态系统结构中，将档案事业所处的政治、经济、科技、文化等社会环境也作为数字档案馆生态系统的构成要素（生态因子）纳入其中，❶从而勾勒出数字档案馆生态系统的开放性。

本书并不专注于数字档案馆生态系统本身的研究，而是在数字档案馆研究中引入生态系统的视角，即从外部动态因素对数字档案馆建设关键问题的切实影响入手，探讨数字档案馆当下和未来发展的联通之路。

1.2 数字档案馆建设战略的生态系统研究视角

1.2.1 广泛互联

无论是主动还是被动，数字档案馆如同整个档案事业一样，都处于一个更加开放、更为复杂的全局性生态系统中。20世纪70年代，美国气象学家爱德华·诺顿·罗伦兹（Edward Norton Lorenz）用蝴蝶作为比喻形容其在1963年发现的动力系统中的连锁反应，其经典的表述是"一只南美洲亚马孙河流域热带雨林中的蝴蝶，偶尔扇动几下翅膀，可以在两周以后引起美国得克萨斯州的一场龙卷风。"❷ 在万物互联的时代，不同行业、领域的因素之间产生了千丝万缕的联系，某一个局部的、起先可能是微小的改变，都可能对全局产生巨大的影响，更遑论那些已经引发全球变革的因素、力量和事件。比如当人们的物理接触、交流受到限制时，会激发在线交流的需求，元宇宙热潮也就应运而生。

在互联的环境下考虑我国数字档案馆整体建设是生态系统视角的要义所在。数字档案馆在多种多样的关联中布局、运营。生态系统研究视角首先要求打破数字档案馆建设的专业樊篱，更加重视外部环境对数字档案馆建设的影响，研究重点从数字档案馆内部建设转向数字档案馆与所处环境的互动。当然，这里"所处环境"的边界，取决于人们在多大范围内看待数字档案馆。互联并不意味着所有要素都是同等重要的，著者需要辨识出其中的关键外部要素及其潜在影响。

对于一个档案馆而言，其数字档案馆本身是一个生态系统，包含档案资源、管理业务、制度规范、系统技术、组织人员等多个要素，对于档案馆而言，这些要素既面向数字档案馆建设，也面向非数字档案馆的各项工作，因而也构成数字档案馆

---

❶ 金波，丁华东，倪代川. 数字档案馆生态系统研究［M］. 北京：学习出版社，2014：124–128.
❷ MBA 智库百科. 蝴蝶效应［EB/OL］.［2022–01–25］. https：//wiki. mbalib. com/wiki/%E8%9D%B4%E8%9D%B6%E6%95%88%E5%BA%94.

建设最微观的外部环境。多个要素之间有复杂的互联关系，唯有均衡发展，数字档案馆建设带动整体档案馆发展，方可持续推进。

对于一个地方、行业的档案工作而言，其档案工作是一个生态系统，只有各立档单位形成合格的电子档案，数字档案馆才是有源之水，才能长成富有生命力的生态子系统。在档案工作生态系统中，需要考虑体制机制、标准规范等要素。

对于国家档案事业而言，国家的档案工作整体是一个生态系统，数字档案馆建设关系到数字时代国家档案工作的发展，国家数字档案馆网可以视为档案工作生态系统的子系统，国家政策、体制机制、法规制度、标准规范、理论研究、教育培训需要综合发力。

对于整个国家而言，包括数字档案馆在内的档案工作又是国家经济、科技、文化事业和发展的一个要素，是国家经济、科技、文化大系统的一个子系统，和其他要素、子系统也有复杂的互联关系。文化事业发展、信息技术（IT）行业（关系到数字档案馆系统市场供给）发展等领域的国家政策、体制机制、法规制度、标准规范、理论研究、教育培训都可能对档案领域产生长远的影响。与此同时，数字档案馆建设对国家经济、科技、文化事业的发展也有正面的促进作用。

在生态系统中，"一切事物和一切事物有关"。❶ 广泛互联的生态系统研究视角要求研究人员更加重视数字档案馆与其他生态因子的合作和协同，管理方式也从行政管理走向多元协同治理。为了抓住重点，著者侧重于从数字档案馆建设的影响因素（生态因子）入手，以战略问题为导向展开研究。

1.2.2 技术赋能

技术赋能是"广泛互联"的生态系统视角在数字时代的具体体现。自 1946 年人类社会第一台电子计算机诞生，信息技术应用推动生产、生活和治理方法的革命性变化已经得到实践印证。信息技术成为数字档案馆建设过程中能量巨大的外部显性因素，在研究数字档案馆建设问题中需要予以特别重视。当今时代的技术赋能有以下四个明显的特点。

一是全面性。信息技术的发展不再是从大型机、小型机到微机的单一路线，而是云计算、大数据、区块链、物联网、人工智能、虚拟现实、增强现实等众多新一代信息技术不断突破，信息技术越来越高频地出现在各级各类政策文件中。以云计算为例，自从 2006 年 8 月谷歌公司时任首席执行官埃里克·施密特（Eric Schmidt）在搜索引擎大会（SES San Jose 2006）首次提出"云计算"的概念之后，云计算的

---

❶ 金波，丁华东，倪代川. 数字档案馆生态系统研究［M］. 北京：学习出版社，2014：195.

发展异常迅猛，英美等发达国家和中国等发展中国家先后出台专门的云计算政策。❶我国出台多部云计算标准，各地政务云先后落地。2020年6月，《国家档案局办公室关于档案部门使用政务云平台过程中加强档案信息安全管理的意见》发布，将云计算环境下的数字档案馆建设安全性明确排入议事日程。再以大数据为例，2008年9月，著名学术期刊《自然》（Nature）开设了大数据专刊"研究大数据集对当代科学意味着什么"，标志着大数据概念得到了学术界的认可。大数据技术应用同样得到世界各国政府的高度关注。以我国为例，2015年9月，《国务院关于印发促进大数据发展行动纲要的通知》发布；2016年2月，国务院同意建立由国家发展和改革委员会牵头的促进大数据发展部际联席会议制度。对于档案界而言，大数据技术直接推动了计算档案学的产生和发展，人工智能技术在自动分类、自动价值鉴定、自动开放鉴定等档案管理业务中应用❷，数字档案馆建设的智能化也成为档案界关注的焦点问题之一。此外，区块链、物联网、虚拟现实、增强现实等技术也在档案管理和服务中得到应用。

二是基础性。信息技术已经成为新一代新型基础设施，就像公路、铁路、机场，以及水、电、煤、气一样是支持社会运转和居民生活的公共服务的一部分。2018年12月，中央经济工作会议确定2019年重点工作任务时提出"加强人工智能、工业互联网、物联网等新型基础设施建设"。2020年4月，国家发展和改革委员会首次明确了新型基础设施的范围，指出提供数字转型、智能升级、融合创新等服务的基础设施体系，人工智能、大数据、区块链、云计算等技术均在其中。❸这意味着数字档案馆建设不再是档案馆建设竞争优势所在，不再是档案馆发展可有可无的加分项，而是各级各类档案馆发展之必须基础。

三是融合性。各类信息技术在发展过程中呈现复杂的集成之势。云计算和区块链的集成，导致了"区块链即服务"的出现。大数据和人工智能技术的出现，推动了机器学习技术从有监督学习到无监督学习、深度学习的发展。数字档案馆建设不仅要应用单一的技术，而且要根据数字档案管理和开发利用的需要，积极主动地融合新技术。英国国家档案馆与萨里大学、英国开放数据研究所（ODI）合作开展ARCHANGEL项目研究，探索融合以太坊区块链技术和基于神经网络的机器学习技术，解决文化遗产保存机构长期保存档案信息，尤其是非文本类数字档案信息的真

---

❶ 刘越男，马林青. 2010—2015年电子文件管理发展与前沿报告［M］. 北京：电子工业出版社，2016：90-108.

❷ 刘越男，杨建梁，何思源，等. 计算档案学：档案学科的新发展［J］. 图书情报知识，2021（3）：4-13.

❸ 李瑶. 新基建，是什么？［EB/OL］.（2020-04-26）［2022-01-25］. http：//www.xinhuanet.com/politics/2020-04/26/c_1125908061.htm.

实性和完整性问题。❶ 这个案例在信息技术在数字档案馆集成创新方面给出很多启发。

四是颠覆性，也称破坏性创新。信息技术赋能社会发展打破了各行各业相对平稳发展的局面，对很多行业进行了颠覆，甚至造成了某些工作岗位的消失、弱化，造成某些行业的失衡。比如，计算机辅助设计（CAD）的应用造成晒图员"下岗"；"自助终端""手机银行"的出现使得银行人工柜台冷清，甚至出现了"无人值守银行"；❷ 民间流传的"银行被支付宝、微信支付打败""方便面被外卖打败"说法更是跨行业竞争的典型案例。这些案例的本质都是信息技术产生的颠覆性创新。对于数字档案馆建设而言，一些非传统的新型信息管理和保存机构的出现，也使得传统档案馆面临跨界竞争的压力。微博、Meta（原Facebook）、X（原Twitter）等社交媒体机构成为个人生产信息的最大保存机构，或者说这些新的信息服务商而非传统档案馆成为事实上的社交媒体数字档案馆，这是数字档案馆整体发展的战略性生态问题。

信息技术到底将能力赋予了复杂社会系统中哪个（些）成员，数字档案馆如何主动利用技术赋能，这是生态系统视角下数字档案馆建设战略首先需要思考的核心问题。

1.2.3 共生协同

数字档案馆并非只是被动地接受外部环境技术、经济、社会等要素的影响，在建设过程中，也会对外部环境施加专业影响，主动融入国民经济和社会发展的大潮中，与其他生态要素共生互动。档案保存、档案服务正在成为社会大生态环境中富有特色的因素。

从档案保存的角度来讲，数字档案保存是数字化转型的最后一环，也被誉为"最后一公里"。如果这一环得不到有效保证，业务全过程数字化也将得不到最终保障，进而数字化转型的整体效益受损。因此，电子公文、电子证照、电子发票等领域都将电子文件归档和长期保存作为重要内容加以规定和实施。以电子公文为例，《国务院关于在线政务服务的若干规定》（国令第716号）、《党政机关电子公文处理工作办法》（厅字〔2019〕7号）、《党政机关电子公文归档规范》（GB/T 39362—2020）可被视为电子公文归档保存政策的三部曲。其中，为了实现政务服

---

❶ 刘越男，张一锋，吴云鹏，等. 区块链技术与文件档案管理：技术和管理的双向思考［J］. 档案学通讯，2020（1）：4-12.
❷ 佚名. "无人银行"的暖心服务：全国银行业首家"无人银行""智慧"亮相申城［EB/OL］.（2018-04-11）［2022-01-25］. http：//www.ccb.com/cn/ccbtoday/news/20180411_1523440881.html.

务事项全流程网上办理,《国务院关于在线政务服务的若干规定》第十二条规定:"政务服务机构应当对履行职责过程中形成的电子文件进行规范管理,按照档案管理要求及时以电子形式归档并向档案部门移交。符合档案管理要求的电子档案与纸质档案具有同等法律效力。"《党政机关电子公文处理工作办法》把归档纳入了电子公文处理环节,并要求公文标识、密级、保密期限、标题和成文日期等相关数据在电子公文办理完毕后应及时整理归档。《党政机关电子公文归档规范》为党政机关规范化开展电子公文归档提供了技术依据。而党政机关电子公文归档则为数字档案馆电子公文最终保存提供了来源和基础。

从档案服务的角度来看,数字档案共享服务是政务等信息资源共享服务的重要成员。借助信息网络实现民生档案等关系到老百姓切身利益的档案跨馆查询,已经成为各地数字档案服务、政务信息资源跨区域共享的典型案例。2009 年,吉林省长春市档案馆率先启动了区域内馆际档案信息共享工程。2010 年,18 个国家级综合档案馆共同签署《上海市民生档案利用便民服务公约》,相互授权利用本馆民生档案专用数据库目录信息。❶ 天津市民生档案信息馆际"一站式"服务平台自开通以来,截至 2021 年 3 月先后与 21 家档案馆(包括天津市各区 16 家档案馆以及北京市、浙江省杭州市、山东省济南市等 5 家外省市档案馆)共建了民生档案利用服务机制,实现了天津市全域及跨部分区域民生档案共享。❷ 截至 2020 年 4 月,浙江省数字档案馆向浙江省大数据发展中心归集开放档案数据 53 万多条,查档服务平台接入浙江政务服务网和"浙里办"应用程序(App),以多种方式实现数字档案服务融入政务在线服务。❸

"问渠那得清如许,为有源头活水来。"数字档案馆只有更好地联通数字档案产生前端和数字档案服务后端,与产生和应用档案的数字化业务衔接,与其他数据管理者相互支持,真正实现同频共振,在互动和协同中体现价值,才能为数字档案馆建设赢得更大的发展空间。

1.2.4 动态演进

动态演进是所有生态系统发展的一个基本特征。娄策群指出:"信息生态系统进化是指信息生态系统通过优化自身内部结构和功能,系统整体从低层次平衡状态

---

❶ 刘越男. 地方政府数字档案集中管理模式研究 [M]. 北京:中国人民大学出版社,2017.
❷ 孟若冰. 天津市全域及跨部分区域民生档案实现共享 [EB/OL]. (2021-03-13) [2022-01-25]. http://www.gov.cn/xinwen/2021-03/13/content_5592768.htm.
❸ 浙江省档案馆. 建设融入数字政府大格局的新一代数字档案馆:浙江省档案馆创建全国示范数字档案馆工作综述 [EB/OL]. (2020-04-22) [2022-01-25]. http://www.zjda.gov.cn/art/2020/4/23/art_1229005493_42662582.html.

向高层次平衡状态发展的过程",进化形式包括突变式、渐变式、直线式、波浪式等。❶ 金波等将数字档案馆生态系统的发展沿革分为开拓期、成长期、成熟期,并预测其衰退期(自我更新期)。❷

究其本质,动态演进的研究视角是发展、思变、自我调整的视角。主要有如下三个方面的特点。

一是数字档案馆建设的重点将随着外部环境的变化而变化。从20世纪70年代末至80年代初的目录管理,到20世纪90年代的全文数字化、档案网站建设,再到21世纪的电子档案移交接收、数字档案长期保存到档案数据化、知识化、智能化。每一次数字档案馆建设重点转移的背后,也是对之前建设工作的集成,数字档案馆因而呈现日益复杂的样貌。

二是数字档案馆建设策略的选择需要考虑生态环境的支持。在数字档案馆建设过程中,面临技术策略和管理策略的选择,例如迁移、仿真、格式管理的数字保存策略。以格式管理为例,在每个长期保存格式的背后,都是支持格式读取的软件生态环境。近几年在讨论可移植文档格式(PDF)和开放版式文档(OFD)格式优劣的时候,人们都倾向于技术特性、技术指标的对比❸,但是除此之外,支持格式应用的生态环境同样重要,即有多少关联软件,比如阅读器、浏览器、即时通信软件等能够支持这些格式的应用,支持的用户、软件开发者、设备制造商越多,说明生态环境越完备,相关格式的生命力越强。

三是需要建立数字档案馆生态风险观念。在生态系统概念发展的过程中,有学者指出,"生态系统"概念存在一定的模糊性和互相矛盾的地方,包括过分注重稳定性和可持续性发展,但事实上"根本不存在一个完整的、平衡的和内稳定的生态系统",地质、气候等环境的突变很可能引发物种的消灭,造成生态系统的巨大变化。❹ 本着生态风险防范的理念,著者开展面向前沿、面向未来的数字档案馆建设战略性研究,虽然每个分项研究的重点在于数字档案馆建设的一个方面,但合起来共同指向数字档案馆整体的发展。

---

❶ 娄策群,杨小溪,王薇波. 信息生态系统进化初探[J]. 图书情报工作,2009(18):26-29.
❷ 金波,丁华东,倪代川. 数字档案馆生态系统研究[M]. 北京:学习出版社,2014:164-177.
❸ 冯辉,李海波,丛培勇,等. OFD与PDF对比分析[J]. 信息技术与标准化,2016(10):45-48.
❹ 刘增文,李雅素,李文华. 关于生态系统概念的讨论[J]. 西北农林科技大学学报(自然科学版),2003(6):204-208.

1.3 我国数字档案馆建设的现状

1.3.1 数字档案馆建设已经全面铺开

2000年5月，我国第一个数字档案馆项目"深圳市数字档案馆系统工程的研究与开发"启动。这个项目的承担方为国家档案局档案科学技术研究所、广东省深圳市档案局和深圳市世纪科怡科技有限公司，因为投资巨大，三个建设主体实力强劲而备受关注。2003年8月20日，山东省青岛市档案馆宣布建成国内第一个数字档案馆系统。在《全国档案信息化建设实施纲要》（档发〔2002〕8号）这个第一部档案信息化专项规划中，数字档案馆被列入其中，该纲要明确提出，要"建设示范性数字档案馆。在总结广东省深圳市、山东省青岛市建设数字档案馆初步经验基础上，进一步在浙江省杭州市档案馆、天津经济技术开发区档案馆、国网江苏省电力有限公司档案馆等开展试点工作。"此后数字档案馆作为档案信息化的重要内容，出现在每一个5年档案事业规划中。

进入21世纪第二个10年，数字档案馆建设的脚步明显加快。《全国档案事业发展"十三五"规划纲要》（档发〔2016〕4号）明确提出，"到2020年，全国地市级以上国家综合档案馆要全部建设成具有接收立档单位电子档案、覆盖馆藏重要档案数字复制件等功能完善的数字档案馆；全国50%的县建成数字档案馆或启动数字档案馆建设项目"。这意味着数字档案馆建设全面铺开。为推动数字档案馆建设，国家档案局一方面出台《数字档案馆建设指南》（档办〔2010〕116号）、《企业数字档案馆（室）建设指南》，引导并规范数字档案馆的建设；另一方面颁布《数字档案馆系统测试办法》（档办发〔2014〕6号），组织专家对全国数字档案馆展开测评，测试结果达到80分以上被认定为"通过国家级数字档案馆测试"，达到90分以上被认定为"全国示范数字档案馆"。根据微信公众号"兰台之家"的统计，截至2022年1月4日，获评国家级数字档案馆的已有86家，遍布全国12个地区。[1]

《"十四五"全国档案事业发展规划》将"档案信息化建设加快发展，建成一批高水平的数字档案馆（室）"作为"十三五"建设成效之一列出，同时继续要求"各级国家档案馆全面建成档案信息管理系统，大力推进数字档案馆建设，建设中央档案馆数字档案馆，新增150家高水平的数字档案馆"。这意味着数字档案馆建设进入高质量发展的新阶段。

---

[1] 兰台之家. 最新！全国"国家级数字档案馆"名单［EB/OL］.（2022-01-05）［2022-01-25］. https：//mp.weixin.qq.com/s/KcVMGfOIVvm9szutCazLDw.

1.3.2 数字档案馆建设类型和模式不断丰富

经过20多年的建设,我国数字档案馆的类型和模式不断丰富,主要类型如表1-3-1所示。

表1-3-1 数字档案馆建设类型

序号	分类角度	分类结果
1	功能定位	①长期保存型（多以原生性电子文件为对象）； ②共享服务型（多以数字化历史档案为对象）
2	建设主体	①政府； ②企业； ③民间
3	资源类型	①综合性； ②专业性； ③专门性（专门资源类型，比如网页）； ④专题性（事件、人物、主题等）
4	系统建设模式	①独立式； ②集中式

按照数字档案馆的功能定位,数字档案馆的类型包括长期保存型和共享服务型两种。其中长期保存型数字档案馆侧重于电子档案接收、保存和统一服务。国际上的著名案例如美国国家档案与文件管理署（National Archives and Records Administration, NARA）的电子文件档案馆（Electronic Records Archives, ERA）,该档案馆建设的工程浩大：先期研发就达14年,开发和维护成本高达数亿美元,配套以持续的数字转型战略,并积极开展自我迭代更新,ERA 2.0已经投入使用。[1] 2005年10月,我国第一个旨在长久保存电子文件的省级电子文件中心建设在安徽省档案馆启动,名为电子文件中心,实质上是接收和保管电子文件的数字档案馆。[2] 除了安徽省档案馆,江西省开展机关单位电子文件归档管理系统和数字档案馆系统一体化开发和实施模式,基于开放档案信息系统（OAIS）参考模型设计电子档案接收管理平台[3]；北京市数字档案馆的建设思路与此类似,尝试建立统一的电子文件归档管理系统（电子文件中心）、档案移交接收系统和旨在长期保管和统一利用的数字档案馆系统。[4]

---

[1] 祁天娇,刘越男. ERA 2.0：美国联邦政府数字档案馆系统的新发展［J］. 档案学通讯, 2018 (4)：14-20.

[2] 黄玉明. 安徽省电子文件中心建设的思路与做法［J］. 中国档案, 2006 (12)：6-8.

[3] 毛海帆. 电子档案接收管理系统平台设计与应用［J］. 中国档案, 2012 (9)：60-62.

[4] 杨中营. 北京数字档案馆（电子文件中心）应用系统建设［J］. 北京档案, 2017 (10)：7-10.

共享服务型侧重于汇集来自多个档案馆或其他资源保存单位的历史档案资源数字化成果，通过统一的门户站点提供服务。国际上著名的案例如英国的档案馆中心（Archives Hub，网址为 https：//archiveshub. jisc. ac. uk/），提供了英国大学档案馆、公司档案馆和地方历史中心等350多家馆藏机构的联机访问；再如美国加利福尼亚州在线档案馆（Online Archive of California，OAC，网址为 http：//www. oac. cdlib. org），会聚了加利福尼亚州300多家记忆保存单位，包括大学图书馆、特殊馆藏部、历史学会等历史档案的在线目录和部分数字化全文。我国浙江、山东等多个省市档案馆也汇总了下级行政区划综合档案馆的开放档案目录，统一提供服务。其中浙江省档案服务网提供了浙江省档案馆和浙江省杭州市、宁波市、温州市等11个市及其下级行政区档案馆的档案查询指引信息。山东档案信息网则提供了山东省档案馆和山东省济南市、青岛市、淄博市等地档案馆的开放文书档案目录。

按照数字档案馆的建设主体，数字档案馆主要分为三种：①政府数字档案馆，例如各综合档案馆建设的数字档案馆；②企业数字档案馆，例如一些企业集团建设企业数字档案馆；③民间数字档案馆，例如个人或民间团体建设的数字档案馆，可见周文泓老师带领学生团队建设的社交媒体存档项目。❶

按照馆藏类型，数字档案馆可以分为综合性、专业性、专门性和专题性等多种类型。其中综合性数字档案馆的馆藏资料来源广泛，产生于多种业务活动之中，以综合档案馆建设的数字档案馆为典型代表。专业性数字档案馆由专业档案馆建设，一般集中某个专业领域的档案目录和全文，全国地质资料馆建设的国家地质资料数据中心（网址为 http：//dc. nagc. org. cn/Home）即为代表性案例。专门性数字档案馆的馆藏为专门类型的档案资源，世界上最有影响力的专门性档案馆莫过于互联网档案馆，1996~2023年年底已经收集了全球8560亿个网页❷；国内的网页实验性项目如北京大学网络实验室开发建设的中国网页信息博物馆（Web InfoMall）。专题性数字档案馆以某个事件、人物为核心展开数字档案馆资源建设，前者如"9·11"数字档案馆，后者如以色列耶路撒冷希伯来大学开设的阿尔伯特·爱因斯坦网上档案馆。❸ 国内尚未建此种类型专门档案馆，但门户网站中特定事件的网页集合有专题性数字档案馆的雏形。

按照系统建设模式划分，数字档案馆包括独立式和集中式。独立式即自建式，由某个建设主体自行建设数字档案馆系统。集中式数字档案馆即由一家建设主体

---

❶ 周文泓，苏依纹，吴琼，等. 重大公共卫生事件的网络信息存档架构：新冠肺炎疫情的启示［J］. 图书情报工作，2020（15）：184-193.
❷ Wayback Machine［EB/OL］.［2023-12-31］. http：//web. archive. org.
❸ 丁慎源. 以色列开设爱因斯坦网上档案馆［EB/OL］.（2012-03-23）［2022-01-25］. https：//it. sohu. com/20120323/n338686476. shtml.

（通常是上级档案馆）集中规划、设计、维护数字档案馆系统，其他档案馆（通常是下级档案馆）或自行部署，或使用其服务。江西省的部分区县数字档案馆、山东省青岛市数字档案馆皆采用该种模式。❶ 近年来，很多企业集团，例如中国联合网络通信集团有限公司（以下简称"中国联通"）、中国石油天然气集团有限公司、国家电网有限公司等，均采用集中式建设其数字档案馆系统。

1.3.3 原生性电子档案移交接收推进相对缓慢

尽管数字档案馆建设渐渐呈现全面铺开之势，资源类型和建设模式也日益多样化，但其存在原生性电子档案移交接收推进缓慢的特点，引发档案界人士的普遍性担忧。著者于2021年4～5月对21家省级（包括省、自治区和直辖市）综合档案馆、154家市县级（包括地级市、市辖区、县级市及县）综合档案馆进行了问卷调查，结果显示至少有13家（61.90%）省级综合档案馆和35家（22.73%）市县级综合档案馆已开展原生电子档案移交接收工作，整体占比并不高。此外，电子档案移交接收工作参差不齐，整体节奏相对缓慢，且存在一定的质量风险。

从时间维度来看，在省级层面，最早开展原生性电子档案移交接收工作的时间是1990年，最晚为2020年，进度差异较大。1990～2010年为缓慢增长期，只有3家（14.28%）接收原生性电子档案；2010～2020年则为快速增长期。在市县级层面，1996年只有1家档案馆开展原生性电子档案移交接收工作；2001～2010年陆续扩展至10家（6.49%）；2010年为快速突破的一年，有5家开始接收原生性电子档案，此后进入快速发展期，如图1-3-1所示。虽然近年来市县级综合档案馆接收电子档案的进度有所加快，但接收原生性电子档案的档案馆比例仍远远低于省级层面。

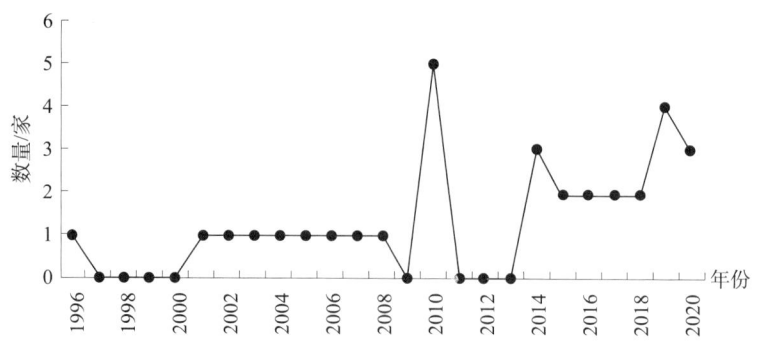

图1-3-1 我国市县级综合档案馆接收原生性电子档案时间进度

---

❶ 刘越男. 地方政府数字档案集中管理模式研究［M］. 北京：中国人民大学出版社，2017：289-344.

从数量维度来看，不同档案馆之间存在显著差异，甚至高达数千倍。在省级综合档案馆中，各馆接收原生性电子档案件数从 4000 件到 556448 件不等，其容量从 4.26GB 到 7000GB 不等；在市县级综合档案馆中，各馆接收原生性电子档案件数从 26 件到 100 多万件不等，其容量从不足 1GB 到 4577.28GB 不等。

从电子档案类型来看，我国各级综合档案馆接收的电子档案主要包括电子公文、数码照片、音视频和专用电子档案（指组织机构在特有的职能活动中形成的电子档案，例如行政审批档案）等。在省级综合档案馆中，普遍（90.91%）接收电子公文，较少（36.36%）接收专用职能类电子档案。而在市县级综合档案馆中，接收数码照片的比例最高（74.29%），音视频档案次之（62.86%），电子公文接收比例为 54.29%，专用职能类电子档案相对较少（34.29%）。可以看出，省级层面的电子公文接收比例显著高于市县级层面，市县级综合档案馆常规原生性电子档案接收工作相对滞后。

我国综合档案馆主要采用双套制移交接收的模式。在该模式中，由于原生性电子档案移交接收刚刚起步，双套制移交接收也主要表现为传统载体档案及其数字化复制件的双套移交接收。在已开展原生性电子档案移交接收的档案馆中，已有 8 家（38.10%）省级综合档案馆和 12 家（7.79%）市县级综合档案馆开始探索电子档案的单套制移交接收，省级和市县级综合档案馆单套制移交接收的占比和电子档案移交接收的占比一样存在两倍左右的差距，但探索态度还是比较积极的。

1.3.4 数字档案长期保存仍是核心难题之一

由于保管时间的长期性和技术环境的快速变迁，数字资源真实性、完整性、可靠性和可用性正在面临前所未有的挑战。数字资源长期保存是一项复杂的系统工程，受人员、资金、技术、设备、制度、法律、政策、标准、管理等众多因素制约。

经过多年的研究与探索，国内外数字资源长期保存的技术策略和方法不断丰富。其中，常见的技术策略包括数据更新、迁移、仿真、格式标准化、封装、数据恢复、再生性保护技术、保存原始技术、元数据保存封装等。在格式标准化之外，还明确了基于文件生命周期开展格式管理的必要性，除了选择应用适合长期保存的标准格式，还包括实施电子档案格式登记管理、定期发布电子档案长期保存推荐格式指南和开发格式管理工具等主要管理策略。[1] 国内档案界则较为重视磁电光存储

---

[1] 钱毅. 基于长期保存视角的电子档案格式管理研究 [J]. 档案学通讯, 2016 (6): 52-57.

技术的混合使用。❶

数字资源长期保存的标准体系不断完善。国际标准化组织（ISO）、多个国家以及相关研究机构、联盟都制定了数字资源长期保存的相关标准，包括长期保存系统方面的核心和基础标准，例如《空间数据和信息传输系统——开放档案信息系统—参考模型》（ISO 14721:2003，以下简称"OAIS 参考模型"）、《基于文件的电子信息的长期保存》（ISO/TR 18492:2005）、《文献管理—用于长期保存的电子文档文件格式—第一部分：PDF 1.4（PDF/A-1）》（ISO 19005—1:2005）、《空间数据和信息传输系统—可信数字仓储的审计和认证》（ISO 16363:2012），以及数字资源长期保存元数据标准 PREMIS 等。

在标准的支持下，国际上开展了大量富有探索意义的数字资源长期保存项目。美国 ERA 即为档案界代表，以及跨地区、跨机构、跨领域的合作联盟，比如由荷兰国家图书馆牵头，欧洲 7 个国家图书馆（荷兰、法国、挪威、德国、葡萄牙、瑞士、意大利）以及 3 个主要出版社（Kluwer、Elsevier、Springer-Verlag）参与的网络化欧洲存储图书馆（Networked European Deposit Library，NEDLIB）项目，在长期保存格式、系统建设、资源建设等方面形成了可借鉴的成果。

尽管如此，我国在数字档案馆建设实践中长期保存基础仍然薄弱。著者针对综合档案馆开展的调查结果表明，省级档案馆已接收的电子档案质量问题包括不完整（缺文件、附件等，72.73%）、未移交特定格式电子档案的相应软件平台（27.27%）、无法确认真实性（18.18%）、无法读出（18.18%）、压缩文件受损（18.18%）、加密文件无法解密（9.09%）；市县级档案馆存在的电子档案质量问题包括不完整（57.14%）、未移交特定格式电子档案的相应软件平台（40.00%）、无法确认真实性（28.57%）、无法读出（22.86%）、压缩文件受损（22.86%）、加密文件无法解密（8.57%）。可以看出不完整、未移交特定格式电子档案的相应软件平台、无法确认真实性居质量问题前三位。2012 年的调查显示备份、可读性检查、载体更新等日常性维护工作普及率不高❷，且根据著者经过多方访谈得出的访谈报告，已有不少单位开展这些日常维护性工作，却将此尤其是载体的选择与更新作为长期保存工作的全部，从而忽略了更为核心的真实性、完整性、可用性和安全性维护工作。

---

❶ 张静，王梦瑶，单嵩岩，等. 磁光电混合存储在数字档案资源长期保存中的应用研究 [J]. 图书情报工作，2020（20）：89-95.

❷ 刘越男，祁天娇. 我国省级、副省级档案馆电子文件接收及管理情况的追踪调查 [J]. 档案学通讯，2014（6）：10-15.

1.3.5 数据化、知识化、智能化成为当代数字档案馆建设重点

数字档案馆建设的下一个重点是什么？在传统载体档案数字化和原生性电子档案接收进馆后，尤其是数字档案数据量不断增加的情况下，数字档案馆建设如何回应时代对于数据资源开发利用的需求？在此背景下，2013年被提出的智慧档案馆重新成为热门话题。如果说当年智慧档案馆是泛在网络的背景下提出来的，强调的是云计算和物联网技术的应用。❶ 那么在数据作为新型生产要素的今天，智慧档案馆中的智慧则更多以数据智能为核心。从数字化、数据化、知识化到智能化，是通向智慧档案馆的必由之路。数字档案馆建设路径如图1-3-2所示。

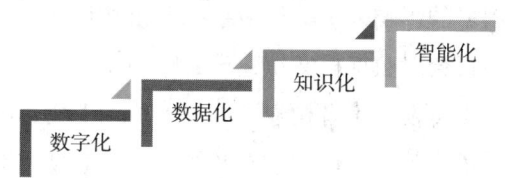

图1-3-2 数字档案馆建设路径

所谓数据化是一项数据处理工作，指将档案信息由机器不可分析到可分析的转化过程，其结果是档案信息经过处理后变成机器可识别、可分析、可计算的数据，数据化意味着档案数据的颗粒度不断细化。数据化主要包含结构化和量化两个子过程。所谓结构化，是指根据不同的应用需求对信息进行解构和定义的过程，结构化允许机器通过数据定义部分地理解并处理信息内容。所谓量化，是指在结构化的基础上进一步对数据进行特征提取，使之能够被机器理解和计算。数字档案馆中大量原文信息为图片形式的扫描件或是版式格式的电子档案，元数据信息较为简单，粗略地描述数字档案的基本信息，普遍没有达到深化内容描述的程度，不便于计算机分析和计算，需要进行识别、描述、解构，激活数据。著者认为，数据化将是未来一个阶段数字档案馆建设的重点工作之一。

所谓知识化是一项融合了数据处理和数据服务的工作。数据化将粗颗粒的、难以分析的档案转变为细粒度的、可以分析和计算的数据，知识化则根据用户的需求，将用户需求与所需数据关联起来，实现知识服务。这里可以细分为两个动作：一是建立数据与数据的关联，在多份档案数据化结果中建立关联，比如关于某个人物、事件、项目、设备或/和专业等的相关数据，在关联中发现知识；二是建立知识和用户的关联，根据用户的需求将知识发送或推送给相关用户。

所谓智能化是指机器参与档案管理和服务决策的工作。智能化既可以在基础性

---

❶ 杨来青，徐明君，邹杰. 档案馆未来发展的新前景：智慧档案馆［J］. 中国档案，2013（2）：68-70.

的档案管理工作业务中实现，比如智能接收、智能价值鉴定、智能分类、智能标注等；也可以在档案开发利用中实现，比如智能开放鉴定、智能编研、智能推荐、智能检索、智能问答等。大数据时代的人工智能技术，以海量的可计算的数据为前提，因此，档案智能化以数据化、知识化为基础。只有从大量的数据、知识中习得规则，机器才能利用学习而来的规则进行决策，从而起到辅助决策进而在部分场景中替代人工决策的作用。

1.4 影响数字档案馆建设战略的重要生态因子

著者侧重从外部因素的影响入手分析数字档案馆建设战略，一个不可避免需要回答的问题就是哪些因素会对数字档案馆建设战略的制定和实施产生影响。从数据资源流动的基本业务逻辑出发，著者构建了如图1-4-1所示的数字档案馆生态系统。数据资源、数据技术、数据主体和数据政策是影响数字档案馆建设战略的四大生态因子。

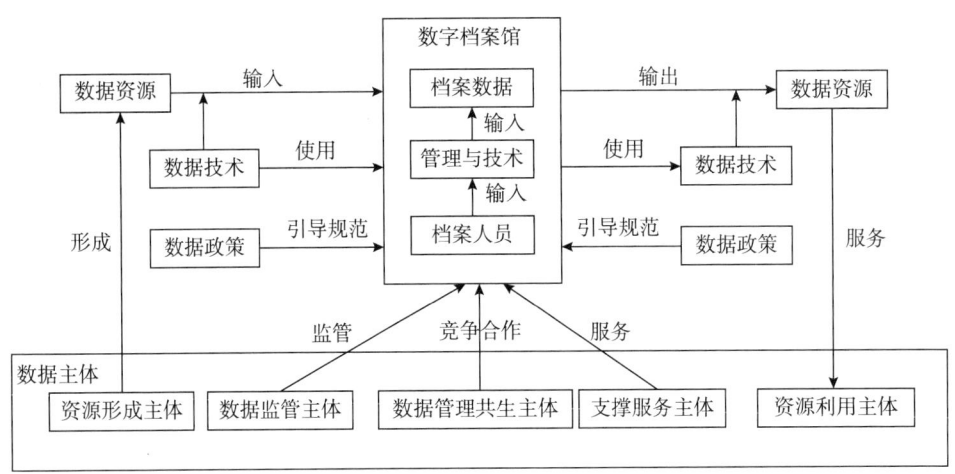

图1-4-1 数字档案馆生态系统

1.4.1 数据资源

数据资源是数字档案馆管理和提供利用的对象，但它既不是由档案部门自己产生的，也不是由档案部门自行利用的，而是由机关、团体、企业、事业单位和个人等资源形成主体产生，由机关、团体、企业、事业单位和个人等资源利用主体利用。数据资源本身的数量、形态、类型等特性将对数字档案馆管理对象的输入和利用对象的输出产生最基本的影响。

就数据资源的数量而言，联合国官方网站指出"世界上的数据量呈指数增长，约90%的数据是过去两年创造的，预计数据量每年将增长40%"。❶ 希捷科技与国际数据公司（IDC）预计，2025年全球的数据量将是2016年数据量的10倍，达到163ZB。❷ 这预示着数据资源的数量正以惊人速度增长。以政府数据为例，李克强同志曾指出"80%的信息资源掌握在政府手里"。❸ 近年来，在一系列国家政策的推动下，政府信息资源得到了更大程度的重视，政务数据逐步被发现、被解放并且被政府和社会开发和利用。有报道称："阿里巴巴的数据容量也就是100PB左右，而仅一个北京市政府就拥有几百个PB的数据容量，相当于10个阿里巴巴"。❹ 2016年，中央部委和省级政务部门主要业务信息化覆盖率超过90.8%，地市级超过76.8%。❺ 保守估算，全国的政府数据至少有数百个阿里巴巴集团控股有限公司（以下简称"阿里巴巴"）的体量，若进馆数据仅以1%来计算，那么档案馆的数据量也要达到EB级别。而根据国家档案局的统计，截至2020年年底，全国档案馆馆藏电子档案1387.5TB❻，刚刚达到个位数的PB。可见大量的电子数据并未被纳入数字档案馆之中。这和本章第1.3.3节的调查结论是高度吻合的。面对即将到来的进馆数据大潮，数字档案馆需要在系统、业务、服务等各个方面做好准备。

就数据资源的类型而言，越来越多的新增数据是过去没有的新型形式，换而言之，这些新增数据是无法直接打印输出的数据对象，比如机器自动采集的科学观测数据、关系复杂的社交媒体数据、内容极为丰富的三维（3D）数据等，这些新型的待归档对象可能具有结构化程度高、包含动态内容、对软硬件依赖大、容量大、关系复杂等特点。钱毅将之归纳为"数据态"❼，与内容静态、容量小、独立性强的非结构化文档的"数字态"相对立。数据资源类型复杂的特点对数字档案馆资源收集工作带来的直接影响就是，数字档案馆有条件接收哪些数据？在著者调研的过程中，某地方档案信息化实践知名专家指出，当今形势下数字档案馆建设最应该思考的问题就是档案大数据的接收问题，仅以目前的技术能力，数字档案馆无法管理复杂的、对原系统依赖程度高的数据对象，尤其是那些结构化数据。这呼唤着档案

---

❶ 刘越男. 数据管理大潮下电子文件管理的挑战与对策 [J]. 北京档案，2021 (6): 4-9.
❷ 2025年全球数据将攀升至163Z 10倍的数据增长来源于哪? [EB/OL]. (2017-05-11) [2021-02-25]. https://www.51cto.com/article/539376.html.
❸ 翟磊. 李克强：推动政府信息共享、打破"信息孤岛" [EB/OL]. (2016-05-26) [2017-09-09]. http://news.ifeng.com/a/20160526/48853032_0.shtml.
❹ 搜狐网. 国家出大数据纲要 北京政府数据相当于10个阿里 [EB/OL]. [2017-09-08]. http://www.sohu.com/a/30733593_114885.
❺ 国务院. 国务院关于印发"十三五"国家信息化规划的通知 [EB/OL]. (2016-12-27) [2021-07-17]. http://www.gov.cn/zhengce/content/2016-12/27/content_5153411.htm.
❻ 国家档案局政策法规司. 2020年度全国档案主管部门和档案馆基本情况摘要（二）[EB/OL]. (2021-08-06) [2022-01-25]. https://www.saac.gov.cn/daj/zhdt/202108/6262a796fdc3487d93bfa7005acfe2ae.shtml.
❼ 钱毅. 技术变迁环境下档案对象管理空间演化初探 [J]. 档案学通讯，2018 (2): 10-14.

界拿出能真正解决大容量、多类型电子档案的长期保存问题的策略。

1.4.2 数据技术

如上文所述,"技术赋能"是生态系统视角的重要体现之一。数据技术也是影响数字档案馆建设战略的重要生态因子。当下信息技术的发展和应用具有全面性、基础性、融合性和颠覆性等特点。数据技术发展迅猛,不断涌现和迭代,从对数字档案馆的支持作用出发,可以简单将数据技术分为两个大类。

一是数字档案的形成管理技术。由于业务活动复杂多样,因此很难简单地归纳形成档案的业务系统所使用的技术。从系统建设和实施模式来看,数据形成的技术环境从单机构独立系统向多机构统一系统转变,伴随着系统建设统一性的是数据存储和维护的集中。《国家发展改革委关于印发"十三五"国家政务信息化工程建设规划的通知》中明确指出:"将'大平台、大数据、大系统'作为较长一个时期指导我国政务信息化建设的发展蓝图"。就技术本身而言,数据的集中存储带动了数据仓库、数据湖、数据中台等大规模异构数据管理新技术的发展,为数字档案馆的数据管理和维护提供了更多的技术支撑。就技术应用后果而言,数据形成平台化一方面可能简化归档系统的接口,化多接口为单接口;而平台往往更为重视数据的留存,很多系统对于数据采用了毫无筛选的保留,或者仅按时间脱机保存历史数据的做法,造成数据已经留存的印象,对于专业化的数据归档,尤其是移交进入专门的数字档案馆系统加以维护,造成了不利的影响。

二是数字档案保存和开发技术。这类技术为数字档案馆所用,具有比较鲜明的档案应用特色。其中,数据开发技术包括可用于非结构化文档的转录识别、自动标注、文本分析、知识图谱等,这些技术正在被档案界重点关注。长期保存技术主要包括真实性维护技术,例如数字签名、数字摘要、时间戳、区块链等;可读性维护技术,例如格式转换、仿真、迁移、元数据封装、载体更新等。长期保存技术历来为数字档案馆建设者所重视。这些技术相互叠加融合,呈现一幅非常复杂的图景。

数据技术与数据资源、数据主体等生态因子高度相关。数据资源需要使用与资源特点匹配的技术加以管理、维护和开发利用,唯有技术掌握者才能掌控资源。因此,新兴数据管理部门都是技术实力雄厚之主体,包括第三方内容服务商、大数据中心、科学数据中心等。

1.4.3 数据主体

从数据形成到处置的流动过程来看,数据主体主要包括三个层次、五大主体。

一是监管层次的数据监管主体,主要分为档案主管部门和其他主管部门两种类型。国家档案局是国家档案事业的主管部门,地方主管部门负责地方档案工作。档案主管部门负责统筹规划数字档案馆建设,制定具体的政策和规范,并承担监督指导和咨询服务的职能。信息化主管部门、电子政务主管部门以及各类业务档案所在专业主管部门等其他主管部门所制定的相关政策规范也将对数字档案馆建设产生不同的影响。

二是数据生命周周期管理层次的三类主体,包括资源形成主体、数据管理共生主体和资源利用主体。其中资源形成主体和资源利用主体定位清晰,覆盖范围广。数据管理共生主体则是数字环境下新出现的主体,需要特别引起关注。在手工管理环境下,图书馆、档案部门(档案馆、档案室)以及传统的情报分析机构是集中保管数据的主力军,处于中心位置。随着信息技术的应用,数据管理主体迅速多元化,地方政府设置的大数据管理机构、第三方信息服务商也承担留存历史数据的任务。根据《工业和信息化部关于工业大数据发展的指导意见》(工信部信发〔2020〕67号)、《关于加快推进国有企业数字化转型工作的通知》等政策,一些企业设置了新型数据管理部门,大力推动数据治理。在此情况之下,档案馆作为数据最终归宿地的核心位置受到了很大的冲击。❶

在政府数据管理领域,据不完全统计,截至2023年年底,全国有29家省级政府设置了数据管理机构,如表1-4-1所示。这些数据管理机构隶属关系并不一致,职责范围也有所区别,但都肩负政府大数据统一管理的职能。在大数据和档案存在交叉关系的背景下,需要建立档案部门与政府数据管理部门的分工协作机制。❷

表1-4-1 省级数据管理机构

序号	地区	名称
1	北京	北京市大数据管理局
2	天津	天津市大数据管理中心
3	河北	河北省大数据中心
4	山西	山西省大数据中心
5	内蒙古	内蒙古自治区大数据中心
6	吉林	吉林省政务服务和数字化建设管理局
7	黑龙江	黑龙江省政务大数据中心

---

❶ 刘越男. 数据管理大潮下电子文件管理的挑战与对策 [J]. 北京档案, 2021 (6): 4-9.
❷ 徐拥军, 张臻, 任琼辉. 国家大数据战略背景下档案部门与数据管理部门的职能关系 [J]. 图书情报工作, 2019 (18): 5-13.

续表

序号	地区	名称
8	辽宁	辽宁省大数据管理中心
9	上海	上海市大数据中心
10	江苏	江苏省大数据管理中心
11	浙江	浙江省大数据发展管理局
12	安徽	安徽省数据资源管理局
13	福建	福建省数字福建建设领导小组办公室（省大数据管理局）
14	江西	江西省大数据中心
15	山东	山东省大数据局
16	河南	河南省大数据管理局
17	湖北	湖北省大数据中心
18	湖南	湖南省政务服务和大数据中心
19	广东	广东省政务服务数据管理局
20	广西	广西壮族自治区大数据发展局
21	海南	海南省大数据管理局
22	重庆	重庆市大数据应用发展管理局
23	四川	四川省大数据中心
24	贵州	贵州省大数据发展管理局
25	陕西	陕西省政务大数据局、陕西省政务大数据服务中心
26	甘肃	甘肃省大数据管理局
27	青海	青海省大数据发展服务中心
28	西藏	西藏自治区大数据中心
29	新疆	新疆维吾尔自治区数字化发展局

在科学数据档案管理领域，全国有 20 家国家级的科学数据中心，管理着国家最重要的新型科技电子文件、电子档案——科学数据，但显然已经和档案部门甚少交集。[1] 著者曾经对国家空间科学数据中心、国家基因组科学数据中心等进行调查，发现这些数据中心技术实力雄厚，掌握了大量有价值的科学数据，这些科学数据也是科技档案的有机组成，可以说科学数据中心也是科研数字档案馆。从档案管理的视角来看，尚存在鉴定机制缺位、长期保存体系有待完善、数据质量存在不足等问

---

[1] 科技部　财政部关于发布国家科技资源共享服务平台优化调整名单的通知 [EB/OL]. (2019-06-11) [2021-05-20]. https：//www.gov.cn/xinwen/2019-06/11/content_5399105.htm.

题，需要建立科学数据和科研档案协同管理的新机制。❶

同为管理者，数字档案馆和其他数据管理机构之间的关系较为敏感，这些技术力量相对强大的数据管理共生主体将与传统档案馆一起承担数字档案馆建设，如何协同将是关键。

三是支撑层次的支撑服务主体，包括提供软件和硬件服务的供应商，提供咨询培训服务的咨询机构、学术组织等。数字档案馆建设若要在数字中国建设中发挥更加强大的专业贡献，离不开规模和能力不断发展的支撑服务主体。

1.4.4 数据政策

鉴于政策强大的引导和制约作用，政策环境一直是生态系统研究的重要内容。其中有两类数据政策对数字档案馆建设战略有深刻的影响。

一是一般性的数据管理政策。随着信息化的推进，尤其是大数据技术的普及，数据的价值认同达到空前的高度，2020年左右，各类相关政策法规以"数据"为主题标识迅速汇拢，数据管理、数据治理成为当代政策的重要内容之一。2020年4月9日，《中共中央 国务院关于构建更加完善的要素市场化配置体制机制的意见》对外公布，数据作为一种新型生产要素写入文件中。2021年6月和8月，《数据安全法》《个人信息保护法》❷先后公布，这两部法律旨在保护国家、机构和个人的合法数据权益，从而为数据生产要素作用的发挥保驾护航。2016~2020年，国家先后在政务、科技、工业、文化领域出台数据管理相关政策，包括《国务院关于印发政务信息资源共享管理暂行办法的通知》（国发〔2016〕51号）、《国务院办公厅关于印发科学数据管理办法的通知》（国办发〔2018〕17号）、《工业和信息化部关于工业大数据发展的指导意见》（工信部信发〔2020〕67号）、《关于做好国家文化大数据体系建设工作的通知》（文改办发〔2020〕3号）等，推动各行各业数据管理的发展。❸

二是专门性的档案信息化政策，主要包括国家档案局颁布的相关部门规章、规范性文件，以及档案信息化建设方面的国家标准、行业标准等。据不完全统计，截至2023年年底，我国颁布数字档案管理的法规规章有4部，规范性文件有9部，国家标准有25部，档案行业标准有34部，具体如表1-4-2所示。从内容来看，这些政策包括管理通则、术语、元数据等基础性政策；电子文件归档与电子档案管

---

❶ 王宁，刘越男. 档案学视角下的科学数据管理：基于国际组织相关成果的研究 [J]. 图书情报工作，2021（5）：88-97.

❷ 为表述简洁，在不影响读者理解的情况下，本书中有我国法律文本直接使用简称，其完整表述前面应有"中华人民共和国"。——编辑注

❸ 刘越男. 数据管理大潮下电子文件管理的挑战与对策 [J]. 北京档案，2021（6）：4-9.

理和档案数字化等业务类政策,其中,电子文件归档与电子档案管理涵盖档案管理、利用服务、长期保存等内容,电子公文、电子邮件、数码照片、政务事项电子文件、网页等电子文件类型,长期保存规范相对偏重格式要求,档案数字化规范相对完备;应用系统、设备与载体类、技术等系统与技术类政策,其中《电子档案管理系统通用功能要求》(GB/T 39784—2021)是专门针对数字档案馆系统的标准,载体规范中光盘规范居多;以评估与认证为主的监督类标准包括侧重于人员专业能力评估国家标准《电子文件管理能力体系 第一部分:通用要求》(GB/T 39755.1—2021)和《电子文件管理能力体系 第二部分:评估规范》(GB/T 39755—2021),专门面向系统评估的国家标准《电子文件系统测试规范 第2部分:归档管理系统功能符合性测试细则》(GB/T 31021.2—2014),以及专门面向电子文件质量的检测标准《文书类电子档案检测一般要求》(DA/T 70—2019)。我国的档案信息化政策日益完善,但在长期保存整体性管理、档案数据化和知识化等方面依旧有较大的发展空间。后续章节将结合这些政策分析其对数字档案馆建设的具体影响。

表1-4-2 我国档案信息化相关制度规范

一级分类	二级分类	标准号	标准名称	编制时间
基础类	管理通则	(党内法规)	《电子文件管理暂行办法》	2009年
		GB/Z 32002—2015	《信息与文献 文件管理工作过程》分析	2015年
		GB/T 34112—2022	《信息与文献 文件(档案)管理体系 要求》	2017年
		GB/T 26162—2021	《信息与文献 文件(档案)管理 概念与原则》	2021年
		DA/T 97—2023	《电子档案证据效力维护规范》	2023年
	术语	DA/T 58—2014	《电子档案管理基本术语》	2014年
		GB/T 34110—2017	《信息与文献 文件管理体系 基础与术语》	2017年
	元数据	DA/T 46—2009	《文书类电子文件元数据方案》	2009年
		DA/T 48—2009	《基于XML的电子文件封装规范》	2009年
		GB/T 26163.1—2010	《信息与文献 文件管理过程 文件元数据 第1部分:原则》	2010年
		DA/T 54—2014	《照片类电子档案元数据方案》	2014年
		DA/T 63—2017	《录音录像类电子档案元数据方案》	2017年

续表

一级分类	二级分类		标准号	标准名称	编制时间
业务活动类	电子文件归档与电子档案管理	归档管理与移交	GB/T 17678.1—1999	《CAD电子文件光盘存储、归档与档案管理要求 第一部分：电子文件归档与档案管理》	1999年
			GB/T 17678.2—1999	《CAD电子文件光盘存储、归档与档案管理要求 第二部分：光盘信息组织结构》	1999年
			DA/T 32—2021	《公务电子邮件归档与管理规则》	2005年制定，2021年修订
			（规范性文件）	《电子档案移交与接收办法》	2012年
			DA/T 50—2014	《数码照片归档与管理规范》	2014年
			（部门规章）	《会计档案管理办法》	2015年
			（规范性文件）	《企业电子文件归档和电子档案管理指南》	2015年
			（规范性文件）	《建设项目电子文件归档和电子档案管理暂行办法》	2016年
			GB/T 18894—2016	《电子文件归档与电子档案管理规范》	2016年
			（部门规章）	《机关档案管理规定》	2018年
			（部门规章）	《电子公文归档管理暂行办法》	2018年
			DA/T 80—2019	《政府网站网页归档指南》	2019年
			DA/T 85—2019	《政务服务事项电子文件归档规范》	2019年
			GB/T 39362—2020	《党政机关电子公文归档规范》	2020年
			DA/T 88—2021	《产品数据管理（PDM）系统电子文件归档与电子档案管理规范》	2021年
			DA/T 92—2022	《电子档案单套管理一般要求》	2022年
			DA/T 94—2022	《电子会计档案管理规范》	2022年
			DA/T 93—2022	《电子档案移交接收操作规程》	2022年

续表

一级分类	二级分类		标准号	标准名称	编制时间
业务活动类	电子文件归档与电子档案管理	利用服务	GB/T 23286.1—2009	《文献管理 长期保存的电子文档文件格式 第1部分：PDF 1.4（PDF/A-1）的使用》	2009年
		长期保存	GB/Z 23283—2009	《基于文件的电子信息的长期保存》	2009年
			DA/T 47—2009	《版式电子文件长期保存格式需求》	2009年
			GB/T 32010.1—2015	《文献管理 可移植文档格式 第1部分：PDF 1.7》	2015年
			GB/T 33190—2016	《电子文件存储与交换格式 版式文档》	2016年
			DA/T 73—2019	《档案移动服务平台建设指南》	2019年
			DA/T 75—2019	《档案数据硬磁盘离线存储管理规范》	2019年
			DA/T 82—2019	《基于文档型非关系型数据库的档案数据存储规范》	2019年
	档案数字化		DA/T 43—2009	《缩微胶片数字化技术规范》	2009年
			（规范性文件）	《档案数字化外包安全管理规范》	2014年
			DA/T 52—2014	《档案数字化光盘标识规范》	2014年
			DA/T 31—2017	《纸质档案数字化规范》	2017年
			DA/T 62—2017	《录音录像档案数字化规范》	2017年
			DA/T 71—2018	《纸质档案缩微数字一体化技术规范》	2018年
			DA/T 77—2019	《纸质档案数字复制件光学字符识别（OCR）工作规范》	2019年
			DA/T 68.2—2020	《档案服务外包工作规范 第2部分：档案数字化服务》	2020年

续表

一级分类	二级分类	标准号	标准名称	编制时间
系统与技术类	应用系统	（规范性文件）	《数字档案馆建设指南》	2010 年
		GB/T 29194—2012	《电子文件管理系统通用功能要求》	2012 年
		DA/T 56—2014	《档案信息系统运行维护规范》	2014 年
		GB/T 31914—2015	《电子文件管理系统建设指南》	2015 年
		GB/T 31913—2015	《文书类电子文件形成办理系统通用功能要求》	2015 年
		（规范性文件）	《企业数字档案馆（室）建设指南》	2017 年
		GB/T 34840.1—2017	《信息与文献 电子办公环境中文件管理原则与功能要求 第1部分：概述和原则》	2017 年
		GB/T 34840.2—2017	《信息与文献 电子办公环境中文件管理原则与功能要求 第2部分：数字文件管理系统指南与功能要求》	2017 年
		GB/T 34840.3—2017	《信息与文献 电子办公环境中文件管理原则与功能要求 第3部分：业务系统中文件管理指南与功能要求》	2017 年
		GB/T 39784—2021	《电子档案管理系统通用功能要求》	2021 年
	设备与载体	DA/T 38—2021	《档案级可录类光盘 CD-R、DVD-R、DVD+R 技术要求和应用规范》	2008 年制定，2021 年修订
		GB/T 33189—2016	《电子文件管理装备规范》	2016 年
		DA/T 74—2019	《电子档案存储用可录类蓝光光盘（BD-R）技术要求和应用规范》	2019 年
		DA/T 74—2019	《电子档案存储用可录类蓝光光盘（BD-R）技术要求和应用规范》	2019 年
		DA/T 83—2019	《档案数据存储用 LTO 磁带应用规范》	2019 年

续表

一级分类	二级分类	标准号	标准名称	编制时间
系统与技术类	技术	DA/T 53—2014	《数字档案COM和COLD技术规范》	2014年
		DA/T 57—2014	《档案关系型数据库转换为XML文件的技术规范》	2014年
		DA/T 95—2022	《行政事业单位一般公共预算支出财务报销电子会计凭证档案管理技术规范》	2022年
信息安全类	安全管理	（规范性文件）	《档案信息系统安全等级保护定级工作指南》	2013年
		（规范性文件）	《档案信息系统安全保护基本要求》	2016年
监督类	系统评估	GB/T 17679—1999	《CAD电子文件光盘存储归档一致性测试》	1999年
		（规范性文件）	《数字档案馆系统测试办法》	2014年
		GB/T 31021.2—2014	《电子文件系统测试规范 第2部分：归档管理系统功能符合性测试细则》	2014年
	能力评估	DA/T 70—2018	《文书类电子档案检测一般要求》	2018年
		GB/T 39755.1—2021	《电子文件管理能力体系 第1部分：通用要求》	2021年
	质量检测	GB/T 39755.2—2021	《电子文件管理能力体系 第2部分：评估规范》	2021年

1.5 生态系统视角下数字档案馆的定位

1.5.1 历史业务数据的最终维护者

根据《档案法》第十条规定："中央和县级以上地方各级各类档案馆，是集中管理档案的文化事业机构，负责收集、整理、保管和提供利用各自分管范围内的档案。"档案馆也被视为档案数据的最终归宿地，承担维护档案数据的法定职责。而档案是各类业务活动的真实的、有价值的历史记录，因此档案馆也是历史业务数据的法定维护者。

在信息化背景下，由于数据价值得到越来越多的认同，有意识留存历史数据或者无意识清理历史数据的行为也越来越普遍，造成的结果就是除了档案馆，还有越来越多元化的主体同时在承担历史数据维护工作，形成很多事实上的数字档案馆。其中既有国家和各单位建设的各类数据中心，也有商业机构。但是，不是所有历史数据留存者都有永久守护档案的专业责任，也并非要将这些非档案专业力量主导的数字档案馆建设排除在外，而是希望通过专业知识的传播、发展和主体协同，带动各类数字档案馆建设，提升数字档案馆建设的专业化水平，共同承担好历史业务数据的最终维护任务。

1.5.2 记忆信息资产的专业管护者

档案素有业务凭证和记忆载体的美誉。这两个美誉也是二位一体的，因为真实记录了业务活动，因而成为业务凭证；因为业务信息的凭证特性，因而成为真实的历史记忆。20世纪80年代开始，社会学、历史学、人类学等学科关于社会记忆问题的研究逐渐兴起，形成了不同的理论派别。不管理论上社会记忆需要建构还是解释，都离不开承载记忆的媒体，这个媒介可能是集体纪念仪式、口头传播实践，更可能是以档案图书为主体的历史文献。❶ 因为档案和记忆之间的天然联系，数字时代的档案自然以数字记忆的方式呈现。通过数字化形式的档案以及相关信息资源，在网络空间表征社会记忆、文化记忆的各要素，成为数字时代档案工作者的专业阵地。❷

档案和记忆之间的关系不仅经学术界的深入挖掘，而且得到国际组织的正式认同。联合国教育、科学及文化组织在2011年11月于法国巴黎召开的第三十六届大会上，正式通过国际档案理事会发起的《世界档案宣言》，也称《共同档案宣言》。该宣言指出："档案是决策、行动和记忆的记录。档案是代代相传的独特且不可替代的遗产……档案守护并服务于个人和集体的记忆，在社会发展中扮演重要角色。"❸ 数字档案馆通过专业化管护工作守护并服务于个人和集体的数字记忆。可以想象，数百年之后，未来的人们若要回顾当代中国的基本面貌，重温数字中国的集体记忆，那么数字档案馆将是其首当其冲的记忆之场。

---

❶ 高萍. 社会记忆理论研究综述 [J]. 西北民族大学学报（哲学社会科学版），2011（3）：112-120.
❷ 冯惠玲. 数字记忆：文化记忆的数字宫殿 [J]. 中国图书馆学报，2020（3）：4-16.
❸ 联合国教育、科学及文化组织. 世界档案宣言 [EB/OL]. (2011-10-26) [2022-01-25]. https://unesdoc.unesco.org/ark:/48223/pf0000213423_chi.

1.5.3 活态数字文化的自觉传播者

如果说"历史业务数据的最终维护者"和"记忆信息资产的专业管护者"偏重的是档案馆的保管维护职能的话，那么"活态数字文化的自觉传播者"则更强调其利用服务职能。从1987年通过《档案法》开始，档案馆就是法定的文化事业单位。档案是经过挑选的、对于国家和社会具有保存价值的信息资源。各级各类数字档案馆的数字档案资源库是数字文化资源库的有机组成，通过数字形态的档案信息服务，在数字空间传播优秀的中华文化、机构文化、企业文化等。之所以称数字档案馆传播的数字文化为"活态"，是因为数字档案馆的馆藏来源是源源不断的，不仅包含历史材料的数字化版本，而且包括现行机构的电子档案，是生长着的精品文化资源。

2011年，《文化部 财政部关于进一步加强公共数字文化建设的指导意见》（文社文发〔2011〕54号）发布，旨在推进公共数字文化惠民工程，打造基于新媒体的服务新业态。《中华人民共和国国民经济和社会发展第十四个五年规划和2035年远景目标纲要》明确提出"文化强国"目标，设置"发展社会主义先进文化 提升国家文化软实力"专门篇章，要求"发展档案事业"。在技术赋能之下，文化资源的价值也更为多元化，公益价值和商业价值相互激发，数字文化产业成为引领经济增长的重要引擎，正处于"爆发式增长前夜"[1]。在此背景下，数字档案馆一方面要注意和搜索引擎、视频App、直播平台、社交媒体平台等其他大众文化传播渠道的衔接，同时加强服务的覆盖面和渗透性；另一方面也要更加注重服务的公正透明，维护个人和机构的合法权益。

1.6 数字档案馆建设战略研究框架

1.6.1 研究框架的构成

综上，数字档案馆在数字中国生态系统中的基本定位就是由档案专业力量领衔的数据保存和服务方。数字档案馆的生命力就在于其随着数字时代不断发展的档案专业的生命力。在广泛互联、技术赋能、共生协同、动态演进的生态系统研究视角下，面对数据资源、数据技术、数据主体和数据政策的影响，数字档案馆在哪些方面需要加强自己的专业能力建设，就是事关全局的战略性问题。

---

[1] 石勇，秦煦. 我国数字文化产业处于爆发式增长前夜［EB/OL］. （2021-09-26）［2022-01-25］. http://www.counsellor.gov.cn/2021-09/26/c_1211387272.htm.

著者对图 1-4-1 的数字档案馆生态系统进行适当改造，形成如图 1-6-1 所示的数字档案馆建设战略研究框架。主要变化体现在两个方面：其一，从注重外部影响到注重数字档案馆内部建设，图 1-4-1 的焦点在于数字档案馆所处的生态系统环境，而图 1-6-1 的核心是受生态系统影响的数字档案馆，著者将图 1-4-1 所示"数字档案馆"中的"管理与技术"拆分为"管理业务"和"系统技术"两个层次；其二，将数据政策中的专门性政策拆分为法规标准和审核评估两个方面，前者侧重于对数字档案馆建设予以规范，后者则对数字档案馆建设是否满足规范要求进行检查。

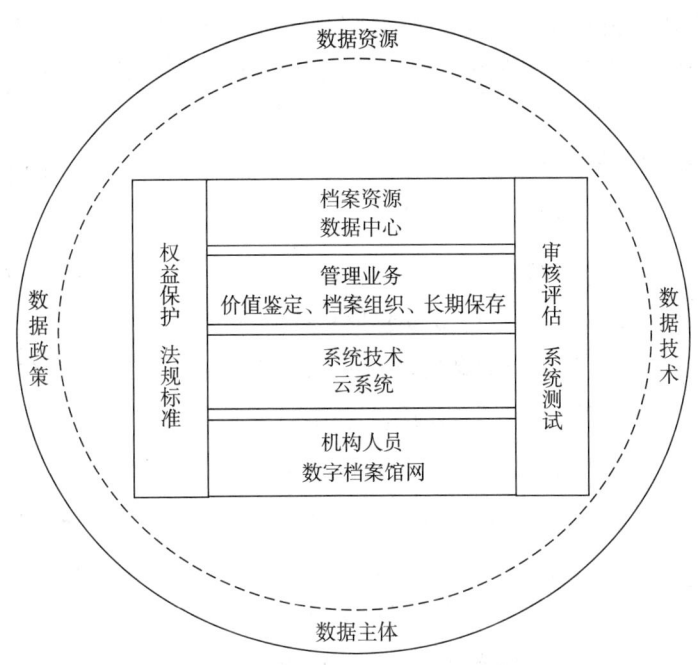

图 1-6-1　数字档案馆建设战略研究框架

整个研究框架反映的是一个基本的事实：档案专业机构和人员通过系统技术开展档案管理业务，并通过法规标准和审核评估两类举措实现档案资源的真实、完整、可用和安全。资源、业务、系统和组织四类要素，法规标准和审核评估两种保障是捕捉数字档案馆建设战略问题的基本框架。

1.6.2　重点研究的战略性问题

按照图 1-6-1 所示的数字档案建设战略研究框架，著者提出以下八个方面战略性问题的思考，其中，挑战与变革是思考的两大核心。

一是数字档案馆网的布局问题。档案资源的布局决定了档案馆网的布局，对于数字档案管理而言，数字档案馆网的设置是根本性问题之一。第 2 章"共治机制创新——协同治理理念下我国数字档案馆网建设规划"从我国数字档案资源和管理机构的现状出发,明确数字档案资源建设和管理面临的主要挑战、数字档案管理思维转型的需求和管理机制转变的现实,从协同治理视角设计数字档案馆网建设规划的思路和馆网建设机制。

二是数字档案价值鉴定问题。档案鉴定作为数字档案馆的核心业务功能之一,决定着档案的"生死存亡",是开展档案移交接收和资源建设的基础和前提。第3章"档案业务变革(一)——大数据环境下档案鉴定方法的挑战与战略性变革"从大数据时代档案鉴定面临着前所未有的冲击与挑战出发,立足新技术发展背景,探讨大数据时代档案鉴定工作的发展趋势和方向,分析与档案鉴定相关的新技术、理念变革、方法变革、实践案例和保障策略,着重讨论人工智能技术在档案价值鉴定中的可能应用。

三是数字档案组织问题。信息组织是档案学的核心议题之一,来源原则、全宗理论等档案学基础理论都是关于档案组织的理论。档案组织经历了从档案实体组织、档案信息组织、网络档案信息组织到档案知识组织等发展阶段,数字档案馆下个阶段重点任务就是——知识化,即档案知识组织。第4章"档案业务变革(二)——数据资产视角下档案组织方法的挑战与战略性变革"从数据资产管理的视角出发审视当前档案组织面临的困境与挑战,提出档案资源组织变革的新思路、新理念、新方法,基于实践案例分析提出档案组织变革的保障机制。

四是数字档案长期保存问题。长期保存是数字档案馆的基本使命。数字档案长期保存是一个注重体系性、策略性、历时性的活动,需要应对来自技术过时、管理失当、工具缺失等诸多风险。第5章"档案业务变革(三)——数字档案长期保存的挑战与方法体系构建"从数字档案长期保存的挑战出发,构建起技术策略和技术工具相互配套的方法体系,并探讨责任机制完善、标准体系建设等数字档案信息长期保存方法保障之道。

五是云计算环境下的数字档案馆系统建设问题。云计算的出现重塑了档案赖以生存的信息技术生态环境,云数字档案馆作为云计算环境下数字档案馆系统建设的新形式,将逐渐成为下一代数字档案馆建设和发展的新取向。第6章"系统建设变革——云计算环境下的数字档案馆系统建设及风险控制"遵循"为什么—是什么—怎么样"的基本思路,阐述云数字档案馆建设的动因、框架体系、建设模式、关键瓶颈和推进策略。

六是数字档案资源共享利用中的权责规制问题。档案数据的开放、利用和开发过程中,为档案数据赋权亦会成为档案数据实际应用的必然要求。第7章"数据权益均衡——数字档案馆资源共享利用中的权责规制"聚焦数字环境下档案数据权利的均衡配置，分析档案数据共享利用中的权责失衡问题及原因，探索档案数据权益的均衡之道，以期在法理层面促进数字档案馆生态系统各方主体的和谐共处。

七是数字档案馆评估测试问题。评估和测试是检验档案工作质量的重要手段，有助于促进数字档案馆建设规范化、增强数字档案馆建设能力以及推动先进经验共享。第8章"能力建设评价——数字档案馆的综合评估与系统测试"分别阐述数字档案馆成熟度模型及其应用，以及数字档案馆系统测试工作，并探讨两项工作整合的可能性。

八是档案数据中心建设问题。在数字转型走向纵深的当今社会，数据已然成为一种战略性生产要素。档案数据中心作为数据时代数字档案馆系统迭代升级的产物之一，在档案数据的统一归集、集成管理、协同共享、智慧服务中扮演着重要角色。第9章"技术赋能——我国档案数据中心发展与建设"聚焦技术赋能背景下的档案数据中心建设，探讨档案数据中心的内涵与特征、目标和定位、关键技术、整体框架及其实现路径和方法。

在以上八个方面的战略性问题中，数字档案馆网建设位于"机构人员"层次，关系到数字档案馆的整体布局；数字档案价值鉴定、数字档案组织、数字档案长期保存位于"管理业务"层次，是数字档案馆建设的核心业务；云计算环境下的数字档案馆系统建设位于"系统建设"层次；其他三个问题都属于多层次交叉性问题，其中数字档案权责规制为"管理业务"层次和"法规标准"保障措施的交叉，着重探讨开发利用业务的政策保障问题；数字档案馆评估测试为"系统技术"层次和"审核评估"保障措施的交叉，着重探讨以数字档案馆系统测试为中心的综合评估工作；而档案数据中心则是"档案资源"层次与"系统建设"层次的交叉，以档案资源汇聚为主要特征，以强大的系统技术为保障，并带动管理业务和机构人员的改革，是一个综合性的、面向未来的研究议题。

第 2 章
共治机制创新
——协同治理理念下我国数字档案馆网建设规划

在数字时代，数字档案馆是一种新型的档案管理模式，是档案学专业的重要知识领域，也是档案馆的主要发展方向，关系到档案馆在档案事业中的主体地位及其功能的发挥。[1] 从广域数字档案馆建设的视角，著者将数字档案馆网的建设目标定位为全国范围内馆际和馆室间数字档案资源的互联互通、数据充分共享和业务的有效协作，实现全国数字档案资源广泛互联的"虚拟化""网络化""平台化"联结。基于这一目标，本章将从我国数字档案资源和管理机构的现状出发，明确数字档案资源管理面临的主要挑战、数字档案管理思维转型的需求和管理机制转变的现实，从协同治理视角设计数字档案馆网建设规划的思路和馆网建设机制。

2.1 我国数字档案资源管理面临的挑战

2021年6月9日，中共中央办公厅、国务院办公厅印发的《"十四五"全国档案事业发展规划》明确提出了"加强国家档案数字资源规划管理，逐步建立以档案数字资源为主导的档案资源体系"的目标，实现从模拟向数字、从双轨向单轨、从传统向现代的档案资源管理路径的转变已然迫在眉睫。然而，我国数字档案在技术环境不断迭代更新的背景下，资源分布日益呈现新的发展趋势，迫切需要解决集中管控难、管理能力与管理需求不适配和数字档案馆建设基础薄弱等主要挑战。

2.1.1 新技术环境下数字档案资源分布呈现新趋势

大数据、云计算、区块链、移动互联等新一代突破性信息技术充分赋能了社会发

---

[1] 金波. 档案学导论[M]. 上海：上海大学出版社，2018：325.

展,成为数字政府、数字经济、数字社会建设发展的强大动能。与此同时,以突破性信息技术应用为特征的新技术环境也给文件档案管理工作带来新的变化。一方面,新技术环境导致生成电子文件的业务系统更多表现数据驱动的特点,数字档案资源规模急剧扩增;另一方面,进一步加剧了数字档案资源的分布化趋势,为数字档案资源的管理拓展了多元环境空间。

2.1.1.1 大数据技术影响下的数字档案资源规模化和多样化

2008年9月,学术期刊《自然》开设大数据(big data)专刊,标志着大数据概念得到学术界的认可。学界对大数据内涵和概念的解读众口不一,但均尝试对大数据基本特征进行概括,包括3V(规模、快速和多样)、4V(规模、快速、多样和价值性)、5V(规模、快速、多样、价值、质量)等几种主要界定。大数据作为一类技术概念在诞生之后的十余年里,受到学界、业界的广泛关注,并日益广泛应用于社会各个行业领域实践。

经过多年发展,大数据技术与相关信息技术的融合应用使得信息生态环境产生巨大变化。在其冲击和影响下,数据作为一种战略性资源的价值日益得到重视。随着国家大数据战略的推行与社会数字转型的深化,我国数字档案资源对象的生成规模和样态也随之产生了巨大变化:一方面,存量档案数字化程度不断提高,原生性数字档案也呈爆炸式增长。根据《"十四五"全国档案事业发展规划》,到2025年,"我国中央和国家机关传统载体档案数字化率将达到80%,中央企业总部传统载体档案数字化率将达到90%,全国县级以上综合档案馆应数字化档案数字化率将达到80%"。❶ 通过对国家综合档案馆的调查,截至2021年4月,浙江省档案馆接收原生性电子档案的数量已高达7000GB;江苏省档案馆接收原生性电子档案的数量达5万余件。组织机构生成的电子档案数量更为可观,例如,中国石油档案馆在2020年年底之前已累计保管数字档案2.48亿件,归档原生性电子文件4.23亿份,数字档案总量达到了264TB。❷ 另一方面,数据对象日益复杂,数字档案资源样态更加丰富。音视频、社交媒体文件、3D模型、区块链文件等无法在纸张上复现的新型数据等均进入了数字档案的管理范围。❸ 尤其是在部分业务数字化转型加速推进的形势下,诸如电子会计凭证等电子文件直接以数据字段形态生成和归档。在此形势下,数字档案信息管理的颗粒度将进一步细化,管理尺度也将从文件尺度进一

---

❶ 中办国办印发《"十四五"全国档案事业发展规划》[EB/OL]. (2021-06-08) [2021-06-18]. https://www.saac.gov.cn/daj/yaow/202106/899650c1b1ec4c0e9ad3c2ca7310eca4.shtml.

❷ 中国石油档案馆. 这里有一份中石油的"档案",了解一下?[EB/OL]. (2021-02-23) [2021-06-18]. https://www.sohu.com/a/452253046_182865.

❸ 刘越男,杨建梁,何思源,等. 计算档案学:档案学科的新发展 [J/OL]. 图书情报知识: 1-10 [2021-06-23]. http://kns.cnki.net/kcms/detail/42.1085.g2.20210401.1122.002.html.

步降维到数据尺度。❶

2.1.1.2 云计算技术影响下的数字档案资源池化

云计算技术是一种全新的使用计算资源（硬件和软件）的技术模型。2011年，美国发布联邦云计算战略白皮书，其中将云计算定义为"用于实现对可配置计算资源（例如，网络、服务器、存储、应用程序和服务）共享池的按需网络访问服务的模型"。❷ 云计算技术的最终目标是将计算、服务和应用作为一种公共设施提供给公众，使人们能够便捷和低成本地使用计算机资源。2016年，《中华人民共和国国民经济和社会发展第十三个五年规划纲要》提出要加强行业云服务平台建设，支持行业信息系统向云平台迁移。在国家高度支持和技术日益成熟的形势下，越来越多行业领域将业务系统迁至云端，业务数据信息在云端生成成为新的常态。

在这一技术环境影响下，文件档案管理的系统环境也发生显著变化，数字档案资源存储的池化管理特征将更加显著。云计算服务能够改变当前组织的信息基础设施构成和管理方式，同时提供便捷的访问。对于无法负担或维护用于长期保存数字财产的电子基础设施的组织来说，云存储成为一种越来越可行的存储选择。❸ 一方面，大量业务文件在云端生成，导致数字档案的来源就是基于云环境的业务系统，对这一类数字档案资源的管理必然要对接文件生成的云平台环境，考虑池化电子文件的档案化管理问题；另一方面，出于降低基础设施建设成本、提升管理服务效率的动力，档案管理机构越来越多地将数字档案管理系统迁往在云端，实现数字档案资源的集约化存储。

云计算技术影响下的数字档案资源池化管理实质上是对数字档案管理基础设施环境的重构，使得跨机构、跨系统的数字档案资源集中存储、整合共享和服务利用具备了实施条件。但是，存储在云平台上数字档案资源的安全风险防控、服务稳定性、管理权责分配、资源所有权界定和监管审计机制等也成为档案机构面临的新的管理问题。

2.1.1.3 区块链技术影响下的数字档案资源要素保管分化

区块链技术起源于比特币，本质上是一种数据库技术，通过分布式账本存储、智能合约和共识机制等集体维护可靠数据库的技术方案。其最大的特征是不依赖第

---

❶ 钱毅. 技术变迁环境下档案对象管理空间演化初探［J］. 档案学通讯，2018（2）：10-14.

❷ KUNDRA V. Federal Cloud Computing Strategy［EB/OL］.（2011-02-08）［2021-06-19］. https：//obamawhitehouse. archives. gov/sites/default/files/omb/assets/egov_docs/federal-cloud-computing-strategy. pdf.

❸ SHIBAMBU A, NGOEPE M. When rain clouds gather：digital curation of South African public records in the cloud［J］. SA Journal of Information Management，2020，22（1）：1-9.

三方、通过自身的分布式节点进行网络数据的存储、验证、传递和交流。区块链技术在近十年间得到了长足的发展，在金融、知识产权保护、能源、交通、公共管理等多个领域得到了广泛应用。其中，区块链技术也受到文件档案管理领域的密切关注。例如，以不列颠哥伦比亚大学的某研究团队为代表，将区块链视为一类文件档案管理技术，对区块链技术在档案领域的应用价值进行了深入研究；❶ 我国学者刘越男等就对区块链技术对文件管理领域的冲击❷、在数字档案长期保存层面的应用❸及技术和管理的双向思考❹等进行了系列探讨。此外，在实践领域，也有机构已经开展了运用区块链技术在保障文件真实性，解决跨机构信任问题方面发挥作用的探索实践。❺

区块链作为透明可追溯、不可篡改的分布式账本数据库技术，一方面为解决新环境下的文件存储和互信问题提供了解决方案，另一方面也将进一步加剧档案资源的分布化程度，对档案的集中管理产生新的冲击。❻ 数字档案应用区块链技术进行存储的方案主要包括哈希值上链、哈希值和元数据上链以及全文及元数据上链几种主要类型。❼ 基于区块链使用成本和便利性的考虑，当前使用全文和全部元数据上链存储的数字档案管理实践较少见，因此仍以哈希值上链和哈希值同元数据上链为主要实践形式。以上两种上链类型都会导致数字档案构成要素中背景要素和内容要素的分化存储，同时需要由档案机构的管理系统和区块链技术系统共同完成对数字档案的协作管理任务。因此，在区块链环境下的数字档案管理需要解决分化管理所产生的主体间协作、要素关联、完整性保障等管理和技术问题。

2.1.1.4 社交媒体技术影响下的数字档案资源管理平台化

社交媒体是以参与、共有、开放的 Web 2.0 技术为平台的新媒体形态，支持用户逆向上传，改变了传统媒体信息的传播流程，成为近年来社会信息传播交流的主流形式之一。由于社交媒体以用户个人为中心，拥有自发传播的特点，允许用户个人进行信息内容的生产、创造和交流，并且具有实时性、互动性、连通性、开放性

---

❶ LEMIEUX V L, HOFMAN D, BATISTA D, et al. Blockchain technology & recordkeeping [R/OL]. (2019-06-07) [2019-11-02]. http://armaedfoundation.org/wp-content/uploads/2019/06/AIEF-Research-Paper-Blockchain-Technology-Recordkeeping.pdf.

❷ 刘越男. 区块链技术在文件档案管理中的应用初探 [J]. 浙江档案, 2018 (5): 7-11.

❸ 刘越男, 吴云鹏. 基于区块链的数字档案长期保存：既有探索及未来发展 [J]. 档案学通讯, 2018 (6): 44-53.

❹ 刘越男. 区块链技术在文件档案管理中的应用初探 [J]. 浙江档案, 2018 (5): 7-11.

❺ 李春艳, 乔超. 区块链技术在大型企业集团电子文件管理中的应用：以中国石化为例 [J]. 档案学通讯, 2020 (1): 13-20.

❻ 刘越男, 张一锋, 吴云鹏, 等. 区块链技术与文件档案管理：技术和管理的双向思考 [J]. 档案学通讯, 2020 (1): 4-12.

❼ 蔡盈芳. 电子档案管理应用区块链存储方式探析 [J]. 档案学研究, 2020 (4): 104-109.

和社区化等特征，因此社交媒体的发展极为迅速，且普及率极高。❶ 据传播公司 We Are Social 与社交媒体管理平台 Hootsuite 合作发布的《2020 全球数字报告》统计，全球已有 39 亿人社交媒体用户。❷

社交媒体平台不仅是用户社会交往的重要媒介，而且成为越来越多公共和私立机构开展办公活动、进行媒体宣传的业务平台，因此社交媒体平台上产生的大量日常活动的原始记录信息也成为数字档案资源的重要来源。对这类数字档案信息的存储和管理工作引起了档案领域的广泛关注和探讨。但是对大量社交媒体平台产生的社交媒体信息的档案化管理并非易事，传统官方存档机构的介入实践并不理想。例如，著名的美国国会图书馆在 2010 年发起的 Twitter 存档项目，最初是将社交平台 Twitter 上发布的每一条帖子均开展存档，到 2018 年，由于巨大的工作压力和难度，宣布"有选择性地收集社交网络上的内容"❸；2019 年，我国国家图书馆和新浪微博合作，宣布启动互联网信息战略保存项目，旨在建设覆盖全国的分级分布式中文互联网信息资源采集与保存体系，全部保存公开发布的微博❹，但是在信息数据保存方面，该项目采取的也是共建的社会化保存模式，信息数据仍由新浪平台保存和管理，数据的提取和挖掘也是由新浪承担。

在社交媒体技术不断更新迭代、运营平台思维不断深化的形势下，档案机构等传统的官方存档机构直接开展社交媒体信息存档的难度极大，可行性甚微。因此社交媒体平台产生的数字档案由运营平台进行保存和管理将成为主要发展趋势，对社交媒体数字档案信息的保管、管理必然需要采取后保管思维，档案机构迫切需要思考提供专业知识服务的时机和技术空间，进而通过与相关平台及其运营主体的有效协作和构建监管机制来保障社交媒体数字档案资源的科学管理。

2.1.2 资源分布与集中管控要求之间存在冲突

档案机构具有集中管理档案资源的法定职能，尤其是在传统载体档案管理环境下，对档案的保管和管理活动重在通过对载体的维护来保障档案信息的完整、安全。因此，长期以来，档案机构集中管理的专业职能和可信保管能力是其立命于各个时代的根本优势。然而进入数字时代，尤其是在技术环境加速迭代更新的今天，

---

❶ 王雪. 社交媒体的负面评价及对策研究[J]. 新闻爱好者，2019（8）：39-42.
❷ KEMP S. Digital 2020: 3.8 billion people use social media [EB/OL]. (2020-01-30) [2021-06-20]. https://www.socializeagency.com/2020/01/30/digital-in-2020/.
❸ Library of Congress. Library of Congress collections policy statements supplementary guidelines [EB/OL]. (2022-07-01) [2024-01-24]. http://www.loc.gov/acq/devpol/webarchive.pdf.
❹ 国家图书馆. 网络时代记忆 信息协同保存 国家图书馆互联网信息战略保存项目启动[EB/OL]. (2019-04-22) [2021-06-20]. http://www.nlc.cn/dsb_zx/gtxw/201904/t20190422_177892.htm.

对数字档案资源保管和管理的技术要求发生了本质变化，传统的集中保管模式与多样化分布资源难以匹配，使得国家对数字档案资源的集中管控面临巨大挑战。

2.1.2.1 资源分布化与集中管控之间的冲突

在传统环境下，我国部分档案资源就属于分散保管的状态。集中于档案馆（室）保管的档案资源多以通用性档案为主，对各类专用档案的控制较为有限。由于种种客观原因，部分立档单位形成的档案存在归档困难、移交困难、管理困难的现实问题，也是我国档案资源管理的历史性难题。而在数字环境中，档案资源的构成类型更加多样，涵盖非结构化、半结构化和结构化数据等多种类型，同时大数据、云计算、区块链和社交媒体等新一代突破性技术环境进一步加剧了数字档案资源的分布化趋势。据调研，截至 2021 年 5 月，52.38% 省级综合档案馆和 22.73% 市县级综合档案馆已经开展原生性电子档案移交接收工作❶，这意味着在当前我国各级各类综合档案馆中，仍有超过半数的档案馆尚未开展数字档案的接收保管，在已接收保管的数字档案中，以电子公文、音视频档案、数码照片等少部分类型为主，大量专用类档案尚未进入档案馆移交接收的实践范畴。在组织机构层面，信息化水平较高和数字档案管理系统建设较为先进的单位实现了档案系统与通用类业务信息系统［如办公自动化（OA）系统、财务系统、会计系统、合同系统等］及少部分专门业务类信息系统的对接，开展了电子文件的集中归档和管理工作，但与此同时，也有大量业务信息系统产生的具有保存价值的文件、数据仍由业务系统自行保存，尚未开展任何档案化管理和管控措施。当前档案保管机构仅成为少数类型数字档案资源的"集中地"，缺乏对除此之外的大量数字档案资源的控制机制。若不加以主动管控，将不利于从长期发展的角度维护国家宝贵的数字档案资产。

2.1.2.2 保管主体多元与集中管控之间的冲突

随着数字技术环境的变化和社会发展变革，档案保管的参与主体逐渐呈现多元化特征，档案保管主体空间发生显著变化，如图 2-1-1 所示，也使得管理主体关系日益复杂。一方面，数字档案托管成为新兴的档案保管形式。由于数字档案管理对软硬件系统、保管场所及专业人才具有一定的条件要求，集约化的托管是降低成本、提高质量的有效途径之一。❷ 依据《电子发票第三方平台管理办法（试行）》可知，不断兴起的电子发票第三方服务平台可以提供电子发票版式文件的生成（含电子签章）、查询（含存储服务）、打印和交付等基础服务，这些服务实质上承担着对电子发票的全生命周期保管业务。数字档案托管所面临的技术复杂性和管理风

---

❶ 刘越男，王宁，袁焱艳，等. 面向制度构建的我国档案移交接收现状调查与分析 [J]. 档案学通讯，2022（4）：34-40.

❷ 刘越男，梁芙蓉. 国外数字档案托管发展现状及趋势分析 [J]. 档案学通讯，2016（5）：76-81.

险性较高,如何处理好托管机构和委托者之间的关系,建立数字档案托管的最佳实践尤为重要。另一方面,大数据战略下全国各地成立的大数据管理局、数据管理中心以及组织机构内部的数据管理部门等新型数据管理部门成为与数字档案馆具有密切关联的数字信息保管主体。在尚未厘清档案部门与数据管理部门职能范围的形势下,两者在管理对象上存在一定交叉,势必有相当一部分具有保存价值的电子文件以数据形式流向数据管理部门进行保管。档案机构如何协调与这类相关主体的关系,并对其所保管的数字档案资源进行有效管控也是重要的现实课题。

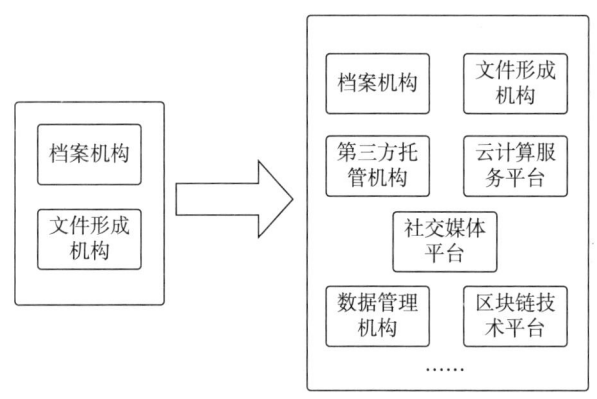

图 2-1-1 档案保管主体空间变化

2.1.3 技术和管理能力与资源管理需求不匹配

20世纪末,随着电子文件的产生和不断增长,国际档案学领域曾就数字档案的保管模式展开激烈的讨论,其中,戴维·比尔曼(David Bearman)等后保管思想家曾提出档案机构放弃对数字档案的保管职能,由具备管理能力的文件形成机构进行管理的理论主张。这一思想的诞生最重要的原因之一就在于档案机构在电子文件管理技术和能力上存在短缺,需要与前端形成机构合作完成对数字档案的全生命周期管理。经过近30年的发展,虽然档案机构对电子文件开展管理的技术能力得到很大程度提升,开展了对一部分数字档案的集中管理,但面对信息技术环境的快速发展变化,其在数字档案资源方面的管理技术和管理能力仍与资源管理的需求不相匹配,存在一定的滞后性。

2.1.3.1 可信管理能力与可信保障需求的不匹配

在传统档案管理环境中,档案机构是档案资源的可信保管中心,受到档案机构妥善保管的档案资源相应便具备了"可信"标签,是发挥凭证和信息价值的可靠记录来源。然而在数字环境下,电子文件的易篡改性更加突出,对电子文件真实、完整、安全、可靠的保障必须与电子文件生成、流转的技术环境相适应,需要建立与数字信息资源相匹配的可信管理能力。如英国国家档案馆（TNA）指出假新闻频出的"后信任"时代，传统信任机构遭受挑战，公众直接信任数字内容几乎是不可能的。❶ 通过云计算、社交媒体运营平台等保存数字档案信息同时也带来了信息安全的不可预测性。区块链技术的出现为数字文件的可信保障提供了新的技术方案，同时冲击了档案机构作为传统可信机构的中心地位，驱使其加快建立对数字档案信息的可信管理能力。

2.1.3.2 长期保存能力与长期可持续保存要求的不匹配

对档案资源开展长期保存在传统档案管理时代就是档案机构最重要的职能。数字档案信息直接产生于人类各项社会活动，是国家的核心信息资源，对数字档案资源的长期保存更是责无旁贷。然而，当前数字档案资源的长期保存也面临着技术、标准、法律、合作和经济等多方面的挑战。据谢永宪等开展的相关调查显示，在我国，仅 42.1% 的档案形成机构数字档案信息完好无损；23.2% 的国家综合档案馆出现了不同类型数字档案信息的受损现象。在技术层面，档案管理系统缺乏长期保存功能，缺少必要的迁移、仿真、备份、格式管理等技术措施，存在载体老化、技术过时等问题；在管理层面，存在数字档案长期保存标准、指南使用率低，资金不足，责任不明确，领导不重视，知识、能力不足等问题。❷ 由此可见，我国档案机构对数字档案开展的长期保存工作形势并不乐观，仍然需要找到有效对策，从根本上解决数字档案信息在长期保存过程中的失存、失用、失效等问题，实现其可持续保存要求的目标。

2.1.3.3 开发利用能力与资源知识服务需求的不匹配

随着大数据技术的深入发展，文本挖掘、数据分析、自然语言处理、知识图谱等数据管护和开发技术日益广泛用于数据资源的管理开发实践，成为提供新型知识化服务的基础。数字档案资源中蕴含着大量有价值的信息，无论是对业务决策的服务，行业形势的预测，还是社会记忆的建构，都具备显著的数据价值。随着社会发展，用户对档案利用的需求也逐渐向知识化的方向转变，对精准定位、背景关联、信息转化等提出更高需求。档案机构也需要在新的利用服务需求下，充分运用知识融合与知识服务理念和技术，对档案信息进行深层次加工和知识组织，以档案利用需求为导向，提供全方位、多层次的个性化档案信息和决策支持服务。然而，当前我国大部分档案机构对档案资源的管理利用仍然停留在实体管理和文件级利用的水平，数字档案资源的数据化程度远远不够，难以满足用户对知识服务的需求。与专业的数据管理

---

❶ BELL M, GREEN A, SHERIDAN J, et al. Underscoring archival authenticity with blockchain technology [J]. Insights the UKSG Journal, 2019, 32 (21): 1–7.

❷ 谢永宪. 中国数字档案信息长期保存的策略体系研究 [M]. 北京：中国出版集团研究出版社, 2019.

机构等相比，档案机构对数字档案资源的知识挖掘和服务能力处于明显劣势。

2.1.4 数字档案馆建设基础亟待夯实

从本书第 1 章第 1.3 节关于数字档案馆建设现状的阐述中可知，我国从国家战略层面十分重视通过数字档案馆建设加快推进传统载体档案数字化进程，推动了一系列数字档案馆建设策略。2010 年，国家档案局印发了《数字档案馆建设指南》，指出传统载体档案数字化是数字档案馆建设的重要基础工作。2013 年，全国数字档案馆（室）建设推进会召开，提出实施"存量数字化、增量电子化"战略。2014 年，《数字档案馆系统测试办法》印发，在档案数字化方面规定"尚未完成建立涵盖全部馆藏文件级目录数据库"和"馆藏纸质档案数字化率不达标"的档案馆不得申请参加测试，有力促进了传统载体档案数字化进程。❶ 2017 年，《企业数字档案馆（室）建设指南》发布，要求通过对企业各类信息系统中形成的电子文件归档和对纸质等传统载体档案进行数字化加工，以数字形式存储各种档案信息，推动实现档案管理信息化。

然而，总体来看，我国数字档案馆（室）建设仍处于从存量数字化向增量电子化过渡的发展阶段，全国数字档案馆（室）建设水平参差不齐。经济条件好、思想观念开放的东南沿海地区数字档案馆建设水平相对领先，而中部、西北部地区的发展十分缓慢，整体上呈现东南部地区强，中部、西北部地区弱的格局。数字档案馆建设水平参差不齐的现状有悖于可持续发展的目标，成为深入发展必须解决的矛盾之一。❷ 此外，从我国数字档案馆建设的全国实践来看，仍然存在很多具体问题，建设基础亟待加强夯实。其一，当前大部分数字档案馆管理的资源仍以纸质档案的数字化复制件为主要对象，对原生性电子档案的接收不足、管理功能不完善，难以保障全类型数字档案资源长期保存的要求。其二，基层数字档案馆（室）建设存在经费不足、缺乏重视、配套设施不完善、人才缺乏、安全质量隐患等典型问题，极大阻碍了基层数字档案资源信息化管理的进程。其三，对馆藏数字档案资源开发力度不足，不能充分满足对数字档案资源的社会和文化需求，在资源整合共享、增值开发、知识化编研等方面的能力和水平亟须提升。其四，数字档案馆馆际、馆室之间的关联互通不足，互操作性不强，标准化程度较低，难以从较高层面实现资源的联通和共享，也不利于从国家层面对数字档案资源集中管控，数字档案馆网的建设基础仍然十分薄弱。

---

❶ 黄丽华. 中国档案数字化的策略与实施及电子档案管理情况 [N]. 中国档案报，2020-02-06 (3).
❷ 周耀林，刘婧. 生态视角下我国数字档案馆建设探析 [J]. 信息资源管理学报，2016 (2)：107-112.

2.2 基于数字连续性的数字档案管控思维创新要求

20世纪90年代，随着电子文件的爆炸式增长和档案后保管理论的诞生，澳大利亚档案学者富兰克林·厄普沃德（Franklyn Upward）和苏珊·麦肯米什（Susan Mckemmish）创建了著名的文件连续体理论，强调文件管理活动的整体性和连续性，在全球范围内引起广泛共鸣。随着时间的推演和数字转型的持续推进，文件连续体理论的广泛传播进一步促进了全球数字连续性政策和行动计划的发展，强调在信息持续运动中构建信息管理的系统性框架。数字连续性已成为数字档案、数字信息管理领域的重要指导思想。基于数字档案资源面临技术依赖不断加强、管理流程和技术环境更加复杂、管理主体更加多元的形势，对我国数字档案资源的管控亟须基于数字连续性思维进行全面创新，以实现对数字档案资源全生命周期的科学、有效管理。

2.2.1 管理连续性

管理连续性，也可理解为业务连续性，即强调在数字档案全生命周期管理中采取一致性、连续性的管理策略，改变传统档案作为后端产品进行管理的思路，将档案管理延伸到业务前端，并通过各种技术手段和管控措施予以全流程保障。

对数字档案的管理要延伸到数字档案形成前的业务流程中，贯穿从系统设计到文件生成、流转和存档/处置的全过程。文件连续体理论中的惯用基本术语文件保管"recordkeeping"将文件档案管理活动概括为三个层面：一是业务活动文件的创建，确保创建有效、充分的文件；二是文件管理系统的设计、开发与运行；三是对业务活动生成的文件及作为档案保存的文件的管理。从这一释义来看，文件档案管理活动的开端不是从文件生成阶段开始，而是在文件生成之前就开始，系统的设计、文件质量的规范都是从业务活动开始前就采取举措。尤其是文件生成的技术环境更加复杂、业务活动更为多元的背景下，对数字档案资源范围的确定和质量把控更需要提前到最前端。因此，档案工作者应密切关注业务环境的变化，了解和学习其他领域知识，与文件生成者充分交流，以及时掌握文件创建和管理的要求。此外，通过法规、标准、系统、技术等多种方式在前端介入管理，例如，对形成文件的格式、元数据、归档功能等在业务流程设计中就提出要求，力求在业务活动开展过程中形成符合档案管理要求的高质量文件。在此基础上，对文件生成、流转、捕获、组织和利用的全过程予以跟踪和持续管理，持续保障数字环境中生成的文件的真实性、完整性、可用性和安全性。

2.2.2 系统连续性

系统连续性，即从系统的视角保障数字档案管理的全流程连续。此处所指的"系统"，是指包括生成电子文件的业务系统、管理电子文件的文件管理系统以及对文件进行长期保存的数字档案馆系统在内的所有系统环境。其中，"系统"是个广义的概念，并不拘泥于软硬件环境和形式，既包括专门设计用于文件创建和管理的文件系统，也包括存在于云计算平台、区块链平台、社交媒体平台等特定技术平台中，涉及对文件进行存储、管理和长期保存的各类信息系统。

为保障数字档案管理的系统连续性，要先实现系统之间的无缝衔接。数字环境下，档案资源的阶段式发展特征并不明显，且在不同阶段还可能出现逆流动的情况。因此，不宜再用简单的分段式思维划定系统的边界和物理空间，而应力求通过功能、流程和技术的整合，实现系统之间的无缝衔接，以保障数字档案资源基于价值和利用需求的变化在不同系统之间流通。2020年修订的《档案法》中，新增加档案信息化专章，其中对系统的建设提出了要求，即"机关、团体、企业事业单位和其他组织应当积极推进电子档案管理信息系统建设，与办公自动化系统、业务系统等相互衔接"。《"十四五"全国档案事业发展规划》则进一步强调了"强化各领域电子文件归档工作，着力推进在业务流程中嵌入电子文件归档要求，在业务系统中同步规划、同步实施电子文件归档功能"和"加速数字档案馆（室）建设，推进机关、团体、企业事业单位和其他组织建设与业务系统相互衔接的电子档案管理信息系统"等要求，初步体现了对系统建设的连续性要求，对于推进我国数字档案管理系统建设具有重要的意义。

在实践环境中，系统的建设和衔接还存在各种问题，例如，业务环境需求和档案系统需求的差异性甚至冲突，系统建设主体差异导致的衔接困难等，都是系统之间无缝对接的障碍，也说明了我国数字档案系统建设的连续性仍在初步探索阶段。因此，需要在加强系统功能的标准体系建设的基础上，促进不同系统建设主体之间的磨合和协商，以业务需求驱动和有效档案管理为双重目标，通过敏捷开发等方式实现系统的最佳衔接。如中国石油档案馆的档案管理系统在与财务管理系统进行对接过程中，通过与财务部门协商后，确定将档案管理模块嵌入财务管理系统更适合于对财务系统电子文件的管理和归档，因此选择了嵌入方式建设系统对接方案，既便于对前端财务活动的支持，又满足了档案管理的要求。

2.2.3 机构连续性

在传统档案管理环境中，多采用文件生命周期理论下的分段式管理思路，基于文件价值的变化，由不同主体分别负责不同阶段的管理，且采取相对应的管理策略，由此长期形成文件和档案分别管理、文件工作者和档案工作者分别工作的状态，文件形成机构与档案馆之间各司其职，独立运作。然而在数字环境中，对数字信息的管理尤其强调全生命周期的连续性，需要采取整体性、一致性的方法开展数字档案从形成到处置的全流程管理。档案后保管理论也强调档案工作者加强与前端文件形成机构的协作，增强与相关主体之间的协作，从知识服务的角度发挥档案工作者的专业性。

因此，对数字档案的管理，需要消除文件和档案二元分割的管理理念，强化文档一体化管理的整体框架。文件连续体理论所倡导的文件、档案一致性思维对统一业务文件管理和档案管理方法的一体化具有重要意义。该理论旨在消除"文件/档案"的二分法，强调将档案管理和文件管理的方法相统一，不论文件被存于瞬间还是留存万年。由此，需要参与数字档案管理的不同机构、不同主体协同合作，共同融合到文件一体化的文件保管体系中，实现文件管理与档案管理、文件工作者与档案工作者"连续统一"的理想。对于形成机构而言，必须推行连续的文档管理计划以实现任何保管期限的电子文件的保存。对于国家档案机构而言，必须从宏观角度制定一系列政策、指南、标准并开展培训，以保证前端和终端的电子文件在既定管理框架下得到妥善管理。❶ 此外，在数字档案管理实践中，还存在第三方托管机构、信息技术服务机构等相关主体，不仅需要搭建形成机构和档案馆之间的衔接桥梁，而且需要考虑多元主体之间的协同和连续。

2.2.4 利用连续性

从本质上，数字连续性是指确保信息完整、可获得以及可利用，构建在任何时候、任何地点可以想要的形式获得信息的能力。❷ 对于数字信息而言，长期保存的核心目标就是保障对其持续的可获取和可利用。在生命周期的不同阶段，数字档案可以发挥不同性质的价值，包括对业务活动的决策支撑价值、对组织机构文化记忆的构建价值，以及对社会发展的服务价值。同时，数字技术环境下，档案资源的利用手段和技术也发生了巨大变化，从数字连续性的视角，保障数字档案的利用连续性也是数字档案管理的重要目标。

第一，需要通过构建数字档案的长期保存能力确保数字档案信息的持续可获取、可利用。与传统档案资源相比，数字档案的长期保存面临更严峻的挑战，包括

---

❶ 吕文婷. 文件连续体理论的澳大利亚本土实践溯源 [J]. 档案学通讯, 2019 (3): 12 - 19.
❷ 李雪梅, 安小米, 明欣, 等. 数字连续性风险管理策略及启示: 以英国为例 [J]. 电子政务, 2018 (1): 74 - 84.

技术过时和存储介质物理性能退化等问题。恢复和再现已经丢失或无法读取的电子文件信息甚至比从一开始就实施长期保存的成本要高得多，因此，对数字档案长期保存最经济、有效的方式就是在设计和产生阶段就主动实施长期保存方案。❶当前，国际上已经形成了具有广泛影响力的 OAIS 参考模型、可信数字仓储（TDR）等电子文件和数字档案长期保存的标准模型和框架等，为数字档案的长期保存实践提供理论指导，同时在实践中形成了格式管理、更新、迁移、复制、仿真等多种长期保存的技术策略，均是实践部门开展长期保存工作的可选方案。此外，在数字档案管理和长期保存的过程中，需要对数字档案的状态进行持续监测，例如，在归档前、移交后以及长期保存过程中的不同阶段均要实施"四性"检测，保障其真实性、完整性、可用性和安全性，以确保数字档案信息在任何阶段、任何物理位置和任何载体形式中都具备可获取、可利用的能力。

第二，需要明确数字档案开放利用的权责问题，从各个环节保障开放利用的通畅和合规。我国 2020 年修订的《档案法》进一步明确了对档案公布和利用的规定，鼓励开放利用档案，建设档案资源共享服务平台和促进数字档案资源的跨区域、跨部门共享利用。数字档案在组织机构内部进行保管的，需要通过建设电子档案检索利用平台，或档案管理系统的检索利用模块，满足用户对数字档案的利用需求；数字档案在档案馆或其他单位进行保管的，属于公开范围的数字档案，应作为档案开放馆藏资源纳入数字档案馆系统开放利用平台的资源利用范围，通过公布开放目录、提供检索平台、进行数字编研等方式提供开放利用。此外，需要协调好《政府信息公开条例》与《档案法》所规定的信息公开和封闭期的矛盾问题。属于政府信息公开范围的政府信息，同时又移交档案馆保管的，不应以《档案法》规定封闭期为由逃避信息公开的责任。无论数字档案信息属于生命周期的哪个阶段，都应按照合规、合法的方式保障其利用的连续性。

2.3 我国数字档案馆建设的新生态机制

与传统档案馆建设必须依托于独立的机构主体有所不同，数字档案馆是随着现代信息技术发展而出现的一种新型档案信息管理模式与组织形式，是以信息技术为基础的系统建设思路。数字档案馆既可以依托固定的机构主体开展建设，也可以独立于机构主体之外，建设对应多机构资源的档案管理系统。因此，在数字环境下，应重新认识数字档案馆建设的生态环境，审视数字档案馆建设开发所涉及的多元主

---

❶ 肖秋会. 电子文件长期保存：理论与实践［M］. 北京：社会科学文献出版社，2014：7.

体,以及主体之间的互动关系。数字档案馆的生态系统是不可分割的整体,需要把数字档案馆作为该系统中最核心的有机生命体,了解其与生态系统内各个相关要素之间的协同关系、各要素之间以及要素与环境之间不断进行能量交换和动态发展而形成的整体格局。

数字档案馆生态机制的主体构成体现为三个层次、五大主体。一是监管层次的数据监管主体,包括档案主管部门和其他主管部门;二是数据生命周期管理层次的三类主体,包括资源形成主体、数据管理共生主体和资源利用主体;三是支撑层次包括提供软硬件服务的供应商和提供咨询培训服务的咨询机构等在内的支撑服务主体,如图2-3-1所示,不同层次主体之间发生不同的作用关系,在关联和交互过程中协同发展。

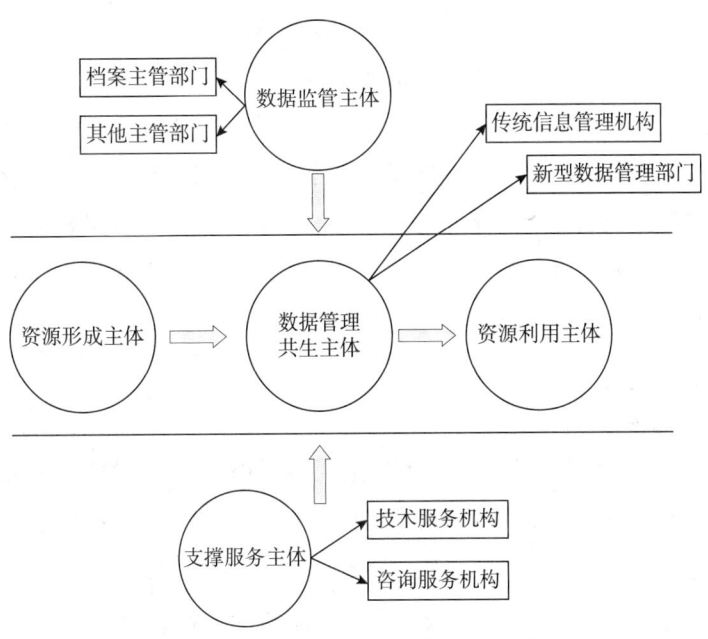

图 2-3-1 数字档案馆生态机制的主体构成

2.3.1 数据监管主体

数据监管主体是指对数字档案馆建设和发展履行行政管理职能的主体,主要为档案主管部门和其他主管部门。其中,档案主管部门负责统筹规划数字档案馆建设,制定具体的政策规范,并承担监督指导职能。对于我国数字档案馆发展现状而言,散点式、自发式的个体建设模式或区域建设模式居多,建设主体和建设方式呈现多元化,存在全国数字档案馆建设发展不均衡、衔接不顺畅、资源不流通等问题。要实现数字档案馆生态系统的健康发展,必须发挥好档案主管部门的行政监管职能，掌舵好我国数字档案馆的总体发展方向。

国家档案局和各地方档案主管部门要发挥好对各类数字档案馆建设的监督和指导职能，建立长期、常态化的监督指导机制。数字档案馆的建设涉及档案资源建设、基础设施建设、管理资源建设、技术标准建设、系统开发建设等多个层面，需投入较高的人力物力成本，与国家、机关、团体、企业、事业单位和社会组织等各类主体的发展使命、发展利益息息相关。因此，在数字档案馆建设初始和建成之后开展运营的各个业务环节需要开展持续性的监管和业务指导。对此，各级档案主管部门需要合理考察和平衡各类主体的建设需求，制定科学的指南和标准体系，通过规划建设、授权建设的方式推动和支持各类数字档案馆的建设，尽可能避免重复建设、资源浪费、恶意竞争等问题的出现，维持数字档案馆建设的有序性。

信息化主管部门、电子政务主管部门以及各类业务档案所在专业主管部门行政职能的履行也会影响数字档案馆发展的方向，对数字档案馆建设起到侧面监管和指导作用。譬如，工业和信息化部、国务院国有资产监督管理委员会、财政部、国家数据局等发布的与数据管理、企业数字化转型、信息技术基础设施建设等相关的政策规定对数字档案馆的建设思路必然有所影响。对此，在数字档案馆及其馆网体系建设的过程中，需要兼容、兼顾多监管主体的要求，做好内外部主体的协调，从整体上营造良好的数字档案馆建设生态环境。

2.3.2 资源形成主体

根据2020年修订的《档案法》第二条规定，档案是指"机关、团体、企业事业单位和其他组织以及个人从事经济、政治、文化、社会、生态文明、军事、外事、科技等方面活动直接形成的对国家和社会具有保存价值的各种文字、图表、声像等不同形式的历史记录"，其形成来源涵盖了机关、团体、企业、事业单位、社会组织和个人等多种类型，且产生档案的活动也复杂多样。对于数字档案馆的整体生态环境而言，数字档案资源的形成者处于数字档案馆的上游，是数字档案馆生态系统的基础构成部分。作为数字档案馆资源的提供方，形成主体的资源状态直接决定数字档案的类型和质量，也会影响数字档案管理的技术策略、管理方式和利用手段。因此，处理好资源形成主体和数字档案馆之间的关系，发挥好资源形成主体对数字档案馆的铺垫作用，是数字档案馆生态系统健康发展的首要环节。

首先，需要明确数字档案资源的来源和范围。在我国的档案管理体制环境中，数字档案资源既包括法律保管权属于国家档案馆的数字档案，也包括由机关、团体、企业、事业单位、社会组织和个人形成并开展持续管理活动的数字档案，结构十分复杂。需要从各个层面厘清数字档案的来源和不同主体的管辖范围，包括向国家档案馆移交的数字档案的类型和范围、组织机构内部归档和长期保存的数字档案类型和范围，以及鼓励社会捐赠的数字档案类型等，以涵盖多种业务来源、多种载体形式和多种格式类型的数字档案。充足且全面的数字档案来源有助于为数字档案馆提供丰富的馆藏，也能够确保全面记录数字时代的国家记忆、社会记忆和个人记忆，为充分满足数字档案利用者的需要奠定基础。

其次，需要从前端保障数字档案资源的质量。与传统档案的后端管理思维不同，对数字信息的管理尤其强调其从前端生成到最终处置的全生命周期的数字连续性。数字档案资源对技术环境依赖性较强，对其质量的保障不能从数字档案馆对资源的摄入才开始，而是要从资源形成主体端就开展质量把控。一方面，需要通过相关政策、标准、指南等规范性文件指导数字档案形成者按照符合法定要求的方式形成数字档案，从根源上确保其"来源可靠、程序规范、要素合规"，例如我国的《党政机关电子公文系列标准》《文书类电子文件元数据方案》等都是从前端规范电子文件形成的标准性文件；另一方面，需要建立数字档案管理主体与资源形成主体的交流和协商机制，以及档案主管部门对资源形成主体的监管指导机制，督促其按要求开展数字文件归档或数字档案移交前的"四性"检测，协助其形成质量可靠的数字档案。

最后，需要做好资源形成主体与数字档案馆之间的有效衔接。数字档案从形成主体到数字档案馆之间的流动，可能是同机构的流动，也可能是跨机构的流动，需要从系统和流程两个方面提前做好规划，保证其流转活动的正常运行。一是构建形成主体和数字档案馆之间的系统对接方案，针对不同资源类型的需求，对功能要求、技术路径、归档和移交方式等进行规范性设计，实现技术和基础设施层面的有效衔接。二是制定明确的归档或移交接收流程，使双方将归档或移交前的准备工作、检测工作、权限说明、接收和登记工作、格式和技术说明、检验工作等全流程的规范程序纳入数字档案资源的对接业务规范，从管理层面保障两者的合理衔接。

2.3.3 数据管理共生主体

从整个信息资源发展的大生态环境来看，数字档案信息并不是独立发展的，而是与其他数据资源有着千丝万缕的联系，呈现的是共生的局面。尤其是各类政府数据信息、数字图书资源、文化信息资源等，从历史发展和社会需求的角度与数字档案资源都有着密切的关系，在资源流向和业务发展上存在一定的交集。因此，处于整个信息生态中的数字档案馆的建设不是孤立的，需要同图书馆、博物馆、情报机构、大数据管理机构、第三方数据管理机构、互联网内容服务商等其他信息管理机构建立广泛联系。

一方面，生态视角下的数字档案馆具有开放性，资源建设以共享和开放为目标，服务利用面向公众和社会，发展完善需要其他数据管理机构在政策、资金、人才、技术等方面的交流与合作。❶ 从资源类型来看，数字档案馆馆藏资源主体是数字档案，其本质属性是历史活动的真实记录，具有凭证价值和参考价值。图书馆保存的是图书、期刊、资料，是一种知识类信息，具有知识参考价值。博物馆具有收藏、记录、研究、交流和宣传等基本功能，保存的是自然世界和人类社会文化遗产的实物。❷ 而大数据管理机构保存的主要是政府和社会经济发展形成的各类大数据信息，为政府决策和社会发展保存重要的数据资源，并通过数据分析、数据挖掘等技术手段实现数据的增值服务。从社会功能来看，数字档案馆同其他数据管理机构的业务功能不同，保存的资源特点不同，具有一定的互补性；但从资源流向来看，在实践中存在一定的交叉甚至重复。从整体视角而言，这几类数据管理机构都是保存社会信息资源的重要场所，也是提供信息服务的核心机构，数字档案馆在同其他机构在资源建设和业务活动开展中需要加强协调、展开协作，实现数据资源的合理布局和共享联通，联手为数据资源利用者提供优质服务。

另一方面，数字档案馆也要发挥体现自身的独特性优势，与其他数据管理机构开展良性竞争。第一，要有充分的资源占有能力。在资源为王的时代，掌握一定的信息资源就是掌握了重要的社会资产，在整体生态环境中才能拥有一定的话语权。"资源竞争一定程度上能够激发网络信息生态链中信息生态主体的创造性；合理的资源竞争能够提高网络信息资源的利用率"❸，数字档案馆要通过自身的职能优势，积极获取各类不同类型的数字档案信息，牢牢掌握最核心的数字档案资源和珍贵的数字档案资源，为资源开发和提供利用服务奠定好的基础。尤其是在大数据和档案存在交叉关系的背景下，需要建立档案部门与政府数据管理部门的分工协作机制。第二，要捍卫资源管理的权威性。数字档案馆保存着历史真实记录的档案信息，其信息资源具有重要的凭证作用，在还原历史真相方面社会认同度高，同其他数据类型相比具有一定的价值独特性。在数字时代，数字档案馆要充分利用各类信息技术和管理资源，增强对数字档案信息的可信保障能力，捍卫自身作为权威信息资源机构的优势和社会认同度。

协调和竞争既是对立的，也是统一的。数字档案馆与其他数据管理共生主体之间，协调是主要方面，竞争是次要方面，总体上应该是柔和的、协同的竞争。尤其是技术力量相对强大的数据管理部门将与传统档案馆一起承担数字中国数据资源体

---

❶ 周耀林，刘婧. 生态视角下我国数字档案馆建设探析 [J]. 信息资源管理学报，2016（2）：107-112.
❷ 金波，丁华东. 数字档案信息资源的协调与竞争 [J]. 浙江档案，2013（9）：11-13.
❸ 娄策群，桂晓苗，杨龙. 网络信息生态链运行机制研究：协同竞争机制 [J]. 情报科学，2013（8）：3-9.

系建设任务，建立高效双赢的协同关系是其关键。对此，数字档案馆在建设发展过程中必须根据自身的功能定位和环境的变化适时调整资源结构，协调各类档案信息资源，促进数字档案信息资源的合理配置和有效利用，提升数字档案馆协同竞争能力，进而促进数字档案馆生态系统的良性运行与健康发展。❶

2.3.4 资源利用主体

数字档案资源的利用主体是在各项政治、经济、文化、科技或社会活动中有利用数字档案需求的主体，处于数字档案馆生态链的下游，也是非常关键的一环。对于数字档案馆而言，利用者的类型、特征、需求、素质、心理和利用行为等都是制约数字档案馆功效和作用发挥的重要因子。❷ 可以说，资源利用主体是数字档案馆建设的重要驱动力，对数字档案馆的发展发挥着至关重要的调节作用。只有充分满足利用者的需要，提供优质的服务，数字档案馆的建设才是成功的。

第一，需要密切关注资源利用者需求的变化，从资源建设、资源开发和服务平台建设等多个方面提升利用服务能力。在数字环境下，信息资源的获取环境更加开放，各类用户对数字信息的需求更加多元。作为重要档案信息提供者的数字档案馆而言，单一的资源类型和服务方式难以满足利用主体的需求，会导致利用者的流失和建设支持的弱化。其一是要开拓扩展数字档案资源的"入口"，从以数字化复制件、音视频档案、照片档案等少数类型为主向更多格式形式和业务类型的原生性电子文件拓展，从公共档案向更加丰富的社会化、个性化档案资源拓展。其二是通过多元化、现代化的开发模式和个性化的内容开发方式等，最大限度挖掘档案资源价值，满足利用者日益增长的档案信息需求。例如，基于数字政府建设或解决社会热点问题对数字档案的需要，可以主动出击，搜集、整理和开发相关档案资料，及时为政府决策提供关键支持服务。其三是完善数字档案服务平台建设，以更便捷、更友好和更有效的方式提供数字档案资源的服务。除了通过档案网站在线提供查档服务，"跨馆利用""异地利用""数字展览"等多样化的服务方式都是数字档案馆创新服务方式的选择。此外，可以基于不同的利用者类型设计不同的服务模式，例如建立面向普通公众的档案社会化服务，面向专业性人士的档案专业化服务（如学者基于科研需求利用数字档案），面向行业发展的档案支撑性服务（如企业、高校等对业务数字档案的利用）和面向政府决策的档案决策性服务等不同的服务类型模式。

第二，面对信息用户对知识服务日益增长的需求，数字档案馆也要加快转变资

---

❶ 金波，丁华东. 数字档案信息资源的协调与竞争［J］. 浙江档案，2013（9）：11-13.
❷ 金波，汤黎华，何伟祺. 数字档案馆生态系统的建构［J］. 档案学通讯，2010（1）：53-57.

源开发利用思维,最大限度地发挥数字档案资源的知识服务能力。在大数据时代,随着各类新技术的赋能,数据资源成为知识服务的宝藏,数据挖掘、数据分析、深度学习、知识图谱等智能化技术手段为大量信息资源的关联、共享和开发增值提供了众多技术可能性。数字档案中包含着大量丰富的数据资源,同时也可以通过数据化手段实现非结构化数据、半结构化数据的结构化,融入数据开发的流程中。但是,总体而言,我国数字档案资源的整体数据化程度仍然较低,对数字档案的利用仍然主要停留在文件级。在这一形势下,需要创新数字档案开发利用的方式,无论是在组织机构层面对业务活动的决策支撑,还是在社会层面的服务利用,都应考虑增强数字档案的数据化管理和知识组织,促进其从语义层面建立知识关联,以适应档案资源深度开发利用的新要求。

2.3.5 支撑服务主体

对于数字档案馆建设和发展而言,信息技术服务和专业性研究是不可或缺的保障因素。随着"互联网+"战略对社会方方面面的深入影响,各行各业都在充分利用"互联网+"推进自身发展创新,以数字化、网络化、智能化为特征的信息化浪潮正在蓬勃发展。在这样的形势下,如果没有良好的技术保障和专业智库支撑,数字档案馆的建设相当于是无本之木、无源之水。对于数字档案馆的生态机制而言,第三方信息服务商和档案咨询机构等作为重要的支撑服务主体,是数字档案馆生态机制的关键构成。在建设过程中,需要协调好与这类支撑服务主体的关系,为数字档案馆提供重要的信息技术基础设施和相关服务,同时保障信息管理质量和安全。

第一,要充分发挥好第三方信息服务商和档案咨询机构的支持作用,为数字档案馆的建设发展赋能。适应数字档案馆需要不断向智能化方向发展的需求,在采纳相关信息技术服务时,应重点关注云计算、大数据、物联网、移动互联、人工智能等前沿技术在数字档案馆建设与发展中的融合应用,强化各类信息技术在数字档案馆建设中的应用,优化数字档案的管理和长期保存环境。通过与相关支撑服务主体的合作,实现信息技术与数字档案馆的融合发展,优化数字档案馆生态系统技术保障机制,不仅有利于提升数字档案信息资源全生命周期管理能力,实现数字档案信息资源收集、整理、存储、利用等之间的深度融合,而且有利于促进数字档案馆生态系统服务方式与内容的创新,提高数字档案信息资源的社会共享程度与水平,满足现代用户的个性化、便捷化、多元化等档案利用需求。❶

第二,要处理好数字档案馆建设主体和支撑服务主体之间的协作和服务关系,

---

❶ 倪代川,戚颖. 论数字档案馆生态系统融合发展 [J]. 档案与建设,2017(5):15-18.

通过建立科学的协议机制保障信息管理的质量和安全。不少数字档案馆建设者都会选择与第三方服务公司合作，采购相关信息技术设施或服务，协助实现自身数字档案资源的管理。在这一过程中，第三方的支撑服务主要以技术提供和业务指导为主，如果处理不当，有关数据存储质量、数据安全、服务可持续性等问题就会涌现出来。因此，需要在建立协作关系之前做好提前研判，选择资质优良、信誉度较高的服务机构，并通过明确的协议条款将服务规范、质量要求、安全保障等要求具体化。通过持续监控、定期审计的方式确保及时发现服务过程中的问题和风险，并及时采取措施予以应对。

2.4 基于数字档案资源现状的数字档案馆网规划设计

1996年，戴维·比尔曼在第十三届国际档案大会提出了建设相互联系的虚拟档案网络的构想，"现在以保管为基础的实体档案馆将成为虚拟档案馆的连接点"。[1] 自20世纪90年代以来，世界各国都在加快数字档案馆建设，取得了丰富的建设经验和理论研究成果。我国从21世纪初开始也有目的、有计划地开展数字档案馆建设，并得到不断推进。经过20多年的发展，数字档案馆的建设从无到有、从点到面、从框架搭建到资源建设再到信息服务，建成广东省深圳市、山东省青岛市等多个数字档案馆经典案例，开辟了我国数字档案馆建设的新征程。然而，数字档案馆的建设进度与社会信息技术的快速发展相比，仍然存在诸多不足，跨馆、跨机构之间的数字档案资源之间的关联有限。因此，迫切需要基于我国数字档案资源建设的现状及既有数字档案馆建设的经验成果，探讨数字档案馆网规划的理想模式，在"统筹规划、分类施策"的基础上，努力加强数字档案馆之间的互联，构建全国数字档案馆网络体系。

2.4.1 数字档案馆网集中统一建设模式

集中统一建设的数字档案馆网模式是指将原本由多个档案馆规划、设计、实施、维护的数字档案馆系统，交由一个档案馆来统一规划、设计、实施和维护，一般承担集中规划和建设任务的主体为上位档案馆，由上级档案馆为下级档案馆提供系统服务。其中集中建设的方案包括由上级档案馆统一采购系统后分配部署和上级档案馆集中部署维护（系统集中、目录集中和应用集中）两种类型，其主要建设优

---

[1] 戴维·比尔曼. 虚拟档案[M]//国家档案局，中央档案馆. 第十三届国际档案大会文件报告集. 北京：中国档案出版社，1997：120-134.

势是成本更加低廉、利于资源共享和改善发展不均衡状况等。❶ 这一建设模式在我国地方政府数字档案馆建设中已经取得了典型的经验成果，例如山东省青岛市数字档案馆和北京市数字档案馆的建设。

山东省青岛市数字档案馆建设项目从 2001 年开始启动，首先以电子文件归档管理系统的统一建设为前提。2002 年，针对电子文件在机关普遍应用的实际情况，山东省青岛市档案馆开始研发电子文件归档管理系统，并在该市各级机关推广使用；2003 年由山东省青岛市档案馆牵头开发数字档案信息管理平台，建成以"三网四库"（三网即互联网、电子政务网和局域网，四库即档案目录数据库、全文数据库、照片档案数据库和音视频档案数据库）为基础的数字档案馆系统，并免费提供给下属各区（市）档案馆使用。❷ 2004 年，山东省青岛市档案局颁布的《青岛市（区）数字档案馆建设方案》对该市数字档案馆建设进行全面规划，涵盖各个区（市）的数字档案馆建设。在此基础上，山东省青岛市档案馆先后建设电子档案中心，全市档案信息馆际共享、馆室共享、室际共享和社会共享工程，进一步拓展数字档案馆功能，对该市的数字档案资源进行集中管理指导。2015 年，国家档案局正式公布山东省青岛市数字档案馆系统测试结果，山东省青岛市档案馆被认定为"全国示范数字档案馆"。❸ 山东省青岛市数字档案馆建设模式的主要经验在于以集中规划电子文件管理平台为基础，由市档案馆统一开发系统、指导和带动市（区）数字档案馆系统建设，制定统一的实施制度规范，形成了集约化开展数字档案资源管理的典型。

北京市数字档案馆的建设思路与山东省青岛市档案馆相类似，其目标也是建设集约化的区域数字档案馆系统，由北京市档案馆统一建设和运维，为市区两级档案馆、档案移交单位提供服务，实现对该市数字档案资源的齐全收集、高效管理、安全保存和便捷利用。❹ 为解决数字档案馆建设中面临的重点和难点，北京市档案局于 2011 年在国家档案局立项"基于云计算的区域性数字档案馆建设研究"，于 2012 年在北京市科学技术委员会立项"基于异构系统的电子档案凭证性保障核心技术开发与应用"。《北京市电子文件管理工作纲要（2013—2015 年）》中也明确提出要"集约化建设全市统一的电子文件中心"，北京市档案局作为电子文件中心建

---

❶ 刘越男，等. 地方政府数字档案集中管理模式研究［M］. 北京：中国人民大学出版社，2017：2.
❷ 展玉婷. 青岛市数字档案馆信息资源建设研究［D］. 济南：山东大学，2018.
❸ 青岛档案信息网. 青岛市数字档案馆首家通过"全国示范数字档案馆"测试［EB/OL］.［2021 - 07 - 18］. http://www.qdda.gov.cn/qddaxxw/qddaxxw/gwxx/gzdt/2015/06/05/40281186752bb932017/52bbb558703817.html.
❹ 佚名. 北京市数字档案馆建设总结［EB/OL］.（2018 - 11 - 12）［2021 - 07 - 20］. https://max.book118.com/html/2018/1112/7166113150001156.shtm.

设的主责单位。❶ 2015 年，北京市数字档案馆（电子文件中心）建设项目正式启动，2017 年项目完成终验，建设了全市统一的电子文件中心、档案接收平台、档案管理平台和档案利用平台，实现了市、区县档案移交单位对列入进馆范围的移交单位电子文件的综合管理和在线移交接收。❷ 与山东省青岛市数字档案馆所不同的是，北京市数字档案馆的建设采用的是采购模式，由东软档案（SEAS）为其建设数字档案馆系统，并进行集中应用。此外，北京市数字档案馆在信息化基础设施、数据资源、开发平台、应用系统等层面全面应用了云计算技术架构，为各级档案部门和各类用户提供档案云服务。基于云架构建设数字档案馆，更好地满足了区域数字档案馆"统一建设、按需服务、分别管理"的建设运行需求，适应北京市档案馆未来超大规模档案数字资源管理对系统性能、信息安全的要求，能够更好地应对不断变化的业务需求对系统平台拓展的需要。❸

由上级档案馆主导的数字档案馆集中统一建设模式有助于解决基层档案馆资源短缺和技术不足等问题，加快数字档案管理方法的多层次普及。同时，这样的建设模式还有助于推动区域性数字档案信息化建设的整体发展，并促进数字档案资源跨机构、跨层级的共享利用，在全国范围内具有一定的可推广、可复制意义。

2.4.2 数字档案馆自建模式

数字档案馆自建模式是指由某一档案馆或组织机构自行开发、建设或采购数字档案馆系统，自行维护、更新和管理的数字档案馆建设模式。我国企业、事业单位及部分综合档案馆大多采取的是自建数字档案馆的模式。自行建设的数字档案馆具有独立性较强的特点，易于发挥专业性功能，但是在与其他数字档案馆系统的互操作性和资源共享方面相对不足。相对于集中建设馆网模式，数字档案馆自建模式更适用于行业性、专业性较强或对安全性要求较高的机构主体。自建的数字档案馆主要包括机构性数字档案馆、专题性数字档案馆等主要类型。

企业数字档案馆、高校数字档案馆、部门数字档案馆等都属于自建式的机构数字档案馆。相对于综合档案馆而言，这类机构的数字档案资源相对闭合，资源服务范围也相对集中，因此自建数字档案馆是其首选的模式。2010 年，国家档案局发布《数字档案馆建设指南》；2017 年，国家档案局印发《企业数字档案馆（室）建设指南》，先后对综合性数字档案馆和企业数字档案馆的建设原则、基础设施、系统

---

❶❸ 北京市档案局馆. 北京市数字档案馆建设实践［EB/OL］. (2013 - 11 - 11)［2021 - 07 - 20］. http：//www.wdjj.cn/info/info_3206.html.

❷ 东软档案管理. "北京数字档案馆（电子文件中心）建设项目"顺利完成终验［EB/OL］. (2017 - 11 - 21)［2021 - 07 - 20］. http：//www.neusoft - seas.com.cn/zf - beijingdanganguan - 2/.

功能、制度规范、经费保障等内容予以明确，为全国范围内数字档案馆的建设提供了引导规范。需要指出的是，在一些情况下，自建也是相对的概念，例如某些中央企业，会采取集团总公司统一建设数字档案馆系统，下属公司和子公司共同使用的方式，这里体现的是总部自建、全机构共用的模式，与集中建设的理念也有相似之处。我国国家电网档案馆、中国石油档案馆等均采用的是这类数字档案馆自建模式。此外，还有城建数字档案馆、税务数字档案馆、地质资料馆等行业性、专业性比较强的典型数字档案馆自建实践。

专题性数字档案馆则主要侧重于以某一特定主题组织数字档案资源、集中开展管理和开发利用。除了政府主导建设，专题档案馆也可以由社会组织或个人承担开发，且选题也较机构档案馆更加具体。此类专题数字档案馆的建设不仅发挥了档案的记忆功能，而且丰富了档案资源开发利用的方式，在保留国家、城市记忆方面发挥了重要作用。国内外已经有丰富的专题类数字档案馆建设经验，例如美国的飓风数字记忆银行和"9·11"数字档案馆[1]，我国的奥运数字档案馆、北京记忆等，都是典型的专题性数字档案馆建设案例。

数字档案馆的自建模式有其独特的适用性，对于集中管理机构数字馆藏、促进个性化资源开发利用和留存特色数字记忆具有重要的价值。但是自建数字档案馆也有开发成本较高、资源经费相对不足、不利于资源社会共享等问题，在选择自建模式时需要通盘考虑建设能力和可持续发展价值，尽可能获取充分资源支持。在可行的情况下，可与相关行业同伴就数字档案馆的建设开展对话，在资源建设、系统标准、开发利用等层面进行协作，以节约资源、提高效率和促进共享。

2.4.3 第三方数字档案馆支撑服务模式

第三方数字档案馆支撑服务模式，是指由独立于数字档案形成机构和档案馆之外的主体建设数字档案馆，为资源形成机构、档案馆等提供数字档案管理服务托管的模式。第三方数字档案馆支撑服务模式有助于节约数字档案管理成本，增强技术服务的专业性，可以为政府机构、档案馆、企业、事业单位等提供现代化、科学高效的数字档案管理服务。第三方数字档案馆支持服务模式也包括商业性和非营利性两种不同模式。

商业性第三方数字档案馆以营利性为目的，通过专业的数字档案系统建设和技术维护措施为委托机构提供数字档案资源托管、系统运维、利用服务等数字档案购

---

[1] 秦垒. 我国专题型数字档案馆建设探索：基于对飓风数字记忆银行的经验借鉴[J]. 档案管理, 2016 (5)：54-56.

买服务。国外比较具有代表性的有商业文件中心，经历了从脱机载体托管到系统托管、服务托管的发展进程，商业文件中心逐渐走上以电子文件管理系统（ERMS）集中维护为基础集成服务之路。例如，GRM 信息管理公司基于云计算建立在线文件中心，其推出的捕获、检索等其他软件产品都能和在线文件中心的 ERMS 集成，衍生出一系列以 ERMS 为核心的集成服务产品，可以将用户的纸张档案数字化之后，添加到托管的 ERMS 中集中维护。❶ 我国也有商业性的数字档案馆服务机构，例如，苏大苏航档案数据保全中心采用自主研发的数据保全系统、数据仓库管理系统、数据接收系统、数据调取系统，利用数据校验技术、数据保全技术等对文件级的电子档案数据进行实时监测、实时预警、实时保全、实时修复，提供了对外服务的档案数据保全平台，除了对档案数据进行保全，还可以对档案数据格式、存储平台的研究和跟踪，定期发布预警报告和迁移方案，从管理和技术两方面实现对档案数据的安全保管。❷ 商业性第三方数字档案馆服务的最大优势就是技术先进，服务功能强大，但同时存在非法篡改、非授权利用、服务中断等档案安全风险问题。

非营利性第三方数字档案馆主要是由政府部门或公共组织主导，建设数字档案馆系统，为需要开展数字档案管理的单位提供数字档案管理服务。我国比较典型的是由地方档案主管部门和综合档案馆建设的"电子文件中心"，为整个区域范围的立档单位提供专业的电子文件集中管理平台，扮演"中转站"角色，在文件形成机构和档案馆之间搭建桥梁。如浙江省绍兴市电子文件中心、山东省青岛市电子文件中心、浙江省杭州市电子文件中心的建设，均是与市辖区范围内的立档单位的业务系统或数字档案室进行对接，集中存储和管理立档单位形成的电子文件，通过建设资源目录中心的方式提供其全市范围内的电子文件利用服务。这一类政府建设的第三方数字档案馆服务平台具有专业性强、安全可靠、集约服务的优势，是对区域电子文件开展集中管理的有效模式，同时也为实现数字档案管理的系统连续性提供了保障。

近年来，随着云服务的快速发展，为数字档案的集中托管提供了性价比高、集约性强的技术平台，第三方数字档案馆支撑服务在未来的数字档案管理中将会有更大的发展空间，甚至可能成为数字档案馆建设的主流模式之一。

2.4.4 建立广泛互联的全国数字档案馆网络

虽然国内外已经形成了数字档案馆的集中建设模式、自建模式和第三方模式等

---

❶ 刘越男，梁芙蓉. 国外数字档案托管发展现状及趋势分析 [J]. 档案学通讯，2016（5）：76-81.
❷ 苏大苏航档案数据保全心. 档案数据保全中心 [EB/OL]. [2021-07-20]. http：//www.shdafw.com/shsj/security.asp.

多种路径，为更大范围的数字档案资源管理提供了实践经验和理论研究成果。但是当前数字档案馆的建设仍然是以点带动为主，无论是区域性集中建设的数字档案馆，自建的数字档案馆还是提供第三方服务的数字档案馆，都呈现自行探索、缺乏广域互联的状态。《"十四五"全国档案事业发展规划》提出了推进档案信息资源共享平台建设的要求，其中包括多个层面的互联目标：①地方综合档案馆加强本区域档案信息资源共享平台建设，实现本区域各级综合档案馆互联互通，促进档案信息资源馆际、馆室共建互通，推进档案信息资源跨层级跨部门共享利用；②加大跨区域档案信息资源共享平台建设力度，扩大"一网查档、异地出证"惠民服务覆盖面；③依托全国档案查询利用服务平台建立更加便捷的档案信息资源共享联动新机制，推动国家、地区档案信息资源共享平台一体化发展，促进档案信息资源共享规模、质量和服务水平同步提升，实现全国档案信息共享利用"一网通办"。要实现国家数字档案资源从区域到国家层面的共享利用，就必须进一步推进跨机构、跨区域和跨层级的数字档案馆网络建设，通过馆室一体化、馆际互联和建设全国数字档案资源服务平台等方式逐步实现广泛互联的全国数字档案馆网络的建设。全国数字档案馆网互联架构如图2-4-1所示。

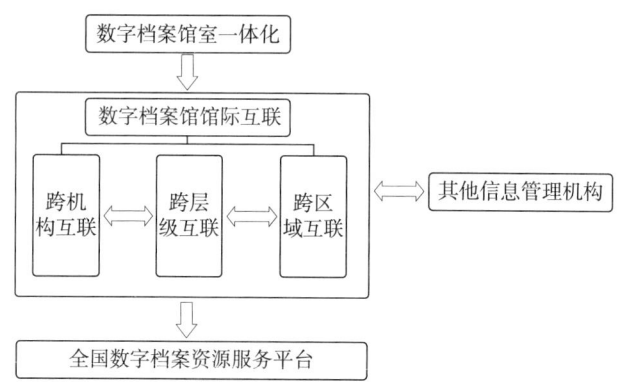

图2-4-1　全国数字档案馆网互联架构

一是要馆室一体化。馆室一体化是实现数字档案连续性管理的核心举措，也是基层数字档案资源共享的基础。要推动各级各类档案馆建设的数字档案馆和立档单位数字档案室的一体化建设。需要借助各类信息技术手段，通过遵守共同协议建设标准接口对接馆室系统、统一管理制度规范、开展业务环节衔接和资源互通利用等方式，实现区域内数字档案馆室在档案行政管理、事务处理、信息交流等方面的合作和有机衔接。❶

---

❶ 张永强. 数字档案馆、室一体化与馆际一体化研究［D］. 杭州：浙江大学，2014.

二是要馆际互联。馆际互联是实现不同层级、不同类型数字档案馆互联互通的主要路径，既包括跨机构的馆际互联，也包括跨层级的馆际互联，还包括跨区域的馆际互联。在横向上，综合档案馆建设的数字档案馆要与机构性自建数字档案馆、专题性数字档案馆以及第三方服务类数字档案馆建立互联，不同区域之间的数字档案馆要建立互联；在纵向上，要实现上下层级数字档案馆之间的互联，包括系统的衔接和资源的互通。此外，基于资源开发或共享利用的需要，数字档案馆可能还需要与其他类型的信息管理机构建立一定程度上的互联。馆际互联强调各级各类数字档案馆实现"一体化"的过程，相较于馆室一体化而言，要实现数字档案资源的更广泛共享，为提供远程查询、跨馆服务和跨区域服务提供便利，因此其实现难度也相对更高。可以从区域性试点开始，确定主导馆际互联的中心主体，例如以某区域性地方综合档案馆为中心，通过建设资源目录共享中心、跨馆服务利用等方式，由点到面地逐步探索跨馆互联的模式。

三是要建设全国数字档案资源服务平台，在全国范围内提供开放数字档案资源的共享利用。这是实现数字档案馆网建设的最高目标，是在馆际互联基础上实现更广泛更深入的数字档案馆资源共享利用服务目标。我国档案管理采取的是"统一领导，分级管理"的原则，因此对数字档案馆的建设也以分级分类建设为主，缺乏自上而下建设的历史经验和技术基础。在这样的现实情况下，可以以广泛的馆际互联为基础，由国家档案局主导，探索建设全国数字档案资源服务平台，汇集跨区域、跨层级、跨类型的数字档案资源目录，构建全国档案查询利用服务平台，提供便捷的档案信息资源共享联动新机制。如我国的科技报告资源就通过统一建设"国家科技报告服务系统"实现了在全国范围内跨层级、跨机构的共享利用服务，可以为全国数字档案资源服务平台的建设提供参考。

2.5 基于协同共治的数字档案馆网建设机制

数字档案馆网的建设是一项复杂的系统性工程，需要从整体层面统筹全局、总体规划，方能降低数字档案馆建设的风险，减少或避免重复建设，提高数字档案馆的总体建设效率。在我国数字档案馆的建设规划方面，国家档案局 2010 年就出台了《数字档案馆建设指南》，对数字档案馆建设的总体要求、功能要求、系统开发与平台共建、数字资源建设、保障体系建设等方面提出了要求，但是难以平衡和统筹规划全国范围内数字档案馆建设的布局，我国数字档案馆建设处于自下而上的探索阶段，基于国家战略和顶层设计的全国数字档案馆建设规划仍处于概念目

标之中。❶

据统计，2015～2022年，我国获批的"全国示范数字档案馆（室）"共70家，其中"全国示范数字档案馆"53家，仅占国家综合档案馆总数的1.61%。示范数字档案馆的建设数量以江苏省、浙江省、山东省等东部省份居多。截至2023年1月中旬，仍有部分省市没有"全国示范数字档案馆（室）"。❷ 从整体情况来看，数字档案馆建设相对滞后，迫切需要协同推进。对于数字档案资源的管理面临着技术环境更为复杂、资源更加分布、主体更加多元的状况，需要社会各界充分发挥各类专业主体力量，挖掘社会力量，以多种路径方案协同推进为支撑，基于协同共治理念设计我国的数字档案馆网建设机制。

2.5.1 坚持档案主管部门统筹规划建设与监管

档案主管部门是统筹档案事业发展的主体，也是档案信息化建设的主管单位，因此由档案主管部门法定统筹建设数字档案馆应是我国数字档案馆建设的主导方式。美国、澳大利亚、英国等西方国家的数字档案馆建设都是从国家层面开始，由具有行政职能的国家档案馆主导启动数字档案馆系统的开发和建设，逐渐形成可复制推广的经验。近些年来，我国各地都在加快传统档案数字化进程，原生性电子档案的单套制管理也在不断推进，各类档案馆、组织机构、第三方服务机构等纷纷建设数字档案馆系统，丰富数字档案馆藏，推动档案管理的信息化进程。但是不同地区、不同机构对数字档案馆建设的需求不同，建设标准规范也有所差异，形成了"百花齐放""标准不一""缺乏连接"的现象，各类数字档案馆对数字档案管理和开放利用的方式也各不相同。

对此，在全国数字档案馆建设还有一定空间、数字档案馆网尚未形成的阶段，亟须加强档案主管部门的统筹监管机制，尤其是对各级各类国家档案馆和国有企业、事业单位数字档案馆的建设，予以全局性的统筹规划，以使新建设的数字档案馆符合国家要求的建设标准和未来数字档案馆网互联要求。首先，由国家档案局统筹全国数字档案馆建设的网络布局，制定完善数字档案馆建设的业务指南、技术标准和管理要求等政策规范，根据实践成果经验和现实需求设置不同的数字档案馆建设模式，指导数字档案馆建设，要求其符合相关国家和行业标准。其次，在地方层面，根据各级政府电子政务建设整体框架和基本要求，将数字档案馆建设与区域电子政务发展和信息化建设规划相衔接，由各级地方档案主管部门分别负责规划辖区内综合档案馆、部门档案馆、专业档案馆、企业或事业单位数字档案馆的建设，属

---

❶ 金波. 档案学导论［M］. 上海：上海大学出版社，2018：325.
❷ 巩淑芳. "全国示范数字档案馆（室）"建设现状研究［J］. 档案管理，2023（5）：122-124.

于垂直管理的，按照上级组织的授权要求开展数字档案馆建设。地方数字档案馆建设，要综合考虑区域信息化发展水平、技术力量和资源规模，确定总体布局和实施步骤。条件允许的，鼓励集中统一建设数字档案馆，以节约资源、提升效率，促进共享为目标；自建数字档案馆的，应提出申请自建理由和符合国家要求的建设标准；选择第三方数字档案馆服务的，也需由对应层级的档案主管部门进行监管，以选择资质合格、符合国家标准的数字档案馆服务。

此外，数字档案馆的建设和运行、维护、更新过程也要接受档案主管部门的持续监管，由档案主管部门监督进行系统测试、定期审查系统运行情况并进行报告、发现建设运行中的问题并指导提出解决方案。

我国已有地方档案主管部门主导数字档案馆建设的经验，例如，《浙江省公共数据和电子政务管理办法》第三十三条规定："各级档案行政管理部门负责本行政区域内公共数据和电子文件归档统一平台建设"，这个统一平台就是与数字档案馆系统对接的电子档案来源系统。浙江省数字档案馆的建设充分体现了数字政府互联互通、数据共享要求，通过前端的电子档案交换系统，浙江省数字档案馆实现了与省级一体化在线政务服务平台（浙江政务服务网）与浙江省住房和城乡建设厅、浙江省民政厅、浙江省人力资源和社会保障厅、浙江省交通运输厅、浙江省司法厅、浙江省自然资源厅等 12 个自建业务系统的对接以及 11 个设区市互联互通；中端通过馆室一体化归档移交系统，规范开展数字档案接收、在线监督指导等业务；后端通过政务云，联通浙江省大数据中心，向浙江省大数据中心归集开放档案数据；查档服务平台接入浙江政务服务网和"浙里办"App，浙江档案网迁入浙江省政府集约化网站。❶ 这一授权主导建设和互联监管的案例，在全国范围内具有一定的推广价值。

2.5.2　以协商立规为基础开展馆际合作建设

通过协商立规开展馆际合作建设数字档案馆是多方（双方及以上）高效利用数字档案馆建设资源、统一建设基础、集中共享资源和业务协同发展的有效路径。以协商立规为基础的馆际合作是较高程度的协同，包括多方在数字档案馆建设机制、平台开发、资源共享和服务设施等多方面的全面合作和协同。这一合作模式适用于跨机构或跨区域之间具有高度资源共享和协同发展需求的数字档案馆。

美国西北数字档案馆（Northwest Digital Archives）是以协商立规合作建设数字

---

❶ 浙江省档案馆. 浙江省档案馆：建设融入数字政府大格局的新一代数字档案馆：浙江省档案馆创建全国示范数字档案馆工作综述［EB/OL］.（2020 - 04 - 23）［2021 - 07 - 21］. http：//www.zjda.gov.cn/art/2020/4/23/art_1229005493_42662582.html.

档案馆网的典型案例。美国西北数字档案馆的建设采取的是联合共建数据库的思维，参与该项目的机构包括高校、历史协会、档案馆和图书馆多个类型，汇集了美国阿拉斯加州、爱达荷州、华盛顿州、蒙大拿州等在内的15个档案馆和13个机构的馆藏室。❶ 该数字档案馆以联合建设为原则，在规划上秉持整体布局的思路，参与机构要负责编码、著录各自馆藏资源，形成资源目录，通过交换协议汇集各个馆藏的资源目录，整合纳入美国西北数字档案馆网站，统一为用户提供利用。各个参与机构不仅是美国西北数字档案馆的资源提供者，还各自承担部分项目工作，包括项目管理、技术支持等。美国西北数字档案馆的建设规划坚持协调统筹的思想，从建设之初就摆脱了单州发展的局限，目的就是将美国整个西北地区的数字档案资源联合起来。实施过程中不仅实现了参与机构内部的互联互通，而且积极与外部机构（加利福尼亚在线档案馆、耶鲁大学手稿与档案馆等）合作，以在更大范围内实现数字档案资源的共享和协同发展。❷

我国的档案区域性合作也日益普及，长三角、珠三角、川渝、京津冀等地区陆续开展档案合作和协作。以京津冀地区为例，从2014年开始，北京市、天津市和河北省的档案管理部门联合召开档案事业协同发展工作会议，共同签署了《京津冀档案事业协同发展合作框架协议》，逐渐推进京津冀协同发展建设项目档案工作。2020年，北京市档案馆、天津市档案馆和河北省档案馆签署了《北京市、天津市、河北省档案馆民生类档案跨馆利用合作协议》，讨论通过了《京津冀档案馆工作协同常态化机制》《北京市、天津市、河北省档案馆近期重点合作项目》，确定了包括档案收集整理、档案编研、资源共享、异地查档等多个方面的合作内容。❸ 京津冀地区就包括数字档案管理在内的各项业务协同战略体现了协同立规发展的思想，但在共建数字档案馆层面尚未见具体方案。

2.5.3 以资源共享为目标建立馆际战略合作

以协商立规为基础的馆际合作建设对机构之间、区域之间的协同化程度要求较高，对于基础设施水平、管理策略、技术方案差异较大，并且已经形成数字档案馆建设规模的机构而言，具有一定的实现难度。因此，不同机构之间也可基于资源共享的目标建立战略合作，主要就资源共享这一核心任务开展协同合作。

在就资源共享开展战略合作的馆际互联方面，我国已经形成不少实践成果经验。例如，由浙江省绍兴市档案局牵头，组织各级档案局（馆）与市直机关共同参

---

❶ 王芳. 数字档案馆学［M］. 北京：中国人民大学出版社，2010：394.
❷ 闫冬. 美国西北数字档案馆的建设及其启示［J］. 北京档案，2015（7）：37-39.
❸ 赵杰，霍春阳，邢艳慧. 档案馆跨馆合作实践及推进策略探究［J］. 中国档案，2021（5）：69-71.

与，合作建设面向用户的区域数字档案馆资源集成共享平台。针对由浙江省绍兴市各级国家综合档案馆实际情况，采用"资源管理属地化，技术服务集中化，利用服务网络化"的模式，由各馆以各自的数字档案资源为基础，以统一的应用系统作支撑，采用统一的制度与规范，在不同的网络平台上协同工作，合作开展馆际联动的民生档案远程利用、就近出证服务，馆室之间的档案信息订阅和推送服务，以及政府信息公开文件和开放档案的"一站式"远程利用服务。❶ 由浙江省丽水市档案馆与北京市海淀区档案馆签订民生档案跨馆利用服务工作协议，充分利用各馆的馆藏民生档案开展馆际查档合作，方便利用者就近查询利用相关的民生档案，突破档案利用的属地限制，在此基础上提出了基于已建成的数字档案馆系统积极开展多种形式的馆际合作，最终实现档案利用服务全国"一网通办"的目标。❷ 广西壮族自治区档案馆和湖北省档案馆也通过签订《湖北省档案馆、广西壮族自治区档案馆馆际交流合作协议》，交换有关历史电子档案数据，并就两馆之间建立档案资源共享、编研利用等建立合作机制。❸ 长三角地区的跨馆数字档案资源共享取得了尤为显著的成果。2013年，浙江省杭州市档案馆在全市14个国家综合档案馆实施馆际联动的基础上，向全国各直辖市、省会城市发出民生档案"异地查档、跨馆服务"倡议，并得到积极响应，先后与上海市浦东新区、广东省广州市、江苏省南京市、吉林省长春市、内蒙古自治区呼和浩特市、新疆维吾尔自治区乌鲁木齐市、四川省成都市、天津市等15个档案馆签订婚姻档案跨馆利用服务工作协议，和江西省九江市、安徽省宣城市旌德县2家档案馆签订移民档案跨馆利用服务协议。❹ 自2017年浙江省档案系统百馆联动和2018年长三角区域一体化发展战略实施以来，馆际合作从自发性、分散性向组织性、区域性发展，更好地满足了民生档案跨区域查阅利用的需求。

以馆际资源共享为目标，通过小范围的资源共享合作为起点，逐步带动和推进全国范围内各级各类档案馆之间的数字档案资源互联共享，是我国广泛互联的数字档案馆网的重要发展路径，也是最具实践操作性的方案。此外，以资源共享为目标建立馆际战略合作不仅适用于档案馆、立档单位，而且可以拓展到相关信息资源管理主体，例如图书馆、博物馆、大数据管理机构等，实现在更广阔范围内数字资源的共享和互联。

---

❶ 严青云. 区域数字档案信息资源共享实践与思考［J］. 浙江档案，2013（9）：52 - 53.
❷ 程红梅. 丽水市档案馆与北京市海淀区档案馆签订民生档案跨馆利用服务工作协议［EB/OL］.（2021 - 02 - 07）［2021 - 07 - 22］. http：//www. zjda. gov. cn/art/2021/2/7/art_1229005493_58922644. html.
❸ 覃福进. 广西、湖北两省区档案馆开展馆际交流合作［EB/OL］.［2021 - 07 - 22］. http：//www. gxdag. org. cn/show/278/13252.
❹ 范飞. 争当长三角地区档案工作一体化发展排头兵：杭州市档案馆加快推进"异地查档、跨馆服务"纪实［EB/OL］.（2019 - 10 - 09）［2021 - 07 - 22］. http：//www. zgdazxw. com. cn/news/2019 - 10/09/content_296657. htm.

2.5.4 建立数字档案馆网建设的全面保障机制

要实现我国数字档案馆网的全面建设,不能被动等待数字档案馆的自发式发展和馆室之间、馆际之间缓慢的合作互联进度,而是需要基于统筹设计、整体推进的原则,从制度、技术、工作机制和人才培养等多个视角提供保障。

2.5.4.1 制度保障

数字档案馆网建设的最终目标是要通过一定的措施将各级各类数字档案馆联结在一起,作为国家信息资源管理的重要基础设施,实现数字档案资源在广泛范围内的共享。同时,数字档案馆网的建设也有助于将数字档案资源与其他门类数据资源联结起来,共同面向社会发挥作用。因此,数字档案馆的建设以及数字档案馆网的建设思路,应该纳入国家开展档案信息化工作的统一规划与设计。

在国家层面,我国档案法明确规定了有条件的档案馆应当建设数字档案馆和推进档案信息资源共享服务平台建设,促进数字档案资源跨区域、跨部门共享利用的要求。可以此为基础,在相关法规政策中明确建设规划国家数字档案馆网的思路,由档案主管部门牵头,加强顶层设计,制定如数字档案馆网建设办法、数字档案馆(室)一体化建设办法、数字档案资源跨馆共享利用实施办法等顶层政策规范,明晰数字档案馆网建设的整体空间布局、阶段性目标和方法路径,组织引导和规范建构不同类型、不同层级、不同阶段的数字档案馆建设,进而编织横向整合、纵向关联的数字档案馆网络体系。

在地方层面,各级档案主管部门与地方政府可依据国家层面的政策要求,参考制定相关区域性法规、政策,尤其是将数字档案馆跨区域跨机构协同治理的目标、任务和要求纳入区域协同发展战略,并对其管理架构、利益整合机制、权责分配方式、沟通协调渠道等加以制度化和规范化❶,同时鼓励和支持其他类型数字档案馆也加入协同构建数字档案馆网的体系中,逐步促进数字档案资源、相关信息资源的广域互联。

2.5.4.2 技术保障

技术保障是促进数字档案馆和数字档案馆网科学顺利建设的重要支撑。数字档案馆和馆网建设的基础性技术保障包括网络环境保障(局域网、政务网和公共网)、硬件技术保障(服务器、输入输出设备、存储设备等)、软件技术保障(计算机操作系统、数据库系统、数据安全保障系统、系统开发软件、信息处理软件等)、数字化技术保障四大层面。经过多年的探索,我国已经形成了《数字档案馆建设指

---

❶ 赵杰,霍春阳,邢艳慧. 档案馆跨馆合作实践及推进策略探究[J]. 中国档案,2021(5):69-71.

南》《数字档案室建设指南》《企业数字档案馆（室）建设指南》《数字档案馆系统测试办法》《数字档案室建设评价办法》等数字档案馆建设、测试和评价的规范性文件及相关标准，为相关主体采取各类技术开发数字档案馆系统平台提供了指导。基于基本技术保障建设的数字档案馆系统应具备最基本的"收集、管理、保存、利用"四项基本业务功能，以及用户权限管理、系统日志管理、数据备份与恢复、系统及数据安全维护等功能。在此基础上，为建设数字档案馆网，各类数字档案馆系统还要能够利用网络实现档案查询、信息发布、工作交流和资源共享，为用户提供跨馆跨库、无缝衔接的信息服务，并且具备开放性、稳定性、易用性、安全性、可扩展性和易管理型等特征。❶

同时，数字档案馆和馆网建设的技术保障要随着社会技术环境的变化和档案信息化发展的需求不断更新、完善。应充分运用云计算技术、大数据技术、区块链技术、人工智能技术等突破性信息技术赋能数字档案资源的管理开发和数字档案馆网的建设，提升数字档案馆网建设的效率和科学性。例如，云计算技术可用于区域内集中统一建设数字档案馆系统平台，实现跨馆资源的集中管理和共享利用；区块链技术可应用于数字档案资源的可信保障和长期保存；大数据技术和人工智能技术可充分应用于互联共享的各类馆藏数字档案资源的数据挖掘、数据分析和数据关联，用于对数字档案资源的知识性开发服务，促进数字档案资源在更大范围内的增值利用。

2.5.4.3 协同工作机制保障

数字档案馆网的建设涉及多个数字档案馆机构主体的参与，离不开基于参与共治理念的协同工作机制的建设。由于我国档案工作实行分级管理体制，同时数字档案资源共享的相关规则并不明确，某些地区、机构可能将数字档案信息资源的产权地区化，或人为设置档案信息互联互通的壁垒，导致在档案信息归属上的"地区所有、部门私化"，这种格局将阻碍数字档案信息资源的共享应用和数字档案馆网的建设。❷ 多元主体对资源共建共享的思想认识是否统一、工作是否同步，将直接影响数字档案馆网建设和资源集成共享和利用服务的整体水平。一方面，需要国家档案主管部门在宏观上加强指导，并争取在法规、制度层面上明确协同发展要求。可充分发挥我国国家电子文件管理部际联席会议办公室的作用，从国家层面带动各部委对数字档案馆网建设的支持和推进，统筹规划和组织协调全国数字档案馆网建设工作。另一方面，需要在实践中不断探索多主体在数字档案馆馆际合作、资源共享等方面协同工作的经验。

---

❶ 金波. 档案学导论 [M]. 上海：上海大学出版社，2018：325.
❷ 赵杰，霍春阳，邢艳慧. 档案馆跨馆合作实践及推进策略探究 [J]. 中国档案，2021 (5)：69-71.

2.5.4.4 人才培养保障

档案工作者是数字档案馆馆网建设的核心，培养具备数字档案馆建设能力的人才是增强数字档案馆和馆网建设科学性的重要保障。数字档案馆与传统档案馆在建设基础、业务活动开展形式、资源开发利用方式等方面都有着巨大的不同，对档案工作者的专业技术能力提出了新的要求。但是在我国既有的档案工作者队伍中，数字档案馆研发和管理过程中所需要的具有现代信息素养、能在新型信息技术环境下高效开展工作的人才队伍还未完全建立。掌握数字档案馆建设基本理论素养和操作、管理能力的人员仍较为匮乏，档案工作者对数字档案的管理能力、管理经验、技术应用和服务意识方面整体滞后于社会发展需求。❶ 对此，首先，要加强对相关档案工作者的数字档案馆业务能力培养教育，就数字档案馆相关的基本理论知识、建设指南、建设标准、操作规范等具体知识技能开展日常培训，将对数字档案资源的管理技能纳入档案工作者的技能体系中，实现从传统档案工作者向现代档案工作者的转型。其次，要重点引进信息技术专业人才，并对其进行档案管理专业技能的训练，提升数字档案馆信息技术管理能力，培养复合型人才。最后，负责数字档案馆建设开发的相关机构领导应具备数字档案馆和馆网建设的大局意识、创新理念和可持续发展思想，积极带动机构内、区域内甚至跨区域范围内数字档案馆的开发建设、资源共享和馆际合作，发挥关键引领作用。

---

❶ 金波. 档案学导论 [M]. 上海：上海大学出版社，2018：358.

第3章
档案业务变革（一）
——大数据环境下档案鉴定方法的挑战与战略性变革

档案鉴定作为数字档案馆的核心业务功能之一，决定着档案的"生死存亡"，是开展档案移交接收和资源建设的基础和前提。大数据时代，档案鉴定面临着前所未有的冲击与挑战，包括鉴定规则不清晰、人工鉴定效率低等，甚至有学者和业界专家认为应当弱化鉴定或取消鉴定，档案鉴定的必要性受到质疑。基于此，本章将立足新技术发展背景，探讨大数据时代档案鉴定工作的发展趋势和方向，重点分析与档案鉴定相关的新技术、理念变革、方法变革、实践案例和保障策略。

3.1 数字档案馆档案鉴定的内涵与挑战

3.1.1 数字档案馆档案鉴定业务的界定

我国数字档案馆档案鉴定业务主要包括进馆范围确定、到期鉴定和开放鉴定。进馆范围确定是指确定档案来源机构的移交范围。到期鉴定是指对保管到期的档案进行价值鉴定。开放鉴定是指确定档案开放范围。从业务内涵来看，进馆范围确定、到期鉴定可被划分到档案价值鉴定的范畴中。根据国家档案局于2012年发布的《各级各类档案馆收集档案范围的规定》第七条规定，"省级以下（不含省级）档案馆接收保管期限为永久和30年以上（含30年）的档案"，即省级以下档案馆还需要对非永久保存的到期档案进行处置，决定档案的去留。档案处置与价值鉴定具有较强的同质性，可作为价值鉴定工作的组成。本章所探讨的数字档案馆的档案鉴定业务，即档案价值鉴定。

档案价值鉴定是档案馆鉴定业务关键内容。根据《档案管理学》的界定❶，档案价值鉴定工作，是以科学的档案价值鉴定理论为指导，合理运用档案价值鉴定的原则、法律规范、标准、程序和方法，判定档案的保存价值，确定档案保存期限，决定档案"存"与"毁"的一项专业性档案业务管理工作。相比于面对纸质档案需要解决档案实体数量大量增长与档案管理部门有限存储空间之间的矛盾，数字档案馆主要面向的增量档案以原生性电子文件占主导，档案价值鉴定工作的重心是切实保障归档电子文件、电子记录的质量，并以合理的成本为组织和人类社会留存可以长期保存的真实、完整、可读、安全的数字证据和数字记忆。

电子环境下，档案鉴定的时机一般会前置到文件形成时，而数字档案馆的档案鉴定业务重点在于依据相关法律、法规审核档案来源机构的移交清单。来源机构的鉴定人员依据保管期限表和电子文件的多维属性，判断电子文件是否属于归档范围，对于属于归档范围的电子文件，则进一步依据上述要素判定其保管期限。保管期限为永久（省级以下还包括30年）的电子档案即在移交范围内。

3.1.2 挑战1：鉴定规则不清晰

保管期限表是我国机构业务人员和档案工作者进行保管期限划分的重要依据。我国档案界近年来逐步加深对职能鉴定法的了解和认可，但由于长期以来我国建立了文书、科技、专门等档案分块管理的格局，习惯面向机关和企业分别予以不同的管理规定，所以未能在法规层面建立统一的档案鉴定方法论，没有建立面向通用职能的统一的档案保管期限表。我国通用的档案保管期限表主要包括国家档案局于2006年发布的《机关文件材料归档范围和文书档案保管期限规定》（以下简称《机关文件材料保管期限规定》），中的机关文书档案保管期限表，以及国家档案局于2012年发布的《企业文件材料归档范围和档案保管期限规定》（以下简称《企业文件材料保管期限规定》）中的企业管理类档案保管期限表。

作为我国档案鉴定实践主要的依据性文件，上述两份规定的鉴定标准表现出较强的综合性，且都采用了职能分类的思想。宋魏巍在比较了我国各版本文书档案保管期限表后认为，国家档案局在1987年出台的《文书档案保管期限表》中就已经开始出现了部分按职能和文件类别对文件的保管期限划分规则，体现了宏观鉴定论的思想。自该文件后，几乎所有保管期限规定性文件都在一定程度上采取了基于职能结构和业务活动判断方法。❷ 但是，由于有些文件归类并非出于职能视角，其判断标准不可避免地出现多元化特征。比如根据《机关文件材料保管期限规定》，各

---

❶ 王英玮，陈智为，刘越男. 档案管理学［M］. 4版. 北京：中国人民大学出版社，2015：20-52.
❷ 宋魏巍. 职能鉴定法研究［D］. 北京：中国人民大学，2012：19.

机关举办重大活动形成的文件材料应为永久保管。而根据著者的调查，在鉴定实践中，机构举办的活动是否为重大活动的一个重要判断标准便是机构主要领导或上级机关领导是否参与了该活动。因此，重大活动形成的文件材料的归类的判断标准是根据特定参与人决定的，而不是出于职能的视角。这是一种典型的判断标准多元化。

上述两份规定中的档案鉴定标准还体现了一定的模糊性。例如，《机关文件材料保管期限规定》中的文书档案保管期限表规定："本机关的请示与上级机关的批复、批示中：重要业务问题为永久，一般业务问题为30年"。但是对于重要业务和一般业务的划分没有明确标准可依。"重要的"和"一般的"的分类标准在《机关文件材料保管期限规定》中的文书档案保管期限表分别有18处和14处。《企业文件材料保管期限规定》中同样有着大量"重要文件"和"一般性文件"的表述，但是缺少明确的划分标准。"重要的"和"一般的"的分类标准在《企业文件材料保管期限规定》中的企业管理类档案保管期限表分别有26处和21处。对于这种分类标准，一定程度上需要依赖归档人员对文件内容的理解和经验判断。文件所属的类别判断标准表述模糊问题影响范围广泛，为立档单位的保管期限划分带来了一定困难。

根据傅荣校等的研究，我国虽然颁布了各类型保管期限表，但是保管期限表中涉及的标准比较抽象，概括程度较高，保管期限表对于文件价值的判断表中，通过"重要的""一般的"进行表达。[1] 对于保管期限表的理解和标准的掌握，很大程度上取决于鉴定人员。鉴定人员对档案价值的认知水平决定了文件的保管期限。著者于2016~2018年对山东省青岛市、浙江省杭州市、上海市等地的各级档案部门进行实地调查得到了类似的结论。

总而言之，我国的文书档案鉴定标准不够清晰，鉴定人员对保管期限表和文件内容、主题、事件、人物、来源机构、所涉及职能等要素的理解是保管期限划分的内在逻辑。

3.1.3 挑战2：人工鉴定效率低

西方国家提倡基于职能分析建立集成化的分类方案与保管期限表，一类文件通常具有统一的保管期限，自动鉴定的实现方式表现为文件分类后对该类文件保管期限的自动继承。

在具体实践中，可以先通过职能分析构建机构的职能分类树，并对职能分类树

---

[1] 傅荣校. 从世界档案鉴定的发展趋势看我国档案鉴定现状 [J]. 档案学通讯, 2000 (2): 13-16.

上各个职能的重要性进行评价，根据职能的重要性赋予职能活动产生的文件相应的保管期限。职能鉴定法的自动实施有两种不同的路径。第一种路径是文件自动分类、自动鉴定的一体化。电子文件管理系统在捕获前端业务系统的文件时，可以直接根据前端系统的职能规则自动判断文件所属的类别和相应的保管期限。这种路径的自动化程度很高，适宜在职能规则十分明确的业务场景下应用。第二种路径是文件手工归类、自动鉴定。电子文件管理系统在捕获前端业务系统的文件时，由于职能规则不够明晰，系统不能根据规则自动判断其所属业务类别，这时需要由管理人员手工判断文件所属的主要职能类别，文件归类后自动继承该类相应的保管期限。这种路径的自动化程度相对较低，其实施依赖于对文件类别的手工判断。

上述自动鉴定途径在我国的文书档案鉴定中几乎没有生长的土壤。一方面，《机关文件材料保管期限规定》《企业文件材料保管期限规定》虽体现了职能鉴定的思想，但仍然有不少不按职能设置的文件类别，文书档案职能规则并不清晰，具体条款的归纳也带有强烈的经验总结、经验罗列的色彩，缺乏自上而下分类的系统性；另一方面，职能分类的思想虽然也在我国有所采纳，如同职能鉴定法一样，我国并未推行职能分类方案，尤其在文书档案领域。2015年，国家档案局发布了档案行业标准《归档文件整理规则》，该标准"适用于各级机关、团体、企事业单位和其他社会组织对应作为文书档案保存的归档文件的整理"，将整理定义为"将归档文件以件为单位进行组件、分类、排列、编号、编目等（纸质归档文件还包括修整、装订、编页、装盒、排架；电子文件还包括格式转换、元数据收集、归档数据包组织、存储等），使之有序化的过程"。该标准鲜明地提倡归档文件是以件为单位进行整理，将年度、机构（问题）甚至保管期限作为分类标准，在分类标准中完全没有体现职能思想，难以建立分类与职能的映射，遑论通过分类建立与《机关文件材料保管期限规定》中文书档案保管期限表的映射。《机关文件材料保管期限规定》《企业文件材料保管期限规定》《归档文件整理规则》折射的是"逐份"操作的思想，即逐份地将文件按保管期限表的描述进行对应，进而判断文件保管期限。

根据著者实地调研和文献研究，也进一步证实这样的判断。对于保管期限的划分或文件的价值鉴定，最终是由鉴定人员根据文件进行逐份判断，鉴定的标准以鉴定人员对保管期限表的理解为主。在鉴定过程中，鉴定人员需要基于文件内容、来源机构、所涉及职能等信息进行判断。《档案管理学》对于直接鉴定法的介绍比较系统化地描述了这个过程。❶

在政府机构中，还存在一定规模的流程性不强和临时性事务所产生的文件材

---

❶ 王英玮，陈智为，刘越男. 档案管理学［M］. 4版. 北京：中国人民大学出版社，2015：20-52.

料，但是保管期限表中的表述相对模糊、宽泛，这就对保管期限的划分造成困难。此外，随着电子政务的发展，政务信息系统更加广泛地被使用，数字档案的种类更加多样，数量快速增加。对于分类不明确、在保管期限表中表述不清晰的文件材料，其保管期限的判断依赖于工作人员对文件内容的主观判断，而快速增加的文件材料也为工作人员带来了工作量上的负担。

3.1.4 挑战3：鉴定必要性存疑

随着信息技术的发展和电子文件的使用范围拓展，有学者提出档案鉴定已经不具备必要性。❶ 该类观点认为，支撑档案鉴定业务的是两个关键矛盾，其一是为了解决不断增长的馆藏数量而带来的库房不足的矛盾。在有限的库房投入下，为了更加有效地保存被认为"更有价值"的档案，也就只好牺牲另一部分被认为"没有价值"的档案。其二是为了解决馆藏档案信息资源利用效率不高的矛盾。在传统环境下，对档案信息资源的开发、利用与检索等都只能是手工方式，这种方式在档案数量不多时，还能凭借档案人员熟练的业务能力以及对工作场所的熟悉等因素实现高效运转。但如果超出个人脑力能力范畴，档案信息资源的查全率、查准率以及检索速度等问题就会接踵而至。档案鉴定业务是为了平衡这两类矛盾而生，其结果是档案工作无法完整地保存历史，是对价值的一种撕裂。

在新环境下，信息技术的大量运用，使管理海量档案信息资源已经十分轻松。在强大的信息技术支撑下，存储能力快速增长，存储成本迅速降低，对信息资源的管理能力也大幅提高。档案工作应该最大限度地为社会保存所有的档案信息资源。而随着社会经济的不断发展，国家、社会也大幅增加了对公共服务部门的投入，尤其是对档案事业的投入。在该背景下，支撑档案鉴定业务的两个关键矛盾已经不复存在，应该与时俱进地"弱化档案鉴定"。同时，由于人们无法预见未来的需求，且档案人员不具备档案价值鉴定的能力，档案鉴定业务自身的必要性已经存疑。

当然，对于上述观点，不少学者持否定、批判的态度。持有反对观点的学者认为，首先，档案鉴定业务的初衷不是为了解决档案管理问题，其追求的也不是管理效率的提升，而是考虑鉴定的多元化，特别是对民间档案。❷ 其次，档案能否完整地反映历史本身就值得商榷，档案真正的历史意义不在其内容本身而在背后控制其形成的"权力"。再次，档案鉴定本身除了是对价值的鉴定，还包括对真伪和质量

---

❶ 周林兴，邓晋芝. 错位的价值判定应该被纠正：对档案鉴定及销毁的历史视域考量［J］. 档案学通讯，2015（2）：38–42.

❷ 徐欣云，张震雄. 不能弱化档案鉴定：与《错误的价值判定应该被纠正》一文作者商榷［J］. 档案学通讯，2015（4）：17–22.

的甄别，要维护档案的证据价值。最后，如果真的保管全量档案，不再进行鉴定，那么对海量档案资源的存储、保管和开发所消耗的资源并不可小觑，还会产生大量的冗余信息。❶

学界的观点争论是针锋相对的，但是，弱化鉴定的理念被提出本身这件事，向人们描述一个不可忽视的事实：在大数据环境下，鉴定的必要性已经受到质疑，面对海量的电子文件，人们急需探寻新的鉴定理论和方法进行应对。

3.2 鉴定相关的大数据技术

3.2.1 大数据技术的内涵与意义

自2008年学术期刊《自然》首次开设了大数据专刊以来，包括学术界、工业界、政府机构和各类社会组织都开始广泛地关注大数据的相关技术和应用。2008年年底，计算社区联盟（Computing Community Consortium）在其著名的白皮书《大数据计算：在商务、科学和社会领域创建革命性突破》❷ 初步揭示了大数据的内涵和意义，即将注意力从机器向数据转移，通过数据产生生产力和知识。对于大数据的定义，许多学者和研究机构均从不同的视角给出过不同的定义，其中比较有代表性的定义如麦肯锡全球研究所提出的，大数据是一种规模大到在获取、存储、管理、分析方面大大超出了传统数据库软件工具能力范围的数据集合，具有海量的数据规模、快速的数据流转、多样的数据类型和价值密度低四大特征。❸ 除了对大数据的概念进行界定，学界和业界重点围绕大数据的特征进行了分析，强调大数据具有"3V"[规模性（volume）、多样性（variety）、高速性（velocity）]❹ 或"4V"[规模性（volume）、多样性（variety）、高速性（velocity）和价值性（value）]的特征。❺

大数据技术，即大数据所衍生出的信息技术维度上的内容。从大数据的定义来看，凡是与处理具有规模性、多样性、高速性和价值性特征的数据有关的技术，都

---

❶ 谢诗艺. 回归与反思：对档案鉴定的多维视角认识兼与周林兴教授商榷 [J]. 档案学通讯，2015（4）：14-17.

❷ McKinsey Global Institute. Big data：The next frontier for innovation, competition, and productivity [EB/OL]. (2011-05-01) [2024-01-19]. https：//www.mckinsey.com/capabilities/mckinsey-digital/our-insights/big-data-the-next-frontier-for-innovation.

❸ 杭州大数据时代的智慧政务 [EB/OL]. [2021-03-08]. http：//www.gsei.com.cn/html/1329/2016-09-05/content-136426.html.

❹ BRYANT R, KATZ R H, LAZOWSKA E D. Big-Data computing：creating revolutionary breakthroughs in commerce [J]. Science and Society, 2008, 8：1-15.

❺ BARWICK H. IIIS：the "four vs" of big data [EB/OL]. (2011-08-05) [2021-03-08]. http：//www2.computerworld.com.au/article/396198/iiis_four_vs_big_data/.

可以被列入大数据的范畴。从大数据的特征来看，大数据技术具有认知层面的工具属性，是人类通过大规模数据提高认知水平的工具。所谓通过大规模数据提高认知水平，是指人们能够通过大规模数据捕获到更加丰富且多维度的信息，从而提高对观测对象的认知水平。而能够处理、运用大数据，并将大数据中的隐含规则和知识显性化出来，或者说数据驱动的知识发现，至少需要数据采集、数据存储、数据分析以及数据应用四个要素来支撑，大数据技术则应该包括大数据采集技术、大数据存储技术、大数据分析技术和大数据应用技术四部分内容，而这四部分内容也对应了大数据"3V"或者"4V"的特征。其中，大数据采集技术主要包括如传感数据采集技术、数据抓取技术、数据预处理等技术。大数据存储技术包括分布式数据库技术、分布式文件系统、数据仓库等技术。大数据分析技术包括云计算、数据挖掘、人工智能等技术。大数据应用技术则是指在业务场景中融合大数据分析的各类应用技术，比如特定业务场景的数据可视化、电商平台上的商品推荐等。

随着大数据的发展，人们已经能够在科学研究、企业管理、工业生产、技术研发、政府治理等各个领域看到大数据理念的投射和技术的应用，同时这些理念和技术也改变了各个领域的传统范式。大数据的发展过程是人类对数据的获取、分析、应用能力提升的过程，这些能力的提升同时提高了人类社会的认知水平，让人类社会产生了认知层面的迭代，一方面人们愈发深刻地认识到数据的价值和意义，另一方面大数据让人们得以更有效地修正和完善传统认知和理论。

3.2.2 档案鉴定与大数据的关系

档案鉴定作为档案业务的重要内容，是以科学的档案价值鉴定理论为指导，合理运用档案价值鉴定的原则、法律规范、标准、程序和方法，判定档案的保存价值，确定档案保存期限。而大数据相对档案鉴定是一个新生事物，是信息技术发展的一个阶段，是人类的数据掌控能力和认知能力提升的阶段性标志。从两者的内涵来看，档案鉴定与大数据并没有直接的关联。但是在鉴定理论和方法的发展过程中，技术因素往往出现在某个节点并发挥特定的作用。有些技术对鉴定工作带来了挑战，比如随着打印和复印技术的出现和应用，文件的数量迅速增加，从而引发对通过逐份阅读文件内容来鉴定其档案价值方法的反思。有些技术则改变了鉴定对象的形态，比如随着计算机和网络的应用，围绕电子文件的鉴定理论和方法被提出。无论新技术带来的是挑战还是机会，无论档案人员是被动接受还是主动接纳新技术，技术因素都会一定程度上影响鉴定工作。同样，大数据所带来的计算技术和信息环境的变化，经过层层传导影响了档案学与档案管理工作，使得档案学与计算科学相互融合，档案管理与数据管理相互交织。对于档案鉴定，大数据既带来了挑战，也带来了机遇。

大数据给档案鉴定带来的直接挑战就是大数据理念和技术带来的文件与档案规模进一步激增、归档文件的类型更加复杂，传统的纸质环境下档案鉴定的方法与策略很难应对海量的文件与档案。为了应对大数据带来的挑战，学界和业界纷纷开展"利用大数据技术应对大数据挑战"的研究和尝试。有澳大利亚档案学家明确指出，必须对技术辅助鉴定给予足够的关注，否则人们将淹没在信息中。❶ 档案学的前沿会议之一美国电气电子工程师协会（Institute of Electrical and Electronic Engineers，IEEE）大数据会议的计算档案学分会在面向未来的计算档案学的定义中强调要"将计算科学与档案学理论整合，以支撑长期保管、鉴定等工作"❷，2018年，有学者在该会议上展望了机器辅助档案选取和保管期限划分的机会、工具和挑战，其中机器学习、自然语言处理等技术被认为是有可能适宜该项工作的技术。❸ 在业界，有国外档案管理机构已经开始调查和初步实验，例如英国国家档案馆、澳大利亚国家档案馆（National Archieves of Australia）对机器学习辅助保管期限划分展开了相关调查。❹ 澳大利亚新南威尔士州档案和文件局（New South Wales States Archives & Records）分别在2017年和2018年进行了通过机器学习技术实现自动化档案价值鉴定的实验，其主要目的是检验机器学习算法在保管期限和处置方式判断问题上的可用性。❺ 在大数据环境下档案鉴定工作面临文件规模更大、种类更复杂等多种问题，但是，这些问题是由前端业务系统和业务流程决定的。大数据给档案鉴定带来的挑战，对于档案管理者来说是被动的。面对挑战，档案管理者需要主动利用大数据技术来应对。

---

❶ UPWARD F, REED B, OLIVER G, et al. Recordkeeping informatics for a networked age [M]. Clayton：Monash University Publishing, 2018：125 – 126.

❷ IEEE big data 2018：3rd CAS workship [EB/OL]. (2018 – 12 – 12) [2021 – 03 – 05]. https：// dcicblog. umd. edu/cas/ieee – big – data – 2018 – 3rd – cas – 2workshop/.

❸ LEE C A. Computer – assisted appraisal and selection of archival materials [C] // 2018 IEEE International Conference On Big Data (Big Data). IEEE, 2018：2721 – 2724.

❹ ROLAN G, HUMPHRIES G, JEFFREY L, et al. More human than human？artificial intelligence in the archive [J]. Archives and Manuscripts, 2019, 47 (2)：179 – 203.

❺ HUMPHRIES G. Case Study – Internal Pilot – Machine Learning and Records Management [EB/OL]. (2018 – 03 – 20) [2021 – 03 – 05]. https：//futureproof. records. nsw. gov. au/case – study – internal – pilot – machine – learning – and – records – management/；HUMPHRIES G. Case Study – External Pilot – Machine Learning and Records Management [EB/OL]. (2018 – 09 – 24) [2021 – 03 – 05]. https：//futureproof. records. nsw. gov. au/ case – study – external – pilot – machine – learning – and – records – management/.

3.2.3 档案鉴定的关键大数据技术

档案鉴定本身具有较强知识性，是一项知识工作，需要以人的知识为基础结合档案相关信息判断文件是否属于归档范围，对于属于归档范围的文件，还需进一步判断其保管期限。档案鉴定所需的信息包括两个方面，一方面是档案自身内容的信息，简称内容信息，比如档案的来源机构、职能信息、内容中涉及的具体人物和事件。这些信息往往可以从档案内容和档案元数据中获取。另一方面是档案鉴定业务的规范性信息，简称规范信息，具体来说，就是与档案鉴定有关的法律、法规、标准和政策，比如《机关文件材料保管期限规定》和《企业文件材料保管期限规定》等。以人为主体的档案鉴定需要上述两类信息，然后对文件进行价值的判断。当档案鉴定工作的主体转变或部分转变为机器时，机器应该具备理解内容和元数据、构建并执行规则以及作出决策的能力。因此，著者认为档案鉴定的关键大数据技术包括专家系统、机器学习、自然语言处理、知识图谱等技术。

3.2.3.1 专家系统

专家系统是指一类具有大量专门知识的计算机智能信息系统，它运用特定领域的专门知识和人工智能中的推理技术来求解和模拟通常要由人类专家才能解决的各种复杂、具体的问题，达到与专家具有同等解决问题的能力，它可使专家的专长不受时间和空间的限制，以发挥专家更大的作用和效益。❶ 在档案鉴定业务中，可以将内容信息与规范信息以事实规则的形式写入专家系统，让机器按系统中内置的鉴定规则对档案进行鉴定。

3.2.3.2 机器学习

机器学习是近些年兴起的一门涉及概率论、统计学、逼近论、凸分析、计算复杂性理论等多门学科的多领域交叉学科，是一类从数据中自动分析获得规律，并利用规律对未知数据进行预测的算法，即具有自"学习"的算法能力。机器学习已广泛应用于数据挖掘、计算机视觉、自然语言处理、生物特征识别、搜索引擎、医学诊断、检测信用卡欺诈、证券市场分析、脱氧核糖核酸（DNA）序列测序、语音和手写识别、战略游戏和机器人等领域。❷ 在档案鉴定业务中，可以通过机器学习，让机器在大量具备同种特征的已经进行过价值鉴定的档案中进行学习，学习价值鉴定的逻辑规则。完成学习后，机器便可以自动作出价值判断。

3.2.3.3 自然语言处理

自然语言处理是用计算机对自然语言的形、音、义等信息进行加工，并建立各

---

❶ 《数据库百科全书》编委会. 数据库百科全书［M］. 上海：上海交通大学出版社，2009.
❷ 李明禄. 英汉云计算·物联网·大数据辞典［M］. 上海：上海交通大学出版社，2018：269.

种类型的"人—机—人"处理系统及其过程,俗称人机对话。对人类社会交际活动中自然形成的语言的字、词、句和篇章的输入、输出、分析、理解和生成等方面进行的加工,其核心是自然语言理解。自然语言处理包括:①口语的理解,即用计算机进行语音识别、理解和生成,使计算机能够"听懂",并做出响应;②书面语的理解,即把文字输入计算机,通过分析和生成,使得计算机能够"看懂",并做出应答。语言之间的自动翻译,涉及两种或多种自然语言的理解与处理,是一种高级的人工智能。自然语言处理中智能较低的是语料的统计、分类、检索、分析等工作。❶ 由于大多数档案以文本(书面语)的内容形式为主,自然语言处理就成了机器理解档案内容信息和鉴定规范信息的关键技术。实际情况中,自然语言处理往往与机器学习、知识图谱等技术共同应用。

3.2.3.4 知识图谱

知识图谱是结构化的语义知识库,用于以符号形式描述物理世界中的概念及其相互关系。其基本组成单位是"实体—关系—实体"三元组,以及实体及其相关属性—值对,实体间通过关系相互联结,构成网状的知识结构。通过知识图谱,可以实现 Web 从网页链接向概念链接转变,支持用户按主题而不是字符串检索,从而真正实现语义检索。基于知识图谱的搜索引擎,能够以图形方式向用户反馈结构化的知识,用户不必浏览大量网页,就可以准确定位和深度获取知识。❷ 档案包含社会性、机构性和技术性的知识,机器要实现对档案的价值鉴定,就需要对这些知识进行学习。而知识图谱及知识的表示学习技术可以让机器获得上述知识,从而具备更强的智能。

3.2.3.5 大语言模型

大型语言模型是一种基于深度学习和人工智能的先进技术,它能够理解和生成人类语言。其主要通过大规模数据集的训练,学习语言的复杂模式和结构,从而实现高度精准的文本生成和理解。由美国人工智能研究公司 OpenAI 开发的生成式预训练转换器模型3.5版(Generative Pre-Trained Transformer-3.5,GPT-3.5),包含1750亿个参数,能够执行诸如文本生成、翻译、摘要等多种任务。大型语言模型的主要能力包括但不限于文本生成、问答、文本摘要、机器翻译等。❸ 在档案鉴定任务中,相对于一般的自然语言处理模型,大语言模型能够更加准确地理解档案内容及其元数据信息,从而作出更精准的鉴定决策。

---

❶ 彭漪涟,马钦荣. 逻辑学大辞典[M]. 上海:上海辞书出版社. 2010.
❷ 刘峤,李杨,段宏,等. 知识图谱构建技术综述[J]. 计算机研究与发展,2016(3):582-600.
❸ WU T, HE S, LIU J, et al. A brief overview of ChatGPT: the history, status quo and potential future development [J]. IEEE/CAA Journal of Automatica Sinica, 2023, 10(5):1122-1136.

3.3 大数据环境下档案鉴定的理念变革

3.3.1 从被动管护到主动参与

2020年6月20日,第十三届全国人民代表大会常务委员会第十九次会议审议通过了修订后的《档案法》,进一步调整和明确了档案开放和利用的相关要求。具体来说,2020年修订的《档案法》第四章第二十八条规定,档案馆要"不断完善利用规则,创新服务形式,强化服务功能,提高服务水平,积极为档案的利用创造条件,简化手续,提供便利。"2020年修订的《档案法》新增第五章"档案信息化建设"部分,该章第三十五条规定:"各级人民政府应当将档案信息化纳入信息化发展规划,保障电子档案、传统载体档案数字化成果等档案数字资源的安全保存和有效利用"。2020年修订的《档案法》,将档案开放利用提到了一个较高的位置,同时预示着档案部门要从被动地管护档案,转变为对业务端的数据治理的主动参与。

从被动管护到主动参与的转变是环境的要求,也是档案馆理念变革的关键一步。以档案鉴定工作为例,传统模式下的档案鉴定工作已经前置到来源机构,根据相关法律法规的规定,扮演档案价值鉴定业务中核心角色的保管期限表由来源机构制定,基于保管期限表的移交清单则由档案馆审核。档案馆对档案价值鉴定的参与是以移交范围审核推动保管期限表完善为主要表现形式的。保管期限表的制定,一方面需要依据来源机构的职能特点、部门结构等信息,另一方面需要依据相关法律法规开展制定,例如《机关文件材料保管期限规定》和《企业文件材料保管期限规定》。档案馆对保管期限表的影响是间接的,这就导致档案馆对于档案鉴定业务的实际参与度很低。

在大数据环境下,一方面文件档案的种类更加复杂,大量新型电子文件在前端场景中被产生,比如电子邮件、社交媒体文件等,这些文件很难对应到现有的保管期限表中;另一方面是在不少场景中,业务系统中的数据表单直接代替了电子文件作为业务流程的支撑,在归档时往往还需要再从表单中形成电子文件。档案馆的归档和鉴定业务与前端业务场景不断出现相悖之处,档案管理工作所要求的真实性、可靠性、完整性、可用性也很难与前端业务系统的数据管理体系相融合。

面对现状,档案馆不能再继续被动地管护档案,而是要积极主动地参与到前端数据治理体系中,将档案的"四性"保障与数据治理进行结合,同时不断更新档案价值鉴定的理论、方法和理念,主动参与构建大数据环境下的各类文件的归档方案，推进档案鉴定业务主动向前端业务系统渗透，积极采用大数据技术来应对业务和数据环境的变化，完善机构数据的全生命周期治理，通过价值鉴定工作来完善前端的数据治理，让档案馆成为前端业务的助力而非阻力。

3.3.2 从人工为主到人机共治

大数据环境对数据档案馆的档案鉴定业务所带来的直接挑战就是文件规模的大幅增加，传统环境下我国所实践的档案鉴定方法所体现的基于内容、来源和职能信息的逐份的鉴定思路不再适用。这种情况不仅在国内引起了学界和业界的关注。在国外，学界对人工智能技术辅助档案鉴定表现出积极的态度，提出应用人工智能技术开展鉴定工作。例如，有学者认为专家系统、机器学习等技术能够应对大量的数字环境下产生的文件的鉴定问题，尤其是对于电子邮件等档案的鉴定。但是，机器不应完全代替人进行决策，而是需要在系统的支持下允许档案工作者进行自己的决策。❶ 还有学者认为用于支持档案鉴定的技术工具应该被选取和开发出来，但是机器不可能完全代替人来进行档案鉴定工作，因为鉴定包含了人类的价值判断，以及大量社会性、机构性和技术性的因素。但是，通过计算技术来支持和强化档案选取和鉴定工作十分值得研究。❷ 有研究指出，部分档案部门面临技术更新、人员不足、资金有限的问题，希望通过创新技术来挖掘、恢复、重用数字材料。该研究认为，人工智能（包括机器学习）在档案领域正在发展，并对档案领域产生深远的影响，档案学者必须加入新技术的变革中。❸ 可以看出，档案学者对机器学习及相关技术用于档案鉴定是比较支持的态度，但是不认为机器能完全代替人进行鉴定，而是更倾向于通过机器辅助和支持档案鉴定工作。

在大数据环境下，机器作为决策主体参与档案鉴定业务是一个必然的趋势。档案部门应该积极转变理念，从过去的人工为主转变为面向未来的人机共治。所谓人机共治，并不是人使用计算机来开展鉴定业务，其本质依然是人进行决策，机器在这个过程中具备的是工具属性。人机共治是指机器在具备一定智能的前提下，作为鉴定主体参与鉴定业务，即机器可以为鉴定提供一定的决策支持，与档案工作者共同开展档案鉴定业务。人机共治的关键在于既能利用机器高效率地对大规模档案进行价值鉴定，又要让人的决策占据价值鉴定的主导地位。其中涉及人机交互、人机

---

❶ GILLILAND A J, MCKEMMISH S, LAU A J. Research in the archival multiverse [M]. Clayton：Monash University Publishing, 2016：686-719.

❷ LEE C A. Computer-assisted appraisal and selection of archival materials [C] //2018 IEEE International Conference On Big Data (Big Data). IEEE, 2018：2721-2724.

❸ ROLAN G, HUMPHRIES G, JEFFREY L, et al. More human than human? Artificial intelligence in the archive [J]. Archives and Manuscripts, 2019, 47 (2)：179-203.

协作、决策解释、机器优化等系列问题，这些问题也是实现人机共治的关键要素。

具体来说，档案部门一方面要积极推进基于人工智能的档案鉴定的实验和落地，利用人工智能技术实现自动化、智能化的档案鉴定，以应对大数据环境下档案鉴定业务所面临的种种挑战；另一方面，档案鉴定的决策不能完全由机器进行，需要考虑如何开展人机共治的档案鉴定业务。档案鉴定是一项决定档案"生"与"死"的业务，本质上是一个对信息资源的重大决策工作。而机器在很多场景下本身就带有偏见，例如谷歌公司的图片识别系统曾将黑人错误地识别为黑猩猩❶，出现肤色的偏见。❷ 不完善的数据集、粗糙的学习模型都可能让机器学习产生意想不到的错误。而对于档案管理，尤其是涉及档案价值鉴定、利用控制等决定档案命运的管理环节，或许在技术上可以实现非常准确的判断结果，但是人们能否信任机器所作出的判断呢？如果一份超过保管期限的档案，计算机鉴定的结果是可以销毁，那么档案管理人员应该听从机器的判断进行销毁吗？更进一步，如果机器判断有误，那么责任又该谁来承担呢？是档案主管部门的领导还是机器学习模型的设计者？上述问题基本决定了把档案鉴定业务完全交给机器开展是不可能的。但是面对大数据环境的挑战，又需要借助人工智能技术，让机器参与价值鉴定的决策过程。这就需要档案部门在理念上进行转变，并进行顶层规划和设计，制定纲领性和指导性文件，推进从人工为主到人机共治的转变。

3.3.3 从鉴定方法到鉴定算法

传统环境下，档案鉴定是以保管期限表为关键依据对档案逐份地进行鉴定。面对大数据环境下的引入机器主体的鉴定业务，档案部门需要进行制定鉴定方法到设计鉴定算法的理念转变。鉴定算法的设计即制定机器工作的流程和准则。与一般算法不同的是，以人工智能技术为核心的鉴定算法设计，将依赖知识库、机器学习的相关算法、深度学习的相关算法等。此类算法具有一定的智能能力，在设计时除了要考量鉴定业务自身的流程，还需要着重考量算法对鉴定规则的学习能力。在现有的研究和实践中，虽然不同研究和实践的侧重点不同，但是鲜有研究提及理论与算法的关系，更没有研究详细论述各类鉴定方法与技术逻辑的关系，仅是从算法角度对鉴定问题进行解构。而现有的机器学习档案鉴定的实验性研究都没有提及鉴定方

---

❶ ZHANG M. Google photos tags two African-Americans as gorillas through facial recognition software [EB/OL]. (2015-07-01) [2018-12-14]. https://www.forbes.com/sites/mzhang/2015/07/01/google-photos-tags-two-african-americans-as-gorillas-through-facial-recognition-software/#7596855a713d.

❷ HARDESTY L. Study finds gender and skin-type bias in commercial artificial-intelligence systems [EB/OL]. (2018-02-11) [2018-12-14]. http://news.mit.edu/2018/study-finds-gender-skin-type-bias-artificial-intelligence-systems-0212.

法对技术逻辑的指导，这就造成了现有研究呈现鉴定方法与算法割裂。

对鉴定算法的设计，必须以鉴定理论为指导，以鉴定方法为依据。鉴定方法中所包含的鉴定依据、鉴定主体、鉴定规则决定了鉴定算法的数据对象、算法目标、算法逻辑。以我国的文书档案价值鉴定的实践为例，价值鉴定的对象是文件，鉴定依据是文件内容、文件所涉及的职能和文件来源等信息，鉴定的主体是鉴定人员。至于有关职能的内容与保管期限的映射，则由鉴定人员根据保管期限表来考虑。鉴定人员判断保管期限，需要以对鉴定依据的理解为基础，基于文件价值判断的标准进行判断。如果把鉴定的主体从鉴定人员换成机器，机器要依据文件内容、文件所涉及的职能和文件来源等信息对文件进行鉴定，也需要像鉴定人员一样能够理解文件语义内容，分辨语义内容中所包含的机构职能信息，并且将鉴定规则转变为鉴定算法逻辑。

从鉴定方法到鉴定算法的理念转变，是从现阶段不清晰、不完善的鉴定规则转变为清晰、完善、标准化的鉴定规则的过程。算法本身不具有主观性，只可能具有随机性和偏置性。而我国目前的鉴定方法具有较强的主观性，《机关文件材料保管期限规定》和《企业文件材料保管期限规定》中有着大量"重要文件"和"一般性文件"的表述，缺少明确的划分标准。对于算法来说，很难让其自主判断什么是重要，什么是一般，需要给出明确的条件依据，如果文件符合条件 A、条件 B，但不符合条件 C，则是长期保存的档案；如果文件符合条件 A、条件 B 和条件 C，则是永久保存的档案。考虑价值鉴定往往很难列举全部具体的条件和规则，可以通过设计机器学习类算法，让机器自己在数据中学习。但是这依然要以实际规则明确为前提，否则机器也很难学习价值鉴定的内涵规则。

3.4 大数据环境下档案鉴定的方法变革

3.4.1 基于价值规则的鉴定方法

在鉴定规则明确的前提下，将鉴定规则标准化成机器可识别的规则，形成基于规则的鉴定方法，实现批量化鉴定。基于价值规则的鉴定方法的核心是专家系统，它是将相关领域的专家知识通过规则化的方式外部化到专家系统中，该系统可以将这些知识应用到后续的档案鉴定中。专家系统非常依赖领域专家的知识，需要将知识转化为可用于后续鉴定工作的规则。有学者围绕以计算机为媒介的通信信息（如电子邮件、社交媒体、电报等）开展过基于专家系统的档案价值鉴定研究，在其研究中，专家系统的构建主要包括专家识别、专家知识获取、系统设计和测试等环节。而其中极为重要的部分就是识别合适的领域专家作为专家系统的知识源。该研究通过专业且复杂的文献计量过程识别了档案鉴定领域的专家,通过多轮沟通形成了系统规则构建的专家团队。❶ 该系统体现了非常专业的评估知识。

专家系统的规则的基本形式可以表达为"IF A THEN B",即如果符合A,那么就执行B的过程语句。比如在价值鉴定中可以理解为,如果文件的来源机构是符合A,那么就设定其保管期限为B。这样当新的数据出现时,上述规则就可以被运行,无数的规则组成了基于规则的算法。更复杂的规则一般由多组包含事实的声明性语句构成,即专家知识库。专家知识库与推理引擎相结合,允许新的事实进入系统后,对其进行决策并输出。专家系统具有可追溯性和泛化能力差的特点。所谓可追溯性,是指当发现系统的决策可能存在问题或错误时,可以针对有疑问的决策追溯其决策所依赖的规则和事实。如果发现规则和事实的错误,可以修改知识库中的规则或新增例外规则以完善系统。一方面,这种可追溯性有利于系统的不断完善,并且具备很强的对所作出决策的解释能力。另一方面,专家系统的泛化能力较差,专家系统往往只能在专家领域知识内作出决策,对于专业领域之外的问题和不可预见的新问题,专家系统往往无能为力。当业务规则发生巨大的变化时,知识库中的规则往往需要大规模的修改甚至重写。而专家系统具有较强的领域性,想要跨领域地对专家规则进行适配的成本极为高昂。

专家系统所具备的可追溯性和泛化能力差的特点,来源于专家系统自身的特性——基于规则的系统本身一般不具备学习能力,需要依靠人工不断完善规则。正是因为这个特性,大数据环境下的档案鉴定逐渐聚焦基于各类统计模型和深度神经网络上。当然,在特定场景下,基于规则的鉴定方法依然具有不可替代的地位。

3.4.2 基于机器学习的鉴定方法

在鉴定规则不够明确的前提下,可由鉴定专家先给出一定规模的特定领域的档案鉴定结果,让机器去学习鉴定专家的决策思路,形成基于机器学习的鉴定方法,实现自动化鉴定。机器学习的过程可以类比人类的学习过程,人类学习需要学习素材并通过重复学习强化对客观事物的理解认识。机器同样如此,只是机器所需要的学习素材是机器可理解的数据。这些用于机器进行学习的素材被称为训练数据集,简称训练集。机器学习的过程被称为训练。机器学习的过程是构建函数的过程,这个函数是从输入对象到输出对象的映射,或者说是从问题到答案的映射。可以类比

---

❶ GILLILAND A J, MCKEMMISH S, LAU A J. Research in the archival multiverse [M]. Clayton: Monash University Publishing, 2016: 686-719.

人类学习分辨蔬菜的过程，在幼儿时期，人不会分辨苹果和西红柿，通过不断的学习和认知，人逐渐能够通过观察和品尝分辨苹果和西红柿，相比于西红柿，苹果外表粗糙，上下侧各有一个凹陷，颜色上红色、黄色、绿色相间分布，味道方面苹果味道酸甜，含有一定汁水；而西红柿外表光滑反光，外表呈圆形，只有下侧一个凹陷，颜色以红色为主，味道方面西红柿以酸味为主，汁水丰富。这些信息通过视觉和味觉传达到人的大脑中，让人很快能够学会分辨苹果和西红柿。同样的，如果构造一个用于机器学习的训练集，训练集中是多个苹果和西红柿的描述信息，每一个苹果或西红柿的描述信息包括颜色、外表质地、形状、味道等，机器通过对一个个苹果或西红柿的描述数据进行学习，就能够构造出从描述数据到是苹果还是西红柿的映射。上述描述数据被称为特征，苹果和西红柿分别是两个不同的标签，所构建的映射是机器学习的目标函数，可以将这个目标函数简单想成一个线性函数，线性函数将对象分成两类。机器学习的结果类似于人脑中的知识或经验，可以用来对新事物进行判断。当机器构造了合适的目标函数，就可以对一组新的描述信息进行分类，比如在上述例子中，机器通过学习能够判断一个新的对象是苹果还是西红柿。

机器学习能够从数据中发现规律，其本质是通过自变量和因变量求解函数中参数的过程。这个过程可以用下面的公式表达：

$$y^* = f(x^*) \tag{3.1}$$

$$w^*, b^* = g(x^*, y^*) \tag{3.2}$$

公式 3.1 是自变量到因变量的关系表示，给出自变量 x^*，可以通过函数 $f(x)$ 求出对应的因变量 y^*。而公式 3.2 与公式 3.1 相反，是根据已有的自变量及其对应的因变量求解 $f(x)$ 的过程，求解 $f(x)$ 即求解 $f(x)$ 中的参数，用 w^*，b^* 表示，在实际情况中，w^*，b^* 很难直接求出。公式中已有的自变量 x^* 及其对应的因变量 y^* 就是机器学习的训练数据。对应基于综合鉴定的保管期限划分过程，可以简单地表述为通过文件信息判断保管期限，对应到公式 3.1，文件信息是自变量 x^*，与文件信息相对应的保管期限是因变量 y^*。$f(x)$ 描述了从文件信息到保管期限的映射关系，可以想象 $f(x)$ 是非常复杂的。当保管期限划分的主体是鉴定人员的时候，由人来根据文件信息决定保管期限，即人来完成函数 $f(x)$ 的功能。

机器学习的过程是根据已有的 x^* 和 x^* 对应的 y^* 来求解 $f(x)$ 的过程，即公式 3.2 的过程。在保管期限划分问题上，y^* 是鉴定人员根据文件信息 x^* 已经判断出的保管期限，因此，机器学习的过程是学习鉴定人员的决策过程。机器学习关注的是 $f(x)$，即文件信息与保管期限的函数映射关系。只要 $f(x)$ 是客观存在的，就可以对文件信息与保管期限的关系求解。而 y^* 的质量，即训练数据的质量在机器学习中属于客观因素，并不是由学习算法本身决定。质量更好的训练数据意味着学习算法可以学习到更加符合现实世界事实的函数映射关系，也会在一定程度上影响机器学习的效果。在保管期限划分问题上，对于同一份文件，通过不同的主体和判断标准，可以得出不同的保管期限，机器学习的目的是学习某一主体按某一判断标准的形成的函数映射，对于不同主体和不同的判断标准都可以进行学习。总之，在保管期限划分问题上，机器所学习的规则是文件信息与保管期限的函数映射关系，映射关系从已有的文件信息和保管期限中获得，已有的文件信息和保管期限由鉴定人员划分。鉴定人员如何划分，机器就按鉴定人员的划分结果进行学习。机器学习算法侧重于如何让机器学会从文件信息到保管期限的函数映射关系，而具体的映射规则是否符合现实世界的真实情况，则是由训练数据决定的。

在国外研究和实践中已经出现了基于机器学习的鉴定方法。有研究团队通过特征工程和支持向量机对电子邮件的业务价值进行鉴定，分析了相关领域专家在鉴定电子邮件时的决策过程，提出应该以词汇条件和非词汇条件作为特征，其特征包括四个维度，分别是社会维度、实用维度、时效维度和语义维度。社会维度是指电子邮件涉及的人员和机构信息，通过收件人、发件人、抄送人构建。实用维度是指电子邮件的具体功能，通过动作词语和行动对象词语如"通过""确认""请求""工作状态""会议"等出现在电子邮件中的内容信息构建。时效维度即时间，主要包括直接操作价值和长期证据价值。语义维度是指电子邮件语言的语言方式。基于这四个维度，该研究团队对电子邮件内容进行了特征工程，通过支持向量机进行训练并测试，该模型在测试集上的准确率在90%左右。❶ 还有研究者介绍了澳大利亚新南威尔士州档案与文件局的数字档案保管期限自动鉴定实践项目❷，该项目的具体内容将在本章第3.5.1节中介绍。

3.4.3 融合知识图谱的鉴定方法

在基于机器学习的鉴定方法的基础上，为了增强机器的鉴定能力，可以将文件相关的背景知识以知识图谱的方式结构化，形成融合知识图谱的鉴定方法，实现智能化程度更高的鉴定。传统环境下鉴定工作人员通过阅读文件或档案的文件名、内容、来源等信息，基于相关规则对保管期限进行判断，而工作人员（团队）对于机构、社会具有认知，因此所作出的判断是基于职能价值和个人知识的联合判断。机器可以通过学习算法的训练过程学会鉴定人员对哪些语义内容和来源信息敏感，而

---

❶ VELLINO A, AIBERTS I. Assisting the appraisal of e-mail records with automatic classification [J]. Records Management Journal, 2016, 26 (3): 293-313.

❷ ROLAN G, HUMPHRIES G, JEFFREY L, et al. More human than human? Artificial intelligence in the archive [J]. Archives and Manuscripts, 2019, 47 (2): 179-203.

语义内容包含了职能价值的表达,从而让机器学习语义背后所映射的职能价值。在对于语义内容的理解上,现有研究显示机器在部分任务上可以做到比较准确。❶ 但是,与人不同的是,机器是不具备背景知识的,虽然 Word2vec 等表示学习能够让机器更好地理解语义信息,让机器能计算词与词、词与句之间的语义联系,但是这些信息还没有到背景知识的层面,表示学习本质上是基于统计的概率模型,没有到知识模型的层次。在推荐系统❷、自动问答❸、中文文本分类❹等自然语言处理任务中,许多研究都提出了应该将背景知识融入深度学习中,这些研究的成果证明了将背景知识融入深度学习中能够增强学习算法的能力。

知识图谱是知识建模的一种重要途径。知识图谱是一种用图模型来描述知识和建模世界万物之间的关联关系的技术方法。❺ 它源于互联网的发明者蒂姆·伯纳斯·李(Tim Berners-Lee)所提出的语义网(semantic web)的概念,蒂姆·伯纳斯·李认为,网页链接之间实际包含概念之间的链接,通过语义网可以以图模型的结构将客观世界的实体进行链接,而链接本身也应该赋予语义描述。❻ 在语义网概念的基础之上,2012 年,谷歌公司通过抽取网页中包含的实体和实体关系构建了一个大型图数据库,并应用于搜索引擎,正式推出了基于知识图谱的搜索引擎服务。知识图谱已经在智能搜索、自动问答、推荐系统等领域发挥了重要的作用。知识图谱是图的结构,包含顶点和边两类核心元素,顶点是实体,边是实体之间的关系。知识图谱中的知识以(实体、关系、实体)的三元组形式来表示。

知识图谱是由多个(实体、关系、实体)三元组构成的图结构知识。人可以理解知识图谱中实体及实体之间的关系,机器可以以节点和边的形式存储知识。但是机器不能直接"理解"知识图谱中的实体和关系。例如,机器可以以字符串的形式存储文本信息,但是不能理解文本信息的含义,需要通过如特征词、词向量等方式将文本信息映射到机器可以理解的向量空间中,从而进行深度学习。知识图谱同样

---

❶ MIROŃCZUK M M, PKOTASIEWICZ J. A recent overview of the state-of-the-art elements of text classification [J]. Expert Systems with Applications, 2018, 206: 36-54.

❷ WANG H, ZHANG F, WANG J, et al. Ripplenet: propagating user preferences on the knowledge graph for recommender systems [C] //Proceedings of the 27th ACM International Conference on Information and Knowledge Management, 2018: 417-426.

❸ REDDY S, RAGHU D, KHAPRA M M, et al. Generating natural language question-answer pairs from a knowledge graph using a RNN based question generation model [C] //Proceedings of the 15th Conference of the European Chapter of the Association for Computational Linguistics, 2017: 376-385.

❹ LIU J N K, HE Y L, LIM E H Y, et al. Domain ontology graph model and its application in Chinese text classification [J]. Neural Computing and Applications, 2014, 24 (3-4): 779-798.

❺ SINGHAL A. Introducing the knowledge graph: things, not strings [EB/OL]. (2012-05-16) [2021-03-01]. https://www.blog.google/products/search/introducing-knowledge-graph-things-not/.

❻ BERNERS-LEE T. Semantic web road map [EB/OL]. [2021-03-01]. https://www.w3.org/DesignIssues/Semantic.html.

需要算法进行表达,将实体和关系转化成向量空间中的向量,并且该向量还具有表达知识的能力。这个过程被称为知识图谱的表示学习或知识图谱嵌入。知识图谱表示学习是将知识图谱表示为机器可理解的向量的过程,在该研究中,比较具有代表性的研究是基于平移距离的Trans系列算法。Trans系列算法始于安托万·博尔德斯(Antoine Bordes)等基于Word2vec模型中词向量平移不变性提出的TransE算法。❶通过知识表示学习,可以对知识图谱中的所有实体形成在向量空间的映射。在获得知识表示后,就可以进一步将背景知识与机器学习模型进行融合。

档案的背景知识图谱对于基于机器学习的价值鉴定有两层作用。从文件管理的视角来看,知识图谱除了能够显示地表达职能、机构、人员之间的关系,文件与文件之间的关系也可以通过共同实体,实现隐式的关联。文件知识图谱实质上是对文件的关联,是对文件连续体的数据化延伸。从深度学习的角度来看,知识图谱实质上帮助机器理解了文件与文件之间、文件与职能之间、文件与机构之间、文件与相关人员的有机联系,是文件连续体理论在机器学习中的一种表达。

3.5 鉴定方法变革的先行案例

3.5.1 机器智能:澳大利亚新南威尔士州档案与文件局机器鉴定项目

自2017年起,澳大利亚新南威尔士州档案与文件局就基于澳大利亚国家档案馆颁布的通用文件处置授权文书28号(General Records Authority 28,GA28)❷和一般行政实践(Normal Administrative Practice,NAP)❸,开始探索各种方案以推进机器学习在自动化文件分类和处置方面的应用,开展试点评估该技术在处置非结构化数据方面的能力。GA28规定了保存或销毁与资助管理(grant management)有关文件要求。该文件是在确定和分析资助管理业务的基础上制定的,明确了需要作为澳大利亚国家档案保留的资助管理文件,并规定了临时文件需要保留的最低期限。该文件规定拨款管理包括以下工作:设计和制定资助方案和项目、评估申请和提名、管理资助进度、结束和评估资助方案和项目。NAP是指允许机构在正常业务过

---

❶ BORDES A, USUNIER N, GARCIA-DURAN A, et al. Translating embeddings for modeling multi-relational data [C] //Advances in neural information processing systems, 2013: 2787-2795.

❷ National Archives of Australia. General records authorities 28 [EB/OL]. (2010-11-23) [2021-03-01]. https://www.naa.gov.au/information-management/records-authorities/types-records-authorities/general-records-authority-28.

❸ National Archives of Australia. Normal administrative practice (NAP) [EB/OL]. [2021-03-01]. https://www.naa.gov.au/information-management/disposing-information/normal-administrative-practice-nap.

程中销毁某些类型的低价值和短期信息的过程。实施 NAP 可以使机构减少其所持有的不必要信息的数量，从而降低信息管理和存储成本，使用更多资源来保管和管理更有价值的信息资产。根据澳大利亚 1983 年档案法规定，该国档案符合以下三个条件可以销毁：一是根据特定法律的要求；二是经澳大利亚国家档案馆许可或按照澳大利亚国家档案馆批准的做法或程序，例如文件处置授权文书（records authority）；三是符合 NAP。NAP 与通用的或机构特有的文件处置授权文书并存，它不能用来处理文件处置授权文书所涵盖（或应该涵盖）的业务信息。澳大利亚新南威尔士州档案与文件局机器鉴定项目经历了前期调研、内部试点和外部试点三个阶段。

3.5.1.1 前期调研

在前期调研阶段，澳大利亚新南威尔士州档案与文件局机器鉴定项目的项目组主要调研了机器学习技术的发展现状和现阶段相关技术的应用情况。经过调研，该项目组发现机器学习在文件管理领域具有较强的应用潜力，例如，利用机器学习对现有技术方案的增量改进；通过自动分类和处置来辅助清理非结构化的文件等。但是采用机器学习在文件管理领域也存在一些障碍，例如缺乏令人信服的案例研究等。

3.5.1.2 内部试点

在前期调研的基础上，2017 年 11 ~ 12 月，澳大利亚新南威尔士州档案与文件局在其数字档案馆团队中进行了一个内部试点项目。这个试点的目标是对照保管和处置授权文书，使用现有的机器学习软件实施对非结构化数据的语料库的分类，观察处置的准确度。该试点项目选择于 2016 年由澳大利亚中央政府某部门转移到澳大利亚新南威尔士州数字档案馆的一组文件，这组文件包含了完整的文件夹结构，共计 30GB，分为 7561 个文件夹，包含 42653 份文件。这组文件在移交时没有进行任何处置活动，由数字档案馆团队与该部门共同应用 GA28 对语料库实施了文件夹一级的人工鉴定，并删除了所有在 NAP 覆盖范围内的文件夹，对被确定为"作为国家档案"的 12369 份文件语料库进行进一步单个文件级别的人工预处理。在这些文件中只有 8784 份文件被选中使用，因为它们的文件类型允许简单的文本提取。在对样本集进行排序之后，该团队开发了一个 Python 程序从后缀名为 PDF、DOCX 和 DOC 的文件中提取文本，文档中提取的文本被放在单个逗号分隔值（CSV）文件中。CSV 文件分为三列：文件名（唯一标识符）、分类（GA28 分类）和文本提取。在基础设施方面，该团队尽管预算紧缺，但拥有一台配备大中央处理器（CPU）、大容量随机存取存储器（RAM）和固态硬盘（SSD）的可供运行模拟运算的机器。在智力支持方面，该团队成员包含一位近年从信息与通信技术（ICT）专业毕业的有机器学习经验的研究生。试点选择使用 scikit – learn 这个包含预建分类器和算法的免费和开源的 Python 机器学习算法工具库实施运算。

该团队使用词汇频率—逆向文件频率（Term Frequency – Inverse Document Frequency，TF – IDF）方法突出文本中具有意义的更独特的词汇的权重，使用了两种机器学习算法来建立模型，分别是多项式朴素贝叶斯分类器和多层感知器。该团队采用了75%的文件作为训练数据，25%作为测试数据。该团队抽取了75%"作为国家档案"的内容，并利用这些数据来训练建立模型的算法。训练完成后，同样的算法和模型被用来处理25%的测试数据。试验分别对清理和未被清理的数据进行测试。结果显示，使用多层感知器算法的成功命中率最高达到84%，实验表明，机器学习在能快速实现文件级别的处置，相对人工处置具有优势。团队在配备了智力支持的情况下仅仅使用100行左右的代码就得到了显著的结果，机器学习的效果值得肯定。但与此同时，对训练数据的处置中所犯的任何错误、包含的任何偏见会累积在机器学习模型中，需要大量优质的训练数据以训练一个优秀的模型。此外，有必要获取人工处置的成功率与机器学习的相比较。

3.5.1.3 外部试点

2018年6~7月，在获得了内部试点经验后，澳大利亚新南威尔士州档案馆的数字档案馆团队与澳大利亚总理和内阁部（DPC）的企业和部长服务部的工作人员合作开展了第二个试点项目。第二期试点的目的是验证第一个试点项目结果。澳大利亚总理和内阁部从电子文件档案一体化管理（Electronic Documents and Records Management，EDRM）系统中提供了81GB经过处置的语料库和21000多份经过处置的纸质文件的可扩展标记语言（XML）元数据。从中分类并提取用于该次试点项目的数字文件总数为108064份。在数据准备过程中，有一些文件未能成功提取文本，最终保留了86453份可用文件。该试点项目使用Aspose从数字文档中提取文本，所有可用文件被加载到CSV文件中，为模型提供了更多数据。其他与第一期试点相似。该试点项目的测试对象如表3–5–1所示。

表3–5–1　澳大利亚新南威尔士州档案馆机器鉴定项目的外部试点测试对象

测试	测试对象
Test 1	整个语料库（不含FA254 – 02.02.02）
Test 2	FA 254（包括FA254 – 02.02.02）
Test 3	FA 254和FA 294（不包括FA254 – 02.02.02）
Test 4	FA 313，每类至少有100份文件
Test 5	GA28，每类至少有100份文件
Test 6	整个语料库（不包括FA – 02.02.02），每类至少200份文件
Test 7	XML元数据（纸质文件）

该试点项目使用了与第一个试点项目相同的算法（多层感知器）。由于语料库中几乎 2/3 的文件归入 FA254-02.02 这一类别，为排除干扰，该团队运行了多次测试。结果显示，模型在各个数据集上的 F1 得分在 0.62~0.97。外部试点项目的结果表明内部测试得到的机器学习模型对澳大利亚总理和内阁部语料库具有较好的适应性，机器学习技术在文件分类和处置上具有适用性。这一试点中的有趣发现是应用不同文件处置授权文书得到的模型精确度和召回度有明显差异，需要进一步研究影响这些差异的原因。此外模型学习中的伦理和偏见问题也值得进一步考虑。

3.5.2 知识融合：中国人民大学数字文书档案智能保管期限划分实验项目

中国人民大学信息资源管理学院电子文件管理研究中心团队于 2020 年开展了基于深度学习和背景知识的数字文书档案智能保管期限划分实验项目。该项目先对现有实验性项目和相关研究进行了深入分析和梳理，提出现阶段智能化保管期限划分研究存在一些不足，主要体现为：一是档案鉴定方法与算法割裂，忽视了理论对算法的指导；二是现有研究的技术逻辑难以应对复杂的文本语义；三是缺乏对机器支持和辅助决策的相关机制探究。针对现有研究存在不足，该项目提出面向数字文书档案的智能化保管期限划分进行探索，重点关注智能化保管期限划分的技术方法及相关问题，具体包括面向数字文书档案的智能化保管期限划分的理论演绎、深度学习算法模型研究、决策解释和优化机制探索等。

3.5.2.1 智能化保管期限划分的实践路径

首先，该项目对我国现阶段所实践的价值鉴定方法进行了分析。2020 年前保管期限的划分或文件的价值鉴定，是由鉴定人员根据文件进行逐份判断，鉴定的标准以鉴定人员对保管期限表的理解为主。在鉴定过程中，鉴定人员需要基于文件的内容、来源机构、所涉及职能等信息进行判断。总的来说，我国现阶段的文书档案鉴定标准不清晰，鉴定人员对保管期限表和文件内容、主题、事件、人物、来源机构、所涉及职能等要素的理解是保管期限划分的内在逻辑。其次，该项目将我国目前实践的档案鉴定方法总结为基于多维信息的综合鉴定法。该方法中的多维信息是指文件内容、标题、责任者、业务职能等多方面的信息，这些信息反映了鉴定人员判断档案保管期限需要考虑的多种要素；综合鉴定是指采用多种鉴定标准判断档案的价值，既融合了职能分析、职能鉴定的思想，也参考了其他非职能性要素，比如形成机构的重要性、业务活动参与人物职级的重要性等。最后，通过上文的分析可以发现，在基于多维信息的综合鉴定中，职能分析的思想与逐份鉴定的方式并不冲突。此外，保管期限划分的对象是档案，但是在前端控制理论指导的管理场景中，文件在形成时便确定了是否归档并划分了保管期限。

3.5.2.2 智能化保管期限划分的理论演绎

在对实践路径分析后，该项目开展了从鉴定方法到鉴定算法的演绎，提出在构建保管期限划分的学习算法时，首先要明确保管期限划分的问题形态，其次要明确保管期限划分算法中涉及的变量和变量类型，再次要根据保管期限划分算法的变量类型确定判别函数，最后形成整个学习算法的逻辑。结合对基于多维信息的综合鉴定法的分析，该项目将保管期限划分的自变量具体为文件标题、文件内容、文件来源信息、文件职能信息、背景知识等。对保管期限划分的学习是一个有监督的学习过程，学习目标是保管期限分类。学习模型可以根据误差，通过反向传播机制调整模型参数，实现对保管期限划分的学习。通过多轮训练，学习模型逐渐能够形成从文件多维信息及相关背景知识到保管期限类型的函数映射，机器也就学会了保管期限划分的潜在逻辑。

3.5.2.3 智能化保管期限划分的深度学习模型构建

该项目构建了基于多维信息的保管期限划分深度学习模型，该模型分为三个基本模块，分别是文件内容特征提取网络、文件描述信息编码网络和判别模块。文件内容提取网络通过深度神经网络对文件内容进行特征提取，形成表达文件内容的语义特征向量。该项目分别采用了长短期记忆网络（long and short-term memory networks，LSTM）、卷积神经网络（convolutional neural networks，CNN）和变换器网络（transformer networks）作为特征提取器并进行了比较，分别采用 Word2vec 和后训练基于转换器网络的双向编码表示器（BERT）来表示组成文件内容的词和句。词向量或句向量进入深度神经网络，通过表示学习过程形成文件内容的整体语义特征。文件描述信息编码网络主要通过标题、发文机构、发文时间、职能信息等描述信息进行特征提取和编码。判别模块是对文件进行判别分类的模块。判别模块对文件内容特征提取网络、文件描述信息编码网络形成的特征向量进行向量运算，形成整体特征向量。整体特征向量通过一个全连接神经网络层降维，降至保管期限划分类别总数的维度，形成保管期限划分的概率得分，概率得分经过规范化后形成划分类别概率。

由于价值鉴定需要结合档案的背景知识信息，因此该项目提出通过知识图谱将文件中蕴涵的知识表达成结构化的数据，进一步通过知识表示来增强保管期限划分深度学习模型对背景知识的理解和学习。为了更好地融合背景知识，该项目提出了三个策略，分别是基于细粒度知识表示拓展的知识融合策略、基于知识库概率权重的知识融合策略和基于知识库注意力机制的知识融合策略。其中，基于细粒度知识表示拓展的知识融合策略的基本思想是拓展原有深度学习模型输入的表示，通过知识表示对原有词向量进行拓展，形成知识语义向量，实现知识向量对词向量的增强。基于细粒度知识表示拓展的知识融合策略的基本思想是将文件中所有实体抽出，经过计算得到一个表示该文件背景知识的整体表示。基于细粒度知识表示拓展的知识融合策略的基本思想与基于知识库概率权重的方法类似，基于知识库注意力机制的基本思想同样是将文件中所有实体抽出，经过计算得到一个表示该文件背景知识的整体表示。

3.5.2.4　智能化保管期限划分模型的数据实验

在构建了保管期限划分的系列模型后，该项目对所有模型进行了数据实验，验证模型的效果。实验数据来源于三个不同的机构，共计49000余份文件。由于不同发文机关的保管期限表存在差异，本部分将机构原有的保管分类转换为统一的保管期限类别，各保管期限类别下的电子文件对应相应的保管期限，转换后的保管期限类别为14类。

通过数据实验，该项目发现深度学习的技术逻辑相比于特征工程和支持向量机、特征工程和多项式朴素贝叶斯的技术逻辑有明显的提升，实验结果显示整体提升比例为16%（平均F1）。深度学习技术逻辑的提升是稳定且全面的，深度学习技术逻辑下所有模型的实验结果要优于机器学习技术逻辑的实验结果。基于深度学习的保管期限划分的准确率最高达到了82%。基于知识库注意力机制的知识融合策略综合表现最好，其次是基于细粒度知识表示拓展的知识融合策略，最差的是基于知识库概率权重的知识融合策略。基于知识库注意力机制的背景知识融合模型相对于非融合背景知识的模型提升最为明显，平均提升效果在6%左右。融合背景知识的保管期限划分深度学习模型的准确率最高达到了91%。

3.5.2.5　智能化保管期限划分的决策解释和优化机制

该项目结合有关研究提出，即使是智能化保管期限划分，也不应该完全由机器决定文件的保管期限，而是应该考虑辅助人来进行，即机器给出决策建议，人作出最终判断。从人的视角来看，当机器对一份文件作出保管期限划分的决策时，人们往往还想要知道做出决策的原因。面向决策解释，该项目利用注意力机制设计了保管期限划分模型的决策解释机制。具体来说，该项目设计了一种面向决策解释的注意力体系，允许模型在提取内容特征和描述信息特征时，利用该注意力赋予各序列单元权重，权重高表示对划分结果影响大。在可视化方面，词、句或知识实体的注意力权重越高，在可视化界面中会被设定更深的颜色。本部分还考虑将权重高的信息通过特定的检索策略与保管期限表等规范性文件进行对应，让档案工作者一目了然地看到决策所依据的档案内容、描述信息和相关规范。

在实际场景中，保管期限划分模型应该不断学习和优化。为此，该项目提出了保管期限划分模型的在线学习机制。在线学习机制，即让模型在实际业务场景的数据流中进行学习，增加模型的"热学习"状态。"热学习"状态可以继续对参数进行调整，改进和优化算法。因为机器在保管期限划分的任务中是推荐划分决策，最终决策者是相关工作人员，所以相关工作人员的决策结果相对于机器来说就是可用于训练的数据。通过在线学习机制，不仅可以让模型持续的改进和优化模型，而且可以实现模型的冷启动，即使是没有训练过的模型，也可以在业务场景中不断训练和优化，最终形成表现较好的模型。

除了知识融合，中国人民大学信息资源管理学院电子文件管理研究中心团队还尝试了利用大语言模型对档案中所涉及的个人可识别信息（PII）进行检测的研究。识别档案中所涉及的个人可识别信息，是档案开放审核和价值鉴定的基础工作之一。研究发现，大语言模型经过提示和上下文学习后，相对于传统的深度学习模型，能够更加准确、全面地检测到档案中的个人可识别信息。此外，大语言模型还能够对其检测结果进行解释，弥补了传统深度学习方法可解释性差的缺陷。❶

3.6 面向档案鉴定业务变革的数字档案馆发展战略

3.6.1 规范鉴定标准，构建标准化鉴定规则

我国档案鉴定的规则并不清晰，不仅会影响当前的鉴定业务，而且不利于将人工智能等技术在档案价值鉴定业务中的应用。基于人工智能的相关鉴定方法高度依赖训练数据的质量，算法所学习的是数据中蕴含的规则，至于规则是什么，是由数据决定的，不是由算法决定的。要在现实场景下应用人工智能，场景所提供的训练数据应该具有清晰的、符合规范的且一致性较高的规则。否则算法所学习的规则可能既不符合相关规范，也不符合实际需求。要实现大数据环境下鉴定方法的变革，必须考虑对我国现行的鉴定制度进行优化。

在未来的发展过程中，档案保管期限表应更加清晰，应包含规范性更强的、明确的保管期限划分规则体系，明确保管期限划分的标准。目前我国的保管期限表存在表述不清的问题，其中涉及大量"重要的""一般的"表述，这就使得鉴定人员在实施鉴定时，需要凭借自身对保管期限表的认识和鉴定经验作出决策。这种路径

---

❶ YANG J, ZHANG X, LIANG K, et al. Exploring the application of large language models in detecting and protecting personally identifiable information in archival data: a comprehensive study [EB/OL]. (2023-11-15) [2024-01-22]. https://ai-collaboratory.net/wp-content/uploads/2023/11/S01207_9886.pdf.

下形成的保管期限划分决策依赖鉴定人员的主观决策，其规则相对模糊，有经验主义的因素在其中，缺少客观的、体系化的、规则化的判断标准。机器对现有的保管期限划分规则的学习，实质上是学习鉴定人员的判断逻辑。要让机器更好地实现保管期限自动划分任务，客观的、明确的规则是重点。主观性较强的经验性规则对深度学习而言往往会掺杂许多噪声，而客观的、明确的规则更有利于机器进行学习。因此，清晰的保管期限划分标准有利于相关智能化方法的落地。

3.6.2 更新鉴定机制，推动鉴定智能化转型

面对大数据环境所带来的系列挑战，数字档案馆应该积极推进人工智能及相关技术在档案鉴定业务中的应用，尽快实现自动化、智能化、系统化的鉴定程序，并且将"四性"保障的相关内容落实到系统功能中，积极把档案管理推广到前端业务系统和数据治理体系中。重点关注包含机器决策主体的人机共治的新型主体结构，围绕人机交互、人机协作、决策解释、机器优化等问题开展深入研究。同时，还要进一步优化保管期限表，丰富保管期限的设置和依据性。

在保管期限方面，我国保管期限表主要设有10年、30年和永久三类保管期限，不少文件档案工作者和研究人员都曾论证，对于我国职能复杂的各级政府机构来说，这种保管期限体系过于简单。而层次丰富的保管期限体系一方面符合我国的实践需要，另一方面符合大数据环境下的档案鉴定要求，甚至可以实现相对动态的保管期限判断。

在可依据性方面，对于每一份文件的保管期限判断都应有能够对照到保管期限表的判断依据，鉴定人员进行鉴定时应该尽可能地提供相应的判断依据。在保管期限表可以提供客观的、体系化的、规则化的保管期限划分规则的基础上，还需要明确鉴定人员在进行鉴定时能够提供相应的依据，保证鉴定决策的合规性和质量。保管期限表的优化是为了保证规则的客观性，而鉴定人员在鉴定时提供依据则是保证鉴定的严谨性。严谨的鉴定过程能够保证机器在学习时所用数据的可靠性，减少噪声的影响，能够更有效地学习保管期限划分的规则和逻辑，更好地实现保管期限划分工作，从而推进自动化、智能化、系统化的鉴定程序。

3.6.3 健全法律法规，明确鉴定边界和权责

在我国，档案是受到《档案法》明确保护的信息资源，其管理与利用遵循一套较为严格的规定。机器学习在档案鉴定业务中的应用，意味着在机构和个人之外，机器也作为档案管理主体参与其中，同时也会带动其他管理主体的参与和合作，必然产生新型权利义务关系。此外，部分档案带有保密性，档案开放程度低，外界参

与困难，不易实现跨界资源的整合，如何在大型合作项目中既保护档案资源的安全，又充分挖掘其价值，需要建立明确的涉密档案数据脱敏标准，明确大规模档案信息利用规范。数据确权已经成为数字时代的法律问题得到普遍重视，而机器对档案管理的介入、档案数据本身的复杂特性将增加这个问题的复杂性。法律法规的建立健全一般要以普遍存在的社会事实为约束对象，对这些潜在的风险尚无力应对。这些风险一旦发生，会因法律法规的不完善导致机构和个人蒙受不应当承受的损失。法律法规应起的作用和实际作用之间的差距会进一步增加档案部门应用机器学习的迟疑。

3.6.4 加强人才建设，培养新一代鉴定专家

能否克服管理业务、数据、机器信任和外部环境的挑战，最终取决于档案部门自身具备以及能够调动怎样的专业能力。一方面，在自身技术力量相对薄弱的情况下，档案部门应该加强与研究机构、社会企业的合作，开展机器学习在档案管理领域的实验甚至更为广泛的应用。另一方面，档案部门要加强自身的能力建设。在这个方面，英国国家档案馆的同行已经做出了很好的示范。2017年，该馆进行了一场机器学习的编程马拉松（编程马拉松是指在一段时间内，各程序开发者聚集起来进行合作开发、激发创意的活动），旨在培养其数字化团队的机器学习能力，鼓励团队发现机器学习与档案管理的结合点。英国国家档案馆认为，在20世纪90年代之前，纸质文件是主要的文件形式，手工对其进行鉴定、筛选和敏感性检查是可行的。而此后电子计算机与信息系统的广泛应用使得文件的形式从纸质转为数字，所保管的档案也从纸质转为电子形式。更重要的是，受技术变革的影响，文件的数量在显著的增加。对于每一份文件，都需要进行鉴定、筛选和敏感性检查。面对巨大的工作量，英国国家档案馆认为人类审阅者需要机器的支持和辅助，这将对他们的工作方式带来一次巨大的转变，为了适应变化，该馆开始培养其团队的与机器学习有关的数字技术能力。[1]

---

[1] BELL M. Machine learning in the archives [EB/OL]. (2018-06-07) [2021-03-01]. https://blog.nationalarchives.gov.uk/blog/machine-learning-archives/.

第4章
档案业务变革（二）
——数据资产视角下档案组织方法的挑战与战略性变革

档案组织是档案学的核心议题，来源原则、全宗理论等档案学基础理论都是关于档案组织的理论。档案组织经历了档案实体组织、档案信息组织、网络档案信息组织、档案知识组织等发展阶段，但从数据资产管理的视角来看，档案组织面临着数据化带来的机遇与挑战，如何采用新型档案组织模式为用户提供精准、智能的档案知识服务成为当代档案工作者不得不思考的现实问题。在此背景下，本章从数据资产管理的视角出发审视当前档案组织面临的困境与挑战，提出档案资源组织变革的新思路、新理念、新方法，再结合实践案例分析其实现路径，从多维度提出档案组织变革的保障机制。

4.1 数据资产视角下档案组织的困境与挑战

4.1.1 数据时代的转型要求

信息技术与经济社会的交融引发了数据迅猛增长，数据已成为国家基础性战略资源，日益对全球生产、流通、分配、消费以及经济运行、社会生活甚至国家治理都产生重要影响。2018年11月，希捷科技与国际数据公司发布了《世界数字化：从边缘到核心》[1]，全球数据总量到2025年将达到175ZB，其中，中国预计以每年

---

[1] REINSEL D, GANTZ J, RYDNING J. The Digitization of the World: From Edge to Core [EB/OL]. [2021-04-06]. https://www.seagate.com/files/www-content/our-story/trends/files/idc-seagate-dataage-whitepaper.pdf.

30%的平均增长量成为全球拥有最大数据规模的国家。2020年4月，《中共中央国务院关于构建更加完善的要素市场化配置体制机制的意见》发布，表明数据作为一种新型生产要素被纳入要素市场化配置总体规划中，数据的资产价值得到充分认可。数据的开放共享、保值增值、整合保护等，成为各领域积极探讨的重要问题。2021年3月，《中华人民共和国国民经济和社会发展第十四个五年规划和2035年远景目标纲要》发布，其中第五篇"加快数字化发展 建设数字中国"明确提出要激活数据要素潜能，加快建设数字经济、数字社会、数字政府，以数字化转型整体驱动生产方式、生活方式和治理方式的全面变革。数据资产及其管理已成为国家数字转型的基础设施层面的战略问题。

档案是国家机构、组织和个人数据资产的重要组成部分。国际数据管理协会（DAMA）在其标志性出版物《数据管理知识体系指南（原书第2版）》中将文档管理放在数据管理框架中显著的位置，凸显了文档管理对于数据管理的重要性。据统计，大数据时代里，几乎95%的数据是非结构化数据❶，而大部分机构的非结构化数据都以文档的形式存在。因此，要讨论数据资产的管理问题，应先从文档管理问题出发，尤其是文档的数据化管理。数据化管理是新时期档案信息化建设面临的新任务。2021年6月，《"十四五"全国档案事业发展规划》发布，要求深化档案信息化战略转型，将档案信息化建设进一步融入数字中国建设，强化数据归档与电子档案管理。作为回应，各地方、企业与机构的有关档案规划纷纷要求档案部门更好地承担起数字档案战略规划职责。其中，数字档案，包括实体档案的数字化成果与电子档案的分类、整理与描述工作，将直接影响到数字档案的价值增强与效用发挥，是数据时代数字档案管理工作的重中之重。

一方面，档案领域对计算机技术的逐渐适应，与大规模的档案数字化工作，已积累了大量数字"存量"，档案完成了从模拟态向数字态的转化❷，但这些数字"存量"的组织方式与纸质或实体档案的组织方式并无根本改变，仍然按照传统的立卷与分类规则进行先行组织，没有突破文件级甚至案卷级的限制建立起档案内容之间的横向关联；另一方面，"前端控制"思想在档案信息化进程中对档案资源的形成、组织、管理和保存都产生了重要影响，2020年修订的《档案法》明确认可了电子文件的凭证价值，越来越多的档案管理系统与业务系统实现挂接，打通了档案的数据"增量"，推动了数据归档以及数据档案的快速积累，但对于如何组织和

---

❶ KENNETH C. Data, data everywhere: a special report on managing information [EB/OL]. (2010-02-27) [2021-07-21]. http://la20ska.cs.washington.edu/escience/Economist.big.date.pdf.

❷ 钱毅. 从"数字化"到"数据化"：新技术环境下文件管理若干问题再认识 [J]. 档案学通讯, 2018 (5): 42-45.

管理这些归档数据、如何使归档数据具有反哺前端的价值与能力，许多机构档案部门仍然处于迷茫状态，尚未有较好的解决方案。

面对这样的问题，应先明确档案数据化要解决的核心问题。档案数据化是数字化的高级阶段。数字化解决了档案资源从"模拟的"向"数字的"状态的变化，将档案信息由模拟或物理信号转变为"0""1"的数字形式，通过扫描、计算机文字处理等将档案文本中固化对象转化成离散的比特（bits），存储在计算机系统或数据库中而非实体媒介中。❶ 大规模数字化为档案领域带来了漫长的管理改革期，主要表现为将传统人工环境中的归档、存储、著录、分类、统计、查询等环节从人工环境迁移到信息管理系统中，通过计算机系统进行档案的捕获、组织、保存与开发利用。这其中，也包括档案组织从实体组织到信息组织的重要转变。而当下所面临的"数据化"则是为了将"0""1"离散的比特进行再组织，形成结构化的、标准化的、开放化的、可复用的数据对象，并基于数据对象的不同形态与类别开展相应的机器操作活动。❷ 在此基础上，数据化强调对已有数字化成果存在形态的转变，即把档案管理系统中的管理对象进一步组织成包含关系的数据包（packet）、类（class）、案卷（file），以形成有含义、有关联的数据集合。由此可见，档案数据的组织是数据化的必然要求，其目标在于使机器可以理解数据的结构、含义与关系，从而可对数据开展自动化操作。

在数据资产化的时代趋势下，数据化已成为档案管理正在面临的新阶段，而档案组织的数据化或者数据组织思维影响下的新档案组织模式，是当前档案领域迎接数据化挑战亟须解决的核心问题。

4.1.2 档案组织的历史沿革

档案组织是信息组织理论在档案管理过程中的应用，包括档案的著录、标引、分类、整序等环节，在纸质档案资源数字化、数据化的发展过程中，大体经过档案实体组织到档案信息组织再到档案知识组织的阶段性重点转移。在人工管理环境下，档案组织更重视实体组织，即"通过档案整理，使凌乱的案卷有序排列，使之形成系统的档案室藏"。❸ 数字化过程中档案组织表现为以档案实体组织为基础、以档案信息组织为核心的"双轨"组织，其中档案信息组织遵循信息组织的基本方法，旨在通过对大量分散无序的档案信息进行筛选、排序、著录、标引、分析等，

---

❶ NEGROPONTE N. Being Digital [M]. New York：Vintage Books，1996.
❷ 姜浩. 数据化：由内而外的智能 [M]. 北京：中国传媒大学出版社，2017：17.
❸ 李兆明，史利民. 试论档案组织的科学化 [J]. 北京档案，1996（1）：32-33.

使之形成系统化的档案信息数据库，以支持档案信息检索和利用。❶ 随着知识经济的到来，档案组织进入知识组织更高阶段，包括对档案知识进行定义、进行元数据管理、提供档案知识的标识模式、构建档案知识库等。❷

4.1.2.1 档案实体组织

档案实体组织是针对档案物理实体（载体）的组织，其目的是实现馆藏档案实体的有序化。在我国，档案实体组织以全宗原则为核心，依据档案实体特征分类立卷。其基本环节包括划分全宗、全宗内档案分类、立卷及卷内排列，重点是根据档案的来源、时间、内容和形式特征等进行分类。20世纪六七十年代，由于历史原因，档案实体组织出现了"乱分乱合"的混乱现象。直到20世纪80年代，和宝荣、陈兆祦、松世勤重新梳理了档案整理工作的内涵，大体分为"系统化和基本编目两大部分"，并提出"按照文件之间的历史联系整理档案"的原则。❸ "历史联系"成为档案分类、立卷、卷内文件整理的基本依据。由于这里的历史联系是指档案文件之间在来源、时间、内容和形式等方面的联系，因此档案实体大多基于档案来源（组织机构）、时间（年度）、内容（事由）和形式（种类）分类，以案卷形式被整理排架。

4.1.2.2 档案信息组织

档案信息组织是针对档案检索信息的组织，其目的是实现档案检索信息的有序化。档案信息组织是信息组织在档案领域的具体表现。信息组织是对信息的组织，即信息序化或信息整序，指利用一定的科学规则和方法，通过对信息内容和外在特征的描述与序化，实现无序信息流向有序信息流的转换，从而保证用户对信息的有效获取和利用以及信息的有效流通和组合。❹ 信息组织的方法包括形式特征组织法、内容特征组织法和信息效用组织法等。在手工管理环境中，档案信息组织发展出了多种工具，例如分类卡片、比孔卡、穿孔卡、边缘穿孔卡等。档案实体组织的对象和结果都是档案实体，档案信息组织以检索信息为对象，结果表现为档案的目录、索引、编研成果等二次、三次文献，因此档案信息系统的组织要比档案资源系统（即档案室、档案馆等保管档案原件的机构）的组织要灵活得多。❺ 分类法和主题法是档案信息组织最重要的两大方法，而这两种方法都是在语义层面、从档案内容分析入手进行档案标引和检索的组织方法，无论是分类法中的类号和类名，还是主

---

❶ 王应解. 基于数字档案馆的知识组织 [J]. 北京档案，2008（1）：23-26.
❷ 王兰成. 论知识集成环境下的档案信息组织与检索发展 [J]. 档案学研究，2008（5）：45-50.
❸ 和宝荣，陈兆祦，松世勤. 文书档案工作基本知识讲座（提纲）：第四章 档案的整理 [J]. 档案工作，1980（4）：27-33.
❹ 司莉. 信息组织原理与方法 [M]. 武汉：武汉大学出版社，2011.
❺ 郑鹄. 试论档案信息系统的类型及组织方式 [J]. 档案与建设，1987（1）：29-31.

题法中的主题词，本质上都是对档案所反映概念的表达。

其中，档案信息分类体系是一种列举已知类目并逐级展开的层累制的号码检索体系，以概念的划分和概括的原理为基础，反映档案内容的从属派生与平行关系。❶ 为了在馆藏系统化的基础上统一档案检索的分类方法，突破档案实体分类中的年度、组织机构、种类等形式特征分类限制，《中国档案分类法》提出了"以统一分类原则与标记制度为前提，以职能分工为分类标准和依据，结合体系分类法和分面组配法并具有半分面组配性质"❷ 的档案分类体系。进入 20 世纪 90 年代，《中国档案分类法》中"职能分工"的分类标准被提取成一个重要的学术概念和实践原则，即"职能原则"。"职能分工"是对各种人类社会实践活动按其作用和功能的异同进行划分，由我国档案长期以来的"按组织机构分类"发展而来。❸ 一方面，在以国家机构、社会组织从事实践活动的职能分工的基础上，职能原则还将档案所记述和反映的事物属性关系与档案所参与的职能结合起来，成为一种更丰富的档案分类组织原则；另一方面，档案信息组织的主题法通过自然语词来描述档案中的各种概念，并将各种概念按字顺排列。与分类法的层级组织方式不同，主题法采用分面组配的方式来揭示档案主题，并以规范化的自然语词作为标引和排检依据，实质上是一种档案主题词典。❹ 这种主题词典具有很强的转变为"数据词典"——本体的潜力。

4.1.2.3 网络档案信息组织

档案实体组织的分类立卷方法以及档案信息组织的分类法与主题法，其基本语言都是可供人工标记和阅读的自然语言，采用机器可理解语言开展的档案组织的意识是从大规模网络档案的组织萌芽的。网络档案资源组织需要对互联网上大量分散无序的档案信息进行筛选、排序、著录、标引、分析、存储、利用，使之形成系统化的结构。❺ 传统依赖手工和专家的组织方式无法应对海量网络档案资源的处理需求，自动化组织手段包括自动分类、自动标引、自动编制和管理分类表、词表，自动编制目录、索引、文摘以及自动搜索网上信息源等，能够更有效地处理文本、图形、图像、声音、动画、视频等复杂多媒体信息，而超文本链接能够将这些复杂资源关联起来，形成更大范围的资源网络。❻ 借助网络档案资源组织的探索，越来越多的学者开始关注语义网的发展，并借助语义技术改进以元数据为核心的档案资源组织方法。其中，学者们讨论最多的就是如何利用本体、关联数据等语义网技术来

---

❶❹ 周铭. 殊途同归：档案分类法与主题法研究 [J]. 四川档案，2000（1）：12-14.
❷ 邓绍兴.《中国档案分类法》是一部具有我国特色的档案分类法 [J]. 北京档案，1996（9）：20-23.
❸ 孙钢. 职能原则：《中国档案分类法》的理论贡献 [J]. 中国档案，1990（2）：30-31.
❺ 曾娜. 网络档案信息资源组织研究 [J]. 档案学通讯，2010（1）：45-49.
❻ 赵屹. 网络档案信息资源组织方式 [J]. 科技文献信息管理，2003（4）：15-19.

进行档案信息的标识、描述和推理[1]，解决档案信息与档案信息系统的异构问题[2]，或者将其应用到数字档案馆中，以解决数字档案资源的知识关联[3]、语义互操作[4]、跨媒体语义检索[5]和语义聚合[6]等问题。

4.1.2.4 档案知识组织

知识组织是信息组织的高级阶段，通过对知识因子和知识关联重新组织，以形成新的更有意义的知识。[7] 知识组织按照知识的内在逻辑联系，运用一定的组织工具、方法和标准对知识单元进行诸如整理、加工、表示、控制的序化、系统化的活动。[8] 档案的知识组织是在知识管理理念的影响下产生的，强调档案信息组织要尽量地把档案信息转化为可识别和可利用的信息，并在实践中转化为指导行动的知识。[9] 档案的知识组织要求在已获取的档案信息基础上，利用更有效的内容挖掘和知识组织手段，对档案信息进行提取、分类、关联和推理，发现非显化的领域知识单元，并继续对挖掘出来的知识单元进行整序、聚类、关联，通过进一步的融合推理和分析判断，最终形成系统化的领域知识，为档案资源利用者提供有效的领域知识服务。要实现这种组织，就要经过档案元数据管理、档案领域知识建模、档案知识库建设与开发等多个环节。但现有研究成果还缺少对档案知识组织的实践路径分析，真正能够为档案实践服务的知识组织解决方案尚在探索之中。

4.1.3 档案组织面临的挑战与困境

档案组织所面临的最大挑战来自数据时代对档案作为重要数据资产为知识社会赋能的要求。正如上文所述，数据已成为社会重要的战略资源，尤其是在知识社会中，数据资产将成为最重要的生产要素来支持知识的创造传播和利用。作为机构、企业和个人重要数据资产的档案，将负担起更大的为知识生产、传播和利用服务的责任与职能。在这样的时代要求下，档案反哺前端与档案社会化利用的双向服务职能，使得档案组织必须更好地完成档案资源的增值，使档案不仅要从传统的架阁库中走出来，而且要从数据库中走出来；不仅要从传统的到馆借阅服务发展到灵活的数字查阅服务，而且要从固化的文件利用服务发展到联动的知识服务，从单薄的页

---

[1] 李海军. 档案信息转化为"档案知识"的技术框架探讨[J]. 山西档案，2007（1）：28-30.
[2] 王兰成. 论知识集成环境下的档案信息组织与检索发展[J]. 档案学研究，2008（5）：45-50.
[3] 吕元智. 数字档案资源知识"关联"组织研究[J]. 档案学研究，2012（6）：46-50.
[4] 吕元智. 数字档案资源体系的语义互操作实现研究[J]. 档案学通讯，2013（5）：53-57.
[5] 吕元智. 数字档案资源跨媒体语义检索实现框架与关键问题研究[J]. 档案学研究，2014（2）：65-70.
[6] 吕元智. 数字档案资源跨媒体语义关联聚合实现策略研究[J]. 档案学研究，2015（5）：60-65.
[7] 蒋永福，李景正. 论知识组织方法[J]. 中国图书馆学报，2001（1）：3-4.
[8] 储节旺，郭春侠，吴昌合. 信息组织学[M]. 北京：清华大学出版社，2007.
[9] 王心裁，吕元智. 超媒体数据库技术与档案信息组织[J]. 中国图书馆学报，2003（1）：67-70.

面阅读延伸到内容、背景、结构的深度关联阅读，真正以个性化、一站式、互动式的服务方式为档案用户提供知识化、领域化、专业化的服务内容。这将决定在数据时代、知识社会中，档案机构与档案管理者的生存与地位。

然而，现有的档案组织方式很难支持这样的知识服务。目前，档案组织是围绕一份份文件开展的，组织粒度停留在文件级甚至案卷级。由于档案著录以文件标题、责任者、时间等形式特征描述为主，对文件内容的描述仅能体现在文件的关键词或摘要中，对文件背景尤其是业务背景的描述更是匮乏。因此，现有档案服务模式仅能支持基于检索词与著录字段的字符匹配的关键字词检索，以及检索结果的页面阅读。例如，当通过"标题"字段检索"北京市政府"相关的档案资源时，检索结果将反馈所有标题中包含"北京市政府"的文件，而这些文件是否符合初始检索目标、文件之间有何关系以及文件与文件间关系是否可用等，还需要检索者通过更多著录信息或页面阅读后，自己去筛选、识别、推理和判断。这样的文件级服务一方面无法支持文件级著录项目以外的，从内容、背景、结构多视角、多维度、多条件地对档案所记录事物或所反映事实的直接检索，即无法找到文件中记录的机构、人物、地点、事件等具体知识；另一方面难以对检索结果开展更多层面地再组织，以挖掘潜在的新知识。

究其原因，档案组织当前面临的困境源自其总体逻辑还停留在 Web 1.0 和 Web 2.0 时代，没有同文件或数据生成环境所在 Web 3.0 逻辑同步。Web 1.0 和 Web 2.0 时代的信息组织是"文件级"的，文件与文件之间的关系、呈现和建立这些关系的方式，以及对这些关系的操作，是文件级信息组织的核心思路。虽然 Web 2.0 时代相比 Web 1.0 时代更能实现信息提供者和利用者之间的双向互动，但这两个阶段都是通过在文件之间建立超链接的方式，将不同的网络页面关联起来形成一个大型的文件网络（web of document），信息利用的主要方式是通过搜索关键词—匹配字符—超链接跳转等步骤所实现的页面浏览，互联网将包含信息的文件以超链接的形式反馈并提供给利用者，而利用者需要通过不断的页面跳转和浏览，来自阅读、挖掘和筛选有用信息。数字化阶段的档案组织也采用这样的文件组织理念，但文件网络的建设成果并不明显，超链接一般存在于著录项与文件之间，文件与文件之间的超链接偶尔存在于"相关档案"的点击选项中，而"相关档案"是什么以及为何相关，来自档案工作者的判断和设定，档案利用者在文件之间跳转的自由度有限。如何利用计算机自动地去识别文件与文件之间的关系，并将这种关系的自动识别延伸到对文件中所含信息与利用者所需信息之间的关系的识别，甚至是文件中所含信息与利用者可能所需信息之间的关系识别，并对这些关系进行自动处理，从而为利用者提供智能化的信息资源服务，是 Web 1.0 和 Web 2.0 时代档案组织没有解决的关键问题。

总的来讲，档案组织的困境来自长期以文件为单位的线性组织的传统，由于在档案立卷、分类与著录规则中都缺少对横向关系的关注，这就使得档案利用与服务也须以文件为基本单位、以文件的页面阅读为基本形式，缺少对信息含义与关系的注解，因此计算机无法理解文件的内涵、关系与意义，也就无法应对数据时代为用户提供知识服务的挑战，无法以多维度、细粒度、网络化的新型档案组织模式，为用户提供精准、智能的档案知识服务。

4.2 数据资产视角下资源组织的新思路

4.2.1 数据组织的内涵与意义

数据组织是指按照一定的方式和规则对数据进行归并、存储、处理的过程。[1] 文件组织是数据组织的一部分。通常将数据组织分为物理组织和逻辑组织，其中数据的物理组织方法是由计算机操作系统提供的数据组织方法，逻辑组织经常使用表、树、网络等结构。[2] 在数据时代，数据组织是最小颗粒的信息组织，数据组织的结果将直接影响信息效能的发挥与知识生产的能力。根据"数据—信息—知识—智慧"（DIKW）层次结构或金字塔模型，数据经过某种方式的组织被赋予含义、格式、时序并被分析数据间关系，就变成有意义的数据，即信息；信息经过过滤、筛选、分类和排序，信息之间的关系得以呈现，并与人脑中已有的知识体系相关联，进而成为有价值的信息，即知识；知识经过正确的选择和使用，就成为人判断和决策的能力，即智慧。[3] 这一过程为数字环境中的档案组织提供了新的思路，即档案的组织不能仅局限于文件级，而应该在数据、信息、文件的不同层级开展组织活动，打通文件中从数据到信息到知识再到智慧的价值链条，从而打破当前档案组织的困境，实现档案知识服务的目标，应对数据时代的挑战。

档案本身就是一种知识、信息和数据的记录载体、交流方式和内容呈现。首先，档案的内容数据以及用于描述档案内部和外部特征的元数据，都以数据的形态存在，需要经过一定的组织才能使机器理解这些数据的含义，从而转化为有价值的数据，即反映档案内容、结构与背景的信息。其次，这些信息通过进一步的关联挖

---

[1] 王晓峰，高俊波，孔繁荣. 英汉人工智能辞典 [M]. 上海：上海交通大学出版社，2019：94.
[2] 郑大本，赵英才. 现代管理辞典 [M]. 沈阳：辽宁人民出版社，1987：704–705.
[3] 叶继元，陈铭，谢欢，等. 数据与信息之间逻辑关系的探讨：兼及 DIKW 概念链模式 [J]. 中国图书馆学报，2017（3）：34–43.

据，可以与更多的外部信息例如业务信息相关联，从而成为能够反哺业务决策的有价值的知识。最后，这些知识通过关联检索、可视化呈现与智能服务等为不同用户提供更多元的利用，转化为不同领域新的智慧。这些转化过程，都必须以数据组织为基底。也就是说，档案组织要想打破瓶颈、面向知识服务创新组织模式，就必须细颗粒下沉至数据组织。

4.2.2 数据网络中的语义思维

在 Web 3.0 时代，网络结构是数据组织的常用结构，数据网络（data network）也应运而生。语义组织是构建数据网络最重要的组织方法，强调对数据的含义与关联进行组织。数据网络是与文件网络相对应的概念，是以语义网设想为基本架构的网络。数据网络是指通过在数据与数据之间建立富含语义的链接的方式，形成有价值的数据之间互联的网络。数据网络的形成要依靠语义技术，同时标志着信息资源的组织从以文件为中心的组织向以数据为中心的组织的转变。当被链接的数据扩展到互联网上所有的数据时，语义网这一数据网络空间就出现了。❶

在 Web 3.0 时代，文本与图像文件都可以基于内容的读取、编辑、修改、索引、搜索与交互等。从这个意义上来讲，Web 3.0 时代相比 Web 2.0 时代实现了语义上的信息互联。数据网络强调用结构化的方式描述信息资源、以机器可理解的方式表示和组织数据，使其具有语义。在数据网络中，资源组织的核心是独立的数据及其之间的关系，而不只是包含数据的文件及文件之间的关系。且这种数据间的关系是具有语义的，即关系的内涵与意义是可被人和机器所理解、推理和进一步操作的，这种富含语义的数据间关系是在海量数据资源中实现语义互联、推理检索和智能化利用的基础。在数据网络中，利用者可以直接通过一个数据找到与之相关的其他数据，从而获得对任何事物的描述以及对抽象概念的描述。❷ 数据网络相比文件网络更为底层，通过数据之间关系的建立和机器理解，包含数据的文件之间的关系建立将依托机器自动化建立，也将进一步拓展文件网络的范围。这对于面向知识服务的档案组织至关重要，一方面富含语义的数据网络可以支持直接的数据层面的组织与检索服务，另一方面文档网络将突破人工设定而获取更多的"相关档案"。

从文件网络到数据网络，意味着档案所承载的各类数据含义更加丰富、描述颗粒更加细致、数据关联更加具体，档案组织的功能得以不断扩展，即从基本的人机

---

❶ 贾君枝. 面向数据网络的信息组织演变发展 [J]. 中国图书馆学报，2019（5）：51 – 60.
❷ SINGHAL A. Introducing the Knowledge Graph：things，not strings [EB/OL]. (2012 – 05 – 16) [2021 – 10 – 15]. https：//www.blog.google/products/search/introducing – knowledge – graph – things – not/.

交互的检索到机机交互的语义互操作等。但这必须依靠档案组织工具的变革——从以文件为单元的组织工具向以知识为单元的组织工具转换。例如，以分类表、主题词表为核心的传统文本组织工具，需要向本体、关联数据等语义组织工具转变，以适应大规模数据处理、语义层资源组织、多样化信息需求等带来的挑战。

4.2.3　基于语义技术的数据组织

语义技术为数据网络的形成创造了可能，也为信息资源的组织提供了新的范式。在语义技术的支持下，分布存储的不同领域、不同数据源的数据集可以被关联起来，从而形成一个不依赖于存储系统、领域和数据库的大型跨域互联的数据网络，这一数据网络空间中的资源具有结构化、语义化、关联化的典型特征，其组织方式也具有语义化、形式化和关联化等共同属性。在这种资源组织基础上，利用者能够进行语义浏览、查询和发现，从而更高效、全面、准确地获取想要的甚至自己本不知道自己想要的知识。❶ 正如21世纪初，蒂姆·伯纳斯·李和詹姆斯·亨德勒（James Hendler）在《自然》上发表的文章❷中指出的那样：语义技术将改变知识的生产和分享模式。

自20世纪末至21世纪初语义网的概念被提出并解释后，基于语义技术的面向知识的信息组织研究就拉开序幕。语义网对信息组织的美好愿景是："赋予信息充分的语义，从而使机器能够理解信息，并与生成信息的人形成合作"。❸ 简单来讲，这一愿景包括两个层面：一是赋予信息语义，二是这种语义是机器可理解的语义。语义技术则是实现这一愿景的核心技术。语义技术具体包含的内容目前并没有明确界定，但语义技术的共同底层逻辑是对信息的语义进行建模和形式化表示，以实现共同的上层功能即对信息的语义处理和语义推理。基于语义技术的信息组织大概就包括语义建模、语义著录、语义表达、语义关联等核心环节。

基于语义的信息组织的理论构架、技术应用与实践方法的研究与探讨，在国内外学界已经开展了十余年，内容涉及概念关系解释、语义网络构建、知识的语义化表达、叙词表、语义网络、主题图、概念图及本体等多种技术和方面。❹ 例如，根据都柏林核心元数据集（Dublin core metadata elements set）的资源描述框架（RDF）版本，美国国会图书馆提供了《美国国会图书馆标题表》（LCSH）的RDF版本的

---

❶ 李楠. 基于关联数据的知识发现研究［M］. 北京：中国社会科学出版社，2016：3-4.
❷ BERNER-LEE T, HENDLER J. Publishing on the semantic web［J］. Nature, 2001, 410（6832）：1023-1024.
❸ BERNER-LEE T, HENDLER J, LASSILA O. The semantic web［J］. Scientific American, 2001（5）：34-43.
❹ 中国图书馆学会. 2011-2012年图书馆学学科发展报告［M］. 北京：中国科学技术出版社，2012：1-5.

下载。❶ 这是早期将传统图书（文本）组织工具进行语义化升级的案例代表。从文件（图书、文献或其他文本资源）组织细颗粒发展至语义层面的数据组织，不仅是信息组织模式本身的进化，而且能推动资源价值的进一步挖掘和开发。首先，语义组织能够为特定领域的数据集提供明确的、形式化的概念模型，使不同的系统都能够基于这个模型相互理解不同数据集，从而进行系统间数据的互操作，这为同一领域但分布在不同系统中的分散档案资源的集中奠定了基础，也为不同数据源之间的语义关联创造条件。其次，语义组织能够建立起资源或数据之间的语义关联，通过带有语义的链接的方式，为利用者提供资源内容实体之间的关系。不同于传统文件组织中的超链接，这些语义关联能够存在于同一数据源（库）中的数据之间，也可以链接不同数据源（库）中的数据（集），这就使得跨数据源（库）、跨领域的知识发现成为可能。最后，语义组织能够支持语义查询，利用者可以更好地表达自己的意图，并能更准确地发现自己感兴趣的知识，从而增强资源库的知识检索的能力。这些方面正是档案组织应对数据时代挑战应该加强的地方，因此在语义层面开展数据组织成为当代档案组织的必然趋势。

4.3 数据资产视角下档案组织的理念变革

4.3.1 从面向信息服务的组织到面向知识服务的组织

档案天然具有知识属性。有软件公司在其企业知识管理软件产品白皮书中提到："文档是知识的容器，是已经物化的显性知识，其中蕴含了大量本企业的知识财产"。❷ 将档案中蕴含的知识挖掘出来并提供服务，应当是新的档案组织模式的核心定位。

但现有的档案组织方法没有充分识别和挖掘这种知识属性，并将其以有效的服务方式提供给用户。长期以来，档案组织在文件级开展信息整序工作，主要目的是为用户提供检索信息服务，服务方式主要表现为提供目录级、文献级和字段级信息。面向信息服务的传统档案组织以静态信息的组织、获取和利用为中心，主要基于单一的、标准的档案著录信息来提供大众化、标准化的服务，因此很难以用户为中心、针对用户的个性化需求提供与领域知识相关的扩展性服务。

---

❶ Library of Congress. Library of congress subject headings [EB/OL]. [2021-06-03]. https://id.loc.gov/authorities/subjects.html.

❷ 李翠屏. 档案馆知识服务研究[D]. 济南：山东大学，2010.

知识服务是信息服务的高级阶段，二者在信息的检索与获取、存档与索引、编目与分类、整序与整合、应用与共享、分析与评价等信息管理的基本流程方面具有一致性。❶ 不同的是，知识服务需要充分挖掘专门领域的专业性知识，向社会和用户提供以知识为基础的中间产品或服务。知识服务强调针对用户的需求而建立信息之间的动态关联，并智能化地选择、提取和呈现这些关联，从而基于关联的、领域相关的档案内部和外部相关信息来提供专业化、个性化的服务。对于档案领域来讲，档案知识服务是指"以档案信息和知识的搜寻、组织、分析、重组为基础，根据用户的问题和环境，融入用户解决问题的过程中，提供能有效支持知识应用和知识创新的增值服务"。❷ 要实现档案知识服务，档案本身的保存、加工和利用就应以知识存储、知识加工和知识分发为目的❸，也就是说，档案组织应当完成重要的知识加工任务，为知识服务奠定基础。

面向知识服务的档案组织需要对档案之间的关联性进行动态掌握，以及对档案所记录和反映的领域知识进行深度挖掘。这就需要通过语义组织来更细颗粒、更深层次地描述档案、刻画领域知识并建立两者之间的关联。语义组织是对数据含义的分析、表达以及数据含义之间关系的建立。语义组织是对"含义"的组织，是对"意义"的呈现，是对"内容"的分析。语义组织本就是信息组织的一种重要方法。根据信息层次的划分，信息组织包括语法信息组织（如字顺法、时序法等）、语义信息组织（如分类组织法、主题组织法等）、语用信息组织（如概率组织法、权值组织法）等。在语义技术应用环境下，语义组织作为信息组织、知识组织的一种方法，是知识组织从知识的人工可理解到知识的机器可理解的进化阶段，将知识组织的颗粒从知识单元进一步细化至语义单元。语义组织强调在知识单元的含义层——语义单元层实现机器可理解，从而推动机器自动化、智能化、可推理的知识组织。档案的语义组织应包括语义获取、语义关联、语义表达三个核心环节。

4.3.2 从隐式语义组织到显式语义组织

面向知识服务的档案组织需要语义层面的组织，而语义组织的起点应该是识别并获取语义。语义在信息领域指文本或数据的含义。❹ 作为信息组织的一个重要方法视角，语义组织由来已久，例如传统档案信息组织中的分类法、主题法等都属于语义层面的组织，但是这些语义是文件的语义而非数据语义，是人能理解而非机器

---

❶ 李翠屏. 档案馆知识服务研究 [D]. 济南：山东大学，2010.
❷ 孙逊. 知识经济背景下档案馆的知识服务功能探析 [J]. 兰台世界，2008（20）：4-5.
❸ 任俊为. 知识经济与图书馆的知识服务 [J]. 图书情报知识，1999（1）：28-30.
❹ 张倩. 语义 Web 技术对高校档案信息检索工作的应用价值 [J]. 城建档案，2018（2）：85-87.

理解的语义。在语义网环境中,语义特指形式化的、可被机器理解的数据的含义。在计算机尤其是互联网环境中,文本描述的语言包括语法、数据模型和语义三个组成要素。其中,语法是指撰写数据的方法;数据模型是指数据的结构或组织形式;语义则是对数据的解释。❶ 对于数字档案馆来说,档案数据的语义必须与数据一起创建和维护,才能保证数据库中的档案数据是有意义的,是不仅能"打开"而且能理解的。这种理解一方面是人可理解,即用户借助一定的知识积累和自我知识结构,能够理解不同形式的数据;另一方面则是机器可理解,即这些数据需要以形式化的机器语言来解释与表达,才能支持机器对各类数据的操作、使用与开发。因此,面向知识的档案组织所需要的语义,是在机器智能环境中,遵循一定的语言标准,所谓数据赋予的机器可理解的含义与意义。

要想让机器能够理解数据的语义,就要理解数据的描述方法和表达方式。语义的表达方式按照机器能够直接理解分为隐式表达、非形式化表达和形式化表达三种。❷ 隐式表达,即语义隐含在数据结构中没有被明确表达出来。例如基于标签结构的 XML 语言能够描述数据的结构而非数据的含义,就是一种隐式语言表达方法。XML 中的标签由用户自定义,其含义能够被人所理解,但不同的人对标签含义的理解有可能存在差异,因此 XML 编码语言中表达的含义是含糊的、不准确的。非形式化表达,即语义被明确表达出来但使用的是非形式化语言,例如主题词表、分类表、规范文档等,都使用自然语言表达语义,人很容易识读和理解这些语义,但机器无法理解自然语言中复杂的同义、相似、相关和无关关系,就无法自动处理数据含义的一致性和兼容性问题。形式化表达,即用一定的结构和模型来定义语义,被形式化表达的语义是一种模型论语义,使用的是机器能理解的形式化语言。

现有档案组织虽然也从语义层面尝试为文件赋予含义,但大多使用的是隐式表达或非形式化表达方法。例如,档案分类中依据的分类法或分类标准、档案主题判定依据的主题词表或叙词表,一般以自然语言文本的形式保存;档案著录数据,包括元数据和标签数据,一般以字段的形式保存为普通的文本(TXT)、应用文档(Word、Excel)、数据库(DBF)、标记语言(HTML、XML)等。尤其是当前档案组织最重要的工具元数据,根据国家标准《元数据的 XML Schema 置标规则》(GB/T 24639—2009),基本采用了 XML 语言来标记数据和定义数据类型,属于隐式的语义表达方式,尚无法实现机器可理解的语义表达。

为实现机器可理解的档案数据的语义表达,档案组织需要从隐式语义组织转向形

---

❶ ANTONIOU G, GROTH P, HARMELEN F V, et al. 语义网基础教程[M]. 胡伟,程龚,黄智生,译. 原书第3版. 北京:机械工业出版社,2014.

❷ USCHOLD M. Where are the semantics in the semantic web[J]. AI Magazine, 2003(3):25-36.

式化的语义组织。这就需要利用本体来解释档案数据的语义。本体能够用形式化的语言描述领域知识中的重要概念以及概念之间的关系，使得这些概念以及概念间的关系能够在一定的共享范围内拥有唯一的、明确的、共识的语义，这种共识不仅在人与人之间，更在人与机器之间。RDF、资源描述框架模式（RDFS）与网络本体语言（OWL）都是语义网中基础的本体描述语言，通过将 XML 格式的数据文档转化成 RDF 或 OWL 文档，计算机在阅读这些形式化语言表达的语义文档时，就能够自动化理解并处理其中的数据。

4.3.3　从线性组织到关联组织

面向知识服务的档案组织关键要能够发现并建立信息之间的关系。知识是一种有观点的信息。知识不是通过某一条单独的信息获得的，而是将若干有关联的信息集合起来，所形成的对趋势的认知和对观点的解释。因此，档案知识服务与档案信息服务直接提供字符匹配检索词的单一信息不同，前者更强调为用户提供有关联的信息，帮助用户认知趋势、形成并解释观点。要实现档案的知识服务，就要建立信息之间的关联。由于信息是具有一定含义的、有逻辑的、经过加工处理的、对决策有价值的数据流，因此要先从有含义的数据之间的关联组织做起。

语义组织的核心就是建立语义关联，从而定义数据之间的关联，最后建立一个数据网络、一个知识组织系统。知识组织系统由代表一个知识领域的概念及其概念关系构成，是用来定义并组织表述现实世界物体的术语和符号系统。❶ 知识组织系统按照其结构、复杂性、术语间关系以及知识组织功能的不同，可以分为术语表、受控词表、关系表。❷ 其中，术语表主要用于档案内容中涉及知识领域的术语的定义及罗列，包括字典、词典、地名表等。例如，人名索引、地名索引等都是常见的用于组织档案内容术语的术语表。受控词表则强调应用规范性词汇表示资源的主题内容，包括分类表、主题标题表等。例如，在 1987 年出版并于 1997 年修订的《中国档案分类法》，就是以统一分类原则与标记制度为前提，以职能分工为分类标准和依据，结合体系分类法和分面组配法并具有半分面组配性质的档案分类体系，是传统档案组织中典型的受控词表。关系表则更加关注术语间关系的定义，包括叙词表（主题词表）、概念图、本体等。例如，在 1989 年出版并于 1995 年修订的《中国档案主题词表》，收录了我国不同历史时期档案中出现的具有检索意义的词汇，

---

❶ HILL L L, BUCHEL O, JANÉE G, et al. 在数字图书馆结构中融入知识组织系统 [J]. 现代图书情报技术，2004（1）：5-8.
❷ HODGE G. Systems of knowledge organization for digital libraries: beyond traditional authority files [EB/OL]. (2016-09-13) [2021-07-24]. https://www.clir.org/wp-content/uploads/sites/6/pub91.pdf.

并且按照档案主题标引规则指导档案主题标引工作。❶ 从术语表到受控词表再到关系表，档案的知识组织系统正处于从弱结构向强结构的发展过程。

档案语义组织所需的知识组织系统应能理性地获取概念与概念之间的关系，强调对一个领域中核心概念与关系的共识。但是由上述案例可以看出，传统档案知识组织系统获取档案语义关系的方法，更倾向于经验主义和实用主义。例如，档案的标签分类法就是一种经验主义获取语义关系的方法，通过众多用户对档案设置标签的方式，构建一种词汇使用不受限制的档案分类法；档案叙词表（主题词表）则是经验主义与实用主义的结合，一方面叙词表中所列举的概念一般在档案文本中出现频率较高或在档案著录中被较多使用，另一方面对这些概念的解释也主要依靠叙词表构建专家的解释。

此外，档案语义组织所建立的语义关系应该是多维的，包括等同关系、等级关系、相关关系等。其中，等同关系又包括同义关系、同源关系、反义关系等，同义关系是指不同词汇指代同一概念，同源关系是指代同一概念的不同时期的词汇，反义关系是指两个概念相互排斥、互不相容，外延没有重合。等级关系则是指两个概念之间的包含关系，包括上下位关系、整体与部分关系、实例关系等。但传统档案知识组织系统所呈现的关系大多是单一的、线性的，以概念之间等同关系和等级关系的呈现为主。例如，术语表能够揭示的概念间的关系主要为同义关系和同源关系；叙词表中的叙词和非叙词之间则是一种反义关系；分类表通过类目的层层划分来揭示类目间的等级关系；主题词表能够说明概念间具有等级关系，但没有具体阐述是哪种等级关系。并且档案内容、结构与背景中复杂的相关关系没有在传统档案知识组织系统中得以呈现。这些相关关系存在于一定的情境中，例如档案的生成情境、业务情境、程序情境等，现有的档案组织工具只能在档案文本所记录的显性情境中寻找关系，却难以将档案文本中的内容与其复杂的业务背景相结合，寻找更多相关关系。

本体以抽象概念为出发点，与传统档案知识组织系统从档案文本术语中抽象出概念不同。本体直接根据领域共识形成一套明确的、共享的领域概念模型，不仅以规范的机器可理解的形式化语言来描述该模型中的所有概念、属性与关系，而且能够对相关关系进行情景式的限定，使其语义关系更为明确和具体。由此可知，语义关系越丰富、定义越严格，所形成的概念体系或知识模型才会更加科学，基于此描述的档案数据才能够符合知识服务的需求。

4.3.4 从填表式组织到建模式组织

面向知识的档案组织需要厘清组织哪些语义、如何组织这些语义以及将这些语

---

❶ 李春雷. 试析《中国档案主题词表》未能广泛推广使用的客观原因 [J]. 云南档案，2008 (6)：45-46.

义组织成什么样子的基本问题，也就是需要从顶层设计上构建语义识别、表达和语义关联的基本模型。语义建模就是为解决这些问题、构建档案语义组织概念模型的过程。当前在数字档案馆中广泛存在的档案数据库，所采用的著录和标注标准不同，档案组织的核心内容就是根据著录和标注标准，在不同的字段中填写内容，"填表"的过程就完成了对档案的分类、描述和整理。这种填表式且表格内容与结构存在差异的档案组织方式，导致了机构之间、数据库之间对领域知识的描述和标识的巨大差异，这种差异一方面表现在不同机构的档案数据库中可能对同一领域知识的描述不同，另一方面表现在同一机构里档案数据库与其他业务数据库中对相关知识的描述不同。由此，用户很难在不同机构档案数据库之间、档案数据库与业务数据库之间，实现理想的关联性检索。在理想状态下，面向知识的档案组织应该能满足这样的需求：无论来源数据库有哪些，检索程序都能够识别并判断其中具有语义关系的数据及其标识符。在语义网中，解决这种库间语义差异问题的方法，就是建立描述资源元数据的数据字典❶，即本体。

1991 年，有知识工程领域专家认为，本体是"相关专题的基本术语和关系以及利用这些术语和关系构成该专题的规则的集合"。❷ 1993 年，有专家给出了本体的定义："本体是领域概念模型的现实表示"。❸ 总的来说，某个领域的本体就是关于该领域的一个公认的概念集，其中的概念含有公认的语义，这些语义通过概念之间的各种关联来体现。❹ 本体由概念、关系、函数、公理和实例五种元素组成。❺ 本体具有概念化、明确化、形式化的基本特征，包括概念模型、术语集合（词表）、形式化语言（编码语言）三个基本层次。其中，概念化表现在概念模型层次，本体将特定领域的知识理解表达为一组概念（类），并定义这些概念的相互关系（属性），从而形成一个特定的语义架构；明确化表现在术语集合（词表）层，在本体所建立的概念模型中，每一个概念（类）的类型、关系（属性）的取值等都有明确的定义和约束，这种定义和约束是通过术语的定义来完成的，结果是形成一组定义明确的术语集合（词表），这也是前文所述本体是语义网上的元数据字典的来源；形式化表现在形式化语言（编码语言）层，由于本体是面向机器操作的，其目的是使机器理解特定领域知识，因此必须使用机器可读且可理解的语言来描述概念模型

---

❶ 林周佳. 基于语义网技术数字化档案馆研究 [J]. 云南档案，2006（2）：32-35.
❷ NECHES R, FIKES R, FININ T, et al. Enabling technology for knowledge sharing [J]. AI Magazine, 1991 (3): 36-56.
❸ GRUBER T R. A translation approach to portable ontology specifications [J]. Knowledge Acquisition, 1993 (3): 199-220.
❹ 陆汝钤，金芝，陈刚. 面向本体的需求分析 [J]. 软件学报，2000（8）：15-23.
❺ 闫红灿. 本体建模与语义 Web 知识发现 [M]. 北京：清华大学出版社，2015：146-147.

和表达术语集合，合适的形式化语言（编码语言）是确保本体被机器理解和操作的基础。当不同的信息系统根据统一的本体概念模型来理解和操作数据时，系统就不会沉浸于不同术语（词汇）的混乱中，而是可以直接根据本体中概念的定义、属性与概念间关系来开展信息的语义抽取、互操作和集成等操作，这就极大地提升了信息系统理解和操作数据的效率。❶

档案组织的语义建模即建立档案所记录或反映的某一领域的概念模型，或称概念（数据）模型。概念（数据）模型是对真实世界的抽象表达，由于每一个领域内都存在不同的知识抽象方法与结果，因此概念模型的建模过程与结果也是多元的。首先，档案组织的语义建模要明确在什么领域内建模，即抽象什么领域的知识。这里的领域一般与档案内容主题、业务职能、机构背景相关，领域可大可小，涉及档案内容、背景、结构中的一部分或者全部。其次，语义建模要设定概念抽象的范围，由于每个特定领域里的抽象概念都不可能全部列举，因此要考虑最适合列出的领域核心概念。再次，语义建模要明确档案的知识服务方向，这与概念模型所在的特定领域相关，例如档案内容主题建模能服务于人文历史研究，档案业务职能建模怎能服务于业务决策。最后，语义建模的目的是回答具体的知识查询问题，例如根据这一模型所著录和标注的档案数据，能够回应哪些人文历史研究问题或业务决策辅助问题等。

根据语义建模的结果，对档案的内容、背景与结构进行著录和标注，识别其中的语义和语义关系，并以形式化语言进行表达，就能够逐步完成面向知识的档案语义组织。但对于档案来讲，语义建模并不是完全从零开始的过程，传统档案组织的工具，例如分类法、主题词表等，都可以"本体化"并转化成语义模型中的一部分，并且档案的语义建模还可以复用其他领域已开发的概念模型，以形成具有档案领域特征的、严谨的、可拓展的知识组织系统，支持面向知识的档案组织。

4.4 数据资产视角下档案组织的方法变革

4.4.1 档案著录方法的变革

4.4.1.1 基于著录规则的语义建模

《国际标准——档案著录规则（总则）》[ISAD（G）：General Interentional Standard Archival Description]（第二版）将"档案著录"定义为："通过获取、分

---

❶ 贾君枝. 面向数据网络的信息组织演变发展［J］. 中国图书馆学报，2019（5）：51-60.

析、组织和记录用以识别、管理、检索和解释档案、档案形成背景以及文件系统的信息，以形成对所描述对象及其构成部分的准确表述的过程及成果"。档案著录的对象应涉及内容、结构、背景、文件系统等诸多方面，包括登记层、期限和条件层、结构层、背景层、内容层和利用层等六个层次。❶ 可以看出，档案著录本身就是按照一定概念模型对档案内容、背景和结构信息进行析出并组织的过程。以这些著录规则为基础，进行档案语义概念模型的建构，是当前档案组织领域能够首先开展的工作之一。

国际档案理事会（International Council on Archives，ICA）档案著录专家组（Expert Group on Archival Description，EGAD）从2012年开始，在复用和整合已有档案著录标准，主要包括ISAD（G）、《法人、个人及家庭背景信息国际档案规范文本》［ISAAR（CPE）：International Standard Archival Authority Record for Corporate Bodies，Persons and Families］、职能著录国际标准（International Standard for Describing Functional，ISDF）、档案馆藏机构著录国际标准（International Standard for Describing Institutions with Archival Holdings，ISDDIAH）四大标准的基础上，研制《背景中的文件——概念模型》（Records in Context Conceptual Model，RiC-CM），并于2016年9月发布了RiC-CM 0.1版，于2021年2月发布了RiC-CM的0.2版本，并于2023年12月发布了RiC-CM 1.0版。由于RiC-CM从档案著录的角度来建立概念模型，因此将重心放在了档案的"背景信息"中，即着重定义了档案所参与的活动以及指导这些活动背后的职能或业务相关的概念及其关系。该标准完成后，RiC系列标准渐成体系。该系列标准由四个部分组成，分别是：《背景中的文件（档案）—档案著录标准简介》（Records in Contexts – Introduction to Archival Description，RiC-IAD）、《背景中的文件（档案）—概念模型标准》（Records in Contexts – Concept Model，RiC-CM）、《背景中的文件（档案）—本体》（Records in Contexts Ontology，RiC-O）、《背景中的文件（档案）—应用指南》（Records in Contexts – Application Guidelines，RiC-AG）。这些标准之间是相互关联衔接的：RiC-IAD是对档案著录原则和目的的简要介绍；RiC-CM是为生成著录信息和文件背景内容提供的概念模型；而RiC-O是RiC-CM模型实现的操作指导，它规定了将档案著录转化为RDF框架的词汇和规则。RiC-AG是为从业者和软件开发人员提供具体的指导和示例，以帮助他们在文件管理系统中实施RiC-CM和RiC-O。

2016年，RiC-CM 0.1版主要完成了实体层（entity-level）"枚举术语"的任务，即以列表的形式枚举了三大类术语：著录实体（descriptive entities）、实体的属

---

❶ 戴维·比尔曼. 虚拟档案［M］//国家档案局，中央档案馆. 第十三届国际档案大会文件报告集. 北京：中国档案出版社，1997：120-134.

性（properties）、实体之间的关系（relations）。RiC-CM 0.1列举和定义了14个著录实体，67个实体属性（包括4个实体通用属性和63个实体专有属性），以及14个实体关系与2个关系属性。2023年，RiC-CM 1.0版则在2016年0.1版的术语列表基础上，补充了术语并开展了术语的分类和属性限定工作，将所有实体分为事物（thing）、文件资源及实例（record resource and instantiation）、责任者（agent）、事件（event）、规则（rule）、日期（date）、位置（place）七大概念（类），对其中的每个概念（类）与子概念（类）进行了命名、定义、范围解释和举例说明，并为每个概念（类）定义了属性，同时界定了概念之间关系的类型和属性。通过不断的概念分类、实体补充和属性界定，一个关于档案及其背景信息著录的概念模型基本建立起来，根据这一模型的档案著录结果，将为这个模型填充丰富的数据对象或实例，支持多样化的档案资源背景信息挖掘和利用。

4.4.1.2 基于概念模型的语义著录

语义著录是根据档案资源语义建模的结果著录档案资源、析出档案资源的元数据，并根据元数据的语义将其分配到相应的概念（类）中，作为对应概念（类）的数据对象或实例的过程。语义著录是一个将概念模型的"设计方案"细化到档案资源的内容、背景与结构信息中的"具象"的过程，也是一个将档案元数据填充到概念模型中的"上架"的过程。

由于RiC-CM的语义著录突破了传统档案著录规则在"文件级"或"案卷级"开展著录的限制，因此，在现有档案著录规则中，常常以著录项目（unit of description）统一表达对所有档案资源的著录要求，即无论著录的是案卷还是文件，都要著录这些项目。而RiC-CM认为，在语义组织过程中，案卷〔或说档案汇集、档案集（record set）〕、文件（record）甚至文件的组件和子组件，都是不同的事物，也包含不同的语义，不能用同样的著录项目来不加区分地著录，而应该分别定义它们的著录项目——实体。因此，RiC-CM定义了文件、文件组件（record part）、文件集（record set）三个著录实体，并将其归属到超类文件资源及实例中。此外，基于RiC-CM的语义著录还强调对著录数据的进一步整序、聚合和关联，突破传统档案著录的"多层级著录"模式，而形成一种"多维著录"模式。在"多层级著录"模式中，案卷的著录项目被默认为案卷内文件的著录项目，例如，案卷的来源机构会被默认为案卷内文件的来源机构。其实不然，一个档案汇集内的文件可能在不同的机构或业务背景中产生，但因为机构或业务关联被整合在同一汇集内，那么原有的"多层级著录"默认案卷的属性会不变地传递给文件的做法是不符合文件实际背景的。因此，RiC-CM又在文件资源及其实例实体外定义了责任者、事件、规则、日期、位置等各个资源都需要著录的实体，这样既能根据同一文件资源及其实例内的文件集、文件和组件在几个维度的著录项目中是否有异同，从而判断著录实体间是否有等级和等同关系，又能根据著录结果对不同文件资源及其实例，以及著录实体之间的相关关系进行资源关联。

此外，语义著录的结果应该是用形式化语言表达的。ICA 在建构概念模型 RiC – CM 的同时，也在同步探讨该概念模型的语义表达即本体化。2019 年 12 月，伴随 RiC – CM 0.2 版预览模型的发布，RiC – O 也同日发布。RiC – O 是一个基于 OWL 本体语言的档案资源著录本体，是档案著录领域的通用本体。利用 RiC – O，任何基于 RiC – CM 开展语义著录的归档元数据都可以创建 RDF 数据集，而这些 RDF 数据集又可以进一步作为关联数据发布，支持 SPARQL 语义查询和更深层的逻辑推理。从功能上来讲，RiC – O 为档案语义著录的数据集向 RDF 格式数据集的转化提供了通用词汇表和正式规则，能够使档案资源著录数据以机器可理解的形式被统一和标准化。

4.4.2 档案标注方法的变革

4.4.2.1 补充著录的语义标注

档案的语义著录主要获取的是对档案背景信息和结构信息描述的数据，对档案内容信息的知识结构则分析力量不足。档案的语义标注是对语义著录的重要补充，是获取档案内容语义的重要一步，其核心内涵是将以非结构化或半结构化数据形式存在的档案，进行知识元解析与抽取，对档案内容中所表达的主题、对象、时间、事件与地点等知识单元进行深度的标识和注释。

与一般的档案著录（元数据）主要发生在文件层不同，档案的语义标注强调下沉到实体层，也就是要对档案内容中的"事物"而非档案本身进行详细的描述。现有档案内容的标注常常采用手工建立标签（tagging）的方式。例如，美国 NARA 从 2011 年开始启动"公民档案员计划"❶，鼓励美国公民通过添加标签、注释和翻译转录的方式，帮助实现美国 NARA 馆藏资源的结构化及其著录，美国 NARA 为此还发布专门的标签政策。❷ 自 2012 年以来，通过这种众包方式，美国公民贡献了数百万个标签、元数据、转录文本、视频字幕和数字图像等，为馆藏档案资源的内容理解与描述作出了重要贡献。❸ 通过这个计划，更多的"领域专家"被纳入 NARA 档

---

❶ National Archives and Records Administration. Citizen Archivist Dashboard [EB/OL]. [2021 – 10 – 12]. https：//www.archives.gov/citizen – archivist.
❷ National Archives and Records Administration. Citizen Contribution Policy [EB/OL]. [2021 – 10 – 12]. https：//www.archives.gov/citizen – archivist/resources/tagging – policy.
❸ WILSON A. Citizen Archivist Dashboard/Improving Access to historical Records Through Crowdsourcing [EB/OL]. [2021 – 10 – 12]. https：//www.citizenscience.gov/citizen – archivist/#.

案资源的内容描述中，包括研究人员、系谱学专家、历史学家等。

除了众包方式的手工标注标签，还有一些自动化的语义标注工具可供档案工作者使用，开展条目级的标注。例如自动化语义标注工具 MARKUS。MARKUS 支持语义实体自动标注，包括人物姓名、地名、时间、官衔、机构名称的标注等，同时支持所有语言的自定义关键字列表或者标签的手工与批量标注。此外，MARKUS 还与一系列概念模型或数据库建立了自动关联，例如特定语言词典或特定领域的词汇表以及中国历代人物传记资料库（CBDB）、中国历史地理信息系统（CHGIS）等数据库，用于语言、领域知识、人名、地名等标注概念的参考。

无论是人工标注还是自动化标注，标注产出的众多数据都会成为档案描述数据的重要组成部分。这些标注数据有些可能与档案著录项目重复或同义，例如主题词与主题标签；有些可能与著录项目相关，例如历史机构名称与档案生成机构等；有些可能源于没有著录项目而对档案内容理解有重要补充，例如历史人物名称、地名等。这些组成部分共同构成了描述档案的数据库，在经过基于概念模型的语义描述和组织后，会形成结构化的档案知识库。

4.4.2.2 标注数据的语义描述

标注数据是对档案内容的描述，而语义描述是对标注数据的描述。换句话说，标注数据说明了档案表达的含义，而语义描述意在说明标注数据的含义。语义描述是"语义的语义"，是指对档案标注数据进一步的解释和组织，使之能够与概念模型准确对接，作为概念（类）的实例填充到概念模型中，从而实现档案、描述档案的数据和领域知识概念模型三者之间的关联对应。

语义描述主要从四个方面阐述标注数据的具体含义。❶ 第一是语义内容，包括定义、必备性、用途、注释、定义来源等。例如，通过这样的描述，就可以明确"机构"这个标注数据的具体含义，并判断其是否可填充至档案语义概念模型中的"档案来源机构"这个概念（类）中。第二是语义关系，包括等级关系、等同关系和相关关系等。例如，"人物名称"与"人物官衔"和"隶属机构"等标签具有相关关系。通过对这种语义关系的描述就可以对标注数据进行聚类、分类、关联等，并分别投射到概念模型中的相关概念（类）中，而这些语义关系也对应投射到概念模型的关系中。第三是语义标识，包括标识符如 URI、版本等，尤其是标识符 URI 对于后期建立标注数据与数据之间、标注数据与档案之间的关联关系至关重要。标注数据的语义标识要根据语义内容和语义关系进行标识，尤其是具有等同关系的数

---

❶ 张正强. 论电子文件管理元数据语义描述的标准化［J］. 中国档案，2011（4）：53-55.

据应建立同一标识，有利于语义一致性的保持。第四是语义值，包括值表示形式（文本形式、数据形式等）、值限定（字符数）、值含义、值定义域、值类型等。语义值的描述和约束，主要为后期这些数据的形式化表达提供支持。

通过这四个方面的语义描述，档案的标注数据可以按照等级关系被分类、按照等同关系被聚类、按照相关关系被关联，从而对零散的档案内容抽取数据进行语义层面的组织，并且准确对应到概念模型中，作为档案领域知识服务的重要数据储备。

4.4.3 档案关联方法的变革

4.4.3.1 基于 Apache Marmotta 的语义发布

档案的著录数据和标注数据都需要以形式化的语言进行表达，而 RDF 的三元组（一个三元组就是一个声明）就是一种模型论语义表达即形式化表达方法，例如符号"D12"可以表述为 RDF 三元组"D12rdf：type RecordID"，代表"D12"是类"RecordID"的一个实例，这样"D12"的语义就被准确地表达出来。在获取档案著录数据和标注数据的 RDF 文档后，档案的语义发布就成为可能。语义发布是指开放档案著录和标注数据并将其发布到万维网平台，允许更多的数据互引。语义发布之后，档案数据就能够与其他富含语义的数据开展相互引用，而这种互引的过程就是建立不同数据集间语义关联的过程。

由于本地 RDF 文档不能为其他数据集所引用，数据集之间的语义关系也无法建立，因此借助 Apache Marmotta 平台，将这些 RDF 文档进行在线发布和存储。Apache Marmotta 是一个关联数据发布平台，在该平台上发布关联数据的步骤包括：①RDF 文档导入 Marmotta 平台；②平台将数据转存在关系型数据库 MySQL 中；③为数据库中的资源建立 HTTP URI；④基于 URI 建立数据之间的关联，形成关联数据；⑤对外提供关联数据检索和解析服务，其中最重要的环节是 RDF 数据的存储和查询。语义发布的核心要义就是将档案 RDF 数据存储在 RDF 数据库中，通过为 RDF 开发的一种查询语言和数据获取协议 SPARQL 端点查询和 URI 访问，提供对底层 RDF 三元组数据的访问和获取，从而为高层的关联数据分析与应用提供支持。当然，机构在发布档案 RDF 数据时，不仅可以根据自己的数据规模和特征以及技术运用实际，选择不同的三元组数据库、关系型数据库、图数据库等作为 RDF 数据的存储库，而且可以选择适合自己的 RDF 三元组数据检索和获取工具或接口。

4.4.3.2 基于关联数据的语义关联

语义发布的结果就是档案 RDF 文档（或说本体）被存储在开放的数据库中，并以关联数据的形式提供开放的检索和查询。语义关联就是指将这些数据库中的数据按照一定的语义规则关联起来，形成关联数据网络。关联数据网络的核心要义是允许应用程序从一个数据源关联和访问其他的数据源。在数据化时代，档案知识服务的需求已经远远超出了档案本身的数据集范畴，而需要更多的"外来知识"的帮助。这种"外来知识"主要包括：①与档案背景信息相关的机构、业务等社会职能类知识；②与档案内容主题相关的历史、人文等科学研究类知识；③与档案背景和内容相关的其他文化和信息资源所包含的知识等。将这些"外来知识"填充到档案语义组织的概念模型中，通过档案著录数据和标注数据与档案的内容、背景与结构建立语义关联，从而完成范围更广的档案语义组织，是实现档案与更多资源的知识集成服务、档案领域与社会人文领域的知识融合服务"走出去"的关键性一步。

万维网联盟（W3C）的关联开放数据（LOD）项目始于 2007 年，该项目鼓励不同开放数据源以 RDF 格式在网络上发布开放关联数据，并以丰富的语义链接将不同数据源的数据集进行关联集成，推动了数据网络的快速建立和发展。[1] LOD 项目的成果就是"关联开放数据云"（LOD Cloud），其不仅满足万维网上提供基础设施服务的"云"的含义，而且是一个大型的结构化、语义互联的数据网络。LOD Cloud 要求所有发布在其平台上的数据集都必须满足以下 5 个要求：①有可解析的 HTTP URI；②可以被解析为 RDF 格式的数据；③数据集至少包含 1000 个三元组数据；④数据集必须通过 RDF 链接连接到 LOD Cloud 中已经存在的数据集，上传的数据集至少有 50 个 RDF 链接可以使用其他数据集的 URI；⑤数据集必须支持 RDF 爬虫、RDF 转储和 SPARQL 端点访问。通过这样的语义关联规则，某一领域内的数据集就可以在 LOD Cloud 中同一领域的其他相关数据集建立关联，从而为领域知识的发现、挖掘与集中利用提供数据网络基础设施。

4.5 数据资产视角下档案组织的先行案例

4.5.1 基于融合的联通电子档案语义组织

在企业数字化转型过程中，档案与业务的关系将更加紧密，为企业开展相关业务提供知识支撑和决策服务，是当前企业档案面临的重要挑战。因此，以档案的背景信息为核心开展语义组织，对于厘清档案如何源于业务、如何关联于业务、如何

---

[1] BERNERS – LEET, HOLLENBACH J, LU K, et al. Tabulator redux：browsing and writing linked data［EB/OL］.（2008 – 03 – 04）［2021 – 07 – 21］http：//event. linkeddate. org/Idow2008/papers/11 – berners – lee – hollenbach – tabulator – redux. pdf.

服务于业务至关重要。近年来，我国已有一些企业开始探索语义技术在电子档案管理中的应用，例如利用本体和知识抽取来开展档案的数据挖掘等，但这些应用大多集中在某一特定类型的档案，缺少对一般档案的可复用价值。著者选取开放资源较为丰富的中国联通的档案语义组织作为案例研究，总结相对完整的企业档案语义组织解决方案，旨在为更多企业档案的语义组织与企业档案知识服务等方面提供案例参考。

4.5.1.1 语义组织的"四个融合"基础

2010年12月，国务院国有资产监督管理委员会和国家档案局联合将中国联通列为中央企业建设数字档案馆的试点单位之一，中国联通就此开始探索如何建设全国性数字档案馆。❶ 建设全国性数字档案馆不仅意味着不同地区、单位的基础设施和档案资源的集成，而且意味着整个行业流程的打通与业务数据的全面汇集。为此，中国联通提出在整个集团档案工作中实现"四个融合"。❷

第一是业务融合，其要求将档案收集责任前置到相关业务部门或项目管理部门，对电子文件归档流程和操作进行标准化和规范化，通过云平台实现各级部门和各业务系统在同一系统界面中的跨部门、跨系统、跨地域档案管理流程协作，通过归档接口实现业务关联，并同步位移到档案系统以实现业务关系追溯等。

第二是规范融合，其要求在整个集团推行统一的档案工作标准规范体系，实现分类标准化、编码一体化。

第三是资源融合，其要求按照统一的存储格式规范，协同纸质与电子档案的资源管理。

第四是信息融合，其要求强化档案信息服务，通过集团统一门户提供档案资源服务等。

基于这样的融合原则，中国联通数字档案馆自2013年上线运行以来，已经实现了与40个前端业务系统的对接，实现全集团600多个立档单位的档案资源集成，为档案资源的内容挖掘与知识服务奠定了重要的数据基础。在对接40个前端业务系统的过程中，中国联通数字档案馆发现，由于原有的元数据规范不能满足实际业务需求，不利于业务系统和数字档案馆系统的对接和互操作，因此提出元数据规范、著录规范和归档接口规范三者相互制约的规范体系模型——三元规范体系模型。❸

---

❶ 杨茜雅. 中国联通全国性数字档案馆建设实践的理性思考[J]. 档案学研究, 2014(4): 22-25.
❷ 杨茜雅. 行业性全国数字档案馆的建构：以中国联通为例[J]. 中国档案, 2014(11): 58-60.
❸ 杨茜雅, 魏薇, 王羽琦, 等. 企业数字档案馆三元规范体系构建与实践应用研究[J]. 档案学研究, 2017(6): 28-32.

其中，元数据规范是对元数据属性和取值方面的规范，定义了中国联通电子档案元数据的编号、名称、定义、约束性、数据类型、值域、缺省值、子元素和相关元素等共9个属性。❶ 元数据规范所约束的元数据一部分来自业务系统中前端业务人员的著录，与后文来自数字档案系统由档案管理人员著录的著录数据之间存在对应关系。基于这样的元数据规范，在中国联通各前端业务系统与数字档案馆系统的对接和互操作过程中，元数据的格式、属性和取值等能够保持一致。著录规范是对描述电子档案内容和形式的著录项属性的规范，其专门针对在数字档案馆系统中产生、由档案管理人员在编目等组织过程中创建的著录数据，面向档案管理，与前端业务系统中生成的元数据之间具有对应关系。通过建立馆内著录数据与业务系统元数据之间的对应关系表，中国联通电子档案的背景信息尤其是业务信息，就能够保证始终被准确描述，且贯穿整个电子文件到归档管理的全过程。归档接口规范则是对业务系统中的元数据向数字档案馆系统传输过程中的数据合规性的规范。中国联通的电子文件和电子档案数据主要以 XML 文件格式进行数据封装，通过在线归档接口由业务系统实时传入数字档案馆系统。在传输过程中，这些元数据应符合归档接口的具体要求。基于这样的归档接口规范，电子档案著录数据在从业务系统中的元数据向数字档案馆系统中的著录数据转化的过程中，能够始终保证可追溯性和合规性。

在"三元规范模型"的统筹规范下，中国联通电子档案著录数据在业务系统、数字档案馆系统以及从业务系统传输至数字档案馆系统的三种环境下，具有了系统衔接性、来源可溯性、合规可验性与内容关联性，为之后构建电子档案语义模型和强化语义著录，奠定了重要的面向业务融合的档案著录数据基础。

4.5.1.2 基于档案关联的企业知识图谱

虽然在"三元规范模型"的指导下，中国联通电子档案与业务融合程度能够通过元数据的跨系统协同得到提升，但是，由于中国联通数字档案馆系统仍然面临着这些按规则生成的著录数据机器不可理解、不可操作的问题，也因此影响了对电子档案的内容挖掘和知识服务。而机器不可理解、不可操作的问题主要存在三个方面：一是大部分的著录数据是通过手工著录和标引创建的，工作效率较低，而机器自动标引所得数据精确度又无法保证；二是现有的"三元规范模型"虽然强调了业务系统中元数据与数字档案馆系统中著录数据的对应关系，但是没有关注这些数据在含义上的关系，没有从电子档案内容、背景和结构的语义层面来开展著录；三是由于没有将档案著录数据的含义形式化表达，因此无法支持 SPARQL 等语义查询工

---

❶ 杨茜雅，魏薇，王羽琦，等. 企业数字档案馆三元规范体系构建与实践应用研究 [J]. 档案学研究，2017（6）：28 - 32.

具来对电子档案的著录数据开展语义检索等应用。❶ 面对这样的问题，中国联通希望通过搭建电子档案知识库和知识图谱的方式来实现对电子档案数据层面的挖掘与智能关联搜索，以为有关企业的业务决策提供支持。

中国联通电子档案知识库，是中国联通"两库两平台"基础设施建设框架中的一部分。其中，档案信息资源库是知识库的底层数据存储库，旨在按照一定的资源组织规范将采集和接收的档案数据存储到云平台中。知识库是在本体化知识模型的基础上，充分挖掘档案信息资源库中档案数据的语义信息，并以统一的格式描述并存储，以支持面向业务的知识共享、重用和互操作。档案数据挖掘服务平台是知识库提供语义检索和推理服务的一个重要窗口，基于本体的语义分析技术能够通过该平台解决档案数据的语义发现和挖掘问题。档案多维展示平台则是将知识库中的数据挖掘结果可视化应用的重要窗口。通过"两库两平台"的设计，以知识库中电子档案数据的语义组织为核心支撑的中国联通电子档案知识服务系统得以建立起来，功能覆盖了电子档案数据和著录数据的长期保存、电子档案语义组织、语义应用以及面向业务（主题）目标的电子档案知识服务等多个方面。

中国联通电子档案知识图谱，是电子档案知识库中对电子档案数据语义组织的主要成果，也是电子档案数据挖掘和可视化的主要依据。中国联通电子档案知识图谱是一种主题类聚图谱，主要用于分析概念、对象以及属性之间的因果关系。中国联通电子档案知识库在本质上是一种语义本体知识库，而本体之间的映射与融合会形成知识图谱。中国联通电子档案知识图谱的构建步骤主要包括：①构建分词库，将非结构化或半结构化的电子档案文本数据切分成字或词的集合，实现电子档案文本数据的结构化。这一过程中国联通主要采用基于统计的关键词算法。②形成和描述知识单元，对电子档案的著录数据和分词库数据进行整合与聚类以形成知识单元，采用 K（知识项）= F（事实）+ R（规则）+ C（概念）的模式对知识单元进行描述。③手工构建本体，为知识单元添加层次、包含、矛盾、对立、继存、组织等关系。④对本体一致性进行检验，确保档案知识单元与某一档案文献中所含知识具有一致性。⑤将本体发布为关联数据，并进行数据集之间的语义关联，实现本体映射与融合，形成面向企业业务支持的知识图谱。❷

经过上述 5 个步骤，中国联通以一种业务（主题）聚类图谱的形式将电子文件可视化，为企业用户提供电子档案与企业业务关联查询的知识服务。企业用户可以点击该知识图谱中的任意一个节点，而该节点又可以以单独视窗的形式为企业用户提供更细节的知识关联，最终企业用户可以获得一个浏览这些聚类层次过程中形成

---

❶ 杨茜雅. 中国联通电子档案数据挖掘与智能利用的研究［J］. 档案学研究，2018（6）：107-111.
❷ 杨茜雅. 中国联通电子档案知识图谱的可视化分析［J］. 中国档案，2018（4）：38-39.

的层次树,以帮助企业用户分析整个知识获取过程,为有关决策提供过程支持。

4.5.2 基于本体的芬兰的国家级语义集体记忆

构建并阐释集体文化记忆是包括综合档案馆在内的文化记忆机构的共同使命,这也对综合档案馆内的档案组织提出新的要求:如何遵循档案的"记忆"价值取向,为社会公众提供富含精神、情绪、记忆、历史、文化等多维度内涵的档案知识服务?芬兰的国家文化记忆平台 CultureSampo 就是一个基于语义网的芬兰国家级数字文化遗产集体记忆系统,能够为数字记忆模式下的档案资源语义组织提供有关语义技术应用和语义组织路径的最佳实践案例参考。

4.5.2.1 CultureSampo 的异质内容整合

CultureSampo 是芬兰的国家级语义集体记忆示范系统,于 2008 年 9 月正式上线。CultureSampo 集中呈现了 19 世纪芬兰文化的"黄金时代",这一时代芬兰形成了具有独特文化和历史背景的民族观念和民族精神,从根本上影响了芬兰的发展。由于受到战争的影响,芬兰很多国家文化遗产四处分散,CultureSampo 希望能够借助语义网提供的不存储原始文化遗产但整合数字文化内容的新方案,实现对这些分散、分布存储的国家集体记忆的整合。集体记忆的对象复杂且多样,芬兰的集体文化记忆也是如此。CultureSampo 将对这些复杂的记忆对象及文化资源的描述称为异质内容,指代描述任何一种文化对象的元数据,这些文化对象可能包括手工艺品、照片、绘画、视频、民俗、文化遗址、文化过程记录、传记、史料等。之所以将这些文化对象的元数据称为异质内容,是因为元数据模式不尽相同,对文化对象的描述也是在不同颗粒度上开展的。CultureSampo 的核心任务就是整合这些异质内容。[1]

芬兰最早开展异质内容语义整合的是在线数字博物馆平台 MuseumFinland。该平台通过对 7 种本体的映射集成,实现了异质博物馆藏内容的语义和语法集成,支持芬兰不同博物馆数字资源的系统互操作,并面向全国提供基于语义的智能化检索和可视化浏览服务。[2] 但是 MuseumFinland 中实现的异质内容的语义整合高度领域依赖的,即 7 个本体都是手工艺品领域的形式化概念模型,这就使得芬兰各个博物馆藏中的绘画等其他艺术形式作品无法得到相应的著录,而只能被归类为手工艺品。鉴于 CultureSampo 所要集成的数据对象的复杂性,CultureSampo 在 MuseumFinland 的

---

[1] HYVÖNEN E, RUOTSALO T, HÄGGSTRÖM T, et al. CultureSampo – finnish culture on the semantic web: the vision and first results [J]. New Developments in Artificial Intelligence and the Semantic Web, 2006: 25 – 36.

[2] HYVÖNEN E, MÄKELÄ E, SALMINEN M, et al. MuseumFinland—finnish museums on the semantic web [J]. Journal of Web Semantics, 2005 (3): 224 – 241.

经验基础上，着重对跨领域异质内容语义集成的探索。总体上，CultureSampo 集成了 MuseumFinland 的项目要旨：为独立机构的数字内容发布提供一个共享系统，为各机构分布存储的异质内容提供一个语义集成门户，利用该门户为终端用户提供智能化知识服务。

4.5.2.2 CultureSampo 的同构语义门户

CutureSampo 的异质内容语义集成战略主要依靠不同领域的多个本体的映射以及多个元数据模型的集成。将跨域异质内容整合到语义同构门户中，是 CultureSampo 的核心目标。为了实现这个目标，CultureSampo 主要利用描述"事件"（events）和"叙事过程"的语义模型来为芬兰的集体记忆和文化现象进行建模并最终实现可视化等语义应用。CutureSampo 认为跨域语义门户网站的建立应该基于三大支柱：首先，要建设跨域异质内容整合的基础设施，基于国际共识和本地协作建设包括本体、元数据标准和其他语义模型等；其次，要基于语义模型开展语义著录工作，并使著录数据与语义模型准确对应，从而使分布存储的异质内容能够以低成本高效的方式获得准确的语义注释；最后，语义同构的数字内容能够提供给各类应用程序和人类用户，支持语义检索、可视化等技术。基于这三大支柱的 CultureSampo，成了芬兰的国家级数字记忆在线系统，由芬兰的国家级本体基础架构、著录数据创建流程和在线门户网站三部分组成。

其中，FinnONTO 是芬兰的国家级本体基础设施建设项目，也是 CultureSampo 语义建模主要依据和参引的本体基础。FinnONTO 中大部分本体是通过将该国普遍使用的词表半自动化转化为轻量级本体开发而来。其中，原有词表中的语义关系被表达为概念（类）之间的等级关系，形成一个具有层次机构的概念模型。通过不同领域专家之间的协作，这些跨领域本体之间建立映射，最终形成一个全国性的大型本体——KOKO。KOKO 包含一个顶层本体 YSO（定义了 20600 个概念）、一个博物馆领域本体 MAO（定义了 6800 个概念）、一个农业林业领域本体 AFO（定义了 5500 个概念）、一个应用艺术领域本体 TAO（定义了 2600 个概念）和一个摄影本体 VALO（定义了 1900 个概念）。这些本体为 CultureSampo 对文化遗产数字内容的描述提供了基本的概念及其关系框架。此外，CultureSampo 还利用了芬兰地理信息注册表（包含 80 万个芬兰地理信息）、1865～2007 年芬兰县域时空本体、人物和机构本体以及其他一些国际本体，例如艺术家联合名录（ULAN）等，来定义和解释有关位置、时间、人物和机构的概念及其关系。在这些基础本体之上，CultureSampo 特别强调了对"事件"和"叙事过程"的语义建模，用于对各种集体记忆事件和文化现象过程的描述。而 KOKO 本体因为在设计过程中将"事件"和"过程"从其他概念中独立单列出来，所以能够为 CultureSampo 有关"事件"和"叙事过程"

的本体建模提供支持。基于以上这些本体基础，CultureSampo 构建起自己的语义概念模型，能够支持该系统中 67 种不同类型数字内容的著录。

CultureSampo 中共界定了 67 种不同类型的记忆要素或文化对象，来自 22 个博物馆、档案馆和图书馆的馆藏，包括手工艺品、绘画、素描、雕塑、抽象艺术、小说、漫画、网页、民间故事（3 种）、民俗音乐（5 种）、照片、航拍、人物、组织、传记、历史事件、技能、视频、建筑和考古遗址等，这些记忆要素或文化对象，也是 FinONTO 中最主要的概念（类）。由于不同机构采用的编目系统和著录方法不同，CultureSampo 一共使用了 18 种不同的元数据模型共 204 个属性来开展对它们的著录工作，此外，还附加了 253 个来自参引本体的属性的著录。所有的著录数据最终聚合到与 CultureSampo 门户同步建成的知识库中。截至 2009 年，该知识库共存储有 270 万个三元组，用于描述 13.4 万个记忆要素或文化对象以及 28.5 万个其他相关文化资源（如人物、位置、机构、时间等），同时知识库又根据本体推理创建出 8700 万余条三元组作为新知识补充入库。所有知识库中的数据都以 RDF 和 OWL 文档表示和存储，支持 SPARQL 语义检索功能。所有基于语义模型创建的知识库中的著录数据及其推理结果，都将通过 CultureSampo 门户网站为人类用户或机器（应用程序）用户提供知识获取或交互服务。

4.6 数据资产视角下档案组织变革的保障

4.6.1 战略前置

数据资产视角下，档案组织不应仅是"事后"组织，更应是"事前组织"，应将档案组织纳入数据资产管理战略的总体规划中，从数据产生时即按照归档后的组织要求管理数据的语义及其关系。战略前置是由档案组织的新定位与新目标决定的。在数据时代中，档案组织的目标不再是简单的实体或信息整序，而是为用户提供针对性的、领域化的、智能化的知识服务。这既包括为前端业务用户提供决策支持类的知识服务，也包括为后端社会化用户提供信息共享类的知识服务。因此，新时期的档案组织应该成为沟通前端与后端的重要桥梁，贯通档案知识服务的需求通道。这就要求必须把面向知识的档案组织纳入数据资产管理的总体战略，从数据生成端就有意识地识别档案知识服务需求，针对性地转化为档案组织方案，并对数据生成时的状态与质量提出要求，从而为档案组织与服务奠定良好基础。

4.6.2 标准先行

面向知识服务的档案组织与传统档案组织将发生根本性的变革，这种变革一方面体现在档案组织的颗粒将突破性地细化至数据级,另一方面体现在档案组织的方法视角将集中在语义层。这意味着传统档案组织围绕文件级、语用层的标准和规则,无法继续适用于新的档案语义组织模式。档案语义组织需要在语义的建模与设计、语义的识别与获取、语义的表达与发布、语义的关联与应用等方面,创新性地建立起新的规则与标准,以标准带动方案,逐步推动档案组织从顶层设计、著录标注、形式化表达到关联发展的各个方面的有序变革。

4.6.3 流程控制

在数据资产管理的整体框架下,档案组织将与数据资产组织同步,面向共同的知识服务目标,共同构建富含语义和关系的数据网络。在这一过程中,档案组织的流程需要与数据资产管理的总体流程相协调。档案组织者需要参与数据资产管理流程的设计与优化中,在数据生成端争取数据模型与档案语义模型的融合,在数据归档端争取业务数据规则与档案著录规则的融合,在数据服务端争取档案关联模式与用户利用模式的融合,从而确保从数据到档案的组织流程平滑顺畅。档案组织本身的流程也需严谨过渡,从语义建模到语义著录,语义标注到语义描述再到语义表达和语义关联,每个上级环节的流程结果都将直接影响下级环节的工作内容。总体来讲,在数据资产管理视角下,档案组织的流程应实现外部融合、内部完整。

4.6.4 人才推动

数据时代的档案组织者将承担重要的数据资产保值增值使命,作为重要的知识生产者、传播者和服务者,依托档案资源为知识社会赋能。拥有新的职业角色的档案组织人才,也应拥有新的职业技能。面向知识服务的档案组织,需要在管理与技术上齐头并进,从事档案组织的人才也应具备管理与技术双面能力。档案组织要培养一批既了解档案作为数据资产组织成分的特殊属性,又能够基于这些特性有效应用语义技术等先进技术的人才;这些人既掌握档案组织的长期传统与管理机制,又能够基于先进技术原理有效突破管理传统的瓶颈。更重要的是,为更好地向用户提供档案知识服务,档案组织者还应努力向领域知识专家靠近,能够科学、准确地建立起领域知识模型,并以此为根基开展丰富的档案语义组织工作。

第 5 章 档案业务变革（三）
——数字档案长期保存的挑战与方法体系构建

数字档案馆基本使命是实现档案信息资源的长期保存。根据国际标准 OAIS 参考模型，长期保存是指在足够长的时期内，以一种正确的和可以被独立理解的形式维护信息的行为。数字档案长期保存是指在相当长的时间范围内采用科学合理的技术、方法、工具对数字档案进行持续不断的管理与维护，以延长数字档案的保存寿命，以最低成本保障数字档案长期的真实性、完整性、安全性、可用性的活动。长期保存是一个注重体系性、策略性、历时性的活动，需要应对技术过时、管理失当、工具缺失等诸多风险，数字档案长期保存方法体系的构建是抵御这些风险的关键因素。随着档案数字资源数量和形态的变化，软硬件环境的变迁，数字档案长期保存方法体系的具体内容也处于动态完善的过程中。

5.1 数字档案资源长期保存面临的挑战

5.1.1 海量信息保存成本高

随着新一代信息技术的发展，数字档案资源以前所未有的增长速度和规模被源源不断地产生和留存。如何在有效地保存和管理这些海量数据的同时，控制系统持续建设的成本，而且保证系统响应速度，是摆放在数字档案馆建设的实际工作者面前的首要问题。根据 IDC 预测，全球数据量在过去 10 年的年均复合增长率接近

50%,到2023年中国的数据量将达到40ZB,其中超过80%是非结构化数据。❶ 有学者指出,互联网上的数据每年将上升50%,每两年翻一倍,数据增长的速度比人类整个历史上的任何时候都快。❷ 随着数字档案馆业务的发展,需要不断增加存储资源以应对数据量的激增,数字档案资源长期保存的成本将会越来越大,亟需降本增效。

5.1.2 新型复杂数据难理解

新型复杂数据是指那些结构化程度高、软硬件系统程度高、媒体类型多态、数据之间关系负责的数字对象,例如数据库文件、3D数据、社交媒体数据等。这些对象的还原、呈现和理解都需要特定的系统环境,而系统环境本身在不断更新换代之中,长期保存之后的还原、呈现和理解挑战巨大。这些"数据态"档案保存的核心是要维系离散数据语义、规则所表达的原始业务。由于将其固化为一个非结构化文件可能存在信息损耗巨大或者技术上难以实现等问题,因此需要采取对应的语义综合的手段,提供解释、解码、整合、呈现等语义能力,例如数据库中的视图工具、复杂模型保存中的数据交换标准等。但这些工具本身需要较高的使用水平才能实现语义理解,例如,视图的构成需要考虑完整体现背景,需要密切结合背景因素在数据库中的分布,需要考虑各类完整性约束。复杂模型中的数据交换标准本身的制定就是一个较为漫长的过程,专业性强、周期长、版本演进复杂,即使是已经成为国际标准的产品模型数据交互规范(STEP)标准,其中有些部分仍在形成、发展之中。❸

5.1.3 信息技术推陈出新快

数字档案长期保存所面临的根本性的挑战大约就是需要逾越随时间的变迁而产生的技术障碍。由于长期保存的数字资源在保存生命周期内严重依赖的外部环境,例如存储介质、保存格式、服务器、操作系统、软件平台等,都发生着快速变化,如何保证不稳定数字资源的可靠性、可用性以及数字资源的完整性,确保各种数字资源能随时提取利用,以便为今后数字信息服务提供保障,是长期保存当前亟待解决的问题。❹

除了一般的数字资源长期保存所面临挑战,数字档案长期保存还存在特定的

---

❶ 佚名. 2023年中国的数据量将达到40ZB［EB/OL］.（2021-03-29）［2022-02-12］. https://www.chyxx.com/data/202103/941918.html.
❷ 何冰,霍良安,顾俊杰. 数据可视化应用与实践［M］. 北京:企业管理出版社,2015.
❸ 钱毅. 数据态环境中数字档案对象保存问题与策略分析［J］. 档案学通讯,2019（4）:40-47.
❹ 董晓莉. SIRF与长期保存数字对象的不变性研究［J］. 图书馆杂志,2017（3）:69-76.

困难。一般的数字资源长期保存主要考虑的是可存取（如可呈现、可理解、可访问等）问题，而数字档案长期保存还需要考虑其在长期可用下的真实性问题，其与业务活动之间的关联需要被长期维护，以确保档案的原始记录性。以数字签名类文件（包括数字签名、时间戳、数字签章等）的长期保存为例，其主要难点包括：文件本身在长期保存过程中的合理变化可能导致签名失效，验证签名的证书失效，验证签名需要合适的软件环境支持等。除了保存原签名外，国际档案界还提出了定期更新签名、保存签名元数据等各有利弊的方案。即使在研究较多的区块链技术领域，也不能较好解决数字档案可靠性问题和数字档案独立性问题，而且会耗费一定的 IT 资源，同样面临自身技术特性带来的安全风险、发展风险、生态风险和使用风险。❶

5.1.4　存储介质选择难

载体管理是长期保存工作的基础性工作之一，随着蓝光光盘、固态硬盘（SSD）、线性磁带机（LTO）、线性磁带文件系统（LTFS）、数字胶片等各种大容量、长寿命的存储介质的出现，可供数字档案资源长期保存载体的选择项也越来越多。存储介质的选择并非单项选择题，主要表现在两个方面：一是出于在线、近线、离线，以及本地和异地不同的存储需求，需要搭配不同的存储介质；二是存储介质只是保证数字档案长期可用的一个因素，还需要考虑支持存储介质读取的软硬件条件，即存储生态系统的可持续性，不要造成多年之后存储介质本身质量可靠，但无法具备阅读条件的情况。

5.1.5　技术策略应用难

经过国际数字保存领域多年理论和实践的探索，本章第 5.3 节所述的迁移、仿真、标准化、封装、数据恢复和数据更新、元数据封装等数字资源长期保存的策略基本格局已经初步确定，其优劣特性也有一定的呈现。由于技术策略的选择对数字资源长期保存将起着长期和不可逆转的作用，因此在实践中必须综合考虑。与此同时，每一种方法的实施都需要一系列配套的管理和技术措施的保障，由于标准规范中欠缺实施指南，因此用举步维艰来形容实践进展也不为过。

5.1.6　网络安全问题突出

网络在给信息存取提供极大方便的同时，也带来了严峻的安全隐患。计算机病

---

❶ 刘越男，吴云鹏. 基于区块链的数字档案长期保存：既有探索及未来发展［J］. 档案学通讯，2018（6）：44-53.

毒的传播、黑客入侵、恶意攻击，都对脆弱的数字资源的完整性、真实性、保密性和可用性构成极大威胁。除了技术风险，人为操作失误以及各种自然灾害等都可能对数字信息资源造成无法挽回的损失。因此，网络安全问题加剧了数字档案资源长期保存的压力。

5.1.7 数字档案长期保存责任链复杂

从资源形成者、数据管理共生者到数字档案馆、资源利用者，数字档案资源生命周期长，经历管理环节多，涉及的管理主体复杂。《世界档案宣言》明确指出：档案的管理需从其形成时开始，以维护其价值和意义。长期保存从形成开始，日益成为数字保存领域的共识。然而，这个共识的实施是一个涉及多方的系统工程，档案形成者和保存者对文件质量要求的侧重点不同，甚至在灵活性和稳定性上存在一定冲突。"谁来保存、保存什么、如何保存"等问题都需要相应的政策支持，同时也需要国家、行业、部门和个人来执行。

综上所述，数字档案馆中的数字档案资源长期保存所面临的挑战与其他数字信息资源长期保存面临的挑战相似，不同之处主要有三个方面：第一，因为数字档案是数字化的凭证信息，所以在一般的长期可读可用的要求之外，应重点关注其长期真实性，而真实性保障技术存在过时的风险；第二，除非例外，数字档案馆中大量档案需要永久保存，因其时间的无限延展，长期保存的风险将会在其生命周期中累积，对数字档案长期保存措施的可持续性有严格的要求；第三，数字档案在机构和个人的业务活动中产生，长期保存的责任链向前延展至档案资源形成者，前端控制的压力巨大，而这在其他类型数字保存研究和实践中鲜有涉及。❶

5.2 数字档案长期保存方法体系的构建

5.2.1 数字档案馆长期保存方法体系的作用

数字档案馆长期保存方法体系，是为了实现数字档案信息长期保存目标而采用的各种管理和技术方法、手段和工具的集合体。数字档案信息的长期保存是一个复杂的系统工程。构建数字档案长期保存方法体系是数字档案馆建设的重要任务，可以在风险应对、记忆与凭证留存、满足长期保存的高要求等方面发挥综合作用。

---

❶ 刘越男，刘语叶，李雪君，等. 电子文件的长期保存：多维互动的领域——第四届中国电子文件管理论坛综述 [J]. 档案学研究，2014（4）：56-60.

5.2.1.1 能够综合立体地应对各类风险因素

数字档案长期保存面临的风险因素复杂多样，只有建立完整的方法体系才能有效地遏制风险的产生和发展。

根据冯惠玲等学者开展的电子文件风险管理相关课题研究结果发现❶，电子文件管理面临诸多风险要素，主要包括社会环境风险、自然环境风险、机构内部风险等。如图5-2-1所示，可以将风险因素划分为机构内部因素、社会环境因素、自然环境因素、技术因素四大类。具体而言，机构内部因素涉及文件管理业务、文件管理制度、组织、人员、资金等方面；自然环境因素包括保管场所、天灾（地震、水灾等）、人祸（战争等）等；社会环境因素包括主管部门、规范体系、客户、同行、支持部门等；技术因素包括信息基础设施、系统设计、软硬件迭代、格式更新、数据洪流等。对于数字档案的长期保存，尤其需要关注技术风险因素，数字时代随时随地都在产生大量的数据，如何识别其中具有保存价值的档案信息并消除危险因素，保证其长期可读、可用、可理解成为重中之重。不少风险在早期并不显现，而一旦损失发生，波及面广，其后果又难以弥补。因此，为了防范引起或促使风险发生、扩大的条件，需要构建健全的数字档案馆长期保存方法体系。

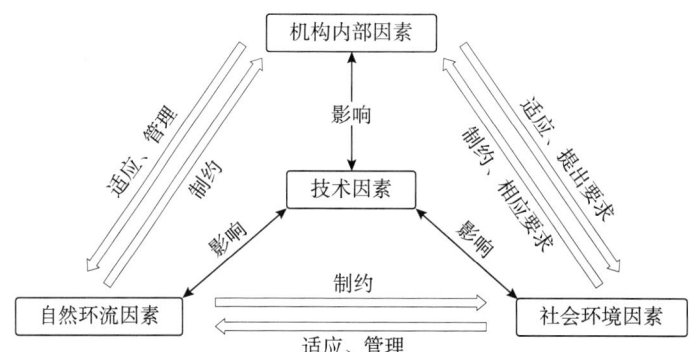

图5-2-1 数字档案馆长期保存风险因素之间关系

5.2.1.2 有助于长期完整地留存社会记忆和活动凭证

数字档案信息直接产生于人类的各种社会实践活动中，作为社会的宝贵记忆和国家的核心信息资源，数字档案信息必须被长期保存。但我国数字档案信息长期保存状况不够理想，主要表现为：相当一部分有价值的数字档案信息没有得到留存，而留存的信息中也有相当一部分不能读取或没有真实性、完整性保证。数字档案信息的"失存、失用、失效"已经严重削弱信息资源的国家控制力❷，关系到国家和

---

❶ 冯惠玲，等. 电子文件风险管理［M］. 北京：中国人民大学出版社，2008.
❷ 谢永宪. 中国数字档案信息长期保存的策略体系研究［M］. 北京：研究出版社，2019.

社会记忆的留存。

从机构层面看，我国各级档案馆的数字档案长期保存情况不容乐观，主要表现为：①资金投入不足，纸质档案数字化工作有待推进；②长期保存专用标准、指南体系不完善，标准、指南使用率低；③长期保存系统研发比例低，专门技术应用不足；④数字档案信息备份工作受重视程度高，但长期保存缺乏整体规划；⑤长期保存合作主动性差、范围小、内容少等。❶因此，构建数字档案馆长期保存方法体系有助于弥补社会和组织在政策、管理上的漏洞，有助于建立保障机制实现标准管理，有效留存社会记忆和组织活动凭证。

5.2.1.3 有助于满足长期保存的复杂性和严格性要求

数字档案长期保存的复杂性和严格性要求建立科学的方法体系。数字档案不是实体的、静止的、孤立的、简单的信息，而是虚拟的、动态的、联系的、复杂的信息。与纸质档案相比，数字档案长期保存的技术要求更高、难度更大，涉及领域多，覆盖技术面广，是一个复杂的系统工程。国家档案局在2010年制定的《数字档案馆建设指南》中，将长期保存技术策略概括为"包括存储格式的选择、检测、备份和迁移等技术方法的采用等"。可见，单一的方法无法全面应对数字档案长期保存，必须建立一套发展的、相互关联的、科学的方法体系，这也是构建数字档案馆长期保存方法体系的必然要求。尽管OAIS参考模型已经为数字档案长期保存提供了通用的术语概念和抽象的顶层模型，描述了一个档案系统存在的环境、功能组织、信息模型等基础结构，但只有建立覆盖宏观、中观、微观的完备的方法体系，从孤立应用走向体系化建设，才能全面应对长期保存的诸多问题和挑战，降低损失的可能性，充分发挥档案信息化建设的效率和效益。

5.2.2 数字档案馆长期保存方法体系的构建原则

数字档案馆长期保存方法体系的构建涉及多系统与多要素，各系统与要素之间相互影响、动态联系、互为依赖。为了能够基于实际情况有效地建立长期保存方法体系，应遵循科学规范性、系统层次性、整体一致性、客观真实性的构建原则。

一是科学规范性原则，是指数字档案长期保存方法体系的构建将以科学的理论为指导，按照数字时代发展的新要求和资源长期保存的新形势，反映数字档案长期保存的发展水平和现状。在方法体系构建过程中，将按照严谨规范的思路和逻辑，在充分吸收已有研究成果的基础上，借鉴国内外各行业的先进经验，改进长期保存方法体系的可靠性。

---

❶ 谢永宪，王巧玲，房小可，等. 我国国家综合档案馆数字档案信息长期保存现状调查［J］. 档案学通讯，2019（4）：58−62.

二是系统层次性原则，是指数字档案长期保存方法体系的构建将从长期保存各系统要素的整体出发，从宏观、中观、微观等维度保证方法体系层级结构的逻辑性和一致性。选取与档案信息长期保存密切相关的、数字资源长期保存单位普遍共有的要素，形成能够有效体现长期保存发展水平的多层次要素结构，反映组织内部的差异性和组织间的横向可比性，兼顾档案管理的全生命周期工作特点。

三是整体一致性原则，是指数字档案长期保存方法体系的构建在整体观念和综合观念的指导下，将孤立的操作方法变成方法体系的"组合拳"，建立一个包括人类在内的，由软件、硬件、数据及其载体构成的从各个层面规划设计的整体工程。只有从整体一致的角度出发，才能有效应对数字档案长期保存过程中面临的多变、潜在、人为或事故造成的安全威胁，保障数字档案的长期安全。

四是客观真实性原则，是指数字档案长期保存方法体系的构建将强调客观现状与主观判断相结合，通过广泛调研数字资源长期保存单位掌握行业前沿，尽量消除主观因素的干扰，通过相对独立、相对稳定的诸多要素，保障长期保存方法体系的可行性、可持续性，以期更加客观、真实地反映档案信息的长期保存现状，指导数字档案馆的长期保存工作。

5.2.3 数字档案长期保存方法体系的内容

按照长期保存方法涉及的范围，可以将数字档案长期保存方法体系分为核心方法和保障举措两个层面。其中，核心方法包括技术策略体系和技术工具体系两大板块技术，策略明确长期保存方法的基本思路，技术工具则提供具体实现的软件工具，工具离不开策略的引导，策略离不开工具的支持。保障举措侧重从责任机制、标准规范两个角度提供方法实施的支撑。数字档案长期保存方法体系如图5-2-2所示，其是一个经过有效整合而形成的有机体。

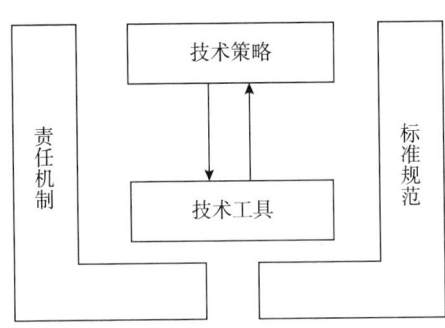

图5-2-2 数字档案长期保存方法体系

5.3 数字档案长期保存技术策略体系

5.3.1 数字档案馆长期保存策略技术体系的构成

针对在数字档案长期保存实践中出现的各类潜在问题和现实风险，国内外研究积累了大量行之有效的技术策略，它们或已经被熟练运用在各类实践项目中，成为一定之规；或尚处在开发与探索阶段，具有强大的应用潜力。根据数字档案资源长期保存技术复杂度的不同，这些保存方法可以被划分为常规策略、重点策略和辅助策略三大类。❶ 这三大类策略可以在不同的数字保存场景之下结合使用，实现在技术更迭中保有数字档案的原始性与真实性。

常规策略是数字档案长期保存过程中最基础的技术方法，是在数字档案长期保存过程中采取的经常性、周期性的措施，例如更新、备份、格式转换等。重点策略是保存技术中的核心方法，是解决较长周期数字档案保存的关键技术，包括元数据封装、迁移、仿真与格式管理。辅助策略是在当使用重点方法保存数字档案存在一定困难或其他状况下需要使用的保护技术，包括技术保存、硬拷贝输出等。❷ 由于不同策略方法在技术路径与适用性上存在一定的差别，因此除了自下而上将技术方法整序为技术策略体系，还需要自上而下对于典型技术方法进行深入研究和探索。

5.3.2 常规策略

5.3.2.1 更新

更新主要是由数字档案存储载体变化引起的，需要将旧载体上的数字档案信息拷贝到新载体上。更新的目标是通过变更载体，使与原始数据极为相似的数据在新载体上复现，继续保持其可用性。从广义上看，更新可以被理解为载体迁移方式，如将以软盘为存储载体的数字档案保存在激光唱片（CD）上。事实上，在模拟环境中，人们习惯用更新方式来维护信息的长期存取，例如对缩微胶片等进行更新。

更新在数字档案保存过程中十分重要。由于载体更新速度快，存储载体很容易老化过时，读取设备也时常变化，这些都将直接导致数字档案信息无法读取，因此需要采用经常性的、周期性的更新方法，将数字信息从旧载体上复制到新载体上。电子文件保存使用的主要载体类型包括磁盘、磁带和光盘，这些类型的载体都会随

---

❶ 欧阳崇荣. 数位资讯保存策略［M］. 台北：文化图书管理咨询股份有限公司，2007：8-12.
❷ 冯惠玲，刘越男，等. 电子文件管理教程［M］. 2版. 北京：中国人民大学出版社，2017.

保存时间的持续造成性能衰减，需要定期检测和更新。一般情况下，选择质量较高且性能稳定的存储载体可以降低数据更新的频率。

更新方法是使用新载体替换旧载体的方法，只是对数字信息进行简单的介质转换，不涉及数据读取软件的更换，这也是最普遍、最简单的方法之一。更新方法存在一定的局限性。虽然其在表面可以完整地保存信息，但由于更新后的信息可读性取决于特定的读取环境与呈现信息的完整性，因此单纯更换载体并不能完全保证信息的可读性，需要与其他的技术方法结合使用。另外，更新方法在载体更换过程中存在一定的数据损耗，需要对更新过程进行详细记录并及时检测数据状况，保证数据损耗控制在可接受范围。

5.3.2.2 备份

备份是指为了防止系统故障或人为操作失误导致的数据丢失，将数字档案或数字档案管理系统的全部或部分复制或转换到存储载体或独立的系统上。备份工作的基本目标是在长远的保存规划、周密的组织及工作制度之下，依据数字档案馆自身资源状况与经济条件，选择在线、近线或离线的存储方式对数字档案备份数据进行存储和定期维护。而最终目标则是在突发事件发生时尽快进行灾难恢复，使档案数据资源在预定的恢复时间目标之内恢复到理想的恢复点，将数字档案馆损失降到最低。

备份的基本工作程序可以概括为六个环节，分别是数据组织、数据传输、数据保存、数据检测、数据维护和数据恢复。其中，数据组织环节是在线备份档案数据时，根据存储需求，依据档号等标识符构成要素在计算机存储器中构建存储结构，并规定元数据数据项的编制规则。数据检测是指对备份档案数据进行真实、完整、可用、安全的四性检测，数据检测应定期进行并及时处理检测结果，可以通过设定检测周期、检测范围和抽检比例实现自动检测以提高效率。

备份是维护数字档案安全的重要技术策略，已发展出一系列差异化的备份方法。从备份内容上，可以分为完全备份、增量备份和差分备份，在一个备份周期内对不同的数字内容进行备份，可以在平衡成本与安全性的基础上组合使用。从备份与系统的关系上，可以分为在线备份、近线备份和离线备份，方法之间有备份数据访问便利度和安全性上的不同。此外，还出现了通过扩大备份数据存储的地域和介质范围来进一步降低风险的异地异质备份。数字档案馆需要综合考虑各类备份方式的优缺点，确定合理的备份方式和备份周期，以形成明确的备份方案。

5.3.2.3 格式转换

格式是对数据底层比特流的特殊编码方式，是组织和定义数据的特定模式或结构，能够满足数字信息的存储需求。没有格式及其对应的"解码程序"，数据只是一系列没有意义的比特流。同其他技术要件一样，格式在数字档案长期保存过程中也会出现损坏或过时等影响档案信息内容正常读取的风险，所以转换为一个通用的能够得到长期维护的格式是较为经济和安全的做法。[1]

数字保存的很多阶段都涉及数字档案格式转换问题。例如，在摄入阶段，在保存档案原始格式之后需要将其转换为系统的规范格式；在档案存储阶段，需要定期检查格式的可用性保证其可持续性访问，一旦技术环境发生改变影响到格式的保存与解码，就应立即进行格式转换；在访问阶段，在档案分发信息包形成过程中需要按照系统规范和用户需求，将数字档案转换成相应的格式再交付给用户。其中，规范格式的选择、格式转换过程的记录、格式的质量评估等都是需要重点关注的问题。

在长期保存格式的选择上，应优先选用符合既有长期保存格式需求或指南的格式，例电子公文就需要参考国家档案局颁布的行业标准《版式电子文件长期保存格式需求》（DA/T 47—2009）。一方面，格式本身应具有被标准化的基础，能够被广泛使用，且读取环境获取方便。另一方面，应通盘考虑长期保存格式的环境适应性，以降低格式对特定软硬件、操作系统的依赖，有效保护电子档案的内容信息。此外，长期保存格式描述应具备"三自"的核心功能，即自描述、自包含、自校验，减少对外部技术环境的依赖。《电子文件归档与电子档案管理规范》（GB/T 18894—2016）中就规定了电子档案保存的通用格式列表，如表5-3-1所示。

表5-3-1 《电子文件归档与电子档案管理规范》规定的通用格式

文件类型	通用格式
文本、位图组成的电子公文	OFD、RTF、WPS、DOCX、JPG、TIF、PNG
二维矢量文件	SVG、SWF、WMF、EMF、EPS、DXF
三维矢量文件	STEP
数据库文件	ET、XLS、DBF、XML、OFD
照片类电子文件	JPG、TIF
录音类电子文件	WAV、MP3
录像类电子文件	MPG、MP4、FLV、AVI、MXF
公务电子邮件	EML
网页、社交媒体类电子文件	HTML

---

[1] 钱毅. 基于长期保存视角的电子档案格式管理研究[J]. 档案学通讯，2016（6）：52-57.

5.3.3 重点策略

5.3.3.1 元数据封装

封装方法是维护数字档案与元数据的可靠联系的重要手段，是在有关元数据规范的基础上进行的，其内容除了描述数字档案的基本内容属性，还有描述电子文件原始软硬件环境参数、机构保存该文件的背景信息、使用目的等其他相关信息，有的还包括数字签名等信息，以便日后解读与验证。

我国电子文件归档管理和长期保存中的元数据封装主要是以《文书类电子文件元数据方案》（DA/T 46—2009）和《基于 XML 的电子文件封装规范》（DA/T 48—2009）为指导的。《基于 XML 的电子文件封装规范》将电子文件以"件"为单位"装订"在一起，如图 5-3-1 所示。具体而言，在一个数字资源文件封装包中可以封装多个文档（如正文与附件），一个文档可以包含多个版本（如正文的正本、定稿、草稿），文档的同一版本还可以包含不同格式的计算机文件［如同一正本的 PDF 编码和标签图像文件格式（TIFF）编码］，通过格式规范的 XML 文件将有关数字资源封装在一起。

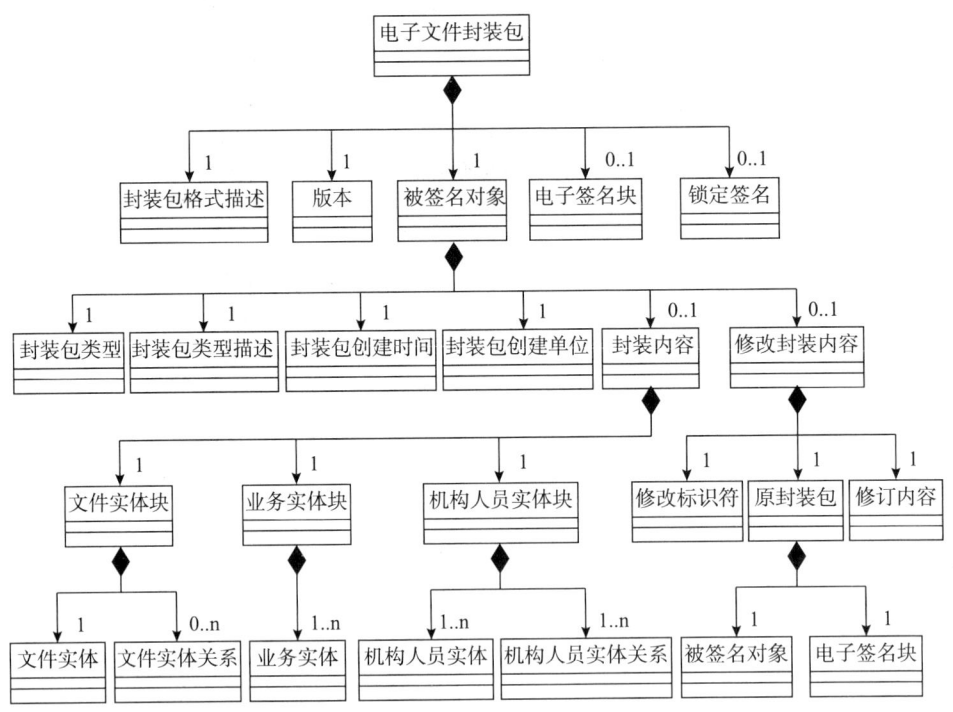

图 5-3-1 电子文件封装 UML 结构模型

《基于 XML 的电子文件封装规范》借鉴了澳大利亚维多利亚州的电子文件策略（VERS）项目的 VERS 2.0 标准。VERS 项目制定了电子文件元数据、长期保存格式、封装等系列标准,其目标是系统解决电子文件的证据性、长期保存和利用问题。该封装包结构呈"洋葱"形结构,从外向内依次封装对象(对象元数据)→文件(文件元数据)→文档(文档元数据)→编码(编码元数据),被称为VERS封装对象(VEO),如图5-3-2所示。VERS是国际上首次采用封装规范进行的项目,对世界各国制定自身的电子文件封装标准有很强的借鉴意义。❶ 随着《基于XML的电子文件封装规范》的贯彻实施,元数据封装也成为电子文件归档管理和长期保存的一种基本手段,先后在我国安徽❷、江西❸、浙江❹、长春❺等多个地区的电子文件归档管理系统和数字档案馆系统中使用。

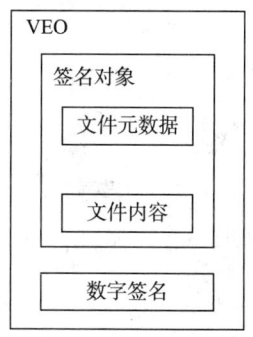

图5-3-2　VERS 2.0封装包结构

2015年,澳大利亚维多利亚州公共文件办公室(PROV)推出了VERS 3标准,在这个版本的标准中,封装对象被称为neoVEO,元数据封装及其配套要求都发生较大变化。最大的变化就是元数据封装方案从一体式变为了分体式,将neoVEO文件内容放在文件目录下,而将文件元数据放在XML文件VEOcontent.xml中,文件内容、元数据以及其他相关信息打包为ZIP压缩包。neoVEO结构如图5-3-3所示。❻ 这种改造借鉴了由美国国家数字图书馆联盟开发的元数据编码和传输标准(METS)分体式封装的做法。METS最具有优势的功能就是可以通过结构图(structural map)和文件组(file section)将复杂数字对象涉及的各类文件和元数据组织在一起。METS作为XML框架能支持多种元数据格式,可以有效支撑数字档案的互

---

❶ 黄玉明. 电子文件和相关数字资源封装案例比较[J]. 档案学研究, 2012(5): 55-58.
❷ 黄玉明, 周建武, 吴彬松. 安徽省电子文件中心设计与建设[J]. 中国档案, 2009(8): 11-13.
❸ 毛海帆. 电子档案元数据方案设计与应用初探[J]. 档案学研究, 2010(1): 74-78.
❹ 浙江省档案局信息科技处. 省档案局组织开发的电子文件封装工具试点项目通过专家验收[J]. 浙江档案, 2012(10): 4.
❺ 李学广. 基于电子文件元数据标准和封装规范系统研发和应用案例的研究[J]. 兰台内外, 2015(1): 9-10.
❻ 刘越男. 对电子文件元数据封装策略的再思考:由VERS标准的变化引起的研究[J]. 档案学研究, 2019(4): 116-123.

操作，同时应用范围广、独立性强，具有良好的应用前景。❶

图 5-3-3　neoVEO 的结构

对于数字档案长期保存而言，也许最重要的不是元数据封装，即将某些元数据与档案文件物理地封装为一个数字对象；而是元数据本身，是在数字保存的过程中持续地产生和保存元数据，通过过程元数据来维护数字档案及其管理过程的真实与完整。美国、澳大利亚、加拿大等国的国家档案馆表示不会采取任何技术措施维护电子签名的可验证性，但可能会保留电子签名的元数据。❷

5.3.3.2　迁移

迁移是依据技术环境变化将数据从原有的软硬件向目标软硬件转换的过程，迁移的内容不仅包括数字档案内容信息，而且包括来源、背景、结构等丰富元数据，从而在新的环境中维护数字档案的完整性。迁移的目标就是积极适应技术环境的更新迭代，保障数字档案的可存取性、可读性，在未来形成良好的可利用预期。对于存储介质等硬件，一般是在存储设备性价比降低、成本过高，或出现了损坏、故障的情况下，会采取迁移策略。对于长期保存系统等软件，则是在服务需求变化的情况下产生迁移动力，以提供用户更好的数字档案利用服务，满足其多样化需求。

迁移在广义上包括硬件迁移、操作系统迁移、应用系统迁移等，而更新（载体迁移）、格式转换（格式迁移）就是其中应用较为普遍、广泛的部分。OAIS 参考模型要求：①迁移前后所有数据内容保持不变；②迁移后的存储环境代替老的存储环境；③迁移前后对数据的所有控制操作保持不变。图 5-3-4 以 OAIS 参考模型中

---

❶ 程妍妍. 国际电子文件元数据封装方法 VEO 和 METS 的比较研究 [J]. 现代图书情报技术，2011（10）：7-11.

❷ 刘越男，杨建梁，张洋洋. 单轨制背景下电子签名的归档保存方案研究 [J]. 档案学通讯，2019（3）：26-35.

档案信息包（AIP）的呈现（表征）信息迁移为例，图中 DIP 表示分发信息包，介绍长期保存系统中迁移的交互过程。

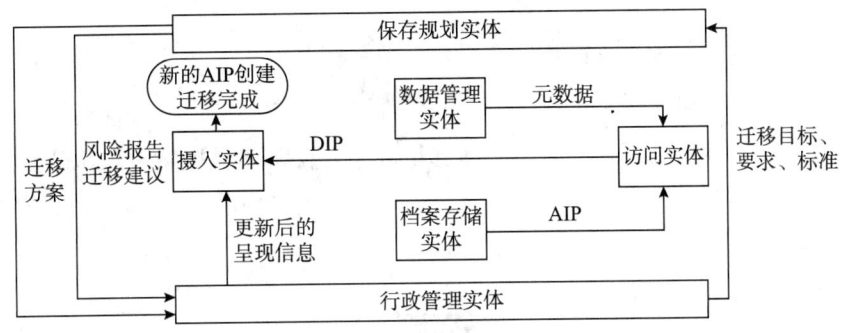

图 5-3-4　AIP 迁移交互过程

其一，保存规划实体对技术环境变化的监测结果显示，有必要对 AIP 呈现信息进行更新，保存规划实体向行政管理实体提供风险报告和迁移建议，行政管理实体评估后如果认为有必要进行迁移，应就迁移目标、要求、标准进行决策，并反馈给保存规划实体。保存规划实体就此制定详细的迁移方案交由行政管理实体执行，对 AIP 进行更新。其二，由访问实体将原本的 AIP 转换为 DIP，再与更新后的呈现信息打包成为提交信息包（SIP）交由摄入实体重新摄入，实现 AIP 迁移。

迁移作为一种针对数字档案技术环境各组成部分的有效的长期保存技术方法，其优势在于能够使用户持续活动得到良好保存和维护的数字档案信息资源，同时随着技术的进步和长期保存相关标准不断建立，迁移逐渐流程化，其自动化实现也成为可能。迁移的劣势在于每次迁移都可能造成结构、交互等信息的损失，日积月累就会导致现存数字档案信息偏移原貌，影响档案的原始记录性。为了规避这些风险，数字档案馆需要加强迁移过程记录和迁移前后的信息完整性、一致性检测，趋利避害，促进数字档案长期保存。

5.3.3.3　仿真

仿真是在新的系统环境下重建一个兼容原始数据、设备及其管理系统的运行环境，使得原来的数据、设备和系统能够在现行的软硬件系统上运行。仿真采用了与迁移不同的技术思路——数字资源长期保存的最好方法在于维护其原生的软硬件环境，数字保存的任务就是以仿真器为媒介促进过时的硬件和操作系统在当前的软硬件环境中顺利运行。因为不涉及对数字档案信息本身的操作，所以仿真不会对数据造成损失，始终维护原始数字信息功能性和外观特征。仿真技术一般可实施在仿真硬件平台、仿真操作系统和仿真应用程序三个级别上。

仿真技术核心在于仿真器的构建，仿真器本质上是一种程序，它承托着旧有呈现环境，在目标平台与当前平台之间构建起一个中间层。它是新旧技术交替形成的断点的弥合剂,起着沟通过时技术与新兴技术的作用。由于仿真器的仿真效果直接决定了数据外观特征与原始状态的一致性程度,因此要求它必须功能完善且配置无误,这是一项高难度高成本的工作。

仿真只改变浏览方式不改变数字对象的特征使其具有了突出的优势。借助仿真技术,重生的数字对象保留了原始的功能、外观、感知和知识内容,其真实性不容易被质疑、完整性得到更好的维护。仿真技术还处在研究和探索阶段,比较具有代表性的项目有美国密歇根大学和英国利兹大学合作的 CAMiLEON 项目,尚未广泛服务于数字保存实践。此外,由于仿真器构建的高技术难度使得其开发成本较高,因此仅适用于部分复杂的、高价值的数字档案资源。

5.3.3.4 格式管理

随着数字档案内容对象类型的逐渐多元化,新的格式不断出现,旧的格式逐渐淘汰,新旧格式的交替与转换深刻影响着档案信息内容的理解和读取。简单的格式转换不能解决原始格式的保存问题,同时转换过程中还可能出现结构信息损失,所以需要有针对格式保存问题的更全面、更系统的方法。格式管理是对长期保存系统内数字对象如何编码、编码的主要格式,以及格式的基本属性、其所依赖的技术环境和其他表示信息的全面记录与管理,同时构建其数字对象与格式外部标识符之间的联系,保证格式能够被识别和读取。

格式登记系统可以视为存储了所有与格式相关信息的知识库,它通过收集、存储、关联、维护大量的格式信息,检测格式生命周期与应用环境的动态变化,提供相关的应用工具,从而为电子文件长期保存的格式管理提供坚实基础。一个较为完善的格式登记系统应具备格式信息识别、多版本格式信息存储、外部格式信息导入等主要功能。

由英国国家档案馆开发的 PRONOM 技术登记系统是格式管理系统的一个重要实例。PRONOM 技术登记系统完成对数字资源格式的自动识别与验证、风险评估、技术环境监测和迁移工具选择,将数字资源格式及与之相关的软件、技术等信息一并登记,不断监控那些威胁电子档案格式可读性的细小变化。它通过支持文件格式的自动标识、文件格式的验证、自动提取文件级的元数据、存储文件格式及其技术依赖信息支持电子文件进入数字档案馆的过程;通过自动生成技术监视警报、自动生成迁移路径以支持长期保存;通过自动配置适当的软件环境支持向用户提供电子文件的过程。PRONOM 技术登记系统中存放了各种格式的内部与外部登记信息,其中内部登记信息是包含在数字对象的比特流中的特征,比特流的结构特征可以作为识别格式的签名,外部登记信息涵盖了在数字对象的比特流之外的所有格式指针,如文件扩展名、Macintosh 中的数据分支等。在摄入电子文件后,通过对内部与外部登记信息的匹配比对，可以实现对文件格式和长期保存中可能实施的格式迁移措施的管理。[1]

格式管理提供了全面的高质量的格式信息，方便数字档案馆从中挑选符合长期保存目标的格式，同时格式信息共建共享也降低了单一机构对庞杂的格式信息维护的难度和时间经济成本。但格式管理仍有格式的量化评估及格式登记系统覆盖范围有限等问题需要解决，其发展前景可能受到这些问题的制约。

5.3.4 辅助策略

5.3.4.1 技术保存

技术保存又称软硬件博物馆，是指将所有被淘汰的软硬件保存起来确保文件能够正常访问的方法。技术保存的对象是直接形成电子文件的相关计算机系统，这一技术方法只保存，不干预，仅能部分抵御市场环境对于相关软硬件设备的自然淘汰，但无法阻止其自然老化。在软硬件设备尚能维持正常功能的一段时间内，技术保存可以保存数字档案的原始状态，同时延缓对于其他保存策略的应用需求，降低成本。然而，随着时间的推移，设备老化的趋势将不可逆转，可能出现设备功能失常甚至崩溃的问题，严重损害数据完整性。因此，技术保存只适用于短期的数字档案保存，可作为迁移、仿真等方法应用前短暂过渡期内的暂时性策略。

5.3.4.2 数字缩微

数字缩微不同于"从数字到数字"或"从数字到数据"的技术思路，它属于硬拷贝输出的方法，通过将电子文件制成缩微胶片来规避数字内容技术更新快、内容容易篡改的弊端，在长期保存中从数字态退回到模拟态。

国际上普遍认可，原件如果按照特定程序制作缩微胶片，则该缩微胶片可被视为原件。因此，对于重要的电子文件而言，采用数字缩微的方法是各国档案机构普遍重视的保存方法之一。《档案法实施办法》第二十条规定："档案缩微品和其他复制形式的档案载有档案收藏单位法定代表人的签名或者印章标记的，具有与档案原件同等的效力。"

数字缩微不仅具有便于读取、传输和利用的一般数字化技术特征，而且具有影像缩微技术稳定性强、安全性好的优势，对于如古籍文献等数字化图像资源的保存尤其适用。但一般的黑白缩微技术不能展现档案的更多信息内容，例如档案中的插图或批注等，而彩色缩微技术则价格过高，难以广泛使用。同时还有许多的数字档案类型，例如音视频档案、计算机辅助设计（CAD）档案等无法进行数字缩微，所

---

[1] 刘越男，马林青. 2010—2015 年电子文件管理发展与前沿报告［M］. 北京：电子工业出版社，2016：232－254.

以其总体应用范围较为局限。

5.3.4.3 数字胶片

自20世纪80年代以来，胶片技术曾在传统载体档案的保存工作中发挥重要的作用，但由于缩微胶片只能保存数字档案的静态影像，不能保存音频、视频、数据库等形态的数字档案，也不能保存数字档案管理过程中产生的元数据、数字签名等信息，因此具有很大的局限性。数字胶片技术的出现使这一现象得以改善，其基本原理是将数字资源的二进制编码信息转换为高密度二维点阵图像，然后将二维点阵图像保存在感光胶片上。❶ 数字胶片支持可视图像和数字信息的混合存储结构，实现了图片、音频、视频、版式文件、数据库文件等多模态数字资源的混合保存，具有稳定性高、不易篡改、安全性好、技术依赖低、成本低、保存内容灵活等优点，已在全球多个重要文化机构的数字资源长期保存场景中得到应用。

5.4 数字档案长期保存相关技术工具体系

5.4.1 数字档案馆长期保存技术工具体系的构成

在数字档案长期保存技术方法体系之下，应开发对应的工具体系为各种技术策略的实际落地作支撑。随着实践和技术的积累，面向广泛保存要求的长期保存工具也在迅速发展，数字保存工具已经多达上百种，并且新的数字工具还在不断开发和研制中。既有免费开源的工具，也包括规模较为庞大的工具式解决方案。保存工具的设计初衷固然是提高保存效率、为实践工作提供便利，但工具数量的增长反而增加了利用的难度，面对越来越多、五花八门的工具"帮手"，普通机构的从业者往往缺乏了解、没有头绪。因此，有必要对现有的数字保存工具进行层次梳理、分门别类，使得实践工作者对数字保存技术工具有更全面、更深入的认识，从而能够更合理、更得心应手地利用此类实用资源。

根据对数字工具的基本认识和直观感受，可以大致分为两类，一类是只提供一种或少数几种功能服务的、编程结构相对简单的轻量级应用程序，可称为单体式工具；另一类则是能够提供更全面的功能、结构更加复杂、研制难度更高的系统级工具，可称为复合式工具。❷ 同样，对保存工具的层次梳理，可以从不同的保存实践

---

❶ 袁嘉新，杨安荣. 数字胶片技术及其在档案信息资源长久保存中的应用研究[M]//国家档案局. 新时代档案工作者的使命：融合与创新——2018年全国档案工作者年会论文集. 北京：中国文史出版社，2018：280-285.

❷ 郑悦. 基于实现视角的数字资源长期保存工具研究[D]. 北京：中国人民大学，2020.

视角进行观察分析，除了常见的基于 OAIS 的系统功能分类，还应考虑保存实践中必然遇到的数字资源类型的工具适用性问题以及数字保存技术策略的选择等重要角度。图 5-4-1 展示了数字保存工具按照所实现的系统功能、所适用的数字对象以及所支持的技术策略三种层次视角进行分类的概念图。

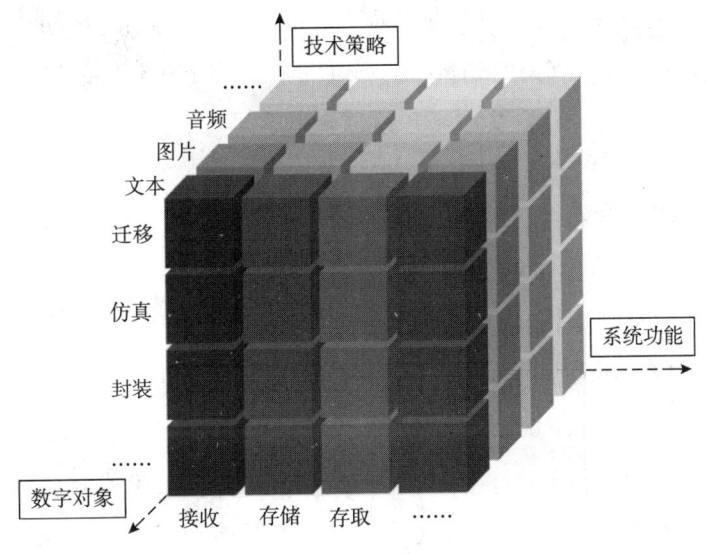

图 5-4-1　数字保存工具体系模型

不难看出，数字对象层属于静态资源视角，系统功能层则是动态的工作流视角；如果说前两者都属于横向观察的结果，那么技术策略层则属于纵深考虑。以此形成一个经纬纵横的工具层次分析模型，这与数字保存工作实际涉及的复杂情形相符。需要指出的是，图 5-4-1 中所示分析模型主要为了直观表达，并非完全准确，不是所有数字保存工具都能按照三种分类标准进行划分。

基于 OAIS 标准设计构建数字保存系统已得到业界广泛认可，因此本章将主要根据功能模块进行分类。此亦是实践过程中从业者需要优先考虑且重点解决的问题。值得一提的是，由于部分技术功能跨越了数字资源生命周期，需要在多个工作流程中使用，例如完整性检验、格式转换等技术在接收、保存、存取等多个功能实体都有涉及，因此其对应的数字工具也可能在不同的功能模块中发挥作用，故本章会在其首次出现或表现比较突出的功能模块中进行介绍。

5.4.2　接收相关工具

接收作为数字保存系统中最前端的工作流程，是一个十分重要也比较复杂的过程。相应地，相关机构团体开发了与数字资源接收过程相关的各种自动化工具，包括信息封装与传输工具、完整性校验工具、格式检测与转换工具、元数据抽取工具等，数量丰富。对用于实现接收模块功能需求的一些具有代表性的工具介绍如下。

5.4.2.1 信息包封装与处理工具

BagIt 是在美国国家数字信息基础设施和保存计划（NDIIPP）支持下，由美国国会图书馆及其合作伙伴研发的信息包验证和传输工具，其基于 BagIt 规范，可以实现对 BagIt 包的创建、处理和校验（网址为 https：//sourceforge.net/projects/loc-xferutils/）。需要 Java 8 支持的 BagIt 工具软件的最新版本 V5.2 发布于 2018 年 6 月。作为一个开放源码的 Java 类库，BagIt 通过调用不同类中的不同函数实现对包的一些操作。此后发布其 Python 版本。BagIt 规范已在数字保存领域被广泛接受，其工具被应用于多个数字资源长期保存项目之中，例如美国 NDIIPP 的 Chronopolis 项目，美国斯坦福大学的 Digital Repository 项目等。

5.4.2.2 完整性校验工具

审计控证环境（ACE）是 Chronopolis 项目开发的一套成熟的开源软件（网址为 https：//wiki.umiacs.umd.edu/adapt/index.php/Ace：Main）。Chronopolis 项目的一个关键组成部分是确保 Chronopolis 环境下管理的美国 NDIIPP 存档资源的真实性和完整性，ACE 则承担和实现了这一重要功能。ACE 本质上是一个原型系统，使用严格的加密技术来解决长期保存的完整性问题。ACE 根据所设置的保存策略对各类数字对象进行持续不断的审核，并为第三方审计人员提供检验机制以验证任何内容的完整性。

5.4.2.3 格式识别与转换工具

档案馆 XML 电子文档格式规范是由澳大利亚国家图书馆推出的免费开源格式软件（网址为 https：//sourceforge.net/projects/xena/）。Xena 主要具有两大功能，一是识别确定文件格式，二是将数据对象转换为基于标准的开放数据格式，用以长期保存数据。Xena 支持很多文件类型的转换和规范化，包括压缩文件、音频、数据库、文档、电子邮件、图形文件等，涉及 MBOX、PST、MSG、DOC、XLS、PPT、RTF、PNG、XML、PDF、JPG、TIFF、PCX、WAV、MP3 等多种格式。

5.4.2.4 元数据抽取工具

元数据抽取工具（MET）是由新西兰国家图书馆开发的软件工具，通过从数字文件中自动提取与保存相关的元数据，并以 XML 格式输出该元数据，用以保存数据（网址为 http：//meta-extractor.sourceforge.net/）。MET 支持从图片、文档、音频、视频、网页文件等不同数字对象的近 20 种文件格式中提取元数据，针对未知类型文件，也能从中抽取通用的数据信息。MET 以只读方式打开所有文件，从而可以确保原始文件的完整性。

在接收过程中，除了上述介绍的代表性工具，还有很多优秀的软件工具值得关注与利用。例如，在格式识别、元数据提取方面，有 Apache PDFBox、DROID、FITS、ExifTool、PET 等工具。

5.4.3 档案存储与数据管理相关工具

档案存储功能实体包括存储设备的管理和 AIP 的管理。但是，AIP 的管理常与数据管理模块功能结合，由综合性的数字保存仓储系统来实施统一管理。❶ 综合数字仓储的核心功能是管理 AIP、元数据及其关联关系，并提供对数据的导入、导出、查询、访问等基础服务功能。

5.4.3.1 软件存储工具

档案存储的软件技术主要支持档案数据的安全存储，包括分布式存储、备份、整合存储资源等功能，以避免由于硬件或其他故障导致的数据丢失，确保 AIP 数据的完整保存。软件存储工具常用的技术有网格技术和分布式文件存储技术，近年来，基于虚拟化架构的云存储技术越来越多地应用到数字保存实践之中。存储资源代理（SRB）及其后续项目工具集成数据系统（iRODS）是使用较为广泛的数据网格存储管理软件；分布式文件存储技术支持对物理上分散的存储资源进行统一管理，提供远高于传统存储的数据读写速度，常用的分布式文件系统有谷歌公司的 GFS、甲骨文公司的 Lustre、微软公司的 TFS 等。云存储是一种基于云计算的网络存储技术，其通过连接网络中的不同设备实现协同工作，并提供数据存储和业务访问。事实上，云存储已经发展为一种为用户提供存储和访问的服务。典型的云存储应用包括 DuraCloud、亚马逊云计算（AWS）、Google Cloud 等，其中 DuraCloud 作为美国 NDIIPP 与非营利组织 DuraSpace 合作开发的免费开源工具，在数字保存领域应用较为广泛。

5.4.3.2 数字保存仓储系统

数字保存仓储是一种数字内容管理系统，支持数字资源的管理、保存和分发，其通常跨越数字生命周期和 OAIS 的一级功能模块，执行多种不同的系统功能。数字保存仓储相比于功能简单、轻量级的保存工具，属于结构更复杂、功能更丰富的复合式系统工具。一方面，数字保存仓储为数字保存提供了一个必要的基础架构，用于协调存储体系、应用软件和工作流程；另一方面，数字保存仓储通常还需依靠一系列配套的工具组件或功能接口来实现 OAIS 提出的其他功能，例如承担数字对象及其元数据的存储和管理功能，灾难备份与恢复功能，有时还提供数字内容的摄

---

❶ 张智雄，等. 数字资源长期保存技术的研究与实践［M］. 北京：国家图书馆出版社，2015.

入、访问、保存规划等一系列的功能接口。

以开源系统 DSpace 为例，其是美国麻省理工学院（MIT）和惠普公司联合研发的数字仓储系统，具有较为完整的应用界面和功能，支持保存较多类型的数字内容，可以满足不同用户的需求，且被数千个组织机构使用（网址为 https://duraspace.org/dspace/）。

5.4.4 行政管理相关工具

行政管理在协调其他功能实体的作用时，由于需要收集、处理和分析各类信息来支持管理、决策和风险识别活动，因此随着数据量的迅猛增长和技术的快速发展，服务于数字保存工作的行政管理活动对自动化和工具引入的需求与日俱增，需要利用数字技术提供数据聚合、内容分析与决策辅助等支撑功能。于是，这一需求很快就反映在新工具的研发与利用上，例如C3PO。

C3PO 作为典型的行政管理支持工具，是一种用于数字对象内容分析的智能复杂的工具（网址为 http://github.com/peshkira/c3po）。通过利用其他工具抽取出的元数据，C3PO 可以进行大规模数据对象分析，将结果进行可视化展示，从而帮助用户获知资源集的内容特征。C3PO 由两部分组成，即命令行界面和网络交互界面，前者负责读取和处理元数据文件，后者提供可视化、筛选过滤、数据导出等功能。

5.4.5 保存规划相关工具

保存规划功能实体实现对数字保存用户需求和技术环境变化的监测和对保存风险的识别，为数字保存系统推荐最优的保存方案。在实践领域也产生了不少具有实力的保存规划工具。部分保存规划典型工具如表 5-4-1 所示。

表 5-4-1 部分保存规划典型工具

典型工具	功能说明
DRAMBORA	保存规划与组织保存能力审核：帮助管理人员评估数字仓储的数字保存能力与风险，协助有效地保存规划
PLATTER	保存活动规划：补充现有审计和认证工具的框架，使得从初期就将实现可信存储的目标结合到规划中
Plato	保存活动规划：一个决策支持工具，它实现了可靠的保存计划过程，并在面向服务的体系结构中集成了用于内容表征、保存动作和对象自动比较的服务，从而为保存规划提供较大的支持
SCAPE	保存规划和监测：通过特征剖析识别保存风险，并自动采取可扩展的保存规划处理措施，监控保存过程质量

续表

典型工具	功能说明
DMPonline	数据管理规划：提供包含很多资助机构模板的模板库，支持在线定制、添加模板和指南；提供数据管理规划制定向导和最佳实践示例
CMDP	成本核算：用于计算与数字资源保存活动相关的现在和未来的成本
HoliRisk	风险评估：可支持根据《风险管理指南》（ISO 31000）进行风险评估的框架和在线工具

工具的开发和利用实现了保存规划活动的自动化、结构化与流程化，帮助管理者将注意力更多地集中到规划决策上。以 Plato 为例，它是 PLANETS 项目开发的具有较大影响力的保存规划类工具之一。Plato 基于网络提供服务，与平台无关。利用 Plato 实施保存规划的过程包括四个阶段：定义保存规划需求、评估备选方案、分析评估结果以及制订保存计划。为了评估备选方案，Plato 集成了用于内容表征、保存动作、对象自动比较的服务。这使用户可以测试各种技术策略，并分析测试结果是否与总体保存目标一致。

5.4.6 存取相关工具

存取功能的工具化主要有两类实现方式，一类是由数字仓储系统承担存档信息的访问和传递，例如 DSpace、ArchivesSpace、EPrints、LOCKSS、Rosetta 等许多数字仓储本身都具有用户浏览和访问界面，能够为组织机构提供数字内容的存取利用；另一类则是为提供存取访问功能专门开发的应用程序或资源发现系统，例如一些专门用于存取访问的实用工具软件如表 5-4-2 所示。

表 5-4-2 部分存取访问典型工具

典型工具	功能说明
CollectiveAccess	基于 Web 的软件工具，用于对博物馆和档案馆馆藏进行分类、管理和发布（网址为 https：//collectiveaccess.org/）
Omeka	免费的开源 Web 发布平台，用于展示图书馆、档案馆以及博物馆的学术收藏和展览（网址为 https：//omeka.org/）
Simile Exhibit	可以轻松创建具有高级文本搜索和过滤功能、交互式地图、时间轴和其他可视化效果的网页（网址为 http：//www.simile-widgets.org/exhibit/）

续表

典型工具	功能说明
Voyeur	提供一个基于Web的文本分析环境,支持对不同来源的多种格式的文本进行词法分析,并可将数据导出到其他工具,以及将其他工具嵌入远程网站中(网址为http://voyeurtools.org/category/voyant-tools/tools/)
Wayfinder	可供学生和研究人员浏览和使用数字档案馆的资源(网址为http://wayfinder.webarchivist.org/)

5.5 数字档案馆长期保存机制

5.5.1 长期保存多主体建立合作机制

数字资源长期保存的复杂性要求在相关组织机构间建立长期保存合作机制。数字资源长期保存工作是某一单位、某一行业难以独自完成的任务,需要档案馆、图书馆、博物馆等信息管理、文化遗产保护机构协作攻关,也需要资源形成者、行业主管部门和技术市场各方的共同努力。

在长期保存项目中,合作机制具有较为明显的优势。一方面,有助于从整体上组织协调长期保存协作网络,形成合理的数字档案长期保存布局。在保存内容上,避免出现不必要的重复保存,同时避免因信息缺乏造成某些内容方面的遗漏;在地理分布上,避免造成提供服务的死角,形成全方位服务;在资源和技术保障上,避免长期保存责任者难以驾驭相关资源和技术,造成与数字档案对象组配的失误等。另一方面,合作机制也有利于机构能够较为全面掌握数字档案长期保存发展现状与动态,借鉴以往的相关经验和教训,减少失误。

5.5.2 长期保存多主体分工协作共担权责

合作机制需要通过数字档案长期保存多主体分工协作、共担权责来实现。为了有效实施长期保存,需要数字档案生产者、管理者、技术支持者、著作权保护者之间相互合作,如表5-5-1所示。对于数字档案生产者,应严格按照管理者提出的数字档案长期保存要求对前端业务进行必要的接口开发与升级;对于数字档案管理者,应为数字档案长期保存管理提供科学的权责支撑和指导;对于数字档案传播者,对于具有长期保存价值的数字档案,应当在协议中增加"保障信息安全"的相关条款；对于数字档案技术支持者，应为数字档案长期保存提供有力的质量保证和技术攻关；对于数字档案著作权保护者，在辅助管理者制定长期保存策略时应综合考虑档案法和著作权保护相关法律，维护知识产权。对于国家间的数字档案长期保存问题，还需要进一步加强国际层面上的交流合作。

表 5-5-1　数字档案长期保存相关责任主体简介

责任主体	举例	职责
数字档案生产者	政府机关、事业单位、科研院所、企业等	按照档案部门的基本规定进行电子文件归档，为数字档案长期保存管理奠定坚实的资源基础。数字环境下，电子文件归档强调前端控制和全程管理原则
数字档案管理者	档案馆、图书馆、博物馆等	总结数字档案长期保存经验，建立权责明确、科学合理的长期保存管理制度，明确组织机构的权责、理顺组织机构间的隶属关系，预测评估长期保存管理的潜在风险，形成预防风险的具体方案
数字档案传播者	文件中心、备份中心、出版商、网络资源供应商等	获得内容生产者及著作权所有者的许可，在传播过程中保障数字档案长期保存管理的信息安全
数字档案技术支持者	IT部门、软件开发厂商等	负责技术支持、通信联络和信息传递，为电子档案长期保存管理提供数据库及应用系统等方面的咨询、指导与帮助
数字档案著作权保护者	法律部门等	根据有关法律法规和政策，规避法律风险并明确政策导向，为长期保存管理提供坚实的法律支撑

5.5.3　长期保存多主体建立闭环管理机制

闭环管理是现代管理的应有之义。在数字档案长期保存工作中，应遵循部门联动、明确职责、密切协同的原则，建立数字档案生产者、管理者、传播者、技术支持者、著作权保护者多主体之间的闭环联动，如图 5-5-1 所示。数字时代的档案管理，除了建立起在组织内部的文档信息流转内循环，更促进了文档内容信息在各部门间流转的大循环，需要激活各部门联动的力量。数字档案长期保存多主体闭环管理的目标，就是通过若干内循环组成的大循环，把数字档案生产者、管理者、传播者、技术支持者、著作权保护者的各项工作有机地联系起来，形成战略闭环、权责闭环、质量闭环，进而使各方互相促进、螺旋上升。闭环管理机制在宏观上应着眼于面向未来的决策，控制前端、监控过程、关注结果，遵循持续改进的基本步骤，对数字档案长期保存内外部的客观变化进行有力的信息反馈并作出相应变革，从而使矛盾和问题得到及时解决。

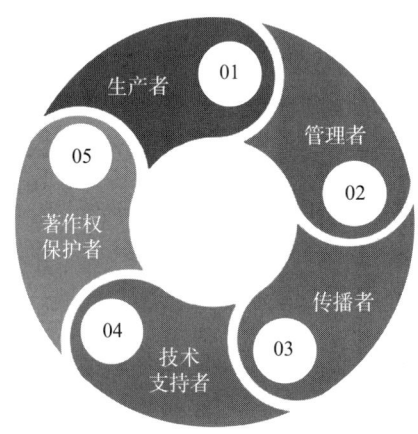

图 5-5-1　数字档案长期保存多主体闭环管理示意

在整个闭环中，数字档案生产者和管理者之间的衔接最为重要。从机器处理的角度来讲，只有规则本身描述清楚了才能被有效地可持续保留。对于以固定格式留存的档案，已经形成了版式文件的格式要求，这是一种固定显示的规则。对于新型复杂数据档案对象，也需要对其形成规则提出要求，纳入可组配、可编码、可解析、标准化、可还原、可重复等有助于规则描述和自动执行的准则，全面提升形成领域规则的可表达性，不能任由前端技术"野蛮生长"，以便于在新技术环境下践行全生命周期管理与前端控制的经典管理要求，也为其长期保存奠定可持续的理论基础。❶

5.6　数字档案长期保存标准体系

5.6.1　长期保存标准体系框架

数字档案信息资源的长期保存是一项复杂且艰巨的工程，其管理活动涵盖信息生命周期全过程，涉及诸多方面，要素众多。因此，数字档案馆长期保存需要标准

---

❶ 钱毅. 数据态环境中数字档案对象保存问题与策略分析 [J]. 档案学通讯，2019（4）：40-47.

支撑各个环节的建设，促进数字档案资源在复杂的业务流程及系统中的科学、规范及高效管理，保障数字档案及电子文件的长期可读、真实可信。同时，受管理对象及管理活动的影响，数字档案信息资源长期保存相关标准具有多样性与复杂性，内容十分庞杂。需要通过合理的标准体系架构体现标准制定依据及制定原则，揭示不同具体标准间的内在关联，为标准的制定提供路线图。❶ 不同的标准框架体系不会影响具体标准的制定，但会导致在制定规划、思路、范围及侧重点等方面的差异，并影响标准在支撑数字档案信息资源长期保存中的整体效果。选用科学的标准体系，对数字档案馆长期保存标准建设实践有重要的现实意义。

在国际上，数字档案长期保存标准的典型案例有 OAIS 参考模型与电子系统中文件真实性永久保障国际合作研究项目（INTERPARES）。OAIS 参考模型构建了创建者、管理者、使用者三方责任体系，明确了长期保存系统接收、档案存储、数据管理、保存规划、访问和系统管理六大功能模块，以 SIP、AIP 和 DIP 三类信息包共同描述了信息对象在系统中存储、管理和利用的过程。作为一个具有通用参考价值的系统模型，OAIS 参考模型明确了数字保存系统的职责分工，提出了系统的核心功能要求，便于保存活动的规划与执行❷，也为长期保存标准体系的建设奠定理论基础，提供一定的方向指引。但 OAIS 参考模型仅为通用理论模型，在具体的长期保存实践中，仍需具体问题具体分析，根据数字档案馆实际工作业务流程与系统架构，对长期保存标准进行规划与分析。InterPARES 则从形成者和保存者两个维度展开电子文件长期保存通用政策和策略的系列原则，涵盖了文件形成、维护、鉴定、保存、利用等各个阶段，为建立完善的电子文件长期保存标准体系提供了指导。❸

在国内，中国科学院文献情报中心在数字信息资源长期保存标准体系研究上取得一定成果。例如，郭家义在国家科技图书文献中心（NSTL）"数字化科技信息资源长期保存体系与政策机制"项目的研究提出了数字信息资源长期保存系统的标准体系；刘振在国家社会科学基金项目"数字资源长期保存技术的研究与实践"也进行了数字资源长期保存的标准体系研究，并提出了数字资源长期保存的标准体系框架。

郭家义从系统实现的角度，将数字信息资源长期保存系统的标准划分为系统层次的标准、业务逻辑层次的标准和数据层次的标准，如图 5-6-1 所示。其中系统层次的标准包括系统互操作标准、长期保存系统标准；业务层次的标准包括摄入过

---

❶ 钱毅. 电子文件管理标准体系架构研究 [J]. 档案学通讯，2009（1）：47-50.
❷ 安小米，等. 基于 ISO 15489 的文件档案管理核心标准及相关规范 [M]. 北京：中国标准出版社，2013.
❸ 马林青. InterPARES 电子文件长期保存政策框架及其启示 [J]. 档案学研究，2012（5）：59-62.

程的标准、存储过程的标准、访问过程的标准以及管理过程的标准；数据层次的标准则涵盖信息模型、文件格式标准、数据转换标准、数据编码标准、数据标识标准、元数据标准。❶

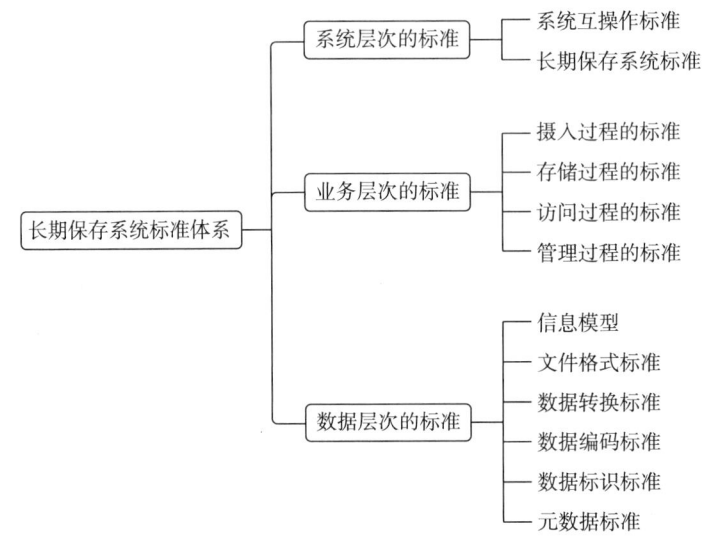

图 5-6-1 郭家义提出的长期保存系统标准体系

刘振则从横向的流程结构和纵向的层次结构两个角度考虑，提出数字资源长期保存的标准体系，并对每一个层次模块的内涵进行阐释，如图 5-6-2 所示。横向流程结构基于 OAIS 参考模型摄入、存储和访问三个主要业务流程展开。其中，摄入模块涉及文件格式注册、信息封装、安全检测、完整性校验等方面的标准；存储模块涉及存储介质、存储方式等方面的标准；访问模块涉及检索、访问控制与授权等方面的标准。纵向层次结构将标准化对象划分为基础数据、功能、管理、互操作、框架与系统五个层面。基础数据层涵盖数据字符编码、唯一持久标识符、元数据等；功能层则与横向流程结构结合度比较高，包括摄入、存储和访问；管理层主要包括信息安全、审计等，用于确保数字环境的安全可信；互操作层主要解决系统、数据资源之间相互访问、交换和互动等问题；框架与系统主要研究整体模型和构成如 OAIS 参考模型、InterPARES 保存链模型、数字图书馆参考模型等。❷

总体而言，该标准体系充分吸收 OAIS 参考模型理论，融入系统实现的观点，实现横向流程结构和纵向层次结构的有机融合，基本覆盖数字信息资源长期保存所需标准的框架，并揭示了各个层次标准间的内在联系。

---

❶ 郭家义. 数字信息资源长期保存系统的标准体系研究 [J]. 现代图书情报技术，2006 (4)：14-19.
❷ 刘振. 数字资源长期保存的标准体系研究 [J]. 情报理论与实践，2016 (7)：45-49.

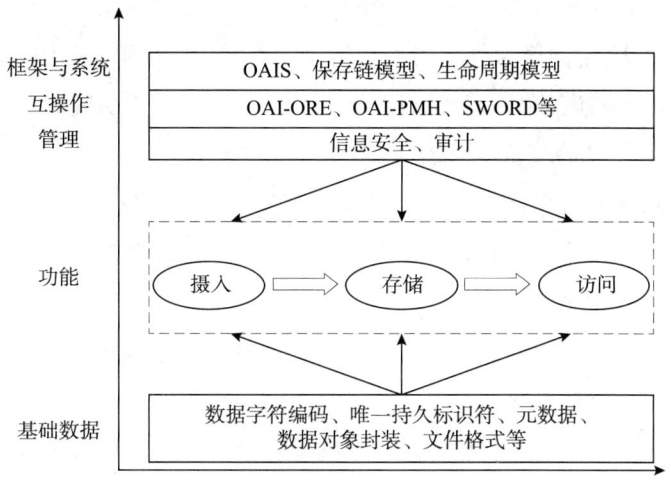

图 5-6-2 数字资源长期保存的标准体系框架❶

5.6.2 长期保存标准建设建议

在数字档案馆建设中，图 5-6-2 示出的长期保存标准体系框架更具有参考性，主要是因为该体系框架较通用的 OAIS 参考模型更为具体，所以面向系统的指向更为清晰。在层次建设上兼顾了底层技术、中层系统、高层管理，对于具体的数字档案馆系统或者数字档案馆体系都具备较强的指导作用。在长期保存标准具体建设过程中，需要关注各层次对应标准的现实需求，重点突出特定时期的实践侧重点。

5.6.2.1 高度重视"框架与系统"层次的标准，重点理解消化 OAIS 参考模型

该层标准事实上奠定了标准体系的路线与框架，具有重要的全局意义。该层次的代表性标准就是 OAIS 参考模型，前文已多处表述该标准的重要意义。在数字档案馆系统建设实践中，需要注意对 OAIS 参考模型的深入学习，在系统功能设计上要充分理解 OAIS 参考模型的功能模型，在后续的数据标准建设中要理解消化 OAIS 参考模型的信息模型，以体现该层次标准对长期保存总体的引领作用。

5.6.2.2 推进数字档案馆长期保存认证标准的本地化

认证类标准处于标准体系架构的管理层，对于具备长期保存功能的数字档案馆系统而言，需要经常性地对各类管理、组织、技术、基础设施等进行审计核查，避免数字保存中的各类风险。长期保存作为数字档案馆系统的核心功能，要在系统环境不断变迁的情况下保证档案资源是充分可信的，需要综合技术和管理手段构建相关认证策略。

---

❶ 刘振. 数字资源长期保存的标准体系研究 [J]. 情报理论与实践, 2016 (7): 45-49.

认证标准作为数字档案馆综合审计的核心，一直是数字保存领域标准建设的主要内容。早在 2003 年，美国研究图书馆协会（RLG）与美国 NARA 就成立了专门研究数字仓储认证的任务组；德国的 NESTOR 项目组发布了研究成果"可信数字仓储的标准目录"。ISO 也发布了 ISO 16363：2012，该标准代表了可信数字仓储（包括数字档案馆）认证研究方面的优秀实践。该标准主体是依托 OAIS 参考模型进行的，各国可以在此标准基础上进行必要的本地化处理，使之更适合实际情况。

5.6.2.3 夯实基础数据类标准规范

作为整个标准框架的基石，基础数据层是长期保存标准建设的重点，面对数字档案资源的特点主要是来源多元化、格式多样性、编码不一致等现实问题，数字档案馆系统需要进一步夯实元数据管理、数据对象封装及文件格式等相关标准建设工作。应该说，经过多年的信息化标准建设，我国在这些领域已经基本具备较为良好的通用标准基础，后续发展需要根据具体需求和类别等情形进一步夯实。

在元数据管理标准中，主要有：① 保存元数据：实施战略（PREMIS）；② ISO 系列元数据标准，包括：《信息与文献　文件（档案）管理过程　文件元数据　第 1 部分：原则》（ISO 23081—1：2017，其 2006 年版本被采用为国家标准 GB/T 26163.1—2010），《信息与文献　文件（档案）管理元数据　第 2 部分：概念化及实施》（ISO 23081—2：2021，已被采用为国家标准 GB/T 26163.2—2023），《信息与文献　管理文件（档案）元数据　第 3 部分：自评估方法》（ISO 23081—3：2011）；③《信息与文献　国家科技重大专项档案元数据元素集》（GB/T 42743—2023）；④《政府网站网页电子文件元数据》（GB/T 42147—2022）；⑤《文书类电子文件元数据方案》（DA/T 46—2009）；⑥《照片类电子档案元数据方案》（DA/T 54—2014）；⑦《录音录像类电子档案元数据方案》（DA/T 63—2017）等。

在数据对象封装标准中，主要有：① 元数据编码与传输标准（METS）；②《基于 XML 的电子文件封装规范》（DA/T 48—2009）等。

在文件格式标准中，主要有：①《文献管理　长期保存的电子文档文件格式　第 1 部分：PDF1.4（PDF/A-1）的使用》（ISO 19005—1：2006，被采用为国家标准 GB/T 23286.1—2009）；②《电子文件存储与交换格式 版式文档》（GB/T 33190—2016）；③《信息和文献 WARC 文件格式》（GB/T 33994—2017）；④《电子文件归档与电子档案管理规范》（GB/T 18894—2016）；⑤《版式电子文件长期保存格式需求》（DA/T 47—2009）。

5.6.2.4 重点推出存储管理相关标准

存储管理具体包括档案资源备份与存储载体管理的相关规范。这些标准牵涉数字档案馆的具体实践操作，也是在档案馆信息化建设中非常重视的基础环节。由于数字载体技术壁垒高，此类标准的制定有相当难度，不仅需要充分吸收借鉴存储专业知识，而且需要行业牵头来推进标准建设。近年来，我国密集推出了几类典型载体的技术要求和应用规范，例如《电子档案存储用可录类蓝光光盘（BD-R）技术要求和应用规范》（DA/T 74—2019）、《档案数据存储用 LTO 磁带应用规范》（DA/T 83—2019）、《档案级可录类光盘 CD-R、DVD-R、DVD+R 技术要求和应用规范》（DA/T 38—2021）。

第6章
系统建设变革
——云计算环境下的数字档案馆系统建设及风险控制

云计算的出现重塑了档案赖以生存的信息技术生态环境,使档案管理实践面临着新的机遇与挑战。云数字档案馆作为云计算环境下数字档案馆系统建设的新形式,将逐渐成为下一代数字档案馆建设和发展的新取向。[1] 本章主要聚焦云计算环境下的数字档案馆系统建设,遵循"为什么—是什么—怎么样"的基本思路,主要涉及云数字档案馆建设的动因分析、框架体系、建设模式、关键瓶颈、推进策略。需说明的是,在部分内容表述上,本章所述"数字档案馆"将以综合档案馆的数字档案馆建设为主,企业、事业单位的数字档案馆建设可参考借鉴。

6.1 云数字档案馆建设的动因分析

从外部环境来看,云计算作为驱动数字转型的信息技术,已成为数字档案馆建设的重要选择,世界各国都在积极推进基于云的档案管理新模式;从内部环境来看,数字档案馆仍处于初级阶段,区域发展差异明显,面临来自原生性电子档案海量增长的挑战,亟需借助云计算技术实现新的突破。

6.1.1 基于云的信息化建设渐成趋势

云计算在社会各领域的应用方兴未艾,业已成为政府、企业等各类组织机构开展信息化建设、实现数字转型的重要基础设施。信息系统建设呈现集约化趋势,云部署逐渐成为信息系统建设的"首选"。

---

[1] 徐华,薛四新. 云数字档案馆风险评估研究框架 [J]. 档案学研究,2016 (5):90-93.

6.1.1.1 政务领域的"云优先"

在政务领域,各国积极探索云计算在政府机构现代化运作中的应用场景,制定相关战略逐步推动政府IT架构向云端迁移。2011年,美国联邦政府首席信息官维韦克·肯德拉(Vivek Kundra)发布了美国联邦政府云计算战略❶,明确提出美国联邦政府机构实施云迁移(cloud migration)的决策框架以及促进云应用的重要举措,规定在美国联邦政府项目中云计算优先。同年,英国出台该国的政府云战略❷,启动政府云服务(G-Cloud)。2013年,澳大利亚发布该国的国家云计算战略❸,推动该国政府成为云服务使用方面的领先者。此外,加拿大、智利、巴林、阿根廷、新西兰、菲律宾等国也纷纷发布相关政策,要求政府机构在进行信息通信技术基础设施采购预算时,应优先评估使用云服务的可能。❹ 同时,为加速机构采用基于云的解决方案,提高向云端迁移的效率,美国白宫管理和预算办公室(Office of Management and Budget,OMB)于2018年实施了新的美国联邦政府云计算战略,推动从"云优先"(cloud first)到"云智能"(cloud smart)的转变。❺

我国政府也积极推动云计算战略的实施部署。2015年,《国务院关于促进云计算创新发展培育信息产业新业态的意见》提出"探索电子政务云计算发展新模式",旨在通过建设政务云计算平台实现政务信息系统的整合共享,推动政府管理和政务服务模式的转型升级;同年,《国务院关于积极推进"互联网+"行动的指导意见》强调"加大政府部门采购云计算服务的力度,探索基于云计算的政务信息化建设运营新机制"。而且《"十三五"国家政务信息化工程建设规划》《国务院办公厅关于印发政务信息系统整合共享实施方案的通知》《国务院办公厅关于印发"互联网+政务服务"技术体系建设指南的通知》《云计算发展三年行动计划(2017—2019年)》等政策文件均提出要加强政务云平台建设和应用。

6.1.1.2 企业上云步入"快车道"

在企业领域,各国企业基于成本效率、敏捷性和业务价值等方面的考虑,都在

---

❶ KUNDRA V. Federal cloud computing strategy [EB/OL]. (2011-02-08) [2021-06-30]. https://obamawhitehouse.archives.gov/sites/default/files/omb/assets/egov_docs/federal-cloud-computing-strategy.pdf.

❷ The Cabinet Office. Government cloud strategy [EB/OL]. [2021-06-30]. https://assets.publishing.service.gov.uk/government/uploads/system/uploads/attachment_data/file/266214/government-cloud-strategy_0.pdf.

❸ Department of Broadband, Communications and the Digital Economy. The national cloud computing strategy [EB/OL]. [2021-06-30]. https://www.wto.org/english/tratop_e/serv_e/wkshop_june13_e/national_cloud_comp_e.pdf.

❹ 中国信息通信研究院. 云计算发展白皮书(2019年) [EB/OL]. [2021-06-30]. http://www.caict.ac.cn/kxyj/qwfb/bps/201907/P020190702307633995649.pdf.

❺ Federal Cloud Computing Strategy. From cloud first to cloud smart [EB/OL]. [2021-06-30]. https://cloud.cio.gov/strategy/.

积极探索企业上云的路径与方法。根据 Flexera 对与全球云计算相关的 750 位决策者和用户的调查，几乎所有的企业都至少在使用一个云，99%的受访者使用至少一个公有云或私有云。❶ 根据国际数据公司对于 AWS 的未来企业工作负载的一个预测，到 2025 年，传统架构的应用与分布式架构的应用比例是 8∶2。❷ 而美国作为云计算应用的领先国家，有不少中小企业已使用各类云计算应用，推动中小企业上云是近年来欧美等发达国家和地区引导中小企业信息化发展的工作重点。❸

我国在企业上云领域也逐渐步入"快车道"。2015 年的《国务院关于促进云计算创新发展培育信息产业新业态的意见》提出"引导国有企业运用云计算技术提升经营管理水平，推广应用安全可靠的云计算产品和解决方案"。2017 年，《国务院关于深化"互联网+先进制造业"发展工业互联网的指导意见》提出"百万家企业上云"的目标，"推动地方通过财税支持、政府购买服务等方式鼓励中小企业业务系统向云端迁移"。2018 年，为贯彻落实国务院关于发展工业互联网的意见，工业和信息化部出台《工业互联网平台建设及推广指南》和《工业互联网平台评价方法》，将"推动企业业务系统上云"作为推广工业互联网平台的重要任务，并于同年出台《推动企业上云实施指南（2018—2020 年）》，从国家层面明确了企业上云的总体要求、部署模式、服务类型选择、上云路径与方式等内容。根据《中国企业上云指数（2018）》的数据，截至 2018 年，我国 43.9% 的企业使用了云服务，较 2017 年增长 8.9%；上云企业的上云指数为 36.2，较 2017 年增长 7.3%。❹

云计算在推进数字转型、实现数据共享共治、降低信息化投入成本、提高业务效能方面已取得一定成效，正逐渐成为数字政府和数字经济的关键基础设施，在信息系统集约化建设过程中发挥着重要作用。基于云的信息化已经成为一种发展趋势，各级各类档案馆在云时代的数字转型洪流中，要考虑优先使用云服务的可能，包括已建数字档案馆系统是否迁移上云、新建数字档案馆系统是否要基于云进行部署实施，使建设云数字档案馆成为档案信息化的应有之义。

6.1.2 数字档案馆建设面临的难题

受制于资金、技术、人员等因素❺，我国数字档案馆建设面临区域发展不均衡、

---

❶ LStack 朗澈云.【报告解读】Flexera 最新云状态报告 2021［EB/OL］.（2021-06-18）［2021-06-30］. https://mp.weixin.qq.com/s/VC6uk4_6R8kUpQrar0UBRA.
❷ 顾茜. 企业上云之路的关键要素解析［N］. 中国信息化周报，2020-07-13（14）.
❸ 龙飞. 推动中小企业上云的国际借鉴与建议［J］. 新经济导刊，2019（1）：21-24.
❹ 用友.《中国企业上云指数（2018）》细致描绘我国企业上云发展现状全景图［EB/OL］.（2019-10-11）［2024-01-26］. https://www.yonyou.com/news/13.html.
❺ 薛四新，刘俊，徐华. 云电子文件管理服务中心运作机制研究［J］. 中国档案，2016（12）：61-63.

数字档案馆系统异构、新的"信息孤岛"正在形成、原生性电子档案管控能力不足等现实难题,而云计算的出现在一定程度上能够为解决上述难题提供破解之道。

6.1.2.1 数字档案馆发展不均衡

随着档案领域"存量数字化,增量电子化"的持续推进,以及《数字档案馆建设指南》《企业数字档案馆(室)建设指南》等制度规范的发布和实施,我国数字档案馆建设取得了显著成绩,但也面临许多现实因素的制约,不同地区、不同层级和不同类型的数字档案馆建设质量和水平差距较大。[1] 山东、江苏、浙江等地的部分档案馆已通过国家档案局全国示范数字档案馆的验收,并率先开启云数字档案馆、智慧档案馆、档案数据化等工作;中国石油天然气集团有限公司、中国石油化工集团公司、国家电网有限公司、中国科学院等企事业单位也均已完成数字档案馆建设试点,并通过国家档案局验收。这些档案馆或处于我国经济发达地区,信息化基础较好,或属于规模庞大、实力雄厚的企事业单位。

但是,也有相当多的档案馆仍然停留在档案实体管理为主的阶段,数字档案馆建设工作刚刚起步,馆藏档案资源数字化的压力仍然很大,这种情况在我国中西部地区的档案馆、区县级档案馆和中小型企事业单位的档案馆(以下简称"中小型档案馆")表现得尤为明显。具体来说,其数字档案馆建设面临的困境主要有三个方面:第一,用于支撑数字档案馆建设的资金较为有限,有限的资金又大量用于档案数字化工作,致使系统建设、运行维护、安全保障等的资金欠缺,软硬件基础设施的购置和更新换代存在困难。第二,自身的信息系统建设和运维能力有限,过于依赖外包公司,缺乏功能完备且运转高效的数字档案馆系统对电子档案进行有效管理。第三,缺乏足够的档案专业人员和信息技术人员,尤其是档案学和信息技术的复合型人才,而且人员素质参差不齐,档案信息化建设质量堪忧。

根据国际档案领域的一项调查,国际上大多数数字档案馆可能面临一系列的问题,包括不断地物理和逻辑迁移,资源、场地、能源和维护问题,不断扩展更新的系统、网络、存储设施,大量文件格式的管理,不断审计和丢失数据的恢复工作,复杂的系统和体系架构设计,不断变化的软件平台(升级、更新、迁移等)。因此,采用传统的基于本地部署的信息化建设方式,从无到有地建设数字档案馆并长期维护其软硬件、数据和载体,对于任何一个档案馆来说,都是负担和挑战。[2]

依托云计算平台建设数字档案馆,能够大幅度减少基础设施投入成本和运维成本,缓解资金压力,满足档案部门对基础设施弹性扩展、灵活调整的使用需求,且

---

[1] 方昀,郭伟. 云计算技术对档案信息化的影响和启示 [J]. 档案学研究,2010 (4):70-73;吴玮. 云环境下数字档案馆建设模式研究 [J]. 山西档案,2021 (4):130-134.

[2] 程妍妍. 云数字档案馆的建设模式及实施研究 [J]. 上海档案,2015 (10):9-12.

云服务商能够提供更为专业的技术支持和团队服务，平衡国内档案部门区域性的能力分布不均问题，有助于中小型档案馆以较低的成本快速构建云数字档案馆。❶

6.1.2.2 新的"信息孤岛"正在形成

数字档案馆大多是传统档案馆在数字环境中的延伸和"复制"，其实质是实体档案馆的数字化，资源建设以馆藏档案数字复制件为主。几乎每个实体档案馆都正在或计划建设自己的数字档案馆系统，各级各类档案馆分头探索、分散建设数字档案馆已成常态。但由于缺乏统筹规划，所使用的底层技术架构和数据模型存在差异，使得各数字档案馆之间、数字档案馆与机关档案室的数字档案室之间存在明显的异构性，影响系统和数据的互操作，不利于档案信息资源的整合共享和移交接收进馆。受制于系统异构性和数据互操作的问题，要想实现档案信息资源共享，可能有相当多的数字档案馆系统需要重新建设。传统的基于本地部署的信息化建设方式不仅会对档案机构自身造成极大负担，影响建设质量，而且会带来分散重复建设、形成新的"信息孤岛""信息壁垒"，甚至资源浪费等问题。

云数字档案馆依托云计算平台，虽然无法完全避免异构性问题，但至少能在一定程度上缓解"信息孤岛"的局面。一方面，档案馆基于政务云或机构内部的私有云建设数字档案馆时，与业务信息系统共用相同的基础设施和平台，有利于数据流通和共享；另一方面，如果建设集约共享型的云数字档案馆，对档案资源进行统一存储、集中管理，本身就具备了档案信息资源整合的能力。此外，云数字档案馆需要档案主管部门发挥统筹协调的功能，有利于底层技术、应用系统、存储格式等的统一规范。

6.1.2.3 原生性电子档案管控能力不足

随着信息系统上云的逐步推进，越来越多的档案将在政务云环境中生成、存储、利用。在实体档案管理过程中，档案馆接收的专业档案类型非常有限，能做到规范进馆的则更少。国家档案局于2011年发布的《国家基本专业档案目录（第一批）》《国家基本专业档案目录（第二批）》，共覆盖100种专业档案，但在实际工作中，政府等机构办理的行政审批事项远不止100种，办公自动化（OA）系统和各机关单位的业务系统也在逐步迁移上云，部署在政务云环境中，行政审批事项基于政务云全部实现在线办理之后，这些系统生成的电子公文及各类专业档案都将处于云环境中。

在此背景下，原来的本地部署的数字档案馆将难以有效解决云环境中的原生性电子文件归档管理和移交接收的问题，档案馆面临原生性电子档案管控能力不足的

---

❶ 王志宇，赵淑梅. 论云计算环境下电子文件管理工作的发展特点［J］. 辽宁大学学报（哲学社会科学版），2015（3）：108–111.

挑战。据著者调查，档案馆建设云数字档案馆或基于云计算开展档案管理系统建设的最重要的目的之一就是"接收"，即有效管控云环境中生成的原生性档案资源。例如，从源头上对电子档案真正起到收管存用的作用，接收真正意义上的电子档案，保证电子档案的元数据信息，确保电子档案的真实性、完整性、有效性、安全性，实现电子档案的单套制管理。

建设统一的云数字档案馆系统，为区域内其他档案馆和机关档案室提供软件即服务（SaaS），能有效推动前端业务系统、数字档案室、数字档案馆等系统之间的互联互通，提高档案信息化建设标准化程度和电子档案接收质量，增强其科学性、规范性，有效管控原生性电子档案资源，推动档案管理数字转型持续深入发展。

6.1.3 世界各国积极推进云数字档案馆建设

从政策规范层面来看，云数字档案馆作为数字档案馆的发展趋向，国际档案界给予高度关注，世界各国档案机构相继出台政策制度，国际标准化组织、国际文件管理工作者协会等国际组织或行业协会陆续制定相关的标准规范和实践指南，积极推进云环境中的文件档案管理工作，为云数字档案馆建设提供政策支持和规范保障，云计算与文件档案管理相关政策规范如表6-1-1所示。

表6-1-1 部分云计算与文件档案管理相关政策规范

类型	主体	名称	年份
国家档案馆	美国国家档案与文件管理署	《云计算环境中的文件管理指南》（Guidance on Managing Records in Cloud Computing Environments）	2010
	英国国家档案馆	《云存储如何满足英国公共档案馆的需求》（How Cloud Storage Can Address the Needs of Public Archives in the UK）	2014
	澳大利亚国家档案馆（NAA）	《云计算与信息管理》（Cloud Computing and Information Management）	
		《文件管理与云：对照清单》（A Checklist for Records Management and the Cloud）	2011
		《云信息治理政策》（Cloud Information Governance Policy）	2018
	新西兰国家档案馆	《云服务：信息与文件管理事宜》（Cloud Services: Information and Records Management Considerations）	2018

续表

类型	主体	名称	年份
国家档案馆	中国国家档案局	《国家档案局办公室关于档案部门使用政务云平台过程中加强档案信息安全管理的意见》	2020
地方档案馆[1]	美国北卡罗来纳州文化资源部档案与文件分部	《云计算最佳实践：文件管理事宜》（Best Practices for Cloud Computing：Records Management Considerations）	2012
	美国肯塔基州政府	《云计算：肯塔基州文件管理的影响和指南》（Cloud Computing：Implications and Guidelines for Records Management in Kentucky State Government）	2012
	加拿大不列颠哥伦比亚省文件服务部	《云中的政府信息》（Government Information in the Cloud）	2020
	澳大利亚维多利亚州公共文化办公室	《云计算：文件管理的影响》（Cloud Computing：Implications for Records Management）	2012
		《云计算对文件管理的影响》（Recordkeeping Implications of Cloud Computing）	2013
		《云计算的决策指南》（Cloud Computing Decision Making Guideline）	2013
		《云计算的工具指南》（Cloud Computing：Tools Guideline）	2013
	澳大利亚新南威尔士州档案文件局	《使用云计算服务：对信息与文件管理的影响》（Using Cloud Computing Services：Implications for Information and Records Management）	2015

---

[1] 在此列出部分较为具有代表性的政策规范，以作示例。

续表

类型	主体	名称	年份
地方档案馆	澳大利亚新南威尔士州档案与文件局	《云计算：文件管理要求》（Cloud Computing：Recordkeeping Requirements）	2020
	澳大利亚南澳大利亚州文件局	《云计算与文件管理》（Cloud Computing and Records Management）	2015
	澳大利亚昆士兰州档案馆	《云存储与服务》（Cloud Storage and Services）	2020
	澳大利亚塔斯马尼亚档案馆和遗产办公室	《管理与云计算相关的文件管理风险》（Managing the Recordkeeping Risks Associated with Cloud Computing）	2015
国际组织或行业协会	国际标准化组织	《云计算环境中的文件管理第1部分：问题和关注点》（ISO/TR 22428—1：2020）	2020
	国际文件管理工作者协会	《文件外包云存储指南》（Guideline for Outsourcing Records Storage to the Cloud）	2010
	澳大拉西亚数字文件保管动议（ADRI）	《云计算中的文件风险管理指南》（Advice on Managing the Record keeping Risks Associated with Cloud Computing）	2010
	英国和爱尔兰档案与文件协会（ARA）	《云中的信息存储：项目报告》（Storing Information in the Cloud：Project Report）	2010

从实践应用层面来看，国际档案界积极主动地运用云计算技术进行馆藏存储、格式迁移等工作，积累了宝贵经验。❶ 例如，美国国家档案与文件署的电子文件档案馆（ERA）、美国密歇根州档案馆、英国国会档案馆等都在探索云数字档案馆的建设之路；我国的山东省档案馆、江苏省档案馆、浙江省档案馆等省级档案馆；以及浙江省丽水市档案馆、浙江省绍兴市档案馆、浙江省温州市鹿城区档案馆等市区级档案馆均已开始探索基于政务云的档案管理新模式，并取得一定成效。

---

❶ 程妍妍. 国际档案馆应用云计算的平台和模式研究［J］. 档案管理，2016（1）：38-40.

6.2 云数字档案馆的框架体系

云数字档案馆作为新形态的数字档案馆,与传统信息化环境下的数字档案馆相比,具有业务功能扩展、资源虚拟化、多利益相关方等特点。基于此,著者将主要从概念视角、服务视角和主体视角出发探讨云数字档案馆的框架体系。

6.2.1 云数字档案馆的概念框架

6.2.1.1 云数字档案馆的内涵

虽然我国探索数字档案馆建设已有20多年的时间,对数字档案馆的概念界定也已初步达成共识,但学界和业界对于如何理解"云数字档案馆"这一新概念仍然莫衷一是。关于云数字档案馆的概念界定如表6-2-1所示。

表6-2-1 云数字档案馆的相关概念界定

编码	概念界定	作者	年份
D1	云数字档案馆是基于云计算的关键技术和管理模式而构建的数字档案馆,其主要功能是面向档案形成机构、档案管理机构、档案利用者提供档案数字资源的采集、整理、编目、管理、保存和利用服务,通常会在一个较广的区域范围进行统一规划和组织实施,其目的是实现跨多个实体档案馆、跨地域开展档案资源的集约化管理和档案信息的综合性服务	徐华等[1]	2013
D2	云数字档案馆是基于云计算技术构建的数字档案馆系统,是面向档案形成机构(立档单位)、档案管理机构、档案利用者(包括机构和社会公众)等提供档案数字资源采集、整理、编目、管理、保存和利用服务的行业云	徐华等[2]	2013

---

[1] 徐华,薛四新. 云数字档案馆安全风险分析及防范策略[J]. 北京档案,2013(4):15-17.
[2] 徐华,薛四新,刘宗渊. 云数字档案馆安全运营管理机制研究:以区域性档案局(馆)为承建方为例[J]. 档案学研究,2013(2):37-41.

续表

编码	概念界定	作者	年份
D3	基于云计算的数字档案馆是从档案事业发展全局出发,以构建节约型社会为总体指导思想,推动国家档案局提出的"服务为先"战略全面实施,在国家档案局的统一领导下,借助第三方机构的技术力量,共建国家资源统筹管理的基础平台,实现各类应用系统一次开发,为多个传统档案馆提供各类信息化应用,以达到IT资源共享、信息资源整合、降低信息化成本、提升服务能力为目的而构建的以服务为导向的数字档案馆	吴骊❶	2014
D4	云数字档案馆是在云计算模式下运行和维护的档案馆,一般由云服务商提供数字档案馆所需的软硬件基础设施、应用程序、存储设备等动态虚拟化的资源,来完成数字档案的移交、归档、长期保存、利用等一系列任务	程妍妍❷	2015
D5	云档案馆是专门用于电子档案长期数据保留的云存储服务	瓦莱丽·列维尔（Valerie Léveillé）❸	2015
D6	云数字档案馆是基于云平台对档案数字资源进行收集、加工、存储并提供公共档案信息服务和共享利用的档案信息集成管理系统	徐华等❹	2016
D7	云档案馆是在云计算、云服务平台基础上构建的数字档案馆新形态	刘永❺	2017
D8	档案信息资源共享云是"互联网+"云计算环境下的线上线下互动的数字档案共享云集群,也可看作数字档案共享云的集群管理服务平台		

上述定义在表述上存在较大差异,但从整体来看,可将其分为三类:第一类是D1、D2、D3、D6、D8。此类观点将云数字档案馆视作一种集约共享的软件系统,突出强调数字档案馆应用系统是一种SaaS,即一定区域范围的档案机构都可以直接

---

❶ 吴骊. 基于云计算的数字档案馆建设与服务研究［D］. 苏州:苏州大学,2014.
❷ 程妍妍. 云数字档案馆的建设模式及实施研究［J］. 上海档案,2015（10）:9－12.
❸ LÉVEILLÉ V. Cloud Archives［M］// DURANTI L,FRANKS P C. Encyclopedia of Archival Science. London:Rowman & Littlefield,2015:136－139.
❹ 徐华,薛四新. 云数字档案馆风险评估研究框架［J］. 档案学研究,2016（5）:90－93.
❺ 刘永. 档案信息资源共享云体系建设的思考［J］. 档案管理,2017（6）:25－29.

访问该系统,并获取相应的服务。第二类是 D5 和 D7。此类观点将云数字档案馆视作一种基于云存储的数字档案馆,突出强调数字档案馆建设对于基础设施即服务(IaaS),尤其是存储服务的使用,重点在于借助云计算解决数字档案资源长期保存面临的成本、技术、资金、人员等方面的问题。第三类是 D4。此类观点是前两类观点的"交集",即从基础设施到应用系统都是基于云计算的,使用云服务商提供的基础设施和平台服务以及数字档案馆应用系统服务。

结合上述分析可以发现,对云数字档案馆的相关概念的界定都只关注其某个维度或某个侧面,且或多或少存在一定的局限。从本质来看,云数字档案馆的本质仍然是数字档案馆,其核心功能和主要特征依然符合既有的数字档案馆定义,只是在建设过程中采用了云服务或借鉴了云计算的技术架构和管理模式。云数字档案馆应该是第一类和第二类概念的"并集",而非"交集"。著者以前期对数字档案馆相关概念的系统梳理和归纳总结❶为基础,认为云数字档案馆是部署在云计算环境中的数字档案馆,即建立在云计算的基础上,综合运用信息技术进行数字档案资源收集、存储、长期保存和提供利用的档案信息集成管理体系。

具体来说,云数字档案馆有两种类型:一种是个体迁移型云数字档案馆,即档案馆采用云服务商提供的 IaaS 和平台即服务(PaaS),将本地部署的数字档案馆应用系统迁移到云环境中,或在此基础上新建供本馆使用的数字档案馆应用系统,与第二类概念界定对应;另一种是集约共享型云数字档案馆,例如区域性云数字档案馆,与第一类概念界定对应。此时档案馆既需要使用云服务商提供的 IaaS 和 PaaS,也需要使用云服务商或档案机构提供的 SaaS,数字档案馆应用系统成为一种服务的方式。云数字档案馆的概念框架如图 6-2-1 所示。

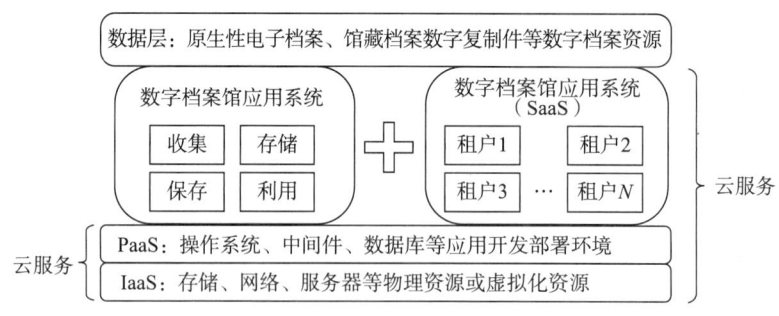

图 6-2-1 云数字档案馆的概念框架

6.2.1.2 云数字档案馆的特点

云数字档案馆以云计算技术为基础,受到云计算的资源虚拟化、弹性扩展、按

---

❶ 刘越男,杨建梁. 从机构、系统到体系:数字档案馆概念的发展 [J]. 档案学通讯,2015(4):50-55.

需服务、多租户等特点的影响，与传统信息化环境下的数字档案馆相比，具有一些新的特点。

第一，系统建设方式从完全的本地部署到采用云服务，系统架构和底层技术发生变化。对本地部署的数字档案馆来说，档案馆首先需要准备一定的物理空间用作机房，购置存储设备、网络设备、服务器、数据库、操作系统等软硬件基础设施，在此基础上搭建开发环境后，才能开始开发数字档案馆应用系统。而云数字档案馆在建设过程中需要采用云服务，可能只采用基础设施服务，或采用平台层面的服务，也可能直接采用应用程序层面的服务，降低了对本地设施设备和技术能力的要求，从而加快数字档案馆部署的速度和效率。

第二，档案资源的"外包"导致档案馆对档案资源的控制力降低。只要采用云服务建设数字档案馆，就不可避免地将档案资源和业务数据存储在云端。在档案"上云"的情况下，档案资源需要在云环境中收集、整理、存储、保存、开发、利用，档案馆对那些在云端存储的档案资源的控制力有限。采用本地部署的方式，数字档案馆的机房和档案实体就在档案馆的建筑内，档案馆对于档案资源有着完全的"掌控力"和绝对的"控制权"，但当基础设施、应用程序、档案和数据等都迁移到云环境中，云服务提供者对档案有着较强的"掌控力"，而作为服务使用者的档案馆可能会在一定程度上失去档案资源实体的控制权。

第三，数字档案馆应用系统从纯粹的信息系统逐步转变为一种服务，业务功能模块持续拓展。对于档案馆来说，传统的数字档案馆应用系统就是一套供本馆使用的应用程序，但在云环境中，数字档案馆应用系统不再局限于本馆的范围，而是可灵活扩展至一定的区域范围，成为共享型的软件系统。本地部署的大部分数字档案馆是基于已有的档案数字化资源建设起来的，但随着越来越多的云环境中原生性电子档案接收进馆，云数字档案馆在系统的接收、元数据管理、长期保存、信息组织、开发利用等方面将会出现新的系统功能需求。

第四，业务流程和工作模式发生显著变化。云数字档案馆将数字档案馆应用系统从本地迁移到云环境中，档案管理技术环境的变迁也会引起业务流程和工作模式的变化，这种情况在移交接收等前端的业务环节表现得尤为明显。例如，在传统的数字档案馆中，档案形成单位通常通过离线方式将电子档案移交至档案馆，但在云环境中，电子公文、行政审批文件等电子文件都在政务云环境中直接形成，为加强档案馆对原生性电子档案资源的管控，档案馆可在政务云上部署集中的虚拟数字档案室系统和电子档案在线接收平台，直接在政务云平台就实现电子档案的前端控制和在线移交接收。

第五，引入多利益相关方，参与数字档案馆建设和运维的主体类型更为复杂多样。本地部署的数字档案馆主要涉及档案馆和档案信息技术公司两类主体；云数字档案馆可能不仅涉及档案馆和云服务商，而且涉及各种类型的云服务代理商、政务云管理单位等主体。关于多利益相关方的内容具体参见本章第6.2.3节。

6.2.2 云数字档案馆的服务框架

云计算的本质是一种面向服务的体系结构，意味着云数字档案馆本身会涉及各种各样的服务，并在模块化的基础上为用户提供服务。著者参照云计算的三种基本服务模式，借鉴《云计算环境中的文件管理第1部分：问题和关注点》（ISO/TR 22428—1:2020）提出的"云环境中的文件管理参考架构"，结合我国数字档案馆建设的实际情况，提出包括IaaS、PaaS、SaaS三个层面在内的云数字档案馆服务框架，如图6-2-2所示。

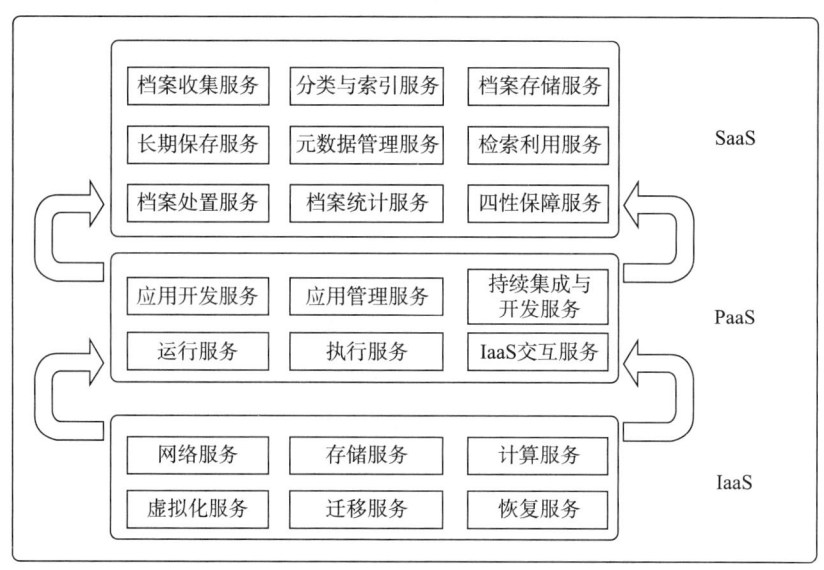

图6-2-2 云数字档案馆的服务框架

6.2.2.1 基础设施与平台层面的服务

从应用系统开发与部署的角度来看，数字档案馆应用系统与其他应用程序并无本质区别，在基础设施和平台层面有着共性需求。因此，云数字档案馆在基础设施和平台层面涉及的云服务类型与通用的IaaS和PaaS保持一致。

在IaaS层面，云数字档案馆主要涉及网络、存储和计算等方面的服务。在IaaS层面提供的服务通常是经过虚拟化技术抽象和转换的虚拟化资源，但如果档案馆有特殊需求，也可以是物理资源。例如，某市档案馆在数字档案馆建设过程中就使用了政务云提供的8台虚拟服务器（包括5个金宏网的服务器和3个互联网的服务器）。对档案馆来说，最具吸引力的IaaS类型是存储服务和计算服务。国际档案界的许多档案馆都已使用或正在考虑使用云来实现档案的安全存储和长期保存，或者租用云服务器进行海量档案的格式转换、数据转录等需要消耗大量计算资源的工作。

在 PaaS 层面，云数字档案馆主要涉及实现和运行 SaaS 所需的各项功能和服务，如应用程序开发服务、应用程序管理服务、持续集成与开发服务、运行服务、执行服务、IaaS 交互服务以及各种类型的接口服务。学界和业界经常提及的操作系统、数据库、消息服务、工作流引擎、流媒体服务、搜索服务、监控和日志服务、报表服务、任务调度服务、租户管理、安全控制、容灾备份管理等方面的服务都属于 PaaS 层面的服务。从理论上讲，PaaS 是处于 IaaS 和 SaaS 中间的一层，其目的和作用在于提供开发和部署 SaaS 所需的底层功能，从而最大限度地提高 SaaS 开发和部署效率。但事实上，PaaS 是否应作为独立的一层服务存在一定的争议，一方面，越来越多的厂商将其内化于 IaaS；另一方面，许多 PaaS 在一定程度上也算是"小型"的应用程序，和 SaaS 的界限并不清晰。但无论如何，PaaS 辅助 SaaS 开发与部署的基本功能和作用仍然是值得肯定的。

6.2.2.2 应用程序层面的服务

在 SaaS 层面的服务是云数字档案馆区别于其他信息系统云服务的根本。云数字档案馆需要满足 OAIS 参考模型的基本要求，具备档案接收、数据管理、档案存储以及检索利用等方面的基本功能。具体来说，包括档案收集服务、分类与索引服务、档案存储服务、长期保存服务、元数据管理服务、检索利用服务、档案处置服务、档案统计服务、四性保障服务。

需要特别说明的是：第一，云数字档案馆的功能模块需要适当兼顾电子档案管理和传统载体档案管理的需求。例如，我国许多档案馆正在建设的智慧档案馆的重要内容之一就是档案库房的智能化管理，也就是说，云数字档案馆需要在存储和保存等相关的功能模块考虑虚拟档案库房管理的要求。第二，云数字档案馆的收集功能模块至少应满足原生性电子档案移交接收和传统载体档案数字化两种场景的需求，使其具备管理原生性电子档案和档案数字复制件的能力。第三，云数字档案馆的档案处置服务是考虑到我国的档案馆实际工作情况提出的。按照国际惯例，档案馆通常保存的是具有永久价值的档案资源，所以其数字档案馆系统并不具有处置销毁的功能。但我国的档案馆为扩充馆藏资源，遵循"应收尽收"的原则，除永久档案外，也会保存部分定期的档案，这些定期档案就会涉及到期处置的问题，所以此处提出档案处置服务。第四，由于国家档案局的要求，四性保障是数字档案馆（室）系统建设的重要内容，旨在维护档案的真实性、完整性、可用性、安全性，确保电子档案的证据效力和凭证价值，因此将其作为独立的一种 SaaS 模块。

6.2.3 云数字档案馆的主体框架

按照《云计算环境中的文件管理第1部分：问题和关注点》（ISO/TR 22428—1：2020）的规定，云环境中的文件管理利益相关者包括服务提供者、服务使用者和服务合作者。在此基础上，结合我国云计算和数字档案馆建设实际情况，著者提出如图6-2-3所示的云数字档案馆主体框架（即利益相关者模型）。

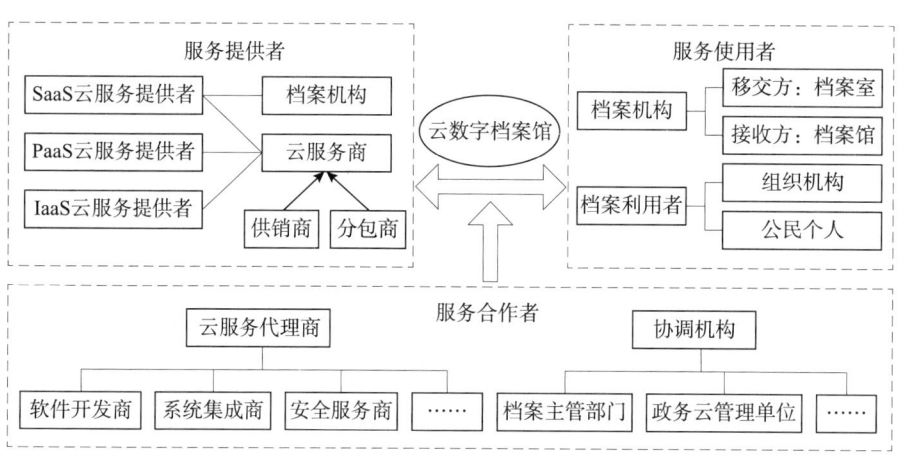

图6-2-3　云数字档案馆的主体框架（利益相关者模型）

6.2.3.1 服务提供者

服务提供者是指将数字档案馆作为可提供访问获取的服务的主体，确保云数字档案馆服务的交付和维护。依据云计算的三种基本服务模式，可将其分为IaaS云服务提供者、PaaS云服务提供者、SaaS云服务提供者。

通常情况下，IaaS和PaaS云服务提供者为云服务商，且多为中国电信集团有限公司（以下简称"中国电信"）、中国联通、中国移动通信集团公司（以下简称"中国移动"）等政务云服务提供商。由于云计算的复杂性，可能存在多家云服务商共同提供云数字档案馆服务的情况，或云服务商作为总承包商，将其承担的部分工作发包给具有相应资质的分包商。同时，云服务商及其分包商必须使用来自产业链上游（即供销商）的软硬件基础设施等各类产品、设备和技术。此外，也有一些大型集团公司将云数字档案馆部署在集团公司统建的私有云环境中，此时IaaS和PaaS的服务提供者就是集团总部数据中心（或类似职能部门）。

SaaS云服务提供者既可能是云服务商，也可能是档案机构。如果SaaS云服务提供者是云服务商，就相当于档案机构直接使用云服务商提供的商业化的云数字档案馆应用系统，或在云服务商提供的系统基础上增加部分定制化的功能模块。如果SaaS云服务提供者是档案机构，则相当于档案机构只是使用了云服务商提供的基础设施和平台层服务，云数字档案馆应用系统是由档案机构主导开发的。例如，在某地级市的集约共享型云数字档案馆中，市级综合档案馆是 SaaS 的服务提供者；在大型集团公司的集约共享型云数字档案馆中，总部的档案馆或档案部门是 SaaS 的服务提供者。需要说明的是，只有集约共享型的云数字档案馆才会涉及 SaaS，个体迁移模式的云数字档案馆则只使用 IaaS 和 PaaS。

6.2.3.2 服务使用者

服务使用者是指以获取云数字档案馆服务为目的且与服务提供者发生业务往来关系的主体，包括作为档案管理者的档案机构和档案利用者。其职责主要体现在三个方面：第一，使用云服务，通过获取云数字档案馆服务完成档案的收管存用；第二，管理云服务，例如，使用云数字档案馆相关服务制定安全管理策略，对云数字档案馆服务性能和安全策略进行监控、评估和审计，用户管理等；第三，云服务集成，将云数字档案馆服务和档案馆现有的档案信息系统进行集成。❶

具体来说，对于云数字档案馆"收"的功能模块，其使用者主要是形成单位的档案室和档案馆，双方通过云数字档案馆的档案接收平台（或类似的移交接收模块）开展档案的移交接收工作。对于"管"和"存"的功能模块，其使用者主要是负责档案长期甚至是永久保存的各级各类档案馆。对于"用"的功能模块，其使用者除档案馆外，主要是组织机构和公民个人等档案利用者。此外，就大型企业或事业单位基于私有云建设的数字档案馆而言，服务使用者通常是所属下级单位的档案室。但需要说明的是，考虑到档案机构是著者探讨的重点，所以下文所述的服务使用者通常是指档案机构（尤其是档案馆），对档案利用者的情况不予过多讨论。

6.2.3.3 服务合作者

服务合作者是指为服务提供者或服务使用者提供支持或辅助的主体，包括云服务代理商和协调机构。其中，云服务代理商是指负责支撑或协助云服务客户和其他云服务提供者之间进行协商的参与方❷，例如软件开发商、系统集成商、安全服务商等。

云数字档案馆涉及的协调机构主要有档案主管部门和政务云管理单位。按照2020 年修订《档案法》的规定，档案主管部门（即档案局）具有统筹规划、组织协调、建立统一制度和监督指导的职责，尤其是在建设集约共享型云数字档案馆过程中发挥着至关重要的作用。考虑到我国政务信息化的实际情况，多数云数字档案

---

❶ 程妍妍. 云数字档案馆用户视图研究［J］. 上海档案，2017（9）：30-34.
❷ 全国信息安全标准化技术委员会. 信息安全技术 政府网站云计算服务安全指南：GB/T 38249—2019［S］. 北京：中国标准出版社，2019：1.

馆需要基于政务云建设，必然会涉及政务云的行政主管部门。政务云管理单位作为政务信息化主管部门，主要负责政务云平台的采购、审批、监督审计等，同时需要协调公安部门、信息安全部门、保密部门、财政部门等做好网络安全等级保护、网络安全保障、安全保密、经费预算和分配等工作。多数情况下，作为服务使用者的档案机构与政务云管理单位是管理与被管理的关系，前者向后者提出使用政务云资源的申请，后者负责对申请进行受理审核；政务云管理单位和云服务商是服务与被服务的关系，前者先向社会公开招标，后者在中标后提供相应服务。

需要说明的是，上述利益相关者的划分大多是从"角色"的角度出发，而不是从实体机构角度出发，这主要是考虑到各地机构设置情况的差异。且同一"角色"可能对应多个实体机构，因此，在实际建设云数字档案馆的过程中，可能会涉及更多、更复杂的实体机构。

6.3 云数字档案馆的建设模式

关于云数字档案馆的建设模式，有学者参照云计算的部署模式将其分为私有云模式、公共云模式、混合云模式和领域云模式❶，这种划分方式虽有其合理性，但无法揭示云计算技术发展的历时性特征。基于此，著者将参照云计算的不同服务模式，从信息系统上云的两个阶段出发探索云数字档案馆的建设模式。如第 6.2.1 节所述，云数字档案馆分为个体迁移型云数字档案馆和集约共享型云数字档案馆，与此相应，其建设模式也有两种类型，一种是基于个体的系统迁移模式，另一种是基于合作的系统共享模式。前者是云计算 1.0 时代的产物，即将应用软件和业务开发流程从自家机房搬到云上❷，主要借助云计算的 IaaS 和 PaaS；而后者则是云计算 2.0 时代的产物，即不仅数据上云，而且要优化整个生产流程❸，甚至借助云计算的 SaaS。总体来看，云数字档案馆未来的发展趋势是从个体的自给自足走向群体的共建共享。❹

6.3.1 基于个体的系统迁移模式

6.3.1.1 内涵与特点

基于个体的系统迁移模式，又称个体模式，是指档案馆基于云服务商等云服务提供者提供的基础设施服务和平台服务开发或购买仅供本馆使用的数字档案馆应用

---

❶ 程妍妍. 云数字档案馆的建设模式及实施研究［J］. 上海档案，2015（10）：9-12.
❷❸ 顾茜. 企业上云之路的关键要素解析［N］. 中国信息化周报，2020-07-13（14）.
❹ 薛四新，刘俊，徐华. 云电子文件管理服务中心运作机制研究［J］. 中国档案，2016（12）：61-63.

系统，如图6-3-1所示。在这种模式中，云服务商等云服务提供者为档案馆提供基础设施和平台支撑，档案馆在此基础上开发或购买数字档案馆应用系统，实现数字档案全流程管理。从云服务的层次来看，该模式只涉及 IaaS 和 PaaS 层面的服务，不涉及 SaaS。其实质与传统数字档案馆相差不大，仍然以单个的实体档案馆为基础，聚焦本馆的馆藏数字档案资源，只是不再需要购置基础软硬件设施搭建本地机房，将应用系统从本地机房迁移到云环境中，实现本地部署到云端部署的转变，这也是将其称为"系统迁移模式"（即从本地迁移到云端）的原因。

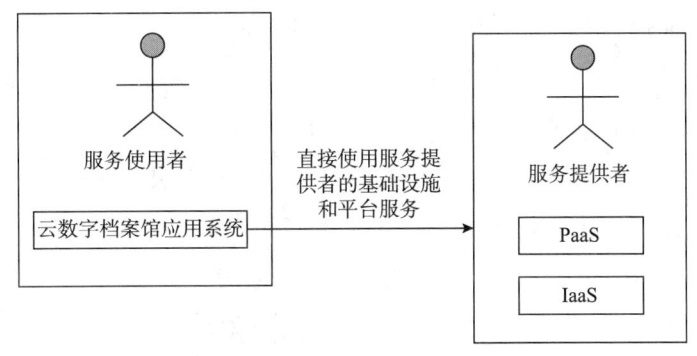

图6-3-1 基于个体的系统迁移模式

与本地部署的传统建设模式相比，这种模式的优势集中体现在两个方面：一是效率优势，本地部署的档案信息化需要先购置存储、网络、服务器等相关软硬件基础设施，花费相当多的时间和精力，而基于云环境部署数字档案馆应用系统则只需考虑档案馆的基础设施需求，向云服务商提出使用资源的申请，系统部署变得更为高效且灵活便捷。二是成本优势，档案馆不再需要负担软硬件基础设施的费用，只需要负担应用系统开发部署和运行维护的费用。具体来说，如果档案馆使用政务云，则通常由政务云管理单位统一向云服务商采购和结算；如果使用本单位搭建的私有云，则通常由数据中心统一建设和采购。

6.3.1.2 适用场景分析

符合下列四个场景所要求的档案馆较为适合采用该模式：第一，有能为其提供服务且符合档案管理规定要求的政务云或私有云环境；第二，市面上现有的数字档案馆应用系统 SaaS 无法满足其特定的档案管理业务需求；第三，档案馆涉密档案或敏感内容较多，不希望与其他档案馆共享数字档案馆应用系统；第四，希望建设集约高效、成本较低且能够快速部署的数字档案馆。对于那些已经建有数字档案馆且符合上述场景要求的档案馆，在基础设施老化且需要大批量地更新换代时，可考虑将本地部署的数字档案馆应用系统迁移上云；对于那些尚未完成数字档案馆建设但符合上述场景要求的档案馆，可考虑直接在云端❶部署数字档案馆应用系统。

6.3.1.3　实践现状分析

国内外的许多档案馆都采用这种模式，其中，有些档案馆将整个数字档案馆应用系统都部署在云环境中，有些档案馆只是将数字档案馆应用系统的部分功能模块部署在云环境中。

前者的典型代表是美国 NARA 建设的电子文件档案馆。为遵守美国联邦政府"云优先"战略的要求，解决海量数字馆藏的存储难题，直接在云中实现对美国联邦政府已经存储在云中的电子文件的接收和处理，同时考虑到云服务在存储和计算处理方面的可扩展性，美国 NARA 在建设 ERA 2.0 时采用了云服务，通过云服务实现对非涉密数字档案的管理、保存和访问获取。❷ ERA 2.0 的开发、测试和上线均在亚马逊的 AWS 中完成，其本质是利用堆栈中的开源工具搭建的自定义 Java 应用程序。❸ 按照工作计划，美国 NARA 会探索 ERA 2.0 的"云到云"（cloud – to – cloud）移交接收工作流程，即可以将美国联邦政府的机构文件从其原来的云环境中直接迁移到美国 NARA 的云环境中，而无须在云环境和本地环境间执行大量的文件迁移，且已在亚马逊的政务云（GovCloud）完成了直接进行"云移交"的测试工作。❹

后者的典型代表是我国的各级综合档案馆，更倾向于将查档服务等利用服务功能模块部署在云环境中。例如，山东省日照市档案馆围绕群众查档需求，坚持不断提升档案数字化管理利用水平，重点推进档案查阅"厅、网、掌"，其中，"网"是指依托山东省日照市政务云平台，开通网上在线查档和网上预约查档服务，实现网上查档"一网通办"❺，将其数字档案馆的查阅服务功能迁移到政务云环境中。

上述案例都属于基于个体的系统迁移模式，但存在一定的差异性。我国部分综合档案馆只是基于政务云实现了部分档案的云查档。而美国 NARA 的 ERA 2.0 则更进一步，将云计算服务作为整个数字档案馆的基础设施，在云环境中实现移交接

---

❶　对于综合档案馆来说，云端主要是指政务云；对于企业或事业单位档案馆来说，云端主要是指该单位的私有云或当地的政务云。

❷　祁天娇，刘越男. ERA 2.0：美国联邦政府数字档案馆系统的新发展［J］. 档案学通讯，2018（4）：14 – 20.

❸　ERA 2.0：The national archives new framework for electronic records preservation［EB/OL］.［2021 – 07 – 29］. https：//www. archives. gov/files/preservation/electronic – records/nara – era – 2. 0 – 2016. pdf.

❹　JOHNSTON L. ERA 2.0：A cloud – based preservation repository at the national archives［EB/OL］.（2019 – 09 – 09）［2021 – 07 – 29］. https：//www. digitalpreservation. gov/meetings/DSA2019/Day＿1/17＿Johnston＿NARA＿DesigningStorageArchitectures2019. pdf？＿cf＿chl＿jschl＿tk＿＿ = pmd＿d874615d470e082d563cb2270b2e6d22742b1a68 – 1628498496 – 0 – gqNtZGzNAjijcnBszQf6.

❺　田伟. 积极推进档案数字化工作　打通服务群众"最后一公里"［EB/OL］.（2021 – 01 – 04）［2021 – 07 – 29］. http：//www. zgdazxw. com. cn/news/2021 – 01/04/content＿316062. htm.

收、管理、保存、访问利用等完整的数字档案馆功能。它不仅关注查档利用等问题，而且关注基于云的数字档案馆应用系统的整体架构，需要与敏捷式的开发方式和微服务的架构相结合。但无论是美国等国家，还是我国，云数字档案馆都只涉及开放的档案资源，尚未包括涉密档案。

6.3.2 基于合作的系统共享模式

基于合作的系统共享模式，又称联合模式，是指多家档案馆共同使用部署在云环境中的数字档案馆应用系统。在该模式中，数字档案馆应用系统是多租户的 SaaS，以基于网络软件的形式提供服务，各个档案馆可直接通过网络访问数字档案馆应用系统，无须在本地配备相应的软硬件基础设施和客户端。作为服务使用者的档案馆只需在系统中开展档案管理工作并监控服务质量。根据系统开发主体的不同，可进一步将其细分为商业购买的 SaaS 建设模式和自主开发的 SaaS 建设模式。

6.3.2.1 商业购买的 SaaS 建设模式

（1）内涵与特点

商业购买的 SaaS 建设模式，是指作为服务使用者的档案馆直接购买云服务商或档案信息技术公司等商业企业提供的数字档案馆应用系统 SaaS 服务，如图 6-3-2 所示。在这种模式中，这些企业将数字档案馆应用系统作为一种服务提供给多家档案馆，并通过多租户技术实现不同用户间应用、服务和数据的相互隔离。

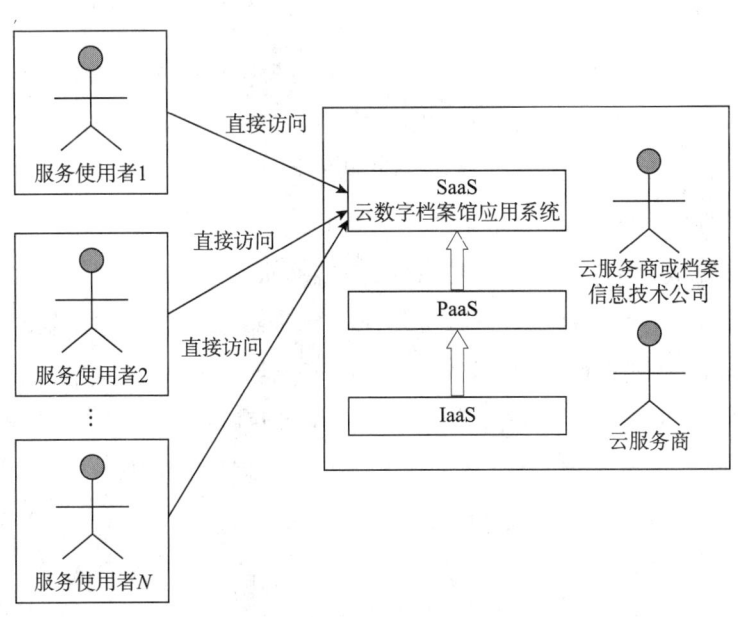

图 6-3-2 商业购买的 SaaS 建设模式

市面上提供的商业化 SaaS 大多集中在业务流程清晰、标准化程度高、规范性较强、市场需求旺盛的领域，例如协同办公、内容管理、人力资源管理、财务管理、客户关系管理、企业资源规划（ERP）等领域。由于各档案馆数字档案资源的总量、类型、格式各异，实际需求存在较大差异，整个行业的规范化水平有限，能够提供数字档案馆应用系统 SaaS 的企业相对较少，且大多集中在国际档案界。由于作为服务提供者的企业以获取利润为目的，因此其提供的数字档案馆应用系统 SaaS 通常只关注共性的、普遍的需求，例如数字档案资源的长期保存等，可能难以满足较为个性化的业务需求，其定制化程度较为有限。《云计算环境中的文件管理 第 1 部分：问题和关注点》（ISO/TR 22428—1：2020）指出，虽然服务使用者可根据自身需求对系统界面和配置进行适当的调整，但如果需要更为定制化的 SaaS，服务提供者可能很难充分满足服务使用者的定制化需求。尽管 SaaS 具有多租户功能，但在大多数情况下，由于它们只提供最低限度的用户界面定制，因此服务使用者很难配置满足组织或业务需要的最佳文件管理选项。此外，SaaS 基于多租户机制，多个服务使用者可以共享一个应用程序，可能会无意中暴露来自其他服务使用者的信息。

（2）适用场景分析

符合下列场景要求的档案馆较为适合采用该模式：第一，档案馆的业务场景较为常规，较少涉及过于复杂或特殊的档案类型；第二，希望能够以最高效便捷的方式建设数字档案馆；第三，有符合要求的服务提供者为其提供服务。在我国，尤其需要考虑服务提供者提供的 SaaS 是否部署在政务云或私有云平台上，我国《机关档案管理规定》明确规定：“不得使用电子政务云之外的其他公有云存储管理电子文件、电子档案。"虽然该规定只对机关单位提出了要求，但其他的企业、事业单位和社会团体也需参照执行。也就是说，档案馆不仅需要考察服务提供者提供的 SaaS 所依托的 IaaS 或 PaaS 是否合规、可靠（因为 IaaS 或 PaaS 层面的安全事件或故障会影响 SaaS 层面），而且需要明确，如果 IaaS 或 PaaS 层面出现问题，是由 IaaS 或 PaaS 层面的服务提供者承担责任，还是 SaaS 层面的服务提供者承担责任。此外，档案馆在采用该模式的过程中，需要考虑云数字档案馆系统与其他档案信息系统的交互和集成问题。由于商业化的 SaaS 服务只能提供通用的功能模块，因此如果档案馆需要一些更为个性化和定制化的业务功能，可能需要在本地或云环境中建设其他的档案信息系统，那这些系统与作为 SaaS 的云数字档案馆系统如何交互也需要纳入档案馆的考量范围。

（3）实践现状分析

由于我国档案领域通常不允许档案存储在政务云以外的公有云环境中，且档案软件服务业的供给能力有限，因此在国内档案界，尚未发现典型的商业化数字档案馆应用系统 SaaS。但国际档案界有所不同，部分国外档案馆积极探索尝试购买商业化的 SaaS。其中，数字档案馆长期保存相关的 SaaS 更为容易得到档案馆的青睐，因为对档案馆来说，数字档案馆的核心功能之一就是长期保存，所以相当多的国外档案馆倾向于将存储和保存功能模块部署在云环境中，采用 SaaS 以降低成本、提高数字保存的成效。

其中最具代表性的商业化 SaaS 之一就是 Preservica 公司。在政府云战略的影响下，英国国会档案馆于 2010 年正式启动云数字档案馆建设，采用云服务进行档案存储和管理，成为英国国会首个通过 G-Cloud 框架进行采购的部门。在应用层面，英国国会档案馆采用 Preservica 公司提供的 SaaS——Preservica Enterprise Edition；在基础设施和平台层面，为避免技术锁定，英国国会档案馆选用了两家底层技术架构不同的云服务商——Amazon S3 和 EMC Atmos，所有开放档案采用镜像备份的方式保存在两个不同的云平台，涉密档案仍采用本地存储的方式。此外，英国国会档案馆也会考虑将涉密档案存储在云环境中。[1] 在兼顾涉密档案安全性的同时，云存储服务能够为英国国会档案馆提供灵活、可扩展和节约成本的长久保存能力。[2] 再如，英国的多塞特郡历史中心档案馆[3]、美国密歇根州档案馆[4]等档案馆也都使用了 Preservica 公司提供的数字资源长期保存 SaaS。

这些档案馆的共同特点是均将云服务作为其保存基础设施，其根本出发点是在降低成本的同时提高数字保存的效益。从其建设模式来看，它们并不是完全意义上的云数字档案馆，只是将作为数字档案馆应用系统核心功能模块之一的档案保存功能交给了云服务商，实现了部分档案的云保存。

6.3.2.2 自主开发的 SaaS 建设模式

自主开发的 SaaS 建设模式，是指作为服务使用者的档案馆直接使用其他档案机构提供的 SaaS（数字档案馆应用系统）服务，如图 6-3-3 所示。在该模式中，作为服务提供者的档案馆通常是国家级、省级、市级的综合档案馆，或大型企业、事业单位总部的档案馆（室）。该模式与商业购买的 SaaS 建设模式并无本质区别，只不过自主开发的 SaaS 系统是牵头档案馆（即作为服务提供者的档案馆）根据其服务范围定制化开发的，从理论上讲能够更好地满足档案馆的实际业务需求。而且

---

[1] The National Archives. Case study: the parliamentary archives [EB/OL]. [2021-07-29]. https://www.nationalarchives.gov.uk/documents/Cloud-Storage-casestudy_Parliament_2015.pdf.
[2] 程妍妍，朱强. 英国国会云数字档案馆研究 [J]. 浙江档案，2016（8）：18-21.
[3] The National Archives. Case study: dorest history centre [EB/OL]. [2021-07-29]. https://www.nationalarchives.gov.uk/documents/archives/case-study-dorset-history-centre.pdf.
[4] CW STAFF. Michigan moves historical archives into the cloud [EB/OL]. (2014-04-21) [2021-07-29]. https://www.cloudwedge.com/news/2014-michigan-moves-historical-archives-into-the-cloud/.

牵头的建设主体是档案馆（室），作为公共机构，其提供的 SaaS 的社会信誉较高，更容易得到其他档案馆的信任和认可。根据实际情况，自主开发的 SaaS 建设模式又可进一步分为综合性的 SaaS 和专门性的 SaaS。

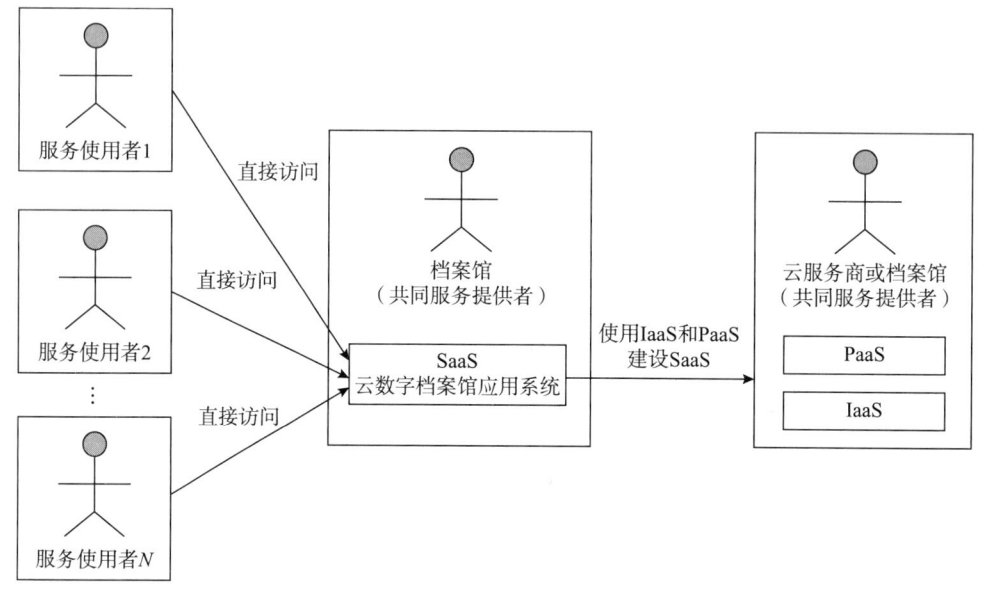

图 6-3-3　自主开发的 SaaS 建设模式

（1）综合性的 SaaS

综合性的 SaaS 是指服务提供者提供完整的数字档案馆应用系统服务。最典型的就是国家或区域性云数字档案馆。❶ 一般来说，国家或区域性云数字档案馆是以国家或地区的综合档案馆为主体，采用云计算技术，将某区域内的档案馆的数字资源集合在统一平台，面向其直属和下属机构搭建实现档案资源采集、档案业务管理、档案信息长期保存、档案资源利用的信息系统。❷ 另一种典型的综合性的 SaaS 是大型企业、事业单位总部建设的供下属单位档案部门使用的云数字档案馆，有些学者将其称为"广域数字档案室"。❸

关于适用场景分析，符合下列场景要求的综合档案馆较为适合采用该模式：第一，作为服务提供者的档案馆应具有丰富的档案信息化经验，在档案信息化领域具有一定的声望和影响力，在数字档案馆建设方面已经取得较为突出的成效；第二，

---

❶ 黄正鸿．云计算在档案信息化领域的应用启示［J］．中国档案，2011（5）：61-63；方昀，郭伟．云计算技术对档案信息化的影响和启示［J］．档案学研究，2010（4）：70-73．

❷ 徐华，薛四新，刘宗渊．云数字档案馆安全运营管理机制研究：以区域性档案局（馆）为承建方为例［J］．档案学研究，2013（2）：37-41；吴玮．云环境下数字档案馆建设模式研究［J］．山西档案，2021（4）：130-134．

❸ 蔡学美．档案云技术应用于档案信息化建设［J］．办公自动化，2012（11）：14-17．

参与区域性云数字档案馆的所有档案机构应具备良好的合作基础，例如，我国江苏省、浙江省、上海市和安徽省在民生档案共建共享和远程查询利用服务方面就有较好的协作；第三，参与区域性云数字档案馆的所有档案机构的业务类型和主要的档案种类应基本相似，便于在数字档案馆系统建设过程中达成共识。在实际应用过程中，区域性云数字档案馆有两种具体的建设模式，一种是自建模式，作为服务提供者的档案馆负责从 IaaS 到 SaaS 的全部服务，即档案馆在自己的机房建设云数字档案馆应用系统 SaaS；另一种是共用平台模式，即作为服务提供者的档案馆基于政务云平台或其他公共云平台建设 SaaS 服务。从集约高效的角度来看，第二种共用平台的模式更符合未来的发展趋势和应用前景。

符合下列场景要求的企事业单位档案馆较为适合采用该模式：第一，档案馆所在的单位属于大型企业或事业单位，下属机构众多，分布在全国乃至全球各地；第二，档案馆所在的单位建有私有云服务平台，信息基础设施较好，信息技术部门能够提供充分的技术支持；第三，档案馆在企业电子文件归档和电子档案管理、数字档案馆（室）建设方面已经取得一定成效，有着较为丰富的数字档案馆（室）建设经验。

关于实践现状分析，建设覆盖各种档案类型和档案业务全流程的全国性云数字档案馆是云数字档案馆建设的终极理想状态，退一步说，即便是建设区域性的云数字档案馆也是一种较为理想的状态。虽然国内外的一些档案机构已经提出建设区域性云数字档案馆，但更多地停留在理念构想和初步探索阶段，少数应用该模式的档案馆在实践中也遇到了一定的现实问题和阻力。

国内档案界具有代表性的典型案例之一是北京市档案馆建设的区域性云数字档案馆和陕西省的云数字档案馆。自 2011 年开始，北京市档案馆就开始探索建设区域性云数字档案馆，以"基于'云计算'的区域性数字档案馆建设研究"和"基于异构系统的电子档案凭证性保障核心技术开发与应用"两项课题为基础，提出建设全市统一的数字档案馆，通过统一建设、统一运维、分别使用的工作模式推进北京市档案数字资源管理体系的建设，实现北京市档案数字资源管理一盘棋。数字档案馆由北京市档案馆统一建设、统一运维，为市区两级档案部门提供系统服务。❶但据著者调研，虽然北京市档案馆已在该领域探索多年，但尚未有实质性的进展，各区县档案馆和移交单位并未真正使用北京市档案馆统一建设的区域性数字档案馆。陕西省档案馆的理念和北京市档案馆非常相似，主要区别在于北京市档案馆建设的区域性云数字档案馆的机房是在北京市档案馆（即自建模式），而陕西省档案

---

❶ 崔伟. 北京数字档案馆（电子文件中心）建设综述［J］. 北京档案，2017（1）：5-7.

馆的规划是基于政务云建设云数字档案馆（即共用平台模式），但受到新馆搬迁的影响以及政务云平台本身存在的客观问题，其规划并未真正落实。❶

国际档案界具有代表性的典型案例包括英国威尔士地区的云数字档案馆、德国巴登—符腾堡州档案馆的州立数字概念档案馆（DIMAG），以及加拿大曼尼托巴省、不列颠哥伦比亚省的多所大学图书馆组成的COPPUL提出的数字保存共享平台。2010年，英国威尔士地区的文件和档案委员会成立数字长期保存工作组，成员单位包括英国的国家机关、高等院校、图书馆和地方政府文件档案管理部门等18个成员单位❷，其核心目标是开发能够适用于各成员单位使用的统一的云数字档案馆，且已经完成对开源软件Archivematica在有关公司提供的云计算平台的试点部署。❸加拿大的COPPUL也是以开源软件Archivematica为基础，提出"Archivematica即服务"的理念并展开初步的探索实践。❹德国巴登—符腾堡州档案馆则是把自己开发的DIMAG作为服务提供给其他的档案馆，希望用户能通过标准互联网浏览器实现轻松访问，不同用户能够按需配置，并通过单一存储空间从多个档案馆获取档案材料，拒绝未经授权的访问。❺

建设集约共享和统一部署的云数字档案馆是许多大型企业、事业单位开展档案信息化建设的必然选择，尤其是大型集团公司的企业数字档案馆更多地呈现出一种云化的趋势，其中，具有代表性的案例包括交通银行股份有限公司（以下简称"交通银行"）的数字档案馆、中国联通的数字档案云平台、中国移动广东分公司的云档案管理平台。例如，2020年，员工需要居家办公，交通银行数字档案馆在其中发挥着重要作用，员工可以居家登录，通过交通银行虚拟专用网络（VPN）系统访问并使用交通银行数字档案馆系统。❻

（2）专门性的SaaS

专门性的SaaS，是指服务提供方提供的只是数字档案馆应用系统的部分功能模块，例如移交接收模块、长期保存模块或共享利用模块等，即提供档案移交接收系统、档案存储备份系统、档案共享利用服务系统等的SaaS。这种模式并不属于严格

---

❶ 黄新荣. 云环境下我国综合数字档案馆建设模式研究［M］. 北京：社会科学文献出版社，2019：233 - 235.

❷ 程妍妍. 英国威尔士云数字档案馆建设研究［J］. 上海档案，2017（1）：28 - 30.

❸ The National Archives. Case study: archives and records council wales digital preservation working group［EB/OL］.［2021 - 07 - 29］. https://cdn.nationalarchives.gov.uk/documents/cloud - storage - casestudy_wales_2015.pdf.

❹ 聂曼影. 云环境下的文件档案可信性保障［M］. 北京：社会科学文献出版社，2018：180 - 189.

❺ 聂曼影. 云环境下的文件档案可信性保障［M］. 北京：社会科学文献出版社，2018：173 - 179.

❻ 交通银行股份有限公司. 交通银行数字档案馆有效解决员工居家办公期间档案查询需求［EB/OL］.（2020 - 02 - 21）［2021 - 07 - 29］. https://www.saac.gov.cn/daj/qydagz/202002/b1e54d3ae05a4a8fa70fb7a31da771ac.shtml.

意义上的云数字档案馆 SaaS，但在云数字档案馆刚刚起步的阶段，按照功能模块的方式逐步推进也不失为一种现实中的有效策略。

关于适用场景分析，符合下列场景要求的档案馆较为适合采用该模式：第一，作为服务提供方的档案馆具有良好的档案信息化基础，但推动区域性数字档案馆建设的条件尚不成熟；第二，当地的政务信息化水平较高，有稳定可靠的政务云平台；第三，具有鲜明的目的导向，例如接收原生性电子档案、档案（尤其是民生档案）共享利用服务等。

关于实践现状分析，与区域性云数字档案馆建设相比，建设专门性的 SaaS 成为当下档案馆的一种主流选择。国内档案馆普遍关注数字档案馆系统的前端（即移交接收）功能模块和后端（即共享利用）功能模块，这两个功能模块也成为实践中表现最突出的专门性 SaaS 服务。

第一种是档案移交接收系统（或档案在线接收平台）SaaS，在此基础上，部分档案馆还会在政务云上部署集中统一的虚拟数字档案室系统或电子档案管理系统。在该模式中，各单位档案部门可使用虚拟数字档案室系统，直接完成业务系统数据的归档，等到需移交时再自动推送到档案馆的在线接收平台，如图 6-3-4 所示。浙江省档案馆、山东省档案馆、山东省青岛市档案馆、四川省成都市档案馆、浙江省宁波市档案馆、浙江省海宁市档案馆、广东省江门市档案馆、广东省珠海市档案馆、广东省中山市档案馆等都采用了该模式。

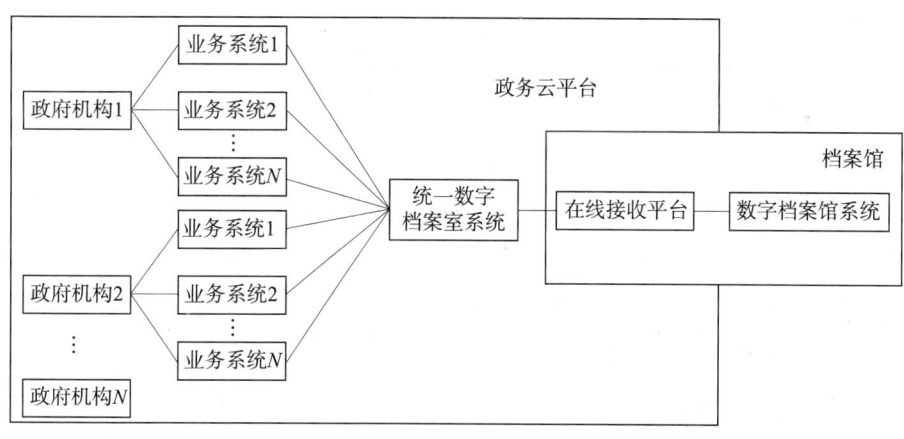

图 6-3-4　档案移交接收系统（或档案在线接收平台）SaaS 示意

第二种模式是档案共享利用服务系统 SaaS，即档案馆依托政务云搭建互联互通的档案共享利用服务平台。在这种模式中，档案馆的馆藏档案资源通常呈现出目录集中和存储分布特点。在国家层面，国家档案局已经开展"国家开放档案信息资源共享利用系统"建设项目，旨在通过搭建基于云计算的开放档案信息资源共享平台，各级档案馆和社会公众可以利用和获取平台提供的各类信息资源。❶ 在地方层面，江西省档案馆积极推进江西省的区域性数字档案集成管理与共享利用平台建设。❷ 2021年3月，江西省区域性数字档案馆应用平台和民生档案远程共享利用平台基本建成并投入使用，全省113家档案局（馆）已全部登录平台，累计上传馆藏档案目录数据近2000万条，开展了全省馆际间民生档案远程利用工作，基本实现了"一站式"查档服务。❸ 此外，浙江省档案馆、江苏省档案馆、浙江省杭州市档案馆、浙江省海宁市档案馆等也都采用了该模式。

6.4 云数字档案馆建设的关键瓶颈

从实践层面来看，国内云数字档案馆建设才刚刚起步，多数地区仍采用本地部署的模式。虽有"星星之火"，却尚未形成"燎原之势"。著者将从政策制度、安全风险、思想观念、体制机制、基础条件、产业生态等方面分析国内云数字档案馆发展过程中遇到的关键瓶颈。

6.4.1 顶层设计缺位，试点经验难以推广

从国家层面来看，我国在一定程度上缺乏关于云数字档案馆的顶层设计，发展规划和相关的指导意见也较少涉及云数字档案馆，试点经验难以推广，具体可从以下两个方面展开分析。

从制度规范层面来看，至今为止，国家档案局尚未发布任何直接关于云数字档案馆建设的政策制度和标准规范，对云数字档案馆的态度和具体要求并不明确。部分档案工作者对云数字档案馆感到不安全、不信任的原因之一是国家层面的态度不够明确。目前，唯一与之相关的政策制度是2020年5月，《国家档案局办公室关于档案部门使用政务云平台过程中加强档案信息安全管理的意见》。该意见对政务云环境中档案安全管理的意识和原则作出明确要求，但未涉及云数字档案馆建设的整体布局和规划方案。

从发展规划层面来看，《全国档案事业发展"十三五"规划纲要》提出："云计算、大数据和移动网络技术的发展，给信息安全、隐私保护和数字记忆留存带来挑战"，但在主要任务和实现指标中并没有体现与云数字档案馆有关的任务要求。

---

❶ 程春雨. 云计算模式下的开放档案共享利用平台建设［J］. 中国档案，2013（12）：64 – 67.
❷ 方维华. 顺应新要求 推动实现从"最多跑一次"到"一次都不跑"的跨越［EB/OL］.（2021 – 03 – 09）［2021 – 07 – 29］. http：//www. zgdazxw. com. cn/news/2021 – 03/19/content_318513. htm.
❸ 曾勤生. 江西 实施大数据工程建设档案云中心［EB/OL］.（2017 – 08 – 14）［2024 – 01 – 26］. http：//sdaj. hunan. gov. cn/xxgk_70959/gzdt/hydt/201708/t20170811_4390467. html.

2021年6月，中共中央办公厅和国务院办公厅印发《"十四五"全国档案事业发展规划》，也没有与云数字档案馆相关的表述。在全国档案事业发展规划中，相较于大数据、人工智能等新技术，云计算是相对被忽视的，这可能是因为云计算涉及底层基础设施的变化，会给档案工作带来全局性的变革，触及档案领域最敏感的安全保密问题，而大数据、人工智能等技术是可以局部应用的且能够在较短的时间内看到成效。

6.4.2 安全风险突出，信任机制难以建立

安全问题是档案工作的底线和生命线。与本地部署的数字档案馆相比，云数字档案馆的安全风险问题更为突出，多数档案工作者对云数字档案馆的安全性问题持观望甚至是怀疑的态度。具体可从以下三点内容来理解，第一，云数字档案馆本身面临各种各样的安全风险，包括来自物理环境、基础设施、平台与应用、数据等不同层面的技术风险，以及来自云服务商、政务云管理单位和档案机构的管理风险；第二，政务云建设水平参差不齐，影响档案工作者对政务云环境的信任程度；第三，部分档案工作者的思想观念较为保守，不敢也不愿建设云数字档案馆。考虑到第6.5.2.1节会对云数字档案馆面临的安全风险进行更为细致的分析，在此仅对第二点和第三点展开论述。

6.4.2.1 政务云建设水平参差不齐

根据著者的问卷调查，在影响云数字档案馆建设的诸多因素中，有两个因素表现非常突出，其中一个就是政务云的安全性（有88.28%的档案工作者选择该因素）。云数字档案馆通常需要依托政务云建设，档案工作者建设云数字档案馆的意愿与政务云的建设水平直接相关。虽然中共中央网络安全和信息化委员会办公室、工业和信息化部等部门已出台不少关于云安全（尤其是政务云安全）的政策制度和标准规范，但其发布实施的时间相对较晚，大多集中于2014年以后，从颁布实施到落地应用产生明显政策成效仍然需要一定的时间。

从实际情况来看，政策规范的执行的确面临一些现实性的问题，具体表现在以下三个方面：第一，由于前期的统筹规划不到位，部分地区的政务云形成了新的信息孤岛。例如，某地市在市级层面有华为公司、中国电信等多家企业提供的政务云，区县也都有自己的政务云，政务云之间的互联互通存在障碍，档案馆无论依托哪一层级、哪一企业的云平台建设云数字档案馆都会面临数据孤岛的问题。第二，重复建设问题较为严重。受到政务信息化相关政策的影响，政务云会面临不合要求、推倒重来、重新建设的风险，如果基于政务云建设云数字档案馆，可能会面临资源浪费的问题。第三，政务云的技术架构和安全性能差异较大，良莠不齐。由于

政府通常采用外包方式建设政务云,因此政务云的质量直接取决于外包公司的技术能力和工作态度。

6.4.2.2 部分档案工作者思想观念较为保守

云数字档案馆不可避免地涉及安全问题,这就牵扯到档案工作者最敏感的话题——安全保密。档案工作者牢记安全保密的使命责任,是值得肯定的,但部分档案工作者的思想观念过于保守,存在排斥云环境及云数字档案馆的问题,认为云环境都是不安全、不可靠、不可信的,将"不安全"作为拒绝数字转型的"挡箭牌"。例如,著者在调研时发现,有档案工作者明确表示:"虽然政务云的安全性较高,但档案资源上云仍然是有风险的,档案资源应该保存在各档案馆的内网(即局域网),这种模式并不会发生改变";也有档案工作者表示:"基于对现实情况的考量,地市级的档案云存储等都无法实现,现在都是处于设想阶段"。

在建设云数字档案馆时,档案馆可以确定档案上云的范围,可以设置权限和访问控制规则,可以和政务云服务商签订保密协议,可采取多种举措来保障档案的安全。但根据著者的问卷调查和深度访谈,档案工作者对云数字档案馆的排斥并不是非常理性的行为,更可能是一种"直觉判断"。当在问卷中向档案工作者询问"与本地部署相比,云服务商能否提供更优质的安全保障服务"时,有48.44%的人表示不清楚,相当多的档案工作者对政务云缺乏充分了解,对云数字档案馆安全风险的认知和评价能力存在不足。在深度访谈中,多位档案工作者也表示,并没有真正了解过当地的政务云建设情况,不清楚政务云是什么、能做什么,更不用说云数字档案馆建设的问题。

6.4.3 跨机构的沟通协作存在障碍

如第6.2.3节所述,云数字档案馆建设涉及档案馆、档案局、档案形成单位、云服务商等多利益相关方的合作,主要有四种类型的跨机构沟通协作面临一定的挑战。

6.4.3.1 档案局和档案馆之间的局馆协作面临挑战

2018年,地方档案机构改革拉开序幕,管理体制从"局馆合一"走向"局馆分设"。对云数字档案馆建设来说,"局馆分设"的管理体制将会带来三个方面的影响。第一,站在档案局的立场上,档案局并不具体负责保存档案资源,不需要考虑档案上云的问题,档案馆才是档案资源收管存用的责任主体。第二,机构改革后,绝大多数地方将档案行政职能划入党委办公厅(室)❶,而党委办公厅(室)

---

❶ 徐拥军. 省级档案机构改革的特点、影响与展望[J]. 求索,2019(2):74-80.

编制有限，导致档案局面临人手不足的问题。❶ 档案局需要负责政策法规制定、业务指导、执法检查、职称评定、在职教育、科研成果申报与评审等日常工作，任务繁重，无心考虑云数字档案馆建设的问题。第三，机构改革后，很多档案局的工作人员是从党委办公厅（室）等其他部门调过来的，非档案专业出身，缺乏长期从事档案工作和信息化的经验，缺乏对档案工作和云计算的基本认知。上述因素都可能使档案局缺乏建设云数字档案馆的动力，档案局（馆）之间的合作也就面临挑战。

6.4.3.2 档案馆和档案馆之间的馆际协作面临挑战

在机构改革之前，上级档案馆可借助档案局的名义制定政策制度，对下级的档案馆提出要求，但机构改革之后，上级档案馆和下级档案馆之间没有任何的行政隶属关系和业务指导关系。建设区域范围内的云数字档案馆，需要牵头单位，但由于档案馆缺乏强制力和号召力，在这种情况下，档案馆和档案馆之间的协作就会面临挑战。即便是在机构改革之前，档案馆和档案馆之间的合作也面临很多现实问题。例如，根据2017年公开的《北京数字档案馆（电子文件中心）建设综述》可知，北京市档案馆建设的区域性数字档案馆的目标是采用集约化建设模式，满足市区两级档案馆、档案移交单位对档案数字资源管理服务需求的区域性数字档案馆❷，各区级档案馆和档案形成单位都能使用这套统一的数字档案馆系统。但根据著者的了解，该系统目前主要是在北京市档案馆内部使用，曾在3家立档单位和3家区县档案馆进行试点，但如果是正式使用，仍然需要重新报名并提交申请。某区级档案馆的工作人员在接受著者的访谈中表示，北京市档案馆并未开通面向各形成单位和区级档案馆的相关服务。可见，在"局馆合一"情况下，区域性数字档案馆的推广应用仍然会遇到各种各样的问题，"局馆分设"则会进一步加剧这种情况。

6.4.3.3 档案馆和机关档案室之间的馆室协作面临挑战

云数字档案馆的首要功能模块就是移交接收，电子档案移交接收进馆是数字档案馆运作的开端，这就涉及档案馆和档案形成单位档案室之间的沟通协作。根据著者的调研，在云数字档案馆的应用中，需要各机关档案室使用云数字档案馆的移交接收平台，或使用云数字档案馆系统附带的数字档案室功能。但因为各机关档案室的档案资源类型和业务管理需求都存在一定的差异，很难用统一的一套系统、一个平台解决所有的问题，所以云数字档案馆系统只能提供一些基本的通用功能，无法满足各机关档案室定制化的个性需求，机关档案室对云数字档案馆的接受程度受限。

---

❶ 宁夏回族自治区档案局. 基层档案机构改革磨合期工作运转状况及对策：宁夏回族自治区部分市、县（区）档案工作情况调研报告［J］. 中国档案，2020（4）：24-25.
❷ 崔伟. 北京数字档案馆（电子文件中心）建设综述［J］. 北京档案，2017（1）：5-7.

6.4.3.4 档案机构和政务云管理单位的沟通协作面临挑战

一般来说，政务云管理单位是当地的政务信息化主管部门，主要负责政务云平台的采购、审批、监督审计等。档案局（馆）等档案机构建设云数字档案馆不可避免地需要与政务云管理单位进行沟通协作。一方面，部分档案机构采取"被动等待"的策略和方式，在对接政务云管理单位方面显得不够积极主动，没有抓住融入政务信息化整体进程的机会；另一方面，档案机构在建设云数字档案馆时，如何向政务云管理单位提出科学、合理、准确的要求是需要考虑的现实问题，即档案机构自身可能都不清楚云数字档案馆的建设需求和具体技术指标，需求不明确也会成为沟通协作和对接的阻碍因素。

6.4.4 云数字档案馆建设的基础条件尚未成熟

云数字档案馆有赖于扎实的档案工作基础和良好的档案信息化水平，但从事实层面来看，档案基础工作薄弱，云数字档案馆建设的基础条件尚不成熟；从需求角度来看，档案管理数字转型刚刚进步，原生性电子档案接收进馆压力尚未全面显现；从供给角度来看，与云数字档案馆相关的政务云服务和档案软件服务的产业生态环境有待完善。

6.4.4.1 档案基础工作薄弱

在传统环境中，档案工作较为"粗放"，存在许多薄弱之处，包括馆藏档案资源结构不尽合理、整理和著录的规范性有待提高、档案开放审核进展缓慢、档案安全保密与开放共享之间的边界模糊等。在建设云数字档案馆时，这些问题会延伸至云环境中或被进一步放大。对云数字档案馆建设而言，影响最显著的就是档案开放工作。

云数字档案馆必然会涉及档案上云的问题，对档案馆来说，必须清楚哪些档案能上云，哪些档案不能上云，上何种类型的云。著者在调研时发现，所有受访者均表示要慎重考虑档案能否上云，档案上云的范围要视档案开放划控情况而定，但在实际工作中，档案馆对于档案开放划控的标准，哪些档案能开放、哪些档案不能开放、哪些档案的开放是有限制范围的，哪些档案能对哪些人开放、什么时候开放、不开放的具体原因是什么等问题都比较含糊，使得档案馆对档案上云的范围也感到困惑，进而影响云数字档案馆的建设进程。尤其是基层的区县级档案馆，很少真正开展开放审核工作，或者是进行过开放审核，但并未真正落实开放审核的结果，使得开放审核流于形式，成为工作中的短板。截至 2022 年年底，全国档案开放率为 17.9%。❶ 如果只有开放档案才能上云，那真正能上云的档案资源将较为有限。

---

❶ 全国档案开放率是根据国家档案局每年发布的《全国档案行政管理部门和档案馆基本情况摘要》计算得出的，即全国档案开放率＝全国各级国家综合档案馆开放档案数/全国各级国家综合档案馆馆藏档案数。

6.4.4.2 档案管理数字转型刚刚起步

从档案管理数字转型的整体进程来看，我国仍处于起步阶段，原生性电子档案单套制管理和移交接收尚未全面铺开，档案馆对云数字档案馆建设的"刚需"尚不明显。

在政策层面，国家档案局从2016年才开始逐步推进电子档案单套制和单轨制。直至《档案法》于2020年修订，电子档案的法律地位才真正得以确立，即"电子档案与传统载体档案具有同等效力，可以以电子形式作为凭证使用"。至此，档案管理数字转型在政策法规层面的保障条件渐趋成熟和完备。

在实践层面，中国（上海）自由贸易试验区、浙江省等地率先开展单套制探索，但仍主要停留在试点实施和初步推广的阶段。而且这些实践大部分是组织机构内部的电子文件单套制归档，真正开展原生性电子档案接收进馆实践的档案馆仍然较少。根据著者对全国各级综合档案馆的调查，在21个省级综合档案馆中，只有52.38%的档案馆接收电子档案，近一半的省级综合档案馆尚未接收电子档案；在154个市县级综合档案馆中，只有22.73%的档案馆接收电子档案，其他档案馆尚未开展电子档案接收进馆工作；且电子档案的接收范围较为有限，多为数码照片、音视频和电子公文，较少接收其他类型的电子档案。❶

但从长远来看，随着政策法规的健全完善以及试点经验的积累和推广，电子档案单套制是未来的发展趋势，并会成为一种常态。原生性电子档案的移交接收进馆将成为档案馆亟待解决的难题，对建设云数字档案馆的需求也会越来越多。

6.4.4.3 云数字档案馆相关产业生态环境有待完善

从供给侧来看，云数字档案馆建设需要提供基础设施及部分平台服务的政务云服务商和负责搭建云数字档案馆系统的系统开发、云服务代理商。但就现状而言，政务云服务商、系统开发商和云服务代理商提供的服务或多或少存在一些问题，云数字档案馆的产业生态环境有待健全完善。

就政务云市场而言，国产化替代是非常突出的问题之一。部分地区要求新建政务云全部采用国产化设备和产品。虽然国产化能实现知识产权上的自主可控，但也面临现实的挑战，尤其是在性能和价格方面。对档案馆来说，如果基于国产化的政务云建设云数字档案馆，可能面临开发和维护成本增加❷、性能不佳的困境。

就档案软件服务业而言，其采用的技术架构和产品性能可能无法满足档案馆的

---

❶ 刘越男，王宁，袁焱艳，等. 面向制度构建的我国档案移交接收现状调查与分析［J］. 档案学通讯，2022（4）：34-40.

❷ 虽然在政务云环境中，档案机构无需负担软硬件基础设施的建设和维护费用，但可能会增加档案管理系统设计、开发、运行维护的成本。

需求。而且，档案软件服务企业目前提供的解决方案仍然以本地部署为主，以管理档案数字复制件为主，较少涉及云部署、原生电子文件在线归档和移交接收。根据中国档案学会发布的《2016—2018年度档案设备、用品与服务定点企业名录》，在14家计算机档案管理软件类企业中，只有6家企业的产品服务中明确提及"档案管理云平台"，且其所谓的"档案管理云平台"通常是指移动端的档案管理系统，可在移动终端实现部分档案管理功能（如查档、审批等），并不是真正意义上能为各档案馆和档案形成单位提供 SaaS 的云数字档案馆系统。

6.5 云数字档案馆建设的推进策略

由于各地的经济社会发展、数字政府建设、档案基础工作、档案信息化等方面具有显著差异，云数字档案馆建设不可能一蹴而就，需要坚持的整体原则是循序渐进，分地区、分层次、分阶段推进，可在基础较好、条件成熟的档案馆先行探索，再逐步铺开。著者针对第6.4节提出的关键瓶颈和痛点问题，从宏观和微观两个层面提出云数字档案馆的推进策略。

6.5.1 宏观层面：构建云数字档案馆生态环境[1]

从宏观层面来看，可从政策保障、项目试点、组织协同、市场引导等方面构建更为优质的生态环境，为云数字档案馆建设发展提供更为充分的保障条件。

6.5.1.1 强化顶层设计，推动项目试点示范

作为国家档案主管部门，国家档案局应在全国档案事业发展规划、专项规划、年度计划及重要指导意见中将云计算置于和大数据、人工智能等新技术同等重要的位置，在主要任务和实现指标中进一步明确基于云计算建设数字档案馆的发展方向和任务指标。

同时，在《国家档案局办公室关于档案部门使用政务云平台过程中加强档案信息安全管理的意见》的基础上，国家档案局应进一步强化政策制度保障，为档案馆建设云数字档案馆提供基本的参考框架和工作思路。国家档案局可在借鉴其他国家相关政策的基础上，结合我国云计算（尤其是政务云）发展实际，制定面向云计算与档案管理的宏观性政策文件，针对云数字档案馆的功能框架、关键技术、风险识别与评估、外包管理等具体问题，适时出台更为具体的标准规范，并在档案安全制度规范中充分考虑云计算带来的安全风险。至于是出台带有强制色彩的指令性文

---

[1] 何思源，刘越男. 政务云环境中的档案安全保障生态模型与策略研究 [J]. 图书馆论坛，2021（7）：68-77.

件，还是一般的指导性文件，应当结合实际情况。我国各地档案馆的实际情况千差万别，目前恐怕很难实施强制性的政策，建议以指导性制度或推荐性行业标准为主。

在制定发布政策制度的基础上，各级档案主管部门可以通过申请立项的方式推动试点建设，从管辖范围内的现有实践做法中选取典型或遴选试点单位，将其经验总结提炼后再加以宣传推广，确立最佳实践。先行探索的档案馆在积累经验的同时，可根据云数字档案馆的建设过程和发展阶段总结规律，为其他档案馆建设云数字档案馆提供有益经验。除了在江苏省、浙江省、上海市、广东省等地区开展试点，也应参照"分层抽样"的原则，在我国中西部地区选择一些档案馆开展试点，因为不同基础条件的档案馆有不同的诉求，在建设过程中可能形成差异化的发展策略和建设方案。总之，政策是保障，试点是抓手，应综合应用这两种手段。

6.5.1.2 顺应档案机构改革趋势，探索新型局馆联动和馆际协作机制

在2018年档案机构改革后，如何理顺局馆关系、实现局馆联动成为学界和业界共同关注的重要议题，并初步达成共识。在指导思想上，要坚持"一盘棋"的思想，分工协作、紧密配合❶，做到"分工不分家"。云数字档案馆作为档案事业现代化发展的重要方向之一，各级档案局（馆）应在思想意识层面予以重视。在具体方案上，各地在实践探索中已经形成借调抽人模式、联席办公模式、职能委托模式、依法履职模式等不同类型的局馆联动模式❷，积累了一些有益经验，但由于各地情况差异较大，局馆联动并没有统一的模式❸，因此在操作实施过程中仍应坚持"因地制宜"的基本原则。

在此背景下，云数字档案馆建设应充分依托现有的协作机制，充分发挥其功能和作用。基于云数字档案馆建设的实际需求，第一，档案局（馆）应将云数字档案馆建设作为需要协同推进的重要事项，将其列入联席会议（或其他类似场合）的讨论议题。第二，由档案局负责统筹云数字档案馆的建设工作，但在必要情况下，档案局可赋予档案馆开展业务指导的职能，授权由同级档案馆负责组织协调所辖行政区划范围的云数字档案馆建设事宜，负责制定云数字档案馆建设的规划、方案、办法等，但需要协调好上级档案馆对下级档案馆的指导与下级档案主管部门对同级档案馆的指导之间的关系。第三，建立由档案局、同级档案馆、同级机关档案室、下级档案主管部门和档案馆、政务云管理单位、政务云服务商等共同组成的云数字档

---

❶ 李明华. 在全国档案局长馆长会议上的工作报告 [EB/OL]. （2019 - 04 - 19）[2021 - 07 - 22]. https://www.saac.gov.cn/daj/yaow/201904/2d342fff80f845709782fd023b925536.shtml.
❷ 陈忠海，刘东斌，吴雁平. 机构改革背景下档案局馆协同机制探讨 [J]. 档案学通讯，2021 (4)：4-9.
❸ 陈艳. 后机构改革时代：档案机构定位的重塑——基于山东省省级机构档案工作者的调查 [J]. 档案学研究，2020 (3)：39-45.

案馆建设协作组，将各利益相关方纳入其中，建立起常态化的对话沟通机制，确保各利益相关方能对云数字档案馆有更充分的了解，且其需求可以反映在最终提供的云数字档案馆系统和服务中。

6.5.1.3 建立档案部门与政务云管理单位的沟通与协作机制

云数字档案馆建设需要在档案机构和政务云管理单位之间建立顺畅的沟通与协作机制，形成相互信任、相互配合的良好关系。具体来说，主要有两种沟通与协作机制。

第一种是政务云管理单位驱动的沟通与协作机制。政务云管理单位要充分发挥自身统筹协调的作用，扮演好"协调员"的角色，建立各党政机关（包括档案机构）信息化相关负责人参与的沟通协作机制。政务云面向覆盖范围内的所有党政机关提供服务，各机关对服务器、存储、网络等硬件，操作系统、数据库、中间件等软件以及数据存储策略、容灾备份等可能都会有自己的特殊需求，政务云管理单位需在广泛调研和协商的基础上合理规划政务云建设工作，在正式采购前，充分征求包括档案机构在内的各党政机关的意见和建议，确保选用有相应资质和能力的云服务商。

第二种是档案机构驱动的沟通与协作机制。档案机构应积极和政务云管理单位保持联系，建立对话和交流的渠道，掌握当地政务信息化建设的整体思路，积极融入数字政府建设和数字经济发展的整体进程，争取政务云管理单位的项目立项以及经费和技术支持。著者在调研过程中发现，有受访者建议："档案机构要积极与政务云管理单位对接，做到前期介入，最好能进入领导小组"，这样有助于从源头收集档案资源、实现前端控制、推动馆室一体化、促进单套制归档和移交接收。

两类不同主体驱动的沟通与协作机制不是截然分开的关系，而是同步推进、相辅相成，政务云管理单位和档案机构各有优势和侧重，只有相互结合，才能实现协同配合。但考虑到政务云管理单位很难兼顾所有单位的实际需求，建议还是以第二种机制为主，档案机构应进一步显示积极性和主动性。

6.5.1.4 强化市场引导，优化产业生态

在国际档案界，云数字档案馆的服务主要由通用云服务商和专业云服务商提供，主要的通用云服务商包括亚马逊公司、谷歌公司、国际商业机器（IBM）公司、微软公司等，专业云服务商包括 Arkivum 公司、Preservica 公司等[1]，已初步形成较为完备的市场供给体系。对于我国云数字档案馆建设而言，档案主管部门可通过申请审查、专家评定、第三方评价、定期复核、公布清单的方式，为档案馆选择

---

[1] 程妍妍，张茜. 国外文件和档案机构云实践调研及启示［J］. 档案学通讯，2018（3）：104-107.

政务云服务商❶、系统开发商和云服务代理商提供指导和帮助；促进档案信息技术公司、内容管理软件企业的服务质量的提升，优化系统、平台、工具等云数字档案馆相关产品供给；鼓励中国电信、中国移动、中国联通等通用云服务商为云数字档案馆提供更多定制化的技术支持和产品服务。此外，工业和信息化部等云计算行业主管部门还应健全市场机制，培育良好市场氛围，优化政务云服务供给。尤其是在国产化替代方面，相关企业要在实现安全可靠和自主可控的前提下尽可能提高国产化产品功能的完备性和性能的稳定性。

6.5.2 微观层面：建立安全风险管控机制

在第6.4节的论述中，可发现多处瓶颈问题涉及档案的安全保密，安全风险成为制约云数字档案馆发展突出的现实因素之一。国际档案界已经就云数字档案馆安全风险评估的必要性达成共识，国内档案机构可在借鉴国际经验的基础上，参照风险管理的流程和方法，建立体系化的安全风险管控机制，并重点从风险识别和风险应对两个方面展开。此外，考虑到我国的相关政策要求，著者将着重分析政务云环境中的数字档案馆安全风险问题。

6.5.2.1 安全风险识别❷

关于云数字档案馆安全风险的分析大多以国外法律政策环境为基础，但具体到我国的政务云环境，这些风险是否依然存在，需结合相关政策法规作进一步分析。由于《关于加强党政部门云计算服务网络安全管理的意见》规定："党政部门提供给服务商的数据、设备等资源，以及云计算平台上党政业务系统运行过程中收集、产生、存储的数据和文档等资源属党政部门所有……为党政部门提供服务的云计算服务平台、数据中心等要设在境内。敏感信息未经批准不得在境外传输、处理、存储"，所以我国云数字档案馆基本不存在档案归属权的争议和跨境数据流引发的法规遵从风险，但政务云管理单位的加入会使得风险类型更为复杂多样。在此基础上，可对政务云环境中的数字档案馆安全风险展开分析。一般来说，风险由风险因素、风险事件和损失构成，三个要素的共同作用和影响，决定了风险的存在、发展和发生。❸ 著者将基于风险构成三要素分别展开识别与分析，并尝试建立风险因素和损失之间的关系。

---

❶ 从理论上看，政务云服务商的筛选是政务云管理单位的职责，不涉及档案馆。但在实际操作过程中，为避免技术锁定等问题，政务云管理单位往往会选择两家及两家以上的政务云服务商供各机关单位使用，所以档案馆仍然需要从中选择一家或多家政务云服务商为其建设云数字档案馆提供服务。

❷ 何思源，刘越男. 档案上云安全吗？：政务云环境中的档案安全风险分析[J]. 档案学研究，2021（3）：97−105.

❸ 叶陈刚，郑洪涛，等. 内部控制与风险管理[M]. 北京：对外经济贸易大学出版社，2011：156.

(1) 安全风险因素识别

风险因素是指引起或增加风险发生的机会或扩大损失程度的原因和条件，是导致风险发生的潜在原因。❶ 英国和爱尔兰档案与文件协会（Archives and Records Association，ARA）将云环境中的档案安全风险分为管理风险（management risks）和运行风险（operational risks）。❷ 其中，前者侧重管理性的风险，后者侧重技术性的风险。有鉴于此，可将云数字档案馆安全风险因素分为两类，即技术因素和管理因素。就技术因素而言，主要依据云计算的逻辑层次结构，将其分为物理环境层、基础设施层（包括服务器、网络、存储等）、平台与应用层（包括操作系统、数据库、中间件、应用系统等）和数据层；就管理因素而言，将按照云服务商、政务云管理单位和档案机构三类主体来进行划分。

基于文献分析，可发现我国云数字档案馆安全风险因素，如图 6-5-1 所示。多数因素和一般数据面临的风险因素类似，其中，技术因素中较有档案特色的是"档案管理功能不完善"和"管理元数据缺失或不合规"；管理因素中较有档案特色的包括"档案数据残留"及与档案机构自身有关的所有风险因素。此外，通过分析国家档案局发布的《档案信息系统安全保护基本要求》《关于进一步加强档案安全工作的意见》《档案馆安全风险评估指标体系》，能够发现与本地部署相比，政务云环境中特有的档案安全风险因素包括数据共享存储（多租户环境）、来自云服务商和政务云管理单位的所有管理风险因素、档案机构与云服务商的责任边界不清以及对云服务商的监管缺失。同时，虽然其他安全风险因素（如身份认证、访问控制）可能在本地部署的信息化环境中就已存在，但在政务云环境中可能变得更为复杂。

(2) 安全风险事件识别

风险事件是造成生命财产损害的偶发事件，意味着风险的可能性转化为现实性，并直接导致损失发生。由于风险事件是偶发事件，所以在实践工作中的表现可能多种多样，但经归纳后可大致将其归为四类，如图 6-5-1 所示。第一类和第二类风险事件即自然灾害与所谓的"人祸"，它们在实体防护阶段就已威胁档案安全，并一直延续到数字环境。第三类是分布式拒绝服务攻击、中间人攻击、网络嗅探、端口扫描、SQL 注入和跨站脚本攻击等网络攻击。虽然这些攻击方式在传统网络环境中就已存在，但云计算的泛在接入等特性可能改变攻击者的访问级别、动机和工

---

❶ 叶陈刚，郑洪涛，等. 内部控制与风险管理［M］. 北京：对外经济贸易大学出版社，2011：156.
❷ Archives & Records Association UK & Ireland. Storing information in the cloud：project report.［EB/OL］.（2010-09-29）［2021-07-21］. http：//static1.1.sqspcdn.com/static/f/787579/11572108/1301987771347/Cloud_computing_report_final-1.pdf?token=dlRSLiUNPpAyun6spBifkPUB868%3D.

作量，使云数字档案馆系统遭受攻击的概率增加，影响范围更广，造成损失更大。第四类是相关人员的未授权操作，包括来自云服务商、档案机构和政务云管理单位的在职或者离职员工，以及其他商业合作伙伴和外包人员等的未授权访问、删除、篡改等，进行数据窃取或破坏。这种未授权操作可能是恶意行为，也可能是误操作（无意的行为）。在既有研究中，此类风险事件最引人关注。例如"删库"事件。❶

(3) 安全风险损失识别

档案安全风险损失是指非计划、非故意和非预期❷的档案质量受损或相关主体的权益受损，包括直接损失和间接损失，如图6-5-1所示。就直接损失而言，有两种分析视角。首先是档案质量的视角，档案安全是指档案免受未经授权的访问、更改、销毁或其他威胁，真实性、完整性、可用性、保密性未遭侵害，确保以可信的状态存在和再现❸，据此可将损失概括为失存、失真、失用、失密。其次是业务工作的视角，云数字档案馆可能带来信息访问中断的问题，威胁档案机构和其他机构的业务连续性。就间接损失而言，从国家层面来看，档案失存、失密会导致国家信息资产和记忆资源的流失，降低国家对信息资源的控制能力，威胁国家安全，损害国家利益；从机构层面来看，档案丢失、损毁、泄密是机构履职不力的表现，严重损害档案机构及其他政府机构的社会形象，使其公信力受损；从个人层面来看，档案信息泄露会侵犯公民的隐私权和著作权，业务中断也会使公民利用档案进行学术研究、维护个人利益的权益受损。

(4) 风险因素和风险损失之间的关系分析

通俗来讲，可以将风险因素理解为风险事件发生的潜在原因，是造成损失的内在原因；而风险事件是造成损失的外在或直接原因，是损失发生的媒介或中介，即风险因素通过风险事件的发生造成最终的损失。具体到档案领域，档案工作者担心的是风险损失，防范的是风险因素。因此，著者着重分析风险因素和损失之间的相互关系，考虑到可视化呈现的效果，将分别探讨技术因素和管理因素与损失的关系，如图6-5-2和图6-5-3所示。在此需说明两点，第一，风险因素和损失之间并非简单的对应关系，而是复杂的多对多关系。有些风险因素的影响范围非常广

---

❶ 财通社. 市值蒸发14亿, 微盟的黑洞, 正点燃一个板块的机会 [EB/OL]. [2021-07-21]. https://t.cj.sina.com.cn/articles/view/3100860304/b8d35f9000100ley2.

❷ 叶陈刚, 郑洪涛, 等. 内部控制与风险管理 [M]. 北京: 对外经济贸易大学出版社, 2011: 157.

❸ Society of American Archivists. Security [EB/OL]. [2021-07-20]. https://www2.archivists.org/glossary/terms/s/security; ARMA International. Glossary of records and information management terms, 5th ed [EB/OL]. [2021-07-20]. https://www.arma.org/store/ViewProduct.aspx?id=10477245.

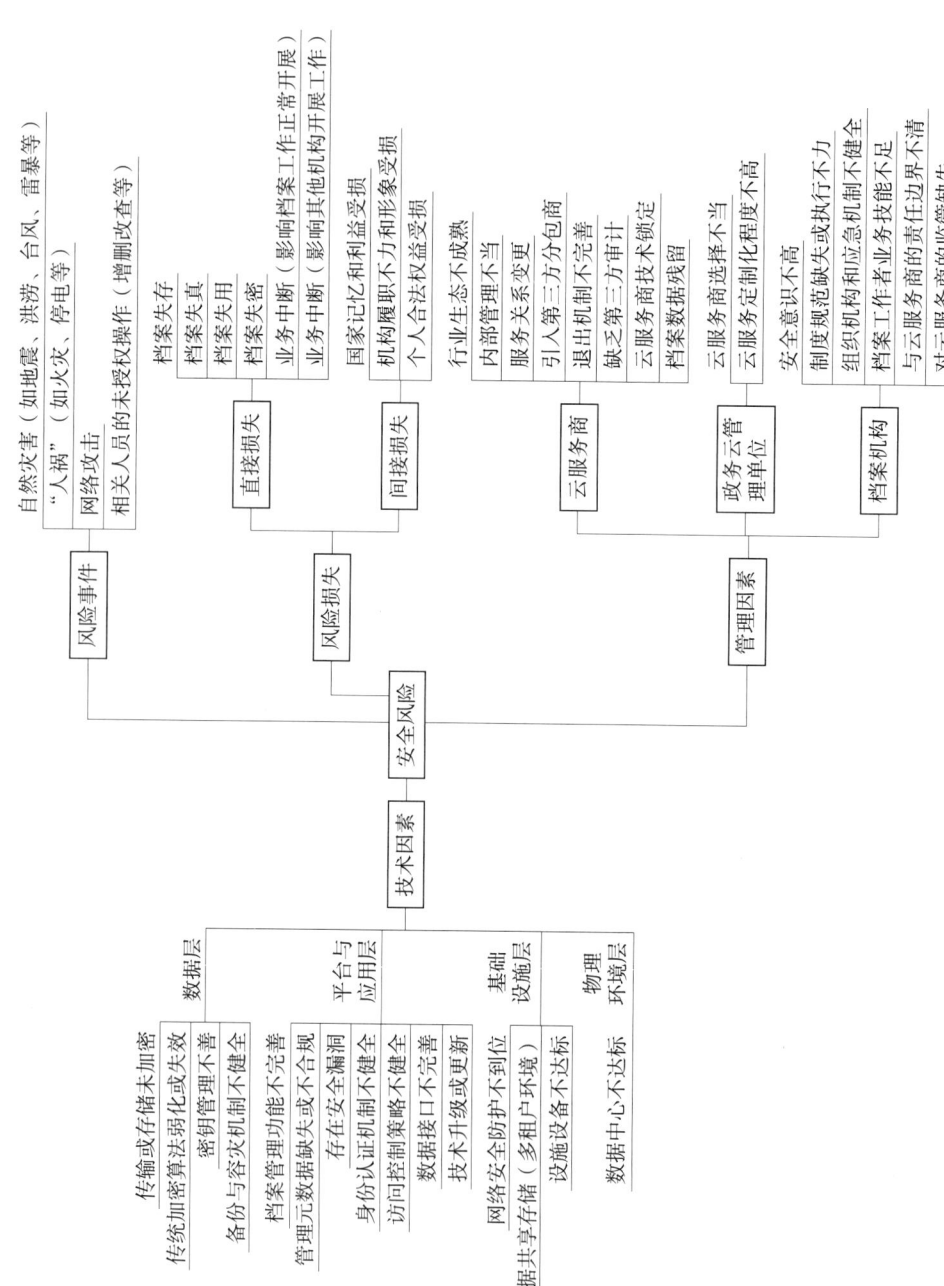

图 6-5-1 云数字档案馆安全风险要素构成

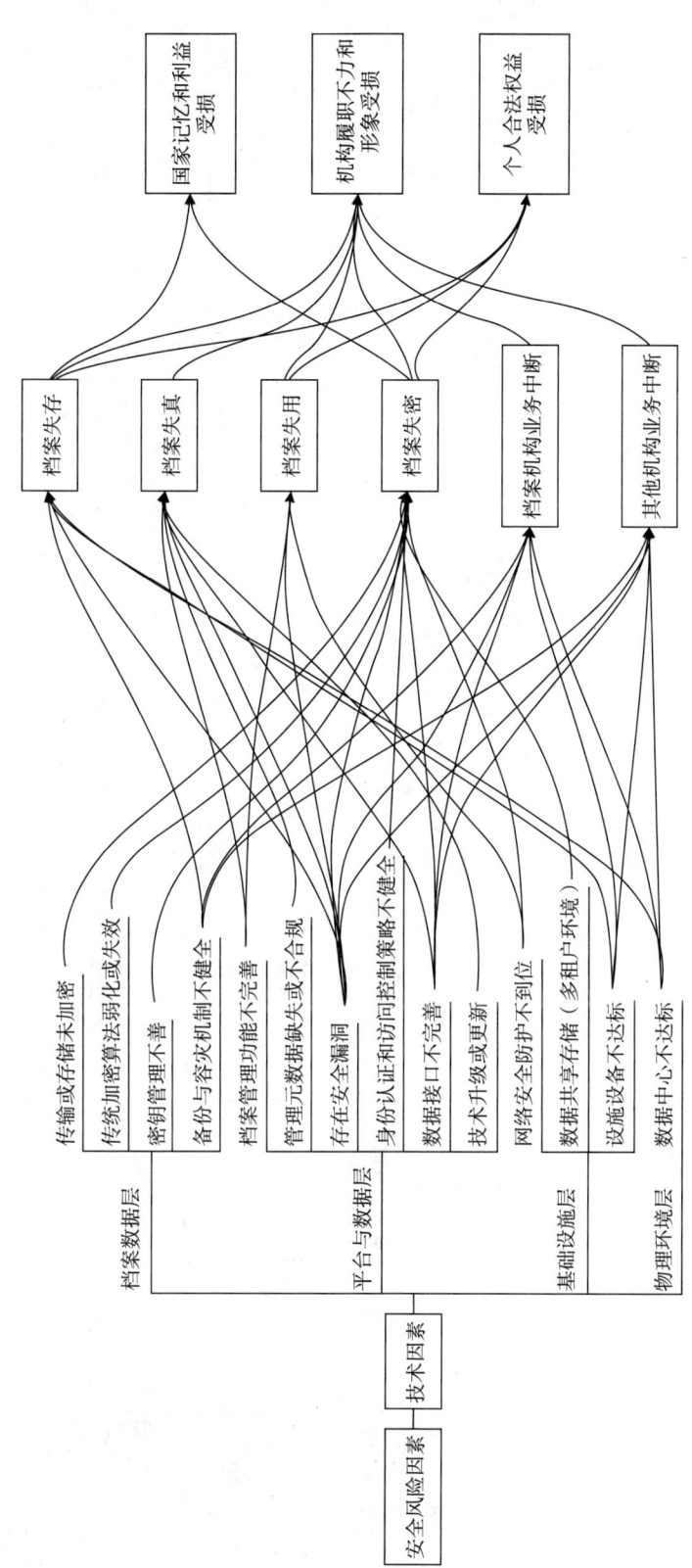

图 6-5-2 技术因素与风险损失的关系

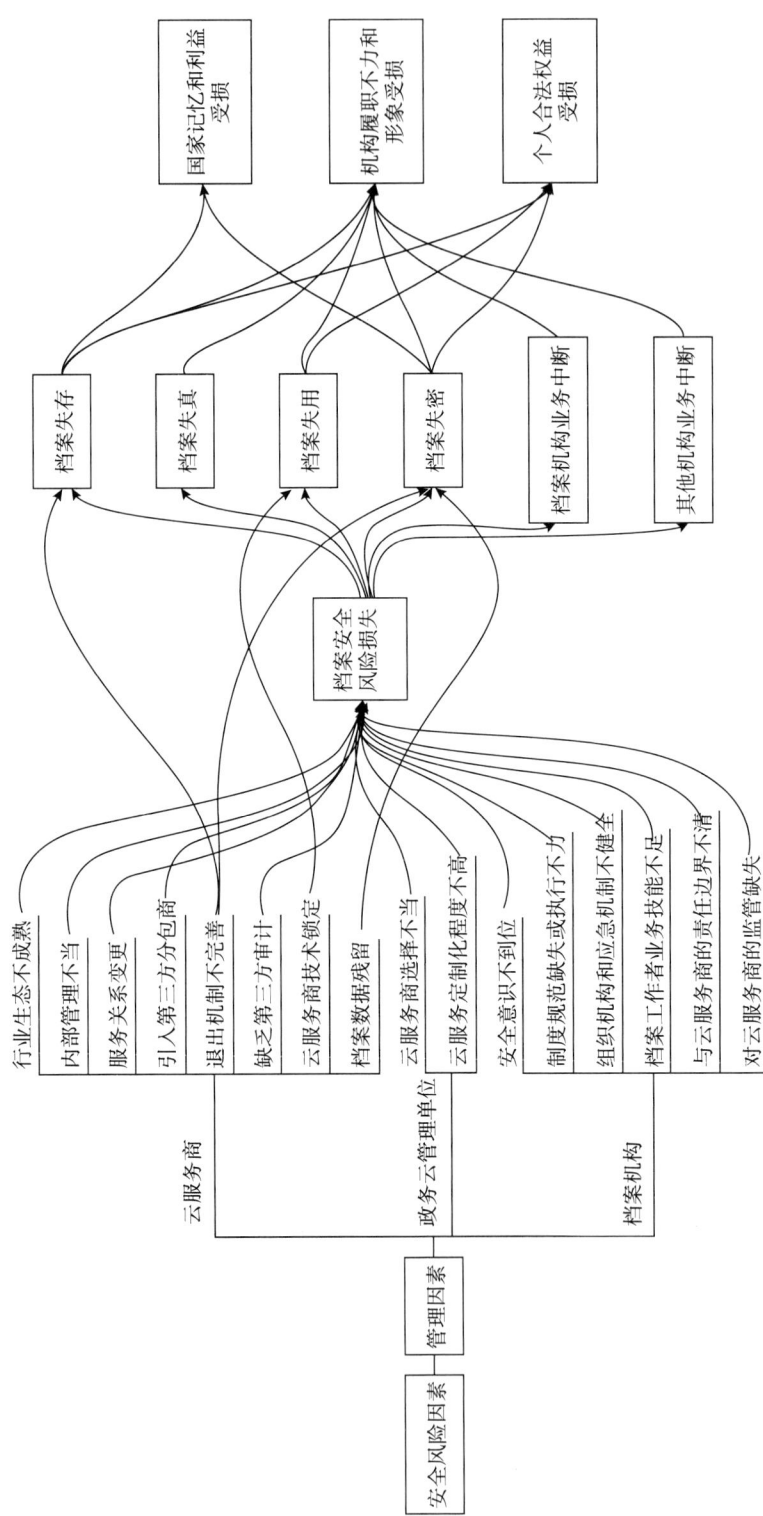

图 6-5-3 管理因素与风险损失的关系

泛，尤其是管理因素，很难确切地说某种因素会造成某种或某些损失，因此，图6-5-2和图6-5-3描述的主要是相对明显和直观的关系。在图6-5-3中，有些风险因素指向"档案安全风险损失"，表示该因素的影响非常广泛，很难将其具体指向某种或某些损失；有些风险因素则指向具体的损失，表示该因素与该损失之间的关系相对明显。第二，本部分揭示的关系是相对简单和静态的，但在实际工作中，风险因素之间和损失之间还存在叠加和相互影响的关系。多重风险并发，风险损失也会被放大。

6.5.2.2 安全风险应对[1]

根据第6.5.2.1节的安全风险识别和著者的深度调研，可从以下四个方面提出云数字档案馆的安全风险应对策略。

(1) 确定清晰的安全责任和职责边界

第一，要区分一组概念，即"安全责任"和"安全管理职责"。前者侧重最终安全责任，指向发生安全事故时的首要追责对象；后者侧重安全管理工作的内容或采取安全保障措施。以档案馆的数字档案馆系统建设外包为例，安全责任主体是档案馆，档案馆和承担软件开发的外包公司按照合同或协议共同承担安全管理职责。

第二，要确定政务云环境中的安全责任主体。根据《关于加强党政部门云计算服务网络安全管理的意见》提出的"安全管理责任不变"的要求，即"网络安全管理责任不随服务外包而外包，无论党政部门数据和业务是位于内部信息系统还是服务商云计算平台上，党政部门始终是网络安全的最终责任人"，据此可基本判定云数字档案馆的安全责任主体是档案馆。对安全责任主体来说，无论实际承担多少安全管理工作，都必须严格、认真履行自身的监督检查职责。

第三，要基于云服务模式划定安全职责边界。《信息安全技术　云计算服务安全指南》（GB/T 31167—2023）提供的"基本云服务能力类型控制范围的关系"如图6-5-4所示，可为安全职责边界的确定提供参考。根据该标准，无论采用何种服务模式，云服务商都要负责设施、硬件、资源抽象控制层的安全保障，而虚拟化计算资源、软件平台、应用软件的安全职责划分需根据应用能力类型、当地的政务云管理办法、签订的云服务合同具体分析。

---

[1] 何思源，刘越男. 政务云环境中的档案安全保障生态模型与策略研究[J]. 图书馆论坛，2021 (7)：68-77.

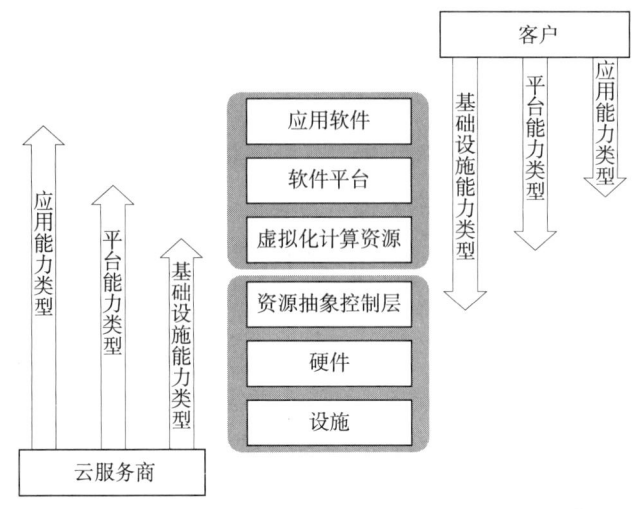

图6-5-4 基本云服务能力类型控制范围的关系❶

(2) 建立持续的监管和审计机制

在政务云环境中,监管关系是档案馆与云服务商之间的重要关系,即档案馆通过监管和审计的手段来防范风险。首先是在正式建设云数字档案馆前,档案馆应对云服务商开展"尽职调查",尽可能以客观中立的态度评估本地政务云平台的建设情况和安全性能。其次是在上云后,档案馆可参照《信息安全技术 云计算服务安全指南》(GB/T 31167—2023)、《云计算安全框架》(YD/T 3148—2016)及档案领域的相关行业规范,制定云数字档案馆安全监管与审计框架,明确进行安全监管和审计的维度和指标。一方面,档案馆要对云数字档案馆安全状况进行审计跟踪,定期对档案的"四性"进行检测;另一方面,要通过查阅审计报告、实地调研、听取汇报、焦点小组访谈等方式,对云服务商是否按约定采取必要的安全管理和技术措施进行持续的监督和审计。具体说来,主要有以下四种方式,一是档案馆借助政务云平台提供的安全监测和威胁感知工具进行监管;二是政务云定期主动出具安全审计报告,以证明自身的合规;三是考察中立第三方机构出具的面向政务云平台的安全审计资料;四是由政务云管理单位进行监管,并定期联合档案机构、信息安全主管部门、公安部门或第三方安全测评机构对政务云平台进行安全风险评估,对云服务商进行合规性审计。

(3) 实现档案资源的分级分类,明确上云范围

在实际工作中,影响档案上云范围的因素主要有档案资源属性和政务云类型。在档案资源属性方面,澳大拉西亚数字文件保管动议发布的《云计算中的文件风险

---

❶ 国家市场监督管理总局,国家标准化管理委员会. 信息安全技术 云计算服务安全指南:GB/T 31167—2023[S]. 北京:中国标准出版社,2023:12.

管理指南》揭示了决定风险程度的三个档案资源属性,一是文件的内容和主题事项,二是敏感程度,三是对业务的重要性。❶ 此外,著者在调研中发现,部分受访者表示需要考虑档案资源的形成环境。因此,可从敏感程度、业务重要性(主要体现在保管期限上)、形成环境以及内容和主题等四个维度确定档案资源的属性。需要说明的是,内容和主题维度包括民生档案和属于政府信息公开范围的档案,而没有涉及其他类型档案,主要是考虑到受访者曾多次提及这两类档案。政务云类型包括面向政务内网、政务专网、政务外网和互联网等不同网络的政务云。基于此,著者在调查问卷中设置了相关选项。调查发现档案资源的敏感程度对档案上云范围的影响非常显著,业务重要性、形成环境以及内容和主题维度的影响相对较小。如果将档案上云(包括面向内网、专网、外网和互联网的政务云)的支持率相加,可发现涉密档案的支持率是58.6%,属于控制使用范围的档案的支持率是89.06%,开放档案的支持率是92.18%,涉密档案和其他类型档案的支持率差距悬殊,可见我国档案工作者对敏感程度高的档案上云还是比较谨慎的。

从政策层面来看,《国家档案局办公室关于档案部门使用政务云平台过程中加强档案信息安全管理的意见》明确规定了档案上云范围的"红线"和"底线",即涉及国家秘密、工作秘密的档案数据和业务以及数字档案资源总库的管理与备份不得使用政务云,对于关键业务和涉及敏感信息和公民隐私的档案数据,可在确保安全的前提下考虑使用政务云平台。可以看出档案工作者的认知和国家政策规定存在一定差异,以涉密档案为例,国家政策明确规定涉密档案不得使用政务云,但调查数据显示仍然有58.6%的档案工作者认为涉密档案可以使用政务云。❷

结合上述政策以及访谈和问卷数据,关于档案上云范围的建议有以下四个方面:第一,从敏感程度来看,涉密档案不上云,开放档案可使用面向政务外网和互联网的政务云,属于控制使用范围但不涉密的档案可考虑使用面向政务内网和专网的政务云。第二,从业务重要性角度来看,可先从定期10年档案上云开始,按照10年、30年、永久的顺序逐步推进档案上云工作。第三,从形成环境来看,形成于政务云的原生性电子文件归档形成的电子档案可使用政务云,馆藏档案数字化成果和形成于本地环境的原生电子档案需要结合其敏感程度考虑是否上云。第四,从内容和主题维度来看,属于政府信息公开范围的档案可使用面向政务外网和互联网的政务云。至于民生档案,由于其实质是政府机构形成的与民生相关的业务档案,

---

❶ Australasian Digital Recordkeeping Initiative. Advice on managing the recordkeeping risks associated with cloud computing [EB/OL]. (2010-07-29) [2021-07-23]. https://www.caara.org.au/wp-content/uploads/2019/01/cloud-computing.pdf.

❷ 何思源,刘越男. 政务云环境中的档案安全保障生态模型与策略研究 [J]. 图书馆论坛,2021 (7):68-77.

范围较广也相对模糊，因此在上云与否的问题上存在争议。有受访者表示应根据查阅对象身份、档案开放程度、重要程度视情况而定；也有受访者表示民生档案属于可公开的档案信息，满足等保三级要求就可以上云。著者认为可在慎重考虑政务云安全的前提下，将民生档案存储在面向政务外网、专网或内网的政务云上。

（4）更新安全观念，提高业务技能

第一，调整文化心理，更新安全观念。我国档案领域存在一定的"行政导向"，档案工作者常常将工作的推动落实寄希望于政策的出台和领导的重视，但并不是每个机构都具备如此"完美"的条件，档案工作者需要转变这种文化心理，实现从过于依赖条件向积极主动创造条件的转变。在数字时代，档案工作者需要积极主动的安全管理观念，客观看待关于云数字档案馆的安全风险，建设云数字档案馆确实会带来安全风险，但本地部署的数字档案馆系统同样面临着风险，没有一种技术方案是完全零风险的。档案工作者需要做的不是寻找一种高枕无忧的解决方案，而是从众多方案中选择安全性强、保障措施完善、风险较低的一种，并尽可能采取措施以规避风险。正如英国国会档案馆发布的《云存储如何满足英国公共档案馆的需求》所述："无论数据存储在何处，我们都应该关注数据安全性，但如果认为大多数云服务本质上不如本地数据中心安全，那是不切实际的。这些云服务商是备受瞩目的目标，它们的服务器肯定会受到近乎持续的攻击。有时这些攻击会成功，服务也会受到不利影响，但其安全政策和程序通常不会低于档案馆本地数据中心。"[1]

第二，提高业务技能。几乎所有的受访者都表示档案部门缺乏信息技术人才，认为这是影响信息安全的重要因素。与之相应的解决方法有两个方面，一方面，加大技术型人才引进力度，这也是最常提及的；但不应该忽视另一方面，即"改造"档案工作者的既有知识结构，提升业务技能。曾有受访者提出一个有趣的观点，"档案上云面临的最大风险是档案工作者不具备识别风险的能力"，因此，档案工作者要有自发的学习行为，同时档案主管部门、档案学会等也要积极提供相关的培训资源。

---

[1] The National Archives. How cloud storage can address the needs of public archives in the UK [EB/OL]. [2021-07-23]. https://www.nationalarchives.gov.uk/documents/archives/cloud-storage-guidance.pdf.

第7章

数据权益均衡

—— 数字档案馆资源共享利用中的权责规制

在数字时代，数据资源成为社会活动的核心资源，数据权利问题成为各行各业关注的基础性问题。在档案数据的开放、利用和开发过程中，档案数据权利分配亦将成为档案数据实际应用的必然要求。本章主要聚焦于数字环境下档案数据权利的均衡配置，以从问题到对策的研究进路，分析档案数据共享利用中的权责失衡问题及原因，探索档案数据权益的均衡之道，以期在法理层面促进数字档案馆生态各方主体的和谐共生。

7.1 数字档案资源共享利用中的权责相关概念及研究框架

7.1.1 权力、权利、权责和权益

7.1.1.1 权力

权力是社会运行发展中不可或缺的力量，其内涵逐渐融入法学、管理学、行政学、哲学等多个学科视角中，形成了独特的权力概念体系。马克思·韦伯（Max Weber）将权力描述为"社会上无定形"之力[1]，一定程度上体现了权力在社会环境下表现场景的多样性。而对于如此宽泛、抽象的概念，相关学科领域多将其特征和要素作为描述概念对象的主要方式。在长久认识和实践中将其分成"行动权"与"控制权"[2]，行动权即将人视为要素进行管控的能力；控制权即掌控和占有社会生

---

[1] WEBER M. Economy and society: an outline of interpretive sociology [M]. Berkeley: University of California Press, 1978: 53.

[2] 迈尔，布鲁姆. 权力及其逻辑 [M]. 李希瑞，译. 北京：社会科学文献出版社，2020: 11–12.

产要素（土地、劳动、资本、信息）。无论是对人的管控还是对要素的控制，均反映出社会互动情境中主客体之间的利益关系，在中观、微观层面分析，即为具体角色的承担者对特定的权力对象施加的影响。❶

我国各级各类档案馆依照我国《档案法》相关规定行使行政权力。因此，在本章权力讨论范围下，主要强调以下三点：一是资源掌握，权力拥有者应对既有资源要素的掌握与配置的能力；二是分配能力，权力拥有者负责对手中掌握资源的再分配；三是基于从行政法律关系，对公共事务的管理，公法中的权力与私法中的权利可分别代表国家干预（权力）和私人自治（权利）之间的关系。❷

7.1.1.2 权利

与权力的定义方式相似，对于权利的讨论一般也以要素描述方式进行。从权利的性质入手，将权利定义为主体为追求或维护利益而进行的行为选择，并因社会承认为正当而受法律和国家承认与保护的行为自由❸，承认法律权利的正当性与利益性。而从权利的价值入手，权利可以决定权利人做与不做的自由，可以主导自然人对于公正、有序的判断和理解。❹

为实现社会平稳运行，应要求法律关系平衡统一。从行政权力与公民权利的比较视角看，行政权力具有公益性，不可代表公民个人利益；而公民权利则既可以代表国家或集体的利益，也可以捍卫个人的利益。❺ 权利与权力在最终实现的目的上具有同一性，二者的出现均为了保障社会的平稳有序运行。因此，本章在使用权利概念时，与公共权力相区分，优先考虑公民权利之于私权的含义，以便在界定权责均衡关系时有效分配各个法律关系主体的实际权力、权利、权益与责任。

7.1.1.3 权责

权责用以限制管理者的权限与职责范围，表现在我国行政运行机理下，即为权力建设制度，建立简政放权的权力清单与责任清单制度。2015 年 12 月，在《国务院办公厅关于印发国务院部门权力和责任清单编制试点方案的通知》中，将编制权责清单视为一项有效推进国家治理体系和治理能力现代化建设的重要举措，并以此为抓手形成边界清晰、分工合理、权责一致、运转高效、依法保障的政府职能体系。权责制度的设立体现出行政法中的基本主张——平衡论。平衡论主张行政机关

---

❶ 赵全军，陈艳艳. 权力概念的多面解读 [J]. 云南社会科学，2004 (4)：18 - 21.
❷ 孙国华，孟强. 权力与权利辨析 [J]. 法学杂志，2016 (7)：1 - 7.
❸ 北岳. 法律权利的定义 [J]. 法学研究，1995 (3)：42 - 48.
❹ Stanford Encyclopedia of Philosophy. Rights [EB/OL]. (2020 - 02 - 24) [2021 - 11 - 10]. https：//plato. stanford. edu/entries/rights/.
❺ 李步云，刘士平. 论行政权力与公民权利关系 [J]. 中国法学，2004 (1)：12 - 22.

和相对方的权利义务应保持平衡❶，故对国家机构而言，权责机制意味着限制自身权力控制的边界，承担法定义务。此种法律关系延伸至公民个人，即做到一项法律行为中权利与义务关系的统一。

在社会治理现代化运行环境下，对多元主体参与社会治理提出更高要求。其体现在法律关系上，便是对原有公权和私权并行的体制提出协商民主的更高要求，形成"小政府、强政府、大社会"的社会共治新局面。❷ 有学者进一步提出，在公权与私权交错运行的社会治理格局下，构建公权与私权共治的法律机制，需要确保机制的民主性和利益公平性。❸ 这种民主与公平性的要求进一步驱动了权责范围的制定，使整个社会的公共利益与个人利益之间，通过权力与责任、权利与义务的均衡，寻找到社会治理的最大公约数。

7.1.1.4 权益

权益在法律上一般被理解为公民受法律保护的权利和利益。在部分研究用语中，就权利与权益的使用方法没有进行非常细致的区分，而统一视为在法律正当运行框架下权利主体正当地争取利益的行为自由，使得在行文时二词在实际语境下隐晦地体现出"权利"是法律规定的表达，"权益"是针对特定群体进行讨论时的特定表达。而本章就数据的权利与权益的内涵进行额外辨析的理由包括两点：其一，数据作为生产要素的定位已经中央文件❹而定，其要素价值的发挥有政策指南❺引导，而各行各业的实践❻正在进行时；其二，档案数据既是业务活动的记录，也能驱动业务活动的有序开展，具备资产价值。

数据权益是一项复合型权利束，其法益兼具财产性利益与人格性利益。❼ 因此，对于档案数据权责关系的界定，其不仅要考虑非经济性的保障与回报（如数据知情权、隐私权、处置权），也要考虑档案数据作为资产要素时的经济价值。在本章涉及对于权责法律关系进行整体述评时，一致采用"档案数据权利"的概念表达。在数字档案资源面向社会的开发利用过程中，需要考虑数据经济价值表

---

❶ 罗豪才，甘雯. 行政法的"平衡"及"平衡论"范畴[J]. 中国法学，1996（4）：48–55.
❷ 王名，蔡志鸿，王春婷. 社会共治：多元主体共同治理的实践探索与制度创新[J]. 中国行政管理，2014（12）：16–19.
❸ 唐清利. 公权与私权共治的法律机制[J]. 中国社会科学，2016（11）：111–128，207–208.
❹ 新华社. 中共中央关于坚持和完善中国特色社会主义制度 推进国家治理体系和治理能力现代化若干重大问题的决定[EB/OL]. （2019–11–07）[2021–10–31]. http://www.qstheory.cn/yaowen/2019–11/07/c_1125202003.htm.
❺ 广东省政务服务数据管理局. 广东省人民政府关于印发广东省数据要素市场化配置改革行动方案的通知[EB/OL]. （2021–07–11）[2021–10–31]. http://zfsg.gd.gov.cn/zwgk/wjk/content/post_3342669.html.
❻ 施力维，周琳尔. 温州发放首个"个人数据资产云凭证"[EB/OL]. （2021–10–22）[2021–10–31]. http://www.wenzhou.gov.cn/art/2021/10/22/art_1229574963_59059201.html.
❼ 李晓宇. 权利与利益区分视点下数据权益的类型化保护[J]. 知识产权，2019（3）：50–63.

达时，将在数字档案资源社会化开发时获得的经济相关效益统一以"档案数据权益"进行概念表述，而对于其他与无明显经济收益的权利，以"档案数据权利"进行区分表述。

7.1.2 档案数据权利的内涵及特点

7.1.2.1 档案数据权利的内涵

（1）档案数据权利的概念

档案数据权利既是确定数字档案馆共享利用关系的关键要素，也是本章讨论的重点内容。但学界和业界对于"档案数据权利"之内涵及特点暂时没有发现单独的论述和系统的认识，对档案数据的相关概念尚存一定争论，档案数据主题相关内涵界定如表7-1-1所示。对于这一概念的现有研究进展来自"档案数据""数据权利""档案权利"三个方面。其中，"档案数据"是本章研究的对象，而对于"数据权利""档案权利"相结合的认识，构成档案数据权利特点。

表7-1-1 档案数据主题相关内涵界定

编码	概念界定	作者	年份
D1	从内涵看，档案数据是一种具备档案属性的数据；从外延看，档案数据包括电子文档、数字资源等	于英香❶	2018
D2	档案数据既包括档案内容、档案实体本身，还包括档案采集、处理、存储、开发、利用等全过程所形成的元数据和生成的新数据	陈雪燕等❷	2019
D3	（档案数据化）主要是指档案部门以用户需求和业务需要为导向，将数字档案资源（包括数字化转换形成的数字档案资源和归档电子文件）转换为可供阅读、分析和处理的档案数据资源的过程	赵跃❸	2019
D4	在业务工作中所形成的，能完整记录业务流程，便于日后业务工作，且能实现全文检索，方便档案利用者进一步编辑和满足用户的个性化利用需求的具有长期保存价值的电子形式的数据	陈艳❹	2020

---

❶ 于英香. 从数据与信息关系演化看档案数据概念的发展[J]. 情报杂志, 2018（11）: 150-155.
❷ 陈雪燕, 于英香. 从档案管理走向档案数据管理: 大数据时代下的档案管理范式转型[J]. 山西档案, 2019（5）: 24-32.
❸ 赵跃. 大数据时代档案数据化的前景展望: 意义与困境[J]. 档案学研究, 2019（5）: 52-60.
❹ 陈艳. 我国省级档案数据治理体系框架构建研究: 基于浙江省实践的研究[D]. 济南: 山东大学, 2020.

续表

编码	概念界定	作者	年份
D5	数据化的档案信息及具备档案性质的数据记录	金波等[1]	2020
D6	广义的档案数据是指各级各类档案机构收集保存的具有档案性质的数据记录，包括各种数据形式的档案资源		2020
D7	从内涵上看，档案数据首先应具备档案性质，具有档案的基本属性和基本价值；从形式上看，档案数据是指数据化的档案信息，既包括原生性档案数据，也包括在档案数字化基础上的档案内容数据化		2021
D8	"档案数据"一词在国内档案领域内存在多重语境，并没有统一的说明与界定。在（数据开放与治理）语境当中所谓的档案数据与数字时代流行的"档案信息"并无明显区别	赵跃等[2]	2021

根据表 7 - 1 - 1 分析可得，对于档案数据的相关认识仍然存在部分分歧，表现为两点：其一是"档案数据"来源范围的争议。D1、D2、D5、D6、D7 均以档案性质为出发点，将具备档案属性特征的数据认定为档案数据。D3、D4、D8 则从"数据作为档案"利用的角度切入，认为"档案数据"一词即为国外对科研资料数据的管理的表达，是"档案化的数据"而非"数据化的档案"，故多采用"档案数据化"代指其他学者所称"档案数据"。其二是持有"档案数据"表达的学者在这一概念应用范围的争议。D1、D2、D5 和 D6 是对档案数据概念的广义理解，认为档案数据以档案内容数据为内核，外延至档案管理业务流程数据和其他具备档案特征的数据。也有其他观点认为档案数据应从档案中来，而不应包括档案机构的业务流程数据。

在"万物皆数"的时代，不同的概念使用语境对档案数据的认识也会产生不同的影响。由于本章探讨的是档案数据的共享利用工作，数字档案馆中的所有档案数字资源在开放利用过程中均会面对档案数据权利问题，因此结合数字档案馆的探讨环境，将本章所述档案数据对应为数字档案馆保存的档案数字资源。

（2）档案数据权利的探讨

对档案数据权利的探讨，可以细分为档案权利与数据权利两个进路，并结合其

---

[1] 金波，添志鹏. 档案数据内涵与特征探析 [J]. 档案学通讯，2020（3）：4-11；金波，杨鹏. 大数据时代档案数据治理研究 [J]. 档案学研究，2020（4）：29-37；金波，周枫，杨鹏. 档案数据研究进展与研究题域 [J]. 情报科学，2021（11）：187-193.

[2] 赵跃，石郿冰，孙寒晗. "档案数据"一词的使用语境与学科内涵探析 [J]. 档案学研究，2021（3）：24-32.

不同的侧重点，界定档案数据权利。

档案学领域对于档案权利的认识随着相关法律文件的出台、修订的发展而持续深化。人们对档案权利的认识来自档案作为权利客体与权利主体的首次互动——档案开放，将其认为一种公民享有的国家档案保管部门自由获取档案信息的权利。❶ 档案开放实践的不断发展也推动人们对档案权利认识的不断深化。加拿大档案学者特里·库克（Terry Cook）认为20世纪档案学主题变化即根据国家档案概念建立起的以"司法—行政管理"为基础向建立在更广泛的公共政策和利用基础上的"社会—文化"档案概念的变化。❷ 根据2020年我国对《档案法》作出的修订，陈晋将其中相关权利作进一步的权利层次划分，将部分法条对应为公民使用档案的形成权、参与权、咨询权、投诉权、获取未公开档案权等权利。❸ 多数权利仍是围绕促进公民利用档案，推动档案开放工作实践产生的权利，少部分诸如处置权、所有权、奖励权等权利，在实际工作开展中并不突出。

而数据权利设置的目的是让数据在更加安全的环境下得到有效利用，当数据的安全性与数据的利用价值发生冲突时，多数时间会优先考虑保障数据安全。数据权利是指主体以某种正当的、合法的理由要求或吁请承认主张者对数据的占有，或要求返还数据，或要求承认数据事实（行为）的法律效果。❹ 在《数据安全法》《网络安全法》《个人信息保护法》等法律文件的要求下，对数据权利的规制重点放在个人数据（个人信息）保护层面，以防止数据层面的人格权、财产权被以不合法的手段剥夺。

从权利设置宗旨上，数据权利与档案权利有所不同。档案权利的设置宗旨是为了更好地保障公民对数字档案的利用，除对档案权利进行确权外，还增设了权利救济制度❺对公民利用档案的合法权利进行保障。而数据权利则更侧重于限制性条款，强调尊重数据权利主体的财产权与人格权前提下合法地利用数据。对于权利限制重点的不均衡，在于档案、数据权利主体均在数据资源的掌控程度中处于弱势地位，由于前者的主体更侧重公共群体，后者主体则是数据的特定主体，因此出现了权利侧重的不同。

（3）档案数据权利含义与表现形式

综合对档案数据内涵的考量和对档案、数据权利的认知，本章将档案数据权利

---

❶ 王改娇. 公民利用档案的权利研究［J］. 档案学通讯，2006（3）：43-45.
❷ 特里·库克. 1898年荷兰手册出版以来档案理论与实践的相互影响［M］//国家档案局，中央档案馆. 第十三届国际档案大会文件报告集. 北京：中国档案出版社，1997：143.
❸ 陈晋. 新《档案法》视域下公民档案权利和义务实现研究［J］. 档案与建设，2021（8）：45-51.
❹ 李爱君. 数据权利属性与法律特征［J］. 东方法学，2018（3）：64-74.
❺ 连志英，古楠珂，周盷. 我国公民利用档案权利救济制度之完善［J］. 档案学通讯，2021（3）：71-77.

界定为在数字环境下主体以某种正当、合法的理由受保护地使用档案数据（数字档案资源）的法律效果。此处的"使用"指含档案数据公开、利用、共享、开发等的多种使用行为，不能仅仅视作"关于档案数据的利用权利"。

在确认档案数据权利范围后，对于档案数据权利内涵的表现方式，可从资源环境、利用主体、应用场景三个方面进行思考。

从资源环境看，档案数据权利既是档案权利在数字环境下的权利合理的外延，也是数据权利中同时涉及公共数据和私人数据的"模糊权利地带"。一份数字化档案，其中可能既包括对公共利益有帮助的档案数据，也包括涉及个人隐私的档案数据。传统的按"件"进行管理数字档案资源的办法不适合细粒度的档案数据权利规范要求。因此，在档案数据环境中，需要对档案数据的主要来源和数据公开范围有所认知。

从利用主体看，对档案数据的利用主体进行有效均衡更加复杂。原有的权利侧重对数据资源的掌握和使用程度，而在档案数据的使用公开范围中，亦包括具有强数据处理能力的企业单位与数据研究者。数据使用主体具备的较强的数据挖掘处理的能力和更加严格的数据保护规制，会有档案数据权利滥用错用的风险，导致数据"失控"，进而使得数字档案馆对档案数据开放共享的限度予以收紧，客观上与档案数据化后增加利用效率的目标有所矛盾。因此，对利用主体，需要更为细致的权限划分和合理的监督控制机制。

从应用场景看，档案数据利用手段的增加丰富了档案数据权利的应用场景。在多元主体参与的档案数据共享开发利用实践中，具体的档案数据权利实现场景更加丰富。其中，不仅包括原来公众利用档案的场景，而且包括档案数据基于社会化、商业化开发所产生的新型场景。此时便需要根据档案数据权利进行不同的规制，达到权责平衡的目的。因此，对档案数据权利应用场景，应有一个较为全面的预测，使档案数据权利的应用有一定可解释、扩展的空间。

7.1.2.2 档案数据权利的特点

（1）共有性

数据确权问题作为数据权利界定的焦点问题，解决确权问题的目的即弄清"数据究竟属于谁的问题"，学界和业界的观点众多，大致可分为数据属于特定的主体（个人或平台）和数据属于共有（个人与平台共有或公众所有）两种观点。[1] 基于前文观点，由于档案数据是基于数字档案资源的内容本身，因此在确权中应首先参考数字档案资源特征，其次考虑部分档案数据共享利用的特殊场景对特定主体的

---

[1] 丁晓东. 数据到底属于谁?: 从网络爬虫看平台数据权属与数据保护 [J]. 华东政法大学学报, 2019, 22 (5): 69-83.

效果。

档案数据权利具有共有性特点。一方面，与传统档案管理机构相比，由于档案数据可以理解为传统档案的数据化形式，形式的变化不能左右权属的变化，因此档案数据的权属关系应基本保持与传统档案一致。在数字档案馆的保存场景下，由于档案数据的建设目的为通过各种网络平台提供公共档案信息服务，因此可以将档案数据权利在大多数场景下视为具有公共属性的数据权利，具有共有特征。另一方面，共有性不完全等于公有性或私有性。由于公有性要求档案数据法律不能分割授权、个体的人不能独立支配，这并不符合档案数据使用的实际情况，因此采用共有表述更适合。"共有"在此处指"公民之间的共有"。"公有"的基础是"共有"，"共有"的基础是"个有"，"个有"体现的是"依法公开"而非"秘密所有"。❶

确定档案数据权利中的共有性特点，有助于在档案数据共享开放过程中破除档案数据一定是某个特定主体所有、所控制、所使用的观念，并在一定程度上缓和了档案数据所有权、知情权、处置权等具体操作层面权限关系，为之后制定兼顾多方主体权责均衡的利用环境打下基础。

（2）动态性

当今社会中公民在两天内生成的数字信息接近于信息社会前两百万年内产生信息量的总和❷，庞大的数据量使档案数据如潮水般涌入数字档案馆。在"存量数字化，增量电子化"的档案信息化过程中，数字档案保存机构面临着档案数据进馆压力。❸在实体档案保管时代，档案全宗的组成被认为是一种积累，最终成果变为一个活跃的档案有机体。❹而在数字时代，档案数据的积累在数量、种类、频率等多方面，都体现了更大量级的积累与组成，在数字档案馆馆内形成了相当活跃的档案数据有机体。

档案数据权利的实现，要考虑权利客体——即活跃的档案数据有机体的特征属性。新的档案数据在移交入馆后，需要与之前在馆的档案数据之间建立关联。由于孤立存在的档案数据没有任何价值，因此在档案数据权利的实现过程中，不能孤立地去考虑单一数据，而要考虑档案数据之间整体的联系。在授权过程中，原有的档案数据权利主体，可能随着档案数据的关联不断增加变化，该变化对于一组档案数据的权利，也会由于关联数据的动态变化，而变得不可预测。区别于其他领域的数

---

❶ 黄建钢. "公有"与"共有"[N]. 光明日报，2014-12-16（11）.
❷ SADIN É. La vie algorithmique：critique de la raison numérique [M]. Paris：Éditions L'échappée，2015.
❸ SZONIECKY S, BOUHAÏ N. Collective intelligence and digital archives：towards knowledge ecosystems [M]. London：ISTE Ltd and John Wiley & Sons, Inc.，2017：1-2.
❹ 缪勒，裴斯，福罗英. 档案的整理与编目手册 [M]. 中国人民大学历史档案系档案室教研室，译. 北京：中国人民大学出版社，1959：5-7.

据权利，作为档案数据，其数据权利主体并非在入馆阶段"一次授权"的。对档案数据权利的评估，由于需要考虑共享利用时间节点的数据价值性和主体利害关系，因此具备"动态授权性"特点。

(3) 审慎性

档案数据权利的行使是需要多方审慎衡量的，这是由档案数据所具备的真实可信性决定的。数据具备巨大的社会价值与产业空间已成为社会共识。计算机科学领域专家在利用数据时将数据质量视为数据清洗时考虑的指标，其主要分为数据客观指标（如数据来源、生成时间等）与数据主观指标（如数据可信度、数据及时性等）❶ 两大类。前者考虑根据元数据进行清洗，而后者中数据的可信度往往因为数据来源复杂、数据质量不齐，所以在实际数据清洗操作中难以有良好的实现方式。与其他数据相比，档案数据的优越性体现在采用"真实性、完整性、可靠性、安全性"等更高的质量标准。因此，数据采用档案化的管理思路，能够为数据实际使用者和分析者提供真实原始的数据，大数据时代的档案数据，也将成为总体质量较高的数据种类。

一方面，档案数据的高质量使其成为利用价值较高的数据种类，且其管理和利用受到《档案法》的保护；另一方面，档案数据中的公共数据关系到众多相关方的利益，若被不当使用，将会产生不良影响。因此，档案机构和立档单位在看待档案数据的利用时，在开放授权时往往采用较为谨慎的态度。

(4) 价值性

在数字经济的背景下，数据价值凸显，从业者通过新的数据技术，可以收集大量有价值的数据，产生利用这些数据的强烈的利益驱动力。❷ 档案数据具备了政治、经济、文化、社会、技术等多方面的使用价值，从利益区分的视角看，档案数据权利可分为基于财产权的权利和基于社会利用的权利。

基于财产权的权利特征，即档案数据用益权。数据用益权是围绕数据管理和利用所形成的一种具有兼容性的财产制度。❸ 在数据计算能力发展的当下，档案的财产价值将被进一步挖掘。而基于社会价值的权利，既体现在开放档案数据服务社会生活，也体现在历史档案数据守护文化记忆。基于数据的生命周期理论，档案机构既是档案数据利用的起点，也是档案数据利用的终点。档案数据在多次利用中不断筛选，数据可用价值不断增强，呈现出利用次数越多，数据质量越高的良性循环。

价值是双向互动的，当一方获取利益，可能另一方的利益会因此受损。当数据

---

❶ 郭志懋，周傲英. 数据质量和数据清洗研究综述 [J]. 软件学报，2002 (11)：2076–2082.

❷ 龙卫球. 数据新型财产权构建及其体系研究 [J]. 政法论坛，2017 (4)：63–77.

❸ 申卫星. 论数据用益权 [J]. 中国社会科学，2020 (11)：110–131，207.

权利与数据权益的区分没有做好限度，将所有与数据相关的利益都赋予法律权利的资格，便有可能导致"权利泛化"现象。❶ 因此，对档案数据价值的衡量与评估是档案数据权利价值性实现的关键条件。

7.2 档案数据共享利用中的权责失衡问题

在新型共享利用生态环境下，公众渴望获取利用高质量的数字档案资源。数字档案馆资源馆藏虽不断扩充，却因其开放共享规制无法形成有效资源供给，供需双方的矛盾进而导致档案共享利用工作中的权责关系出现失衡现象。2021年11月，普华永道在其公开的《数据资产化前瞻性研究白皮书》中提及，数据具有无限复制性，这导致同一数据上可以承载多方权利（即"一数多权"）。❷ 其具体表现在权利主体与主体间的行为关系会因权责失调产生用权矛盾，集中表现在保密与开放、数据共享与隐私保护、社会化开发利用与知识产权保护三个方面。

7.2.1 公民公开数据获取权与数字档案馆数据保密责任失衡

档案数据开放是讨论档案数据共享利用权利问题的先决条件。由于数据完全封锁在单一机构或个人手中，便不会存在数据共享利用过程中讨论的若干争议，因此鼓励档案数据开放是著者研究的基础。同时，档案数据开放与档案数据保密工作之间的相关矛盾问题也成为处理档案数据开放共享权责失衡问题的主要矛盾。

7.2.1.1 "公开—监督"机制导致的档案数据知情权失衡

数据知情权可表述为，公民有权知道政府持有、保存的，与其权力行使有关的一切信息，除非法律有例外的规定。❸ 根据《电子档案移交与接收办法》的规定，档案移交单位一般自电子档案形成之日起5年内向同级国家综合档案馆移交。已经移交档案馆及档案工作机构的政府信息的管理，依照有关档案管理的法律、行政法规和国家有关规定执行，例如《政府信息公开条例》。由此可知，国家综合档案馆是法定的档案保管机构，档案移交同时意味着信息开放权力的移交，虽然2020年修订的《档案法》中规定"馆藏档案的开放审核，由档案馆会同档案形成单位或者移交单位共同负责"，但是无疑档案馆在其中扮演主要角色。涉及已公开政务信息的提供利用，更是《档案法》在2020年修订之前档案诉讼案件的焦点之一。部

---

❶ 李晓宇. 权利与利益区分视点下数据权益的类型化保护［J］. 知识产权，2019（3）：50 – 63.

❷ 普华永道. 数据资产化前瞻性研究白皮书［EB/OL］.（2021 – 11 – 15）［2021 – 11 – 17］. https://www.pwccn.com/zh/research – and – insights/white – paper – on – prospective – study – of – data – capitalization nov2021.pdf.

❸ 章剑生. 知情权及其保障：以《政府信息公开条例》为例［J］. 中国法学，2008（4）：145 – 156.

分综合档案馆并没有将已公开的政务信息沿用政府信息公开中的有关办法进行继续公开，而是采用档案封闭期的相关规定进行处置，在处置过程中易引发相关法律争议。

对于之前属于公开范畴的政府文件在归档后是否仍履行保密相关规定的纠纷，在司法判决中较为常见。根据判决结果进行分析，一方面，在相关判决书判决部分，法院适用法律较为混乱，当法院支持上诉人请求敦促公开时，一般使用政府信息公开中的相关条例表述或直接给出公开结论；而当法院驳回上诉时，则采用《档案法》和《政府信息公开条例》使用意见中相关表述。另一方面，由于判决结果与法院等级、判决时间、文件性质均无明确关联，因此可知这一问题仍在行政诉讼中存在争议。根据著者调研发现，相关行政判决起诉"战线过长"，大多数案件维持一审判决的可能性较大，且驳回起诉概率和时间成本均较高，使公民在归档申请政府信息公开材料时承担的风险相对较高、代价相对较大。

有公共管理领域学者认为，政务信息公开不充分以及由此导致的实际监督权不对称是政府公共监督权利空泛的基本原因之一[1]，充分的政务信息公开实际上维持了信息公开权力与公众监督权利的相对均衡。当公开政务信息在归档后，"公开"的职能便戛然而止，是破坏了原有信息公开与公众监督原有权责均衡生态。在"公开"与"开放"的定义中，公开更侧重保障公民的知情权。对于政府信息知情权不等同于档案开放中得以看到政府档案原件的权利，由于在前者的信息公开范围中，有一定情况是以公文方式直接公布，因此出现了将"政府信息"直接等同"文件"进行公开的认识。原先公开可获取且不被认定为涉密不宜公开的政府信息文件，在经历归档环节后，反而不可获取和公开。这些程序与信息公开保障公民知情权、监督权的初衷不合，与公民惯常思考信息公开中"密级逐级递减"的逻辑不合。在相关法律规定的移交公开模式下，移交的是机构信息公开的权力，限制的却是公众原先的知情权和监督权，导致了"公开—监督"机制下的权责失衡。这一情况在 2020 年修订的《档案法》中已经得到一定的纠正。2020 年修订的《档案法》第十五条规定："经档案馆同意，提前将档案交档案馆保管的，在国家规定的移交期限届满前，该档案所涉及政府信息公开事项仍由原制作或者保存政府信息的单位办理。移交期限届满的，涉及政府信息公开事项的档案按照档案利用规定办理。"但馆藏档案的开放仍然缺乏有效的监督机制。

7.2.1.2 "持有—所有"机制导致档案数据可携带权失衡

数据可携带权的权利表现在数据权利主体可获得与可根据自身意志转交其他机

---

[1] 张国庆，杨建成. 信息公开与权力平衡：新时期中国政府有效监督的现实路径 [J]. 天津社会科学，2009（3）：52-58.

构保存数据。主要体现在两个方面,即权利主体获得数据的权利和转移数据的权利。❶ 从现实出发,由于数字档案馆出于保密的需要,一般采用局域网、电子政务外网、互联网"三网隔离"的模式,但较难实现档案数据的直接携带,因此著者结合档案数据保存审慎性的特点,将档案数据的携带定义成档案数据权利主体可以了解和自己有关档案数据的情况,并且档案机构可以根据需要合理地为其提供数据相关凭证供其自身利用。

在实际工作中,数据现实持有人与数据理论持有人可能出现矛盾,前者认为自身持有的数据虽然是后者的非敏感个人信息,但因为自身在收集、整理、保存这些数据中付出了劳动,所以数据的所有权和支配权应当属于当下的持有人。后者认为,因为前者保存的数据中可能含有自身隐私信息,为避免自身的人格权、财产权受到非法侵犯,所以要求拥有这些数据控制权。有研究发现,在《个人信息保护法》生效后,其根据该法向39类具有代表性的App中的78款产品索要自身在应用中生成的个人数据时,仅有10款可以支持用户的个人数据自行导出。❷ 由此可见,数据现实持有人还没有完全根据相关法律规定实践做好与数据中所含信息的广大"理论持有人"合作并行的准备。

相比于商业数据收集机构"不愿给",档案数据机构作为"理论数据持有方"面临的却是"不能给"与"不敢给"的困境。其一,数字档案按"件"管理的模式下,档案数据的提取本身便是困境。其二,针对档案数据中个人信息的范围还没有有效的识别鉴定机制,难以从原先档案的内容与元数据中找到确凿且有效的方式为每一位用户识别数据。其三,档案机构具有对档案数据安全负责的职能,也承担相应的法律风险,一旦因为提供利用出现安全问题,往往难以接受。其四,在线上查档、异地办理的实践中存在的个人档案数据利用问题,与档案数据单纯的获知有所差异,应进行更妥善的协调。综上,档案数据方面的"数据持有方"由于各个方面的顾虑和困难,无法做到与《个人信息保护法》等相关数据法规中数据可携带权相权衡的数据标准,因此当"可携带"成为数据权利的主张形式时,档案数据权利可能面临可携带权的冲击和失衡。

7.2.2 公民人格权利实现与数字档案馆共享利用权力失衡

2013年,美国第42任总统比尔·克林顿(Bill Clinton)在与比尔·盖茨(Bill Gates)的讨论中,曾就美国国家安全局(NSA)的信息收集机制予以批评,称在

---

❶ 卓力雄. 数据携带权:基本概念、问题与中国应对[J]. 行政法学研究,2019(6):129-144.
❷ 殷继. App会让你"拷走"个人信息吗?[EB/OL]. (2021-11-14)[2021-11-18]. https://mp.weixin.qq.com/s/yEvZuj7CWVreMNiAZeEV_w.

数据的收集与公民权利的保障方面，双方出现了权利失衡❶，即机构收集公民个人信息的权力与公民人格权出现失衡。我国《民法典》第九百九十条规定，人格权是民事主体享有的生命权、身体权、健康权、姓名权、名称权、肖像权、名誉权、荣誉权、隐私权等权利。档案在数字技术发展的当下，需要去平衡隐私与访问之间的权利关系❷，其中档案数据利用过程中容易涉及人格权，主要是隐私权与个人信息权，两者因其设立属性、客体界分的不同而不能混为一谈。但由于在档案利用中具有权利交错性和竞合性，因此权利救济方式无甚差异。❸ 在数字时代，有学者进一步将数字人格权解释为个人在数字时代身份建构的自主性和完整性❹，该解释对档案数据服务中的数字人格权探讨具有启发意义。

7.2.2.1 数字人格权下数据可识别性与匿名化与档案数据开放权力失衡

数据隐私问题长久地成为档案数据保存机构的一大难题，在美国国家标准与技术研究所（National Institute of Standards and Technology，NIST）将个人身份信息（personally identifiable information，PII）的处置视为美国NARA重点需要解决的问题之一❺，而如何识别出"适合的文件"❻成为档案机构面临的首要挑战。

对于档案数据个人信息的识别，人工信息审查与数据识别审查均不能较好地适用于实践。在档案利用中，对于档案中个人信息（含隐私信息）的识别，往往依靠人工对待档案内容的审核，即"信息来源鉴定"❼的方式进行人工审查。在按"份"保管的档案中，其中一份档案可能包括多个自然人的个人信息。而对于个人信息的识别，由于该识别一般采用"可识别性"标准，即只有经过脱敏处理，无法识别或不能直接识别出信息主体的数据❽才能排除包括个人信息的数据，符合数据的利用标准，因此往往采用匿名化的方式进行个人信息的排除性保护。

然而，一方面，人工审查无法适应档案数据的量级；另一方面，对个人信息实

---

❶ KANDER N. Bill Gates and President Bill Clinton on the NSA, safe sex, and American exceptionalism [EB/OL]. (2013-12-11) [2021-11-20]. https://www.wired.com/2013/11/bill-gates-bill-clinton-wired/.

❷ MILLAR L A. Archives: principles and practices [M]. London: Facet Publishing, 2010: 107.

❸ 王利明. 论个人信息权的法律保护：以个人信息权与隐私权的界分为中心 [J]. 现代法学, 2013 (4): 62-72.

❹ 陆青. 数字时代的身份构建及其法律保障：以个人信息保护为中心的思考 [J]. 法学研究, 2021 (5): 3-23.

❺ MCCALLISTER E, GRANCE T, SCARFONE K. Guide to protecting the confidentiality of personally identifiable information (PII) [EB/OL]. (2010-04-01) [2021-11-20]. https://nvlpubs.nist.gov/nistpubs/Legacy/SP/nistspecialpublication800-122.pdf.

❻ National Archives. A management guide [EB/OL]. (2019-04-25) [2021-11-20]. https://www.archives.gov/records-mgmt/policy/agency-recordkeeping-requirements.html.

❼ 龙家庆. 被遗忘权及其对档案工作的影响 [D]. 北京：中国人民大学, 2019: 33.

❽ 奥斯特芬. 数据的边界：隐私与个人数据保护 [M]. 曹博, 译. 上海：上海人民出版社, 2020: 9.

施过于细致的匿名保护甚至删除，可能会降低公民利用档案的积极性。例如，浙江省档案馆在浙江省人民政府数据开放平台中率先提供了 12 个专题档案数据库信息，属于档案数据公开的先行机构。截至 2021 年 11 月 20 日，著者对该平台有关数据进行统计发现，浙江清代官员履历信息数据库以 28159 人次访问量，1790 人次下载量居所有数据利用热门排行榜第四名❶，可见公众对档案数据的关注程度。然而，在利用评价中却没有获得理想的效果，针对数据集评价多≤三星（满星为五星）❷，大部分用户多反映，"xls 文件下载之后只有'籍贯''年代''数据编号'三列""字段不全的数据基本没有用处""没有姓名，只有籍贯的数据没用"。该数据库管理员回复："该数据集中的姓名和职官字段为受限开放字段""纸质档案，著录时只标注了题名、时间等关键信息，具体信息并没有数据化"。造成利用受限的原因就是档案机构在数据公开时对个人信息进行了删除处理，而公众对于该档案数据集（指清代官员履历信息）的利用需求首先便是历史研究的需要。历史人物的名称、籍贯等信息对于历史研究至关重要，如果以上信息不可见，那其余年代、编号信息将失去数据核心价值，反而失去了档案数据开放的初衷。

然而，相关研究和实践表明，即便数据已经匿名化处理，仍面临被识别的风险。一项隐私调查结果显示❸，当个人数据经过匿名化处理只剩下三项信息（出生日期、邮政编码与性别）时，仍有 87% 的人会被精准识别。而当个人已有部分信息时，将很容易根据公开数据集去倒推公众的关联数据。❹ 匿名化的防范如同"窗户纸"般一击即破，而删除重要信息会严重破坏档案数据利用价值。档案数据利用技术手段和对个人信息的识别机制无法满足数字人格权（隐私权、个人信息权）和档案公开利用价值的平衡，导致档案数据实际开放工作陷入两难的困境。

7.2.2.2 公民被遗忘权与档案数据长期利用权利失衡

被遗忘权，是我国对信息删除请求权的通俗表述。在数字身份的建构过程中，对数字身份中数据的"创建"与"删除"同样重要。有观点认为，在档案数据利用中，假如权利主体认为档案馆公开的数据过于"个人化"，便可以要求档案管理员对这份档案进行删除。❺ 长久以来，对"被遗忘权"的认识限于权利主体有权对

---

❶ 浙江省人民政府. 热门数据动态［EB/OL］.［2021-11-20］. http：//data. zj. gov. cn/jdop_front/index. do.

❷ 浙江省人民政府. 浙江清代官员履历信息［EB/OL］.［2021-11-20］. http：//data. zj. gov. cn/jdop_front/detail/data. do?iid=3024.

❸ ȘERBU R. ROTARIU I. Privacy versus security in the internet era［J］. Procedia Economics and Finance，2015（27）：73-76.

❹ 参见深圳市政府数据开放平台数据集（高速公路 ETC 深圳数据），在匿名过程中，将车牌号进行后三位的匿名处理，但由于车牌号具有特殊性，当已知某车牌号进行检索时，可以根据其大致行程和过闸时间去推算其他关联数据。

❺ MILLAR L A. Archives：principles and practices［M］. London：Facet Publishing，2010：116.

档案数据进行删除。这种认识也在一定程度上引起了档案机构作为档案保管机构的恐慌，继而对这一权利予以反对。当公民能够根据"被遗忘权"来要求删除档案数据以及相应的赔偿时，"被遗忘权"将很有可能被泛化成为一种"口袋权利"，被进行不加节制的利用。而实际上，对于"被遗忘权"的处理方式最终目的不应是"删除"，而是"遗忘"。处理方式体现在两个方面，其一是删除（或予以修正）数据，其二是保留数据但切断数据的公共传输渠道，将数据在一定范围内加密设限。

长期保存是数字档案馆的核心业务之一，长期保存的目的是保证数字档案长期的利用与考查。对于未开放的档案数据而言，其保存的需要能够保证数据的潜在利用活力；而对于已开放的档案数据，便意味着这些数据将在相当长的一段时间内长期暴露在公众视野中。档案数据只有"保存期""开放期"，而缺少"遗忘期"，会导致档案数据中个人信息拥有者的恐慌。

无独有偶，在网页存档中，对于产生不良影响的舆论事件，往往能够很好地注意当事人隐私得到保护，而对于值得宣传的好事，便有将行善者的人脸信息、车牌号等信息直接以热搜关键词形式进行公开，无疑是借"公共宣传"的名义对个人隐私的一种侵犯。档案数据长期保存效果的实现，将会在一定程度上影响档案机构与公民协调档案数据的个人请求"删除权"与"公开利用权"的关系平衡。

7.2.3 档案数据产权与档案多元开发模式中权益分配失衡

数据产权是基于数据开发产业过程中对数据权益进行分配的权利。有研究表明，对数据产权进行直接研究的文献不多，而多数研究将数据产权以知识产权和数据财产权（包含无形财产权）❶作为间接研究数据产权的抓手。在多元开发模式下，数据开发的参与主体逐步丰富。社会开发范式的变化影响开发模式变化，从原来仅由档案机构提供档案编研和开发变为公众、大数据平台、企事业单位等多元主体共同开发的模式。由于档案数据的共有性，档案数据权利并不集中于单一主体之中，因此在开发模式下需要审慎考虑多个主体权利的平衡。

7.2.3.1 数据资源无形财产权的档案数据产权权益分配失衡

2021年，互联网档案馆因未经出版商许可公开了一系列数字资料而被四家出版商联合起诉，出版商认为这种私自公开的行为侵犯了它们的合法利益。❷其焦点问题在于互联网档案馆能否对具有知识产权的馆藏进行公布的权利。由此可见，在档案数据的公布和开发中，数据确权问题没有明确的前提下，涉及财产权的各项权利

---

❶ 付伟，于长钺. 数据权属国内外研究述评与发展动态分析［J］. 现代情报，2017（7）：159-165.

❷ SCHARD R. Hachette book group v. internet archive: is there a better way to restore balance in copyright?［J］. Internet Reference Services Quarterly, 2021（24）：53-58.

会出现"野蛮生长",权利主体习惯基于传统物权对于全部权利的掌握,要求自身对于数据开发起决定性作用。

相比于传统档案资源、数字化档案资源的开发,档案数据开发的优势在于可以突破"卷与卷""件与件"的物理隔阂,实现内容数据的关联分析,但数据分析能力的强大也会增加在档案数据分析中的顾虑。其一,从价值开发许可看,目前没有机构或个人能够完全基于对数据开发利用目的识别为其提供不同范围数据使用权限。其二,从价值实现方式看,档案数据无所保留地开放,虽然在一定程度上会为社会化开发提供便利,但是也会为观望已久的商业机构予以先一步的商业化利用(例如一些国外企业瞄准中国档案数据发展潜力,纷纷提前进入中国市场进行有关布局)❶,无法准确地控制数据的流向和价值实现方式。其三,从价值衡量标准看,当前技术无法基于档案数据内容得出准确的数据财产估值,对于开发后能够获得利益的多少及其财产价值在特定开发模式下的主要贡献(数据的内容、数据库的整体质量、元数据的著录质量)均难以预测。综合以上三点,故而即使档案数据资源完整、技术手段成熟,档案保存机构拥有数据,却也会顾虑其所存档案数据不具备相应开发法律条件而难以行使提供数据开发利用的权力。

7.2.3.2 数据资源知识产权的档案数据产权权益分配失衡

对社会化开发有广义与狭义两种理解,对于档案数据的广义社会化开发指社会各个主体共同参与数据的开发过程,狭义社会化开发指公众对档案数据的开发过程。本节关于社会化开发表述采用狭义的理解,即在连志英对档案数字资源社会化开发的概念基础❷上引述为社会公众参与档案机构的档案数据进行开发。在我国,能够进行社会化开发的档案数据,多属于得到批准开放的档案资源,在一定范围下与"财产权"的要求产生竞合,故不具备特定主体的财产权。社会化数据开发一般在不直指财产权权益分配的前提下,重点关注知识产权对数据产权的影响。

《知识产权强国建设纲要(2021—2035年)》提出:"推动知识产权信息开放共享,处理好数据开放与数据隐私保护的关系,提高传播利用效率,充分实现知识产权数据资源的市场价值。"据著者在期刊论文和网络资源的检索情况考证,本章将"涉知识产权档案数据资源"理解为具备知识产权的权利客体所包含的数据资源。不是所有档案数据都享有知识产权,只有符合"创造性成果或经工商标记"的档案提取的数据资源,才符合"涉知识产权档案数据资源"的总体特征。

档案涉及的著作权与档案开发权利的不均衡已经引起各方重视。国内,基于开

---

❶ 聂云霞,况芷颖,胡丹. 面向数据服务的商业性档案机构发展:挑战与机遇[J]. 浙江档案,2021(9):39-41.
❷ 连志英. 数字档案资源社会化开发内涵及模型建构[J]. 档案学通讯,2019(6):27-34.

放时限的要求与计算方式,《档案法》与《著作权法》对这部分内容的理解在法律规定上没有完全统一。❶ 国外,档案机构作为公共资源存储机构,在保障公共访问利用的同时,也要兼顾著作权人利益。❷ 其均强调在知识产权有关法律规定下协调知识产权的权利拥有者与开放过程的平衡利益关系。档案数据的利用打乱了原有的基于整体的产权模式,当运用一组数据进行开放时,如果不在开发前设定知识产权的主体范围,便有可能在追溯知识产权过程中出现多个权利主体,而档案馆对于数据的收集本身也会为数据集附加知识属性,使原先难以协调的档案知识产权与开放利用之间的矛盾进一步陷入困境,从而阻滞档案数据的开发利用。

7.3 档案数据共享利用权责均衡关键瓶颈

7.3.1 档案数据确权制度难以建立

确权是指组织机构或行政机关对相应权利的确认,不同的领域会拥有不同的权利确权。在数据权利没有纳入确权范围讨论之前,确权一般用于讨论房屋确权、土地确权等问题。随后,数据确权产生于数据要素进入市场化交易的社会环境中,用于明确数据交易双方责任与权利等方面的相互关系❸,规范数据要素在市场交易行为的买卖秩序。在档案数据权利探讨边界下,对档案数据进行数据确权仍是关键性问题,其关乎谁来决定档案数据开放和谁来划控开放边界。但该问题因档案数据的特殊性无法纳入数据交易环境下,使得探讨尤显艰难。具体体现在无法区分档案数据权利主体,难以建立覆盖档案数据的数据分级分类制度和档案数据纳入数据确权平台困难三个方面。

7.3.1.1 档案数据权利主体难以辨析

多数观点认为,数据是人机交互的产物❹,数据的生产则是自然人与数据生成的机器共同作用的过程。而档案数据的生产,可以认为是原生物理、数字态档案的档案生成者、生成与提供存储服务的机器、档案管理者(同时担任档案数据的生成加工者)、提供档案数据进一步服务的机器"交织精制"的数据。同时,档案数据

---

❶ 陈智慧. 档案数字化中的著作权合理使用制度初探 [J]. 档案学通讯,2019 (5):65-73.
❷ DE KLERK T. Ethics in archives:decisions in digital archiving [EB/OL]. (2018-06-01) [2021-11-21]. https://www.lib.ncsu.edu/news/special-collections/ethics-in-archives%3A-decisions-in-digital-archiving.
❸ 彭云. 大数据环境下数据确权问题研究 [J]. 现代电信科技,2016 (5):17-20.
❹ 文禹衡. 数据确权的范式嬗变、概念选择与归属主体 [J]. 东北师大学报(哲学社会科学版),2019 (5):69-78.

的来源单位与个人的业务主体的复杂性、同一份档案数据的生成保存单位的重复情况也会为这一问题的解决套上更多枷锁。

一方面，现有数据体量庞大，但不是所有数据都具有同等隐私权、开发权，由于其数据生成情况不同、用益不同而难以区分，因此没有办法在数据本身与每项数据应具备的权利之中形成良好的对应关系。另一方面，在上文所述"持有—所有"机制失衡问题下，有关法律规定难以给予档案数据所有权、可获取权、可携带权、隐私权、开发权、被遗忘权与删除权等若干权利与数据权利主体之间划分精细的对应关系，进而无法依靠精准赋权的方式平衡权责关系。

综上所述，在"数据—权利—主体"的分析逻辑下，三者因为其所负责的情况不同，所以客观上无法实现具体问题具体分析的档案数据精准赋权，便更难以定制符合现实情况的权责清单使用。

7.3.1.2 档案数据分类分级制度难以覆盖

数据分类分级制度是保障数据安全的核心举措之一，《数据安全法》第二十一条提出，应根据数据在经济社会发展中的重要程度以及一旦遭到篡改、破坏、泄露等造成的危害程度，由国家数据实行分类分级保护制度。数据分类分级一般遵循先分类再分级的顺序，其中数据分类强调的是根据数据的不同属性、特征有序排列，分级则侧重于在数据已经分类基础上，按照标准进行安保级别划分。❶我国一些地区发布了各地的公共数据分类分级指南，例如，上海市发布的《上海市公共数据开放分级分类指南（试行）》、浙江省发布的《数字化改革 公共数据分类分级指南》、重庆市发布的《重庆市公共数据分类分级指南（试行）》等，对数据对象、重要程度、共享属性、开放属性、应用场景等因素进行分类识别，从而对数据敏感性进行定级。

根据《数据安全法》相关要求，档案数据一般按照行业标准进行进一步细化与分类，由此带来有关后续问题。一方面，行业性数据分类分级标准，是由数据主体、主题、业务等不同属性的客观情况与业务部门专家共同研判，其目的是保障数据使用的安全性。而仅以维护数据安全为管理目标，其无法满足促进数据开发利用的要求。❷另一方面，数据分类分级路径对于不同行业的众多组织的主管监督部门，不具备高效的互操作性。❸而数字档案馆数据的汇交，其必然涉及不同行业、业务形态，前端业务数据在数据归档后可能面临重新分类定级的尴尬局面，客观上提高了数据归档难度和档案数据开放共享门槛。

---

❶ 王真. 数据分级分类研究 [D]. 北京：北京外国语大学，2021：5.
❷ 王真. 数据分级分类研究 [D]. 北京：北京外国语大学，2021：8.
❸ 洪延青. 国家安全视野中的数据分类分级保护 [J]. 中国法律评论，2021（5）：71-78.

7.3.1.3 档案数据纳入数据确权平台存在困难

为推进各级要素市场化,《国务院办公厅关于印发要素市场化配置综合改革试点总体方案的通知》对各类要素进行统筹,其中重点提到对数据要素进行市场化配置的行动方案。在国家政策的推动下,各地开始行动,比如上海市宣布打造上海数据交易所,推动数据在市场中流动,探索公共数据层面授权的相关机制。❶ 结合上文所述,数据确权的目的是组织机构或行政机关对相应权利的确认,主要表现在交易市场买卖行为中。因此,可以预见政府层面若要打造数据确权平台,则短时间内主要保障的是数据要素在市场化层面的交易行为。而根据《档案法》第二十二条和第二十三条规定,属于国家所有的档案禁止买卖,严禁将档案出售于外国人或外国组织。其从法律层面上也限制了档案数据要素的市场化流动可能性。

综上所述,虽然可以预见数据确权平台会在数据要素市场化的形势下尽快得到落实,而档案数据所受的非市场化限制,将在一定程度上影响档案数据在数据确权平台上相关权利被注册与落实。档案机构本身没有注意到档案数据在确权平台上市后可能会出现的相关处境,也没有从行业的视角单独对档案数据出台一套单独授权方案或制定档案数据的专门确权平台。

7.3.2 档案内容管控技术相关应用仍需突破

最大程度实现档案的开放利用是档案学界的共识,也是业界的努力方向,各方正在共同努力推进档案尽可能地实现开放共享与利用。从技术支撑来看,面向共享利用的数字档案内容管控技术在实践层面仍有可供提升的空间:一方面,尚未通过精细化的数字化管理细化对共享利用内容的控制力度;另一方面,通过人工智能技术在提高档案开放鉴定效率上的作用有待进一步发挥。

7.3.2.1 实践层面尚未真正实现档案精细化管理

从数字档案管理的视角上看,研究层面对于细粒度管理的研究程度与实践中对于数字档案管理的现实情况出现了较大的差距。从研究层面上看,对于档案的管理已提升至数据化的细粒度管理,强调档案内容信息作为可控的细粒度信息单元❷进行有机管理,并逐渐探索出精细化的档案数据管理、组织、加工挖掘模式。而从实践层面上看,数字档案馆对于数字档案的管理多数仍停留在"件"的级别,由于现有的数字档案管理软件不能实现实践层面精细化管理的要求,多数档案部门只能在管理档案附件时整体下载附件而无法切割。在研究如何从"件"的开放向"部分

---

❶ 薛宁薇. 上海在全国率先为公共数据授权运营立法 明年将出具体管理办法 [EB/OL]. (2021-11-30) [2022-01-07]. https://www.thepaper.on/newsretail_forward_15839526.

❷ 杨来青,李大鹏. 智慧档案馆功能及体系结构 [J]. 中国档案,2015(7):59-61.

页"的开放和"页中部分内容"的开放进行突破。

因此,虽然有关研究数据不能充分证明档案没有实现精细化管理影响了档案开放利用率,但是可以通过推理得出同样的结论。当一份档案中含有部分涉密数据内容时,假如精细化管理可以精准识别并隐去敏感内容,或通过匿名化处理在保障档案可读可用性的前提下,将档案数据脱敏后公开,能够有效公开更多具有利用价值的数字档案。

7.3.2.2 档案数据智能开放审核技术的实效有待进一步提升

2020 年修订的《档案法》将档案封闭期由 30 年缩短为 25 年后,各地档案馆需要开放审核的馆藏激增,如何应用人工智能技术辅助开放审核成为业界关注热点。学界和业界对于档案数据的开放审查技术,已有一定程度的探索和研究,主要包括:其一,机器学习技术在档案开放审核中的应用。将档案分为不同密级的过程与机器学习中的多分类模型有很高的符合度。在美国得克萨斯大学奥斯汀分校对美国国务院电报档案进行的密级分类实践中,初步实现了基于档案内容和已知档案的划分结果,将档案密级划分问题转化为机器学习中的分类问题,并通过机器学习来判断档案密级。❶ 其二,基于确定有穷自动机(DFA)算法的敏感词比对技术辅助档案开放审核工作。其原理是计算机通过档案开放审核程序,结合数字化加工成果解析结果,从敏感词库中读取敏感词,通过 DFA 算法,用档案原文与敏感词一一比对,以过滤筛选出档案中包含的敏感词,实现敏感词文中定位,让敏感词列表显示在指定窗口上。❷ 其三,运用经过训练的大语言模型进行档案智能划控鉴定。用经过开放审核的档案预料训练语言模型,使之具备分析判断的能力,完成开放审核的任务。

国家档案局近几年的科技项目亦有数项和智能开放审核有关,然而相关解决方案的通用性、可解释性和可靠性都有待进一步提升,人工智能和人工之间的关系处理亦很敏感,对大体量的包含不宜公开信息档案数据所关联的档案数据如何处理和判断尚无先例。此外,对于个人数据"可识别性"标准,虽然在一些案件中出现了质疑声音❸,但是没有更加适宜的标准判断何为个人数据。这些都是未来人工智能技术应用需要解决的问题,需要逐个突破。

---

❶ 杨建梁,刘越男. 机器学习在档案管理中的应用:进展与挑战 [J]. 档案学通讯,2019(6):48-56.
❷ 杨扬,孙广辉,韩先吉. 敏感词全文比对在档案开放审核中的应用实践 [J]. 中国档案,2020(11):58-59.
❸ 赵精武. 个人信息"可识别"标准的适用困局与理论矫正:以二手车车况信息为例 [J]. 社会科学,2021(12):126-135.

7.3.2.3 档案数据开放需要动态识别机制

档案开放鉴定的流程需求保密与开放是一对需要不断调整的动态平衡关系[1]，档案数据之间的动态关联性、社会对于"被遗忘权"和"删除请求权"的期待和档案自身价值也处于不断变化之中，三者共同反映了档案数据的开放鉴定问题，不再是过去经历一次开放鉴定便可以"一刀切"的问题。

从数据的开放上看，过去历史档案数据的价值，由于社会的不断发展变化，其密级和敏感信息的比重正在逐步衰减。与按批次审核、鉴定与开放相比，动态鉴定能够大量缩短档案数据公开所用时间，减少开放审核中审批程序所需时间，从而提升档案数据的利用率。从数据的删除角度看，档案数据一经公开，可以通过动态的审查进行综合性研判，对不宜开放的档案数据进行开放范围的重新划控。此外，还可基于公众合理请求对部分公开的档案数据进行撤回，形成档案数据开放共享中合理的自我补救机制。允许动态补救机制的存在，联合依靠人工智能参与辅助鉴定，能够为原有档案鉴定人员合理分配开放鉴定工作的责任，缓解工作人员在审核中由于怕担责、怕泄密而过度从严、从缓的档案开放鉴定业务工作的现实问题。

7.3.3 数字档案馆与利用者之间尚未建立互信互谅的信任生态

从社会环境上看，在强调档案工作互信时，一般情况下会认为是强调数字档案本身真实性、完整性、可靠性与安全性得到提供方和利用方的认可。而业务工作价值取向的互相信任、互相理解的工作环境却较难得到建立。在网络环境舆论的催化下，档案馆对于公民利用、用户对于档案馆工作都出现了不安全、不信任感。

从档案馆的视角来看，数字档案馆在信息生态系统中的定位既是历史数据的维护者，也是数字档案的法定守护者；与此同时，其作为文化事业单位的组成部分，也承担着为公众提供利用服务的职责与使命，两者的职责存在一定程度的冲突。数字档案馆要行使守护国家历史、保守重要秘密的档案机构职责时，势必要采取"手握放大镜"式的审查模式，事无巨细地考虑档案开放与利用带来的社会影响。而从文化事业机构的角度上看，档案馆又作为与公众直接面对面的服务窗口，为有需要的查档者排忧解难。当信任机制没有构建前，档案馆自然会额外考虑用户查档后的不规范利用、不规范开发情况所带来的负面影响，从而出于自我保护而选择偏重自身的保密职责。

从用户的视角来看，其一般将档案馆视为政府部门的秘密机构，对档案的了解有时会带有故事化的神秘色彩。对档案部门认识的偏差会驱使他们认为档案机构的

---

[1] 傅荣校. 档案利用权利的法律新保障：对新修订的《档案法》有关档案利用新规定的若干思考[J]. 中国档案，2020（10）：24-25.

档案是"束之高阁"的秘密,难以获取与阅读。同时,部分查档者由于查档时可能出现的负面体验,容易造成"档案馆故意封闭档案是为了优先保障自身研究成果的发布"的刻板印象,进而易对档案馆造成相对负面的评价。更有甚者认为自身查不到档案就是档案馆故意藏匿档案,提起诉讼后仍认为是法院与档案馆相互勾结,封闭档案,影响其切身利益。

因此,信任机制没有建立,客观上拉远了档案馆与用户之间的距离。双方处于不互信的环境下,则更有可能去伸张与强调自身的权利而忽略自身的责任、义务,使档案的开放共享工作有时处于设防的不恰当环境下,在一定程度上也阻碍了档案数据的开放与共享。

7.4 档案数据共享利用权责均衡策略

根据档案数据共享利用中存在的权利与责任不对等、不平衡等矛盾与问题,应对策略的核心思路应是通过均衡的视角去平衡数字档案共享利用中的权责生态,其要求在策略制定中兼顾各级数据主体、各类权利之间的实现关系,以实际应用为最终导向,提出可行、高效、均衡的档案共享利用策略。策略主要包括以下三个方面:一是调整权责实现模式,由原先对具体数据、具体权利的分析拓展至大场景模式下设置具体的可操作规范;二是结合确权问题与档案行业的特殊情况,建立行业内部的数据确权平台及相关规制,规定其中的相关权益人和诉求类目、要求,以解决已确定档案数据中开放共享面临的实际矛盾;三是进一步建立人性、明确、灵活的监督审查规则,探索新技术条件下进一步明确档案数据权责的规制形式与应用方法。

7.4.1 调整权责实现模式,推进场景化应用

场景化应用是机构服务中连接业务与技术的关键桥梁。有学者认为,技术从来不曾自动进入人类的社会生活,是人类对效率的追求把技术带入需求的场景,促成了技术在人类社会生活中的应用,且在应用中展现出技术的价值。❶ 将场景化思维运用于档案数据管理中,一方面,能够拓宽档案数据的应用情景,进而增加档案数据的利用率;另一方面,个人信息本身便可被视为一种复杂、多变、场景化的概念❷,基于多重权益对涉及个人信息的有关问题进行场景化的行为规制也符合行为

---

❶ 邱泽奇. 技术化社会治理的异步困境 [J]. 社会发展研究, 2018, 5 (4): 2-26, 242.

❷ SOLOVE D. Privacy by design: 4 key points [EB/OL]. (2015-07-14) [2022-01-07]. https://teach-privacy.com/privacy-by-design-4-key-points/.

主义要求的规制特征。❶ 因此，建立场景化的档案数据开放共享模式，符合权责生态的均衡精神。

7.4.1.1 开放层面规范数据场景，建立适用清单

保存档案数据的档案机构应根据档案数据的常用场景，建立与之配套的权责清单。对于常见的档案数据利用场景来说，其使用的数据结构都具有相似性，在开放层面开放标准也较为一致。因此，在场景构建中，首先，针对档案数据应用场景中要素进行提取，全面分析单个场景中档案数据特征的涉密程度，并根据以上档案数据特征结合"可识别性"特征推导个人信息的内容及限度。其次，根据要素中推导的相关结论，确定以上档案数据开放、共享利用过程中享受权利的一般性主体，一般包括档案数据来源的所有者、提供档案开放的机构及其中可能涉及个人、单位隐私的自然人及法人。最后，对于不涉密部分，采取"数据公开 + 权利公示"的方式，在档案信息公开的相关渠道中公开档案数据批准的利用场景、利益相关人员特征、人员可请求行使的权利，从而实现一般场景的规范化档案数据公开。

对于没有覆盖常规场景内的其他档案数据服务场景，需要采用一般审批制，由档案机构工作人员依据原有数字档案的利用情况，限期综合研判档案数据的开放与否。对于确有必要开放的档案数据，如果涉及其他权利人，则应征得必要权利人的许可。此外，在实际数据服务场景中，应明确规定限用与禁用的相关场景，细化监管要求。

以上两种场景在实际档案数据的应用中，能够实现相互配合，前者可为后者的主体识别提供可借鉴的模式，而后者的场景可以充实前者的一般性场景。

7.4.1.2 数据开发层面建立非营利性数据使用规范

数据承载着不同主体多样化的利益期待，是包含了公共利益、人格利益和财产利益的权益集合。❷ 随着档案数据价值不断被发掘，档案数据的经济价值也会显著增强。在共享开发层面，需要建立兼顾数据产权与数据隐私权的数据使用规范。在规范建立中，由美国非营利性组织于 2002 年发布的知识共享许可协议（creative commons license，简称"CC 协议"）中针对自由信息共享，留下的四条遵守性原则："存留姓名标识""非商业性""禁止改作""以相同方式分享"，具备一定的参考空间。其中，非商业性使用特征是核心规范，其意味着此类知识共享模式不会产生经济利益纠纷，而是发布者与转载者自愿进行知识共享的行为。

---

❶ 丁晓东. 个人信息的双重属性与行为主义规制 [J]. 法学家，2020（1）：64 - 76，193.
❷ 包晓丽. 数据权属论 [D]. 北京：中国人民大学，2020；Creative Common. When we shared, everyone wins [EB/OL]. [2022 - 01 - 07]. https：//creativecommons. org/.

从档案数据共享开发来看，强大的数据处理能力是档案开放与开发中的"双刃剑"，这就需要档案机构在开发数据时对数据的审查采用更加严密的资格标准。因此，鉴于综合档案机构的非营利性质和有关知识共享开发协议，在数据开发中宜采取非营利性的数据使用规范，明确规定以一般形式公开的档案数据在开发利用时需要经过开发者模式的"非营利性"资格审查。此外，档案部门还可借鉴各级政府数据开发平台中的"开发者中心"模式经验，开放可机读的档案数据接口，由用户在网页内注册创建应用、浏览数据开发应用，并在中心系统内完成应用的浏览与审核。对于档案机构而言，可以有效审查档案数据是否被合法、合理地应用；对于数据用户而言，可以通过机构年度创新大赛等方式获得奖励与机构流量支持，实现开放档案数据的协调与共赢。

7.4.2 完善档案数据要素分类分级审查机制，建立确权平台

档案数据并非传统意义上能够直接进入市场流通的生产要素，却能够通过在社会范围中的共享流动创造更多的开发价值。通过对数字档案中档案元数据的相关审查，构建档案数据利用合理的内部生态，从而建立格式统一、内容有效、利用便利的档案数据清单。

7.4.2.1 构建档案数据要素分类分级的审查机制

档案数据面临一致性偏低、时效性较差、关联性不足、精准度欠佳等可用性问题❶，影响了档案数据的实际应用。从问题出发，档案行业应根据自身数据收集范围，调研相关数据分类分级指南，并参考前端数据分类分级情况，制定档案入馆数据的分类分级制度。在制定制度时，应遵循先分类、后分级的原则。一方面，对馆内档案数据类目进行属性特征识别，结合现有行业、数据来源、业务实践等维度进行分类；另一方面，对档案数据进行定级，从安全合规性要求、数据保护要求的角度出发，对数据敏感程度进行划分，便于之后的档案数据利用。

此外，构建相对完备的元数据方案，记录档案数据的分类分级情况，为在档案数据管理中构建信任空间提供描述层面的支撑。❷ 因此，在档案数据要素管理中，还需综合运用国际层面统一的元数据规范标准对档案数据中的元数据要素进行清单化的统一管理❸，从而进一步支持数据元素的共享与复用。

7.4.2.2 建立档案数据确权平台

若要将档案数据纳入数据确权平台，由于其交易性价值难以发挥而相对困难，

---

❶ 金波，周枫，杨鹏. 档案数据研究进展与研究题域［J］. 情报科学，2021（11）：187-193.
❷ 钱毅，马林青. 基于三态视角的档案描述标准特征及演进脉络分析［J］. 档案学通讯，2021（5）：40-48.
❸ 程结晶. 云技术中数字档案资源共享与管理体系的构建［J］. 中国档案，2013（1）：66-68.

因此建议为档案数据的确权管理构建独立、行业统一化的档案数据确权平台。在档案数据分类分级制度的基础上构建该平台，既可以对档案数据进行进一步的整合与审查，完善档案数据元素分类分级，也可以对档案数据资产价值的发挥进行进一步统筹规划。

在建立档案数据确权平台时，应考虑三个方面的因素：一是数据确权平台自身功能的完备性和可利用性，在建立时明确监管主体与利用主体，优先将关系明确、易于确权的数据进行数据中关系元素的梳理，确定数据权利归属，并明确数据权利方与数据实际持有方的权责比例。二是要考虑档案数据确权平台，应尽量配合其他数据确权平台设置通用数据接口，在标准与技术层面均考虑平台之间数据的互操作性，使处于市场流通环节的数据在归档后具有流通后稳定的数据权利，避免产生数据确权平台间权利表述的冲突。三是作为档案数据平台，虽然档案数据在入馆后关系仍是动态的，但是相对独立的数据与数据之间的权利应因其业务工作的终止而具有相对稳定性。因此，对于档案数据确权平台下的权利主体一经确定，不应随意增加、变更和删除相关权利主体和权利内容（按照法律变更的权利内容除外）。

档案数据确权平台建立的最终目的，是为档案数据的开放、共享与利用环节，提供明确的档案数据边界限定，从而做到一经确权的数据，便可在数据对应权利主体的基础上，限于权利主体范围内进行利用与开发，以促进形成更广阔的档案数据利用空间。

7.4.3 进一步完善档案数据开放利用监督审查规则

在档案数据开发利用过程中，应设计动态的监督审查规则，做好相关应急预案与补救机制，为档案数据的共享、利用工作"托底"。从而建立档案机构与公民利用好档案数据、开发好档案数据的责任与信心，构建和谐一致的档案数据利用生态。因此，除上文面对档案机构进行数据层面规制外，数字档案馆还应面向公众，保障公民的各项档案数据权利，构建对应救济制度；建立档案数据利用观念层面一致认识。

7.4.3.1 明确救济形式，保障公民档案数据知情权与删除权

由于相关救济权利是公民在实现自身档案数据权利的法律层面保障，因此档案机构应采取明确救济形式的方式，平衡档案主管机构与利用档案人群之间的权利。在2020年修正《档案法》后，由于档案利用层面的救济制度中仅规定了"投诉"一种救济途径[1]，且该救济途径在投诉得不到解决或投诉响应较慢的情况下，缺乏

---

[1] 连志英，古楠珂，周眙. 我国公民利用档案权利救济制度之完善［J］. 档案学通讯，2021（3）：71-77.

后续的解决方案，因此属于不完备的救济体系，需要在救济形式上规定其他途径。

除救济形式外，原有的救济往往针对公民利用档案受限的几类情况，而忽略了未来公开档案数据可能侵犯公民隐私权的相关形态。在档案数据共享利用中，公民易受到侵害的权利主要包括个人数据知情权与个人数据删除权。

数据知情权，在政府信息公开领域，根据《政府信息公开条例》界定为行使主体（公民、法人或者其他组织）拥有政府信息公开请求权；除政府主动公开信息外，公民仍可要求政府公布应公开而未公开的信息。❶ 而在个人数据知情权中，其公民有权利获知档案馆对其个人数据的掌握情况和保障隐私的相关手段。

而数据删除权，则是在基于公民在现有数据知情权的基础上，对档案数据公开范围内有关个人数据，请求删除或限制公开访问的权利。对于信息删除权来说，其作为一种防御权，其行使的主要目的在于维护信息的完整、准确和个人信息的自决。❷

综上，档案数据知情权与档案数据删除权，可以视为在档案数据进一步公开利用中为公民在确权平台上开放与使用的两种基本数据权利，明确权利的救济形式，也有利于后续档案数据开发工作的顺利开展。

7.4.3.2 完善互信机制，构建统一数据利用价值观

数字档案馆馆际之间、机构与公众之间，需要建立互信、互谅的数据共享利用价值观，维护一致和谐的档案数据共享利用生态。一方面，档案机构应继续推进利用思路转变，在隐私保护与数据利用之间寻找稳定的平衡点，摸索推进档案数据为公民的利用服务工作，倾听各方意见，寻找问题解决方案；另一方面，档案机构应形成高效的数据利用问题反馈机制和问题追踪机制，满足公民应有档案数据权利，从而保障双方权利与权力的行使空间。

对于档案数据利用者而言，既要通过宣传教育的方式，倡导其摆正档案数据利用意识，认识到去身份化的部分档案数据不会侵犯其核心利益，使其在档案数据利用的过程中实际获得便利与好处。也要通过设置失信黑名单制度，取消或限制违规使用档案数据、恶意限制档案数据使用行为主体的相关权限，以保证整体档案数据利用生态的平稳运行。

---

❶ 罗勇. 大数据背景下政府信息公开制度的中日比较：以"知情权"为视角［J］. 重庆大学学报（社会科学版），2017（1）：86-93.

❷ 王利明. 论个人信息删除权［J］. 东方法学，2022（1）：38-52.

第 8 章

能力建设评价
——数字档案馆的综合评估与系统测试

评估测试是检测工作质量的重要手段，被应用于各项工作中。从数字档案馆建设议题提出伊始，评估测试问题就在研究和实践之中。国内外都在此领域有所行动。数字档案馆评估是确保数字档案馆有效管理、安全运维的重要手段，评估机制在数字档案馆建设过程中具有及时纠偏、总结经验及方向指引等效用。本章在综合国内外数字档案馆评估成果的基础上，探讨构建有利于数字档案馆建设持续推进的成熟度模型综合评估机制。

8.1 数字档案馆评估的背景和作用

8.1.1 数字档案馆评估工作的背景

1996 年，美国数字信息归档特别小组发布的报告《保存数字信息：数字信息存档特别工作组报告》有许多里程碑的发现和建议，其中之一就是长期保存需要专门的资源投入，不是所有机构都有能力开展，不妨交由"可信机构"来承担。[1] 这里的"可信机构"是需要被评估认定的。可见，在数字保存早期研究和实践人员的视野中，评估就占据了重要位置。

评估需要根据一定的标准展开。国内外建立了一系列相关的标准规范，为数字档案馆评估提供依据。2012 年，ISO 发布了《空间数据和信息传输系统——可信任

---

[1] GARRETT J, WATERS D. Preserving digital information, report of the task force on archiving of digital information [EB/OL]. (1996-05-01) [2022-01-25]. https://www.clir.org/wp-content/uploads/sites/6/pub63watersgarrett.pdf.

数字仓储的审计和认证》（ISO 16363：2012），并于 2017 年更新版本，从管理、系统、风险管理等维度建立了数字档案馆评估框架。我国则开展了以系统测试为主的评估工作，围绕不同数字档案馆建设主体，国家档案局先后推出对应的建设指南及测试办法，针对综合档案馆颁布了《数字档案馆建设指南》《数字档案馆系统测试办法》；针对企业档案馆（室）颁布了《企业数字档案馆（室）建设指南》《企业数字档案馆（室）试点验收评价表》，体系性的测试指导文件推动了数字档案馆建设步伐。

评估也被列入国家档案事业发展规划之中。《全国档案事业发展"十三五"规划纲要》提出"持续推进数字档案馆建设"，并在"保障措施与实施建议"中提出"完善规划实施和评估机制，保障规划目标和任务的完成"。这个工作思路在《"十四五"全国档案事业发展规划》中也得到进一步明确。一方面，整体上加强了评估的保障作用。将"加强检查评估"作为除了组织领导、经费保障的第三项"保障措施"单独提出，从评估机制建立、评估标准构建、评估结果应用等方面对检查评估工作进行规划，明确国家档案局应"建立规划执行情况监督、检查和评估机制，提出科学合理的评估标准，有效组织中期评估和总结评估"，反映档案工作水平的评估结果应成为"改进档案工作和加强绩效考核的重要依据"。另一方面，持续推进包含评估在内的数字档案馆建设工作。《"十四五"全国档案事业发展规划》指出，加速推进数字档案馆建设是新时期档案信息化建设的主要任务之一，要"完成 50 家企业集团数字档案馆（室）建设试点""建设中央档案馆数字档案馆，新增 150 家高水平的数字档案馆"。在扩大数字档案馆建设范围、推动数字档案馆优化升级的过程中，数字档案馆评估是实现动态发展、螺旋式上升的必要环节。

按照评估范围，数字档案馆评估可以分为单项评估、综合评估，前者是指对数字档案馆建设某项内容进行评估，例如安全风险管理工作的评估；后者是指对数字档案馆所有工作内容开展的评估。本章主要关注数字档案馆综合评估。由于国家档案局组织的数字档案馆系统测试的评估对象除了软硬件系统，还包括组织管理相关内容，因此也是以系统测试为中心的综合评估。

8.1.2 数字档案馆评估的作用

8.1.2.1 客观认识数字档案馆建设水平

客观认识数字档案馆建设水平是开展数字档案馆建设评估的基本作用。数字档案馆建设是一项持续开展的工作，每个数字档案馆负责人都需要了解本馆建设处于何种水平、优劣势如何，从而决定未来发展方向；而档案行业主管部门要综合多家数字档案馆建设情况，了解信息化发展水平，确保决策和政策的科学适宜。此外，在数字档案馆评估过程中，评估方法的选择和指标体系的设计非常重要。根据评估对象和评估目的，数字档案馆评估有合格性评估、等级评估、成熟度评估等。其中，合格性评估是给定数字档案馆建设合格标准，并据此开展合格与否的评价；等级评估是划分数字档案馆建设等级，并据此开展所处级别评估；成熟度评估则是针对数字档案馆建设程度的评估，可以持续开展。

8.1.2.2 促进数字档案馆建设螺旋上升发展

根据"计划（plan）—执行（do）—检查（check）—行动（act）"（PDCA）循环理论，数字档案馆建设流程依次可分为规划、实施、评估、改进等阶段，并形成不断分析问题、解决问题、提升建设质量的循环。其中，评估是承上启下的一环，通过检测前一阶段的成果，为下一个阶段的持续改进、优化改造提供依据，使上一个循环成为下一个循环的基础。数字档案馆评估指标体系一般覆盖软硬件、档案资源、运行机制、制度规范体系、人员等，通过全面评估、测试、分析与评审，将实际状况与评价指标进行比较，可以确定系统建设效果、目标的实现程度，评价工作效能，发现建设中存在的缺项和不足，有助于下一步工作查漏补缺，有针对性地提出解决方案，使数字档案馆能够不断纠偏、不断改进，实现螺旋式上升发展。❶

8.1.2.3 引导数字档案馆的规范建设

评估具有客观评价和主观引导的双重作用。数字档案馆评价体系中的各项指标不仅代表了数字档案馆建设的基本目标，而且是对数字档案馆建设者未来建设方向的引导。从生态系统的视角出发，数字档案馆需要在法律法规与标准规范的框架下建设运行，必须遵守法律法规的要求，在政策指导下规范化发展，以促进生态系统的良性演进。国家关于数字档案馆建设出台了一系列指导文件，而开展评估正是检验有关政策方针是否得以落实的重要手段。建立健全数字档案馆评价体系是规范和监督数字档案馆建设工作的基础，这也意味着评价体系会制约和影响数字档案馆模式构建、技术采用和发展规划。因此，评估本身也需要规范化开展。

8.1.2.4 增强数字档案馆能力建设

以评促建是工作评价的基本原则。促进数字档案馆整体能力建设是评估的根本宗旨。评估在为数字档案馆查漏补缺、优化改造提供指引的同时，也带动了数字档案馆在协调系统要素、资源管理、信息服务、风险管理等各方面能力的提升。

（1）提升数字档案馆系统要素协调能力

数字档案馆是一个包含了人员、制度、机构多个要素的综合性体系。在数字档案馆建设前期，基础设施的建设、计算机软硬件的配套完善是投入的重点。随着档

---

❶ 张健. 电子文件信息安全管理评估体系研究［J］. 档案学通讯，2011（4）：65-69.

案信息化的深入发展，档案工作从数字化到数据化的趋势凸显，数字档案馆的功能不断拓展升级，除了保障数字化档案资源、电子文件的归档保存，保障其长期真实有效、完整可读，还要进一步对数字档案资源进行开发利用、知识管理，主动向社会各界提供服务，赋能社会。因此，数字档案馆建设是持续推动、不断深化的。要充分发挥数字档案馆的作用，必须协调数字档案馆系统内不同要素，合力开展工作。基于科学的评价体系，从基础设施、系统功能、资源建设、保障体系、服务绩效多维度透视数字档案馆信息化建设状况，分析各要素的实际运行情况，发现制约数字档案馆发展的要素及其表现，采取针对性调控措施，有助于促进各要素的协调发展，保证行稳致远，避免"重技术轻管理"等不良现象的发生，达到整体效益最大化。

（2）提升数字档案馆资源管理能力

数字档案资源是数字档案馆的管理对象，是数字档案馆建设发展的基石。数字档案资源体系一般由数字化档案资源与原生性电子档案构成。为顺应单轨制与档案数据化的趋势，在持续稳定推进存量数字化的同时，还应加速推进增量电子化，提升电子档案占比。《"十四五"全国档案事业发展规划》在发展目标中明确提出，"加快档案资源数字转型""电子档案在档案资源体系中占比明显提升"。为了做好电子文件应归尽归、电子档案应收尽收的工作，数字档案馆必须正面面对数据量级大且正快速增长、数据结构复杂多样的挑战。同时，随着档案理论与实践拓展、创新，多来源档案资源的收集与档案治理主体多元化受到重视，在原来的基础上，可以收集和需要收集的档案分布趋势愈加分散。复杂的资源建设任务需要科学完整的评估体系识别档案收集来源、渠道、管理的薄弱之处，有针对性地采取调控措施，优化资源采集管理的方式，丰富馆藏。❶通过评估测试，为系统接收、管理、保存数字档案资源的功能建设与优化提供导向，保障资源应收尽收、有效管理。

（3）提升数字档案馆信息服务能力

提升资源共享利用水平，拓展档案信息服务能力，是数字档案馆的使命所在。"服务"本义指履行职务，满足他人需求，是一个抽象宽泛的概念，在数字档案馆的场景下，信息服务涵盖了辅助实体档案管理、为电子政务提供信息支撑、数字档案资源馆际共享、档案网站专题展览、面向公众提供档案办理利用等多个方面。因此，数字档案馆的具体服务范畴和服务质量标准需要通过评估指标具象化。数字档案馆是否提供了充分、优质的信息服务，需要从档案业务能力与用户满意度两个层面，结合定性和定量的指标，根据服务绩效判断工作效能，衡量整体服务水平。对

---

❶ 金波，丁华东，倪代川. 数字档案馆生态系统研究［M］. 北京：学习出版社，2014.

数字档案馆运行效益、服务绩效进行评估，有助于发现信息服务中的不足，从而探索改进和优化信息资源利用和服务渠道的方式。同时，充分利用从具体业务和用户获得的反馈数据，能够形成良性循环的反馈机制，推动数字档案馆的优化与发展，提升信息服务能力。

（4）提升数字档案馆风险管理能力

数字档案馆是一项复杂且系统的工程，涉及诸多主体关系，在建设与运行过程中面临着信息安全、组织管理、技术管理等诸多层面的风险。科学全面的数字档案馆评估体系有助于明确风险管理的对象与要素。安全性评估是数字档案馆评估中的一项重要内容。对档案资源、系统、制度和技术等各方面的安全性进行评估，识别、排查风险，制定风险管理策略，以规避风险。健全的评估机制与风险管控机制相辅相成，既从源头上减少风险发生的概率，也能提升风险应对能力。

8.1.2.5 科学提升整体档案信息化建设水平

数字档案馆评估不仅有利于纵向的自我提升，也能促进横向的经验共享。新时期的数字档案馆建设不只是一个软硬件系统，而是涉及数字档案全生命周期单轨制转型的关键平台，需要解决很多问题，例如电子档案"四性"的保障、信息资源的共享、"动态"业务数据体的管理、数据管理技术的应用等，这些问题依靠既有规范是不充分的。我国各地数字档案馆建设水平参差不齐，暂时落后的单位需要先进的建设经验提供借鉴。完善的指标体系将先进案例的成功之处进行细化、分解成一个个具体的项目，提升成功案例的可复制性，也使相关单位能够精准补齐短板，促进各地数字档案馆的共同发展，从而提升数字档案馆建设的整体水平。此外，评估结果也为档案信息化发展规划制定提供了重要的参考依据。

总之，健全的评估机制和科学的评估体系有助于促进数字档案馆建设规范化、增强数字档案馆建设能力以及推动先进经验共享。深化档案工作数字转型需要科学合理的评估机制保驾护航。档案工作数字转型的过程需要加强新技术的应用，同时也面临着一系列由档案数字化到数据化带来的新挑战。大数据、人工智能等新一代信息技术在数字档案馆（室）建设中的应用尚处于起步阶段。在新尝试、新挑战面前，评估工作有助于数字档案馆全面审视发展成效，及时纠偏，总结经验，推进数字档案馆建设工作平稳发展。

8.2 国外数字档案馆评估标准与模型

20 世纪 90 年代，国际社会就已开始探索 TDR（数字档案馆是 TDR 的一种类型）以及数字资源长期保存的审计、评估与认证工作。围绕 OAIS 参考模型形成了一系列的研究项目、理论成果、标准规范与实践探索。国外数字档案馆的综合评估模型主要有两类：一是 TDR 认证标准和规范，二是数字保存和数字档案馆成熟度模型，且后者通常以前者为参考和依据，其中具有代表性的成果如表 8-2-1 和表 8-2-2 所示。本章将重点分析这些在国际社会产生广泛影响且应用范围较广的成果。

表 8-2-1　国外代表性 TDR 认证标准和规范

序号	发布主体	标准名称	年份
1	德国数字资源长期保存知识网络（NESTOR）项目	可信数字仓储评估与认证准则目录（The Nestor Catalogue of Criteria for Trusted Digital Repository Evaluation and Certification），后发展为可信数字档案馆印章（DIN 31644）❶	2006
2	美国研究图书馆协会，美国国家档案与文件管理署	可信数字仓储审计与认证：指标体系与核查表（TRAC），该文件是《空间数据和信息传输系统——可信任数字仓储的审计和认证》的前身❷	2007
3	英国数字管护中心（DCC），欧洲数字保存（DPE）机构	基于风险评估的数字仓储审计方法（DRAMBORA）❸	2007
4	英国数字管护中心，欧洲数字保存机构，德国数字资源长期保存知识网络	可信数字仓储的十项原则❹	2007

---

❶ DOBRATZ S, SCHOGER A, STRATHMANN S. The nestor catalogue of criteria for trusted digital repository evaluation and certification [EB/OL]. [2022-02-01]. https://ils.unc.edu/tibbo/JCDL2006/Dobratz-JCDL-Workshop2006.pdf; NESTOR Working Group Trusted Repositiories-Certification. Catalogue of criteria for trusted digital repositories version 1 (draft for public comment) [EB/OL]. [2022-02-01]. https://files.dnb.de/nestor/materialien/nestor_mat_08-eng.pdf.

❷ Trustworthy Repositories Audit & Certification [EB/OL]. [2022-02-01]. https://www.crl.edu/sites/default/files/d6/attachments/pages/trac_0.pdf.

❸ DONNELLY M, INNOCENTI P, MCHUGH A, et al. DRAMBORA interactive: user guide [EB/OL]. [2022-02-01]. https://www.dcc.ac.uk/sites/default/files/DRAMBORA_Interactive_Manual%5B1%5D.pdf.

❹ Ten principles [EB/OL]. [2022-02-01]. https://www.crl.edu/archiving-preservation/digital-archives/metrics-assessing-and-certifying/core-re.

续表

序号	发布主体	标准名称	年份
5	荷兰数据存档和网络服务（DANS）中心	数据认可印章（Data Seal of Approval, DSA），后发展为CoreTrustSeal可信数据仓储指南（CoreTrustSeal Trustworthy Data Repositories Requirements）❶	2008
6	空间数据系统咨询委员会（CCSDS），DSA，德国数字档案馆认证项目	欧盟数字仓储审计与认证框架（European Framework for Audit and Certification of Digital Repositories）❷	2010
7	国际标准化组织	《空间数据和信息传输系统——可信任数字仓储的审计和认证》❸	2012
8	国际标准化组织	《空间数据和信息传输系统 提供可信数字仓储审计与认证的主体要求》（ISO 16919: 2014）❹	2014

表8-2-2 国外代表性数字保存和数字档案馆成熟度模型

序号	提出者	模型名称	年份
1	Charles Dollar, Lori Ashley	数字保存能力成熟度模型（DPCMM）❺	2007
2	欧盟"沙门计划"	保存内容关系模型（CRPC）❻	2011

---

❶ CoreTrustSeal. Data Seal of Approval Synopsis (2008—2018) [EB/OL]. [2022-02-01]. https://www.coretrustseal.org/about/history/data-seal-of-approval-synopsis-2008-2018/.

❷ European framework for audit and certification of digital repositories [EB/OL]. [2022-02-01]. http://www.trusteddigitalrepository.eu/Trusted%20Digital%20Repository.html.

❸ ISO 16363:2012 Space data and information transfer systems — Audit and certification of trustworthy digital repositories [EB/OL]. [2022-02-01]. https://www.iso.org/standard/56510.html.

❹ ISO 16919:2014 Space data and information transfer systems — Requirements for bodies providing audit and certification of candidate trustworthy digital repositories [EB/OL]. [2022-02-01]. https://www.iso.org/standard/57950.html.

❺ DOLLAR C, ASHLEY L. Digital preservation capability maturity model [EB/OL]. (2015-06-06) [2022-02-01]. https://static1.squarespace.com/static/52ebbb45e4b06f07f8bb62bd/t/55a7ed87e4b016f840ba1adb/1437068679137/DPCMM+Background+and+Performance+Metrics+v2.7_July+2015.pdf.

❻ BECKER C, ANTUNES G, BARATEIRO J, et al. A capability model for digital preservation: analyzing concerns, drivers, constraints, capabilities and maturities [EB/OL]. [2022-02-01]. https://www.ifs.tuwien.ac.at/ubecker/pubs/becker_ipres2011.pdf.

续表

序号	提出者	模型名称	年份
3	澳大拉西亚国家及州图书馆联盟（NSLA）	数字保存环境成熟度矩阵（DPEMM）❶	2012
4	Namdo Cho	可信数字仓储成熟度模型（TDR-MM）❷	2012
5	美国国家数字监管联盟（NDSA）	数字保存级别❸	2013
6	Adrian Brown	数字保存成熟度模型（DPMM）❹	2013
7	Preservica 公司	数字保存成熟度模型❺	2017
8	英国数字保存联盟（DPC）	数字保存联盟快速评估模型（DPC RAM）❻	2019

8.2.1 可信数字仓储认证标准与规范

"认证"是指对待评定对象是否符合标准规范或相关要求作出的评定活动，属于合规性审查的范畴。可信数字仓储认证标准规范中最具影响力的就是 TRAC 转化而来的 ISO 16363:2012，以及与 TRAC 保持一致的 DIN 31644。

8.2.1.1 ISO 16363:2012

美国 RLG 和联机计算机图书馆中心（Online Computer Library Centre，OCLC）于 2000 年 3 月正式启动关于 TDR 的相关研究，并于 2002 年发布最终的研究报告——《可信数字仓储：属性与责任》（Trusted Digital Repositories: Attributes and Responsi-

---

❶ PEARSON D, COUFAL L. Digital preservation environment maturity matrix [EB/OL]. [2022-02-01]. https://www.nsla.org.au/sites/default/files/documents/nsla.digpres-environment-maturity-matrix.pdf.

❷ CHO N. Trusted digital repositories maturity model (TDR-MM) [EB/OL]. (2012-07-11) [2022-02-01]. https://aeri.gseis.ucla.edu/aeri2012presentations/AERI2012_Namdo_Cho.pdf.

❸ Levels of digital preservation [EB/OL]. [2022-02-01]. https://ndsa.org/publications/levels-of-digital-preservation/.

❹ BROWN A. Practical digital preservation: a how-to guide for organizations of any size [M]. ALA Neal-Schuman, 2013.

❺ Preservica. Digital preservation maturity model [EB/OL]. [2022-02-01]. https://preservica.com/resources/white-papers/digital-preservation-maturity-model.

❻ Digital Preservation Coalition. Digital preservation coalition rapid assessment model [EB/OL]. [2022-02-01]. https://www.dpconline.org/docs/miscellaneous/our-work/dpc-ram/2433-digital-preservation-coalition-rapid-assessment-model-v2/file.

bilities)❶，阐述了 TDR 的概念、属性、责任，明确提出"开发框架和流程以支持数字仓储的认证"的建议。2003 年，美国 RLG 和美国 NARA 成立联合工作组启动关于 TDR 认证的研究，2005 年完成 TDR 认证标准（即 TRAC）的草案，并于 2007 年对外发布。为进一步扩大 TRAC 的影响力，CCSDS 的仓储审计与认证工作组于 2007 年开始探索将 TRAC 转化为国际标准，同时参考和吸纳 OAIS 参考模型、DIN 31633、DRAMBORA 和经济合作与发展组织（Organization for Economic Cooperation and Development，OECD）的《信息系统和网络安全指南》等国际相关成果，经过在 6 个数字仓储的实践检验，最终由 ISO 于 2012 年以国际标准的形式发布，即 ISO 16363：2012。❷

ISO 16363：2012 的核心内容为五级指标体系，提出包含组织基础设施、数字对象管理、基础设施与安全风险管理在内的三位一体综合认证框架，如表 8-2-3 所示，同时对每个指标的重要性、验证该指标所需要的证据等信息进行了细致的说明。截至 2022 年 2 月，该标准基本已成为数字档案馆认证标准中的事实标准，例如，美国档案工作者协会委员会（Society of American Archivists Council）已于 2012 年 6 月采纳 ISO 16363：2012。❸

表 8-2-3 ISO 16363：2012 的认证指标体系（前三级）❹

一级指标	二级指标	三级指标
组织基础设施	治理与组织生存能力	存储库应具有使命声明，以反映其对数字信息的保存、长期保留、管理和访问的承诺
		存储库应制定保存战略规划，从而明确存储库在长期实现其使命过程中将采取的方法
		存储库应制定收集政策或其他文档，规定其将保存、保留、管理和提供访问权限的信息类型
	组织架构与人员	存储库应已明确并规定其需要履行的职责，并应任命具有足够技能和经验的员工履行这些职责

---

❶ Research Libraries Group. Trusted digital repositories：attributes and responsibilities [EB/OL].[2022-02-01]. https：//www.oclc.org/content/dam/research/activities/trustedrep/repositories.pdf.

❷❸ DOWNS R R. International standards for trustworthy data repositories [EB/OL].[2022-02-01]. https：//datascience.nih.gov/sites/default/files/DownsInternationalStandardsTDRdraft20190326.pdf.

❹ Consultative Committee for Space Data Systems. Audit and certification of trustworthy digital repositories [EB/OL].[2022-02-01]. https：//public.ccsds.org/Pubs/652x0m1.pdf#search=652.

续表

一级指标	二级指标	三级指标
组织基础设施	程序问责与保存政策框架	存储库应明确其目标社区及相关的知识基础，并应在适当的范围内提供访问
		存储库应制定保存政策，以确保满足其保存战略规划
		存储库应记录其运作、程序、软件和硬件的变更历史
		存储库应承诺在支持存储库运作和管理的所有行动中保持透明和问责，因为这些行动随着时间的推移会影响数字内容的保存
		存储库应定义、收集、跟踪并适当提供其信息完整性的测度
		存储库应定期进行自我评估和外部认证
	财务可持续性	存储库应具有短期和长期的业务规划流程，从而随着时间的推移能够维持存储库
		存储库的财务实践和程序应保持透明，符合相关会计标准和实践，并由第三方根据不同法律要求进行审计
		存储库应持续致力于分析和报告财务风险、收益、投资和支出（包括资产、许可证和负债）
	合同、许可证与责任	存储库应为其管理、保存和/或提供访问的数字材料签订并维护适当的合同或存储协议
		存储库应根据存储协议、合同或许可证的要求，对知识产权和存储库内容的使用限制进行跟踪和管理
数字对象管理	接收：内容获取	存储库应明确需要保存的内容信息和信息属性
		存储库应明确规定存储时需要与特定内容信息关联的信息
		存储库应具有足够的规范，以便识别和解析 SIP
		储存库应具有适当验证所有材料形成者身份的机制
		存储库应具有用于验证 SIP 齐全性和正确性的接收流程
		存储库应获取对数字对象的充分控制（权），以便进行保存
		在接收过程中，存储库应在约定的时间向形成者/存储者提供适当的响应
		存储库应具有与内容获取相关的行动及管理过程的同期记录
	接收：生成 AIP	对于存储库保存的每个 AIP 或 AIP 类别，存储库应具有足以解析 AIP 并适合长期保存需要的相关定义
		存储库应说明如何基于 SIP 构建 AIP
		存储库应记录所有 SIP 的最终处置
		存储库应具有并使用为所有 AIP 生成持久、唯一标识符的约定

续表

一级指标	二级指标	三级指标
数字对象管理	接收：生成 AIP	存储库应能够访问必要的工具和资源，为其包含的所有数字对象提供权威的表征信息
		存储库应记录获取关于内容信息的保存描述信息（PDI）的流程，并根据记录的流程获取 PDI
		存储库应确保在生成 AIP 时，其目标社区可以理解 AIP 的内容信息
		存储库应在生成 AIP 时验证每个 AIP 的完整性和正确性
		存储库应提供独立的机制来验证存储库集合/内容的完整性
		存储库应具有与 AIP 生成相关的行动及管理过程的同期记录
	保存规划	存储库应具有与其所持馆藏相关的书面保存策略
		存储库应具有监测其保存环境的机制
		存储库应具有因其监测活动而变更其保存规划的机制
		存储库应提供其保存活动有效性的证据
	AIP 保存	存储库应规定如何以比特级存储 AIP
		存储库应具有与 AIP 存储和保存相关的行动及管理过程的同期记录
	信息管理	存储库应规定最低信息要求，以使目标社区能够发现和识别感兴趣的材料
		存储库应捕获或生成最低限度的描述性信息，并确保其与 AIP 相关联
		存储库应在 AIP 及其描述性信息之间保持双向链接
	访问管理	存储库应遵守访问政策
		存储库应遵循相关政策和程序来分发数字对象，并可追溯至其原始对象，且有证据支持其真实性
基础设施与安全风险管理	技术基础设施风险管理	存储库应识别和管理与其保存操作相关的风险以及与系统基础设施相关的目标
		存储库应管理所有数字对象副本的数量和位置
	安全风险管理	存储库应对与数据、系统、人员和物理设备相关的安全风险因素进行系统分析
		存储库应实施控制措施，以充分应对已定义的安全风险
		存储库员工应具有与在系统内实施变更相关的角色、职责和授权
		存储库应具有适当的书面灾备和恢复计划，至少包括一份所保存的所有信息的离线备份，以及恢复计划的离线副本

8.2.1.2 DIN 31644

为实现对可信数字仓储的认证和评价,德国 NESTOR 于 2004 年成立"可信数字仓储库认证工作组"(由来自德国和奥地利的各大图书馆、档案馆、博物馆、数据中心,以及出版商和认证专家的代表组成),并于 2006 年发布最终报告。2011 年,德国在该报告的基础上将其转化为德国的国家标准 DIN 31644。❶ 虽然 DIN 31644 主要聚焦在德国的应用,但也吸收采纳了国际同行的优秀成果(包括 OAIS 参考模型、美国 RLG 和 OCLC 发布的《可信数字仓储:属性与责任》等)。

DIN 31644 的核心内容为三级指标体系,包括 3 个一级指标、14 个二级指标、40 个三级指标。其中,一级指标分别是组织框架、对象管理、基础设施与安全,与 TRAC 及之后的 ISO 16363:2012 保持高度一致,如表 8-2-4 所示。

表 8-2-4 DIN 31644 的认证指标体系(前二级)❷

一级指标	二级指标
组织框架	存储库有明确定义的目标
	存储库允许其目标社区充分利用数字对象所代表的信息
	遵守法律与合同规定
	组织架构能够满足存储库的需求
	开展充分的质量管理
对象管理	存储库确保数字对象在处理过程中的完整性
	存储库确保数字对象在处理过程中的真实性
	存储库为其技术保存策略制定战略计划(保存规划)
	形成者根据确定的指导原则向存储库移交数字对象
	数字对象的归档存储是根据明确的指导原则进行的
	存储库支持根据明确的指导准则进行利用
	数据管理能够为存储库的必要功能提供保障
基础设施与安全	有充足的 IT 基础设施
	基础设施能够对存储库及其数字对象进行保护

8.2.2 数字保存成熟度模型

成熟度是指待评估对象当前状态与理想状态之间的相对值。成熟度模型理论起

---

❶❷ DOBRATZ S, SCHOGER A, STRATHMANN S. The nestor catalogue of criteria for trusted digital repository evaluation and certification [EB/OL]. [2022-02-01]. https://ils.unc.edu/tibbo/JCDL2006/Dobratz-JCDLWorkshop2006.pdf.

源于20世纪80年代末的美国卡内基梅隆大学软件工程研究所（Software Engineering Institute，SEI）开发的软件能力成熟度模型（SW - CMM，以下简称"CMM"），经过逐步完善，于2000年形成了CMM的扩展模型——能力成熟度模型集成（CMMI）。❶近年来，越来越多的长期保存专家学者尝试基于CMM或CMMI模型提出适用于数字资源保存的成熟度模型，用以评估和改进数字资源保存实践。虽然这些模型的名称中很少直接体现"数字档案馆"，但其目标受众普遍包括档案馆在内的文化记忆机构，例如DPCMM。

8.2.2.1 DPCMM

2007年，洛里·阿什利（Lori Ashley）等学者在主持美国特拉华州数字保存项目时共同构建了DPCMM❷，并在随后的实践应用中持续对该模型进行修正。截至2020年2月，可检索的最新版本是2015年7月发布的第2.7版。

该模型在借鉴CMM和CMMI整体架构的基础上，参考借鉴OAIS参考模型的功能和保存服务、ISO 16363：2012规定的基本属性以及行业最佳实践，旨在为档案馆等机构的数字资源保存能力差距分析提供指导和工具。❸但DPCMM并不是对ISO 16363：2012的简单复制，而是从中提取有利于实现数字资源保存这一终极目标的重要实体和行动。其中，有些是ISO 16363：2012的指标，而有些只是ISO 16363：2012某项指标中提到的重要实体或行动。具体来说，DPCMM由基础设施、数字保存仓储和服务三个相互依赖的领域共同组成，涉及2个顶级域（数字保存基础设施和数字保存服务）、15个关键过程域、2类利益相关者（形成者和用户），如图8 - 2 - 1所示。

DPCMM采用混合式成熟度表示法，即将阶段式成熟度和连续式成熟度均定义为5级，如图8 - 2 - 2所示。其中，前者强调的是组织的成熟度，从过程域集合的角度考察整个组织的过程成熟度阶段，其关键术语是"成熟度"；后者强调的是单个过程域的能力，从过程域的角度考察基线和度量结果的改善，其关键术语是"能力"。❹在此基础上，DPCMM还提供了具体的使用方法——关键过程域评分综合法，即为每个关键过程域分别赋分0~4分，最后将所有过程域的得分相加，若得分为0分则为初始级；若得分为1~15分，则为较低级；若得分为16~30分，则为中间级；若得分为41~45分，则为较高级；若得分为46~60分，则为最优级。

---

❶ 肖秋会，陈梦. 基于CMM的机构数字保存能力成熟度模型研究［J］. 档案学通讯，2016（1）：55 - 60.
❷ 席芮. 成熟度模型理论在我国电子文件长期保存领域的适用性研究［J］. 档案学研究，2014（5）：76 - 80.
❸ Digital preservation capability maturity model［EB/OL］.［2020 - 02 - 01］. http：//www.securelyrooted.com/dpcmm.
❹ CMMI模型表示法：阶段式表示法和连续式表示法［EB/OL］.［2020 - 02 - 01］. https：//www.quntop.com.cn/h - nd - 455.html.

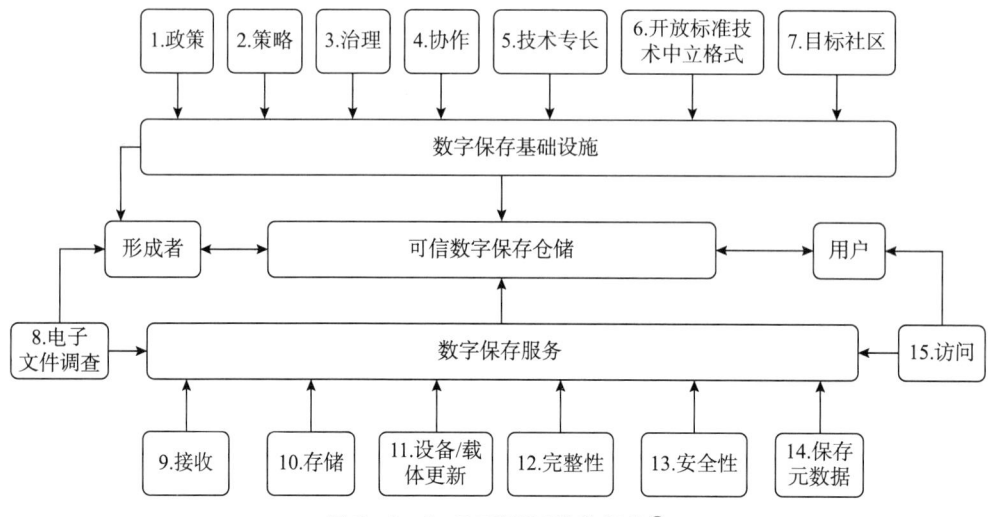

图 8-2-1 DPCMM 整体架构❶

	0.初始级	1.较低级	2.中间级	3.较高级	4.最优级
	绝大多数数字资源处于风险之中	较多数字资源处于风险之中	部分数字资源处于风险之中	很少有数字资源处于风险之中	没有数字资源处于风险之中
1.政策					
2.策略					
3.治理					
4.协作					
5.技术专长					
6.开放标准技术中立格式					
7.目标社区					
8.电子文件调查					
9.接收					
10.存储					
11.设备/载体更新					
12.完整性					
13.安全性					
14.保存元数据					
15.访问					

图 8-2-2 DPCMM 矩阵❷

❶ DOLLAR C M, ASHLEY L J. Assessing digital preservation capability using a maturity model process improvement approach [EB/OL]. [2022-02-01]. https://static1.squarespace.com/static/52ebbb45e4b06f07f8bb62bd/t/53559340e4b058b6b2212d98/1398117184845/DPCMM+White+Paper_Revised+April+2014.pdf.

❷ DOLLAR C, ASHLEY L. Digital preservation capability maturity model [EB/OL]. [2022-02-01]. https://static1.squarespace.com/static/52ebbb45e4b06f07f8bb62bd/t/55a7ed87e4b016f840b a1adb/1437068679137/DPC-MM+Background+and+Performance+Metrics+v2.7_July+2015.pdf.

DPCMM 提出后，受到学界和业界的广泛关注。在实践领域，DPCMM 先后在美国和加拿大的大学、档案馆或公司中等得到应用。❶ICA、美国档案工作者协会（Society of American Archivists，SAA）、美国国家档案工作者委员会（Council of State Archivists，CoSA）、国际文件管理工作者协会等国际和地区性行业协会均采纳了 DPCMM，成为应用该模型的社区成员。❷尤为引人注目的是，美国 CoSA 于 2011 年 7 月采用 DPCMM 对美国 55 个州和地区的档案馆的长期和永久电子文件保存的准备情况及其与立项状态的差距。❸

在学术领域，肖秋会等❹借鉴 CMM 和 DPCMM，构建了机构数字保存能力成熟度模型，识别出数字保存规划、数字保存基础设施、明确权责、保存行为规则化、完善的组织结构、良好的业务运作、良好的管理运营、规范的标准制度、持续的管理创新等 9 个关键业务域，并采用阶段式表示方法将数字保存能力分为初始级、基础级、规范级和优化级。高凡等❺借鉴 CMM 及 DPCMM 等数字保存成熟度相关模型，以中国科学院文献情报中心的长期保存系统为例，将关键业务域分为组织基础管理、数字资源摄入、数字对象管理、访问管理、保管管理、风险管理，并将数字保存能力分为 1~5 级。

8.2.2.2 CRPC

2011 年，欧盟"沙门计划"基于信息技术控制目标（COBIT）探讨了 ISO 16363 中的具体指标对利益相关者、业务、管理者、目标和能力的影响，提出 CRPC。❻该模型将数字保存能力分为治理能力、业务能力和支持能力，治理能力控制业务能力和支持能力，业务能力和支持能力影响治理能力，业务能力有赖于支持能力，如图 8-2-3 所示。❼

---

❶ 席芮. 成熟度模型理论在我国电子文件长期保存领域的适用性研究［J］. 档案学研究，2014（5）：76-80；肖秋会，陈梦. 基于 CMM 的机构数字保存能力成熟度模型研究［J］. 档案学通讯，2016（1）：55-60.

❷ ASHLEY L，DOLLAR C. 2015 DPCMM YEAR IN REVIEW［EB/OL］.［2020-02-01］. https：//static1. squarespace. com/static/52ebbb45e4b06f07f8bb62bd/t/56aa1832cbced6b708aa8dbc/1453987892372/2015+DPCMM+Year+In+Review. pdf.

❸ DOLLAR C M，ASHLEY L J. Assessing digital preservation capability using a maturity model process improvement approach［EB/OL］.［2022-02-01］. https：//static1. squarespace. com/static/52ebbb45e4b06f07f8bb62bd/t/53559340e4b058b6b2212d98/1398117184845/DPCMM+White+Paper_Revised+April+2014. pdf.

❹ 肖秋会，陈梦. 基于 CMM 的机构数字保存能力成熟度模型研究［J］. 档案学通讯，2016（1）：55-60.

❺ 高凡，孙超，吴振新. 基于 CMM 的长期保存能力成熟度评价框架设计［J］. 情报理论与实践，2021（10）：35-40.

❻ 孙超，吴振新. 国外数字资源长期保存成熟度模型及其分析与评价［J］. 图书情报工作，2017（1）：32-39.

❼ Becker C，ANTUNES G，BARATEIRO J，et al. A capability model for digital preservation：analyzing concerns，drivers，constraints，capabilities and maturities［EB/OL］.［2022-02-01］. http：//www. ifs. tuwien. ac. at/ubecker/pubs/becker_ipres 2011. pdf.

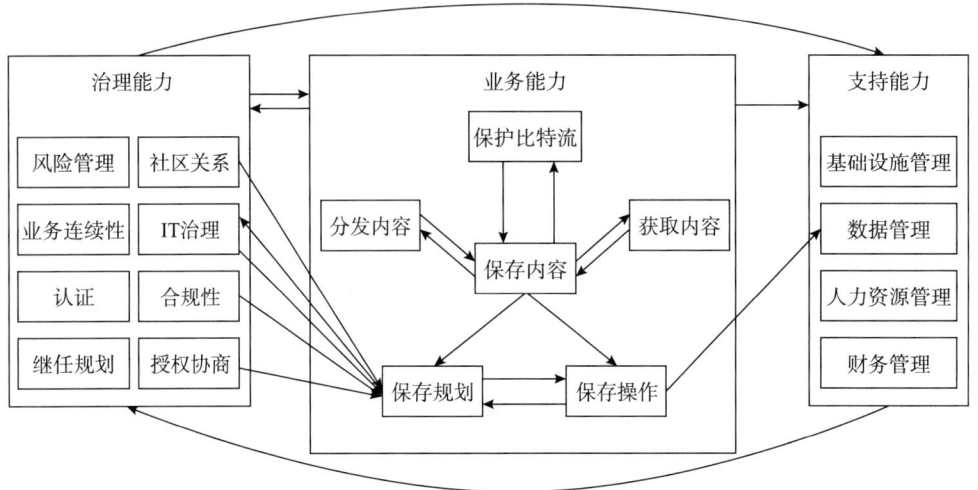

图 8-2-3 CRPC 架构

在该模型中，数字保存的核心业务能力是"保存内容"，即随着时间的推移，能够维护内容的真实性和可理解性，并确保其来源。"保存内容"由"保存规划"和"保存操作"构成。"保存规划"是监控、引导和控制对内容实施保存操作的能力，从而能够以最低的操作成本和最高（预期）的内容价值实现可访问性、真实性、可用性和可理解性的目标。"保存操作"是对"保存规划"的部署和执行进行控制的能力，也是为实现保存目标而对内容执行的具体操作（通常由软件工具实现），包括根据"保存规划"分析内容、执行保存操作并确保具有充足的来源信息、处理保存元数据、进行质量保证以及提供报告和统计数据。因此，欧盟"沙门计划"专门为"保存规划"和"保存操作"提供了细致的目标说明、度量标准以及成熟度维度和水平。[1] 以"保存操作"能力成熟度模型为例，具体如表 8-2-5 所示。

与 DPCMM 相比，CRPC 更为关注"保存"这一数字档案馆的核心职能，但对于其他关键过程域和要素的关注较少，只有与"保存内容"相关的"保存规划"和"保存操作"给出了具体的成熟度维度和层次，其他要素则没有发展出具体的成熟度评估方案，且更多地停留在理论论证层面。

---

[1] BECKER C, ANTUNES G, BARATEIRO J, et al. A capability model for digital preservation: analyzing concerns, drivers, constraints, capabilities and maturities [EB/OL]. [2022-02-01]. http://www.ifs.tuwien.ac.at/abecker/pubs/becker_ipres 2011.pdf; BECKER C, ANTUNES G, BARATEIRO J, et al. Control objectives for DP: digital preservation as an integrated part of IT governance [EB/OL]. [2020-02-01]. https://publik.tuwien.ac.at/files/PubDat_203334.pdf.

表 8-2-5 CRPC 的"保存操作"能力成熟度模型[1]

	①初始或临时的	②可重复但简单	③已定义	④管理且可衡量	⑤优化
意识和交流	管理层意识到长期保存业务的需求，偶尔交流并且意见不一致	管理层能够意识保存运作对保存内容的真实性（authenticity）和起源（provenance）的作用，尽管没有正式的报告程序	管理层能够清楚保存运作对保存内容的真实性和起源的作用。有关于统计数据和汇报过程的指导方针，但是并不是一直具有强制性	管理层完全了解保存运作对保存内容的真实性和起源的作用，并且清楚它们如何与组织中的业务目标产生联系	组织在持续提升保存业务。有一个融入整个组织的交流和报告系统在实时透明地运行
政策、计划和程序	采取了一些行动，但是有得到管理。没有关于程序和行动的记录文档	尽管有一些业务程序产生，但是由直觉个人、组织内遭照的流程各不相同。意识到过程应有质量管理（QA），但是大部分时间都是临时性并且手动操作	依据标准计划为所有的业务定义好过程。通过可获得的要素、服务和技能来解释这些过程和规则。质量管理和元数据管理并非由业务目标驱动	依照开展的活动制订计划，并且在计划中详细地展示了业务对目标和限制的合规性。所有业务都能实时地展示业务状态	将行业的优秀实践全面应用到计划部署、分析、行动、元数据、质量管理和报告中
工具和自动化	员工个人临时、杂乱地使用了一些工具	基于不断增长的需求和应用，员工个人开始使用一些自动化工具。这些使用无组织性和持续性	依据明确说明来制订计划，但是添加业务的过程基本上依靠手动完成。没有集成系统跟踪业务的状态结果	有一个自动化系统来控制自动化的业务，但是自动化部件是分散的并没有完全集成	已集成所有业务，并且能够随时获取业务状态

[1] 孙超, 吴振新. 国外数字资源长期保存成熟度模型及其分析与评价[J]. 图书情报工作, 2017（1）: 32-39.

续表

	①初始或临时的	②可重复但简单	③已定义	④管理且可衡量	⑤优化
技能和专业	不具备什么任务需要什么技能和经验的常识	员工通过实际操作体验、重复使用技巧以及同事的业余培训具备了业务技能	制订了一份正式培训计划,明确了不同系列的业务的职责和技能,但是正式培训仍是个人主动参与	所有职位都明确了进行操作的经验、技能和经验,能和经验也已到位	操作者掌握了进行操作的经验、技能和方法。持续的技能和专业知识评估确保了系统改进
义务和责任	不具备相关义务和责任的常识	开始出现业务的职责,但是并没有文档记录。没有明确问责制	为业务分配了职责,但并没有为所有的业务提供了问责制	清楚地定义了所有业务的义务和责任,并且具有强制性	有一份完全可以追溯到所有业务的正式业务计划
目标设定和衡量	没有一个对目标的清晰意识;业务单独为事件做出回应并且不可追溯	仅仅具有对业务要取得的短期目标,并没有对长期目标进行限定和衡量	具有详细的业务目标,但是没有明确正式衡量。实现了目标与目标和目标达成一致。对目标成果的评估具有主观性并且不一致	实现了一个衡量系统,并且目指标与目标相一致,持续合规性监测,并且所有业务都强制要求合规性	持续、自动地衡量各个级别的合规性。不断评估以推动衡量技术的优化

8.2.2.3 DPEMM

为应对数字资源长期保存带来的挑战，澳大拉西亚国家及州图书馆联盟（NSLA）于 2012 年 7 月成立了"数字保存工作组"。其主要工作任务之一就是开发 DPEMM，并于 2013 年 3 月正式发布了 DPEMM。该工作组定期跟踪同期的同类项目（包括美国 NDSA 的"数字保存级别"和奥地利维也纳科学技术基金资助的"Benchmark DP"项目）的成果，以吸收其合理和值得借鉴之处。DPEMM 核心内容是基于 OAIS 参考模型开发的，同时为达到便于利用的目的，工作组对部分 OAIS 参考模型的功能进行了修改、选择、整合或拆分，如表 8-2-6 所示。该模型采用阶段式的表示方法，将根据对表 8-2-6 中相关问题的回答对数字保存能力进行分级，包括初始级、可重复级、已定义级和优化级，分别用 1~5 级表示。❶

表 8-2-6 DPEMM 的关键过程域及其内容

关键过程域	具体内容（以问题的形式呈现）
预接收活动	您所在的图书馆有哪些与数字收集和保存相关的系统政策和标准？〔这可能包括关于目标社区的描述、馆藏开发政策、数字保存政策、内容评估、提交指南和协议（包括权利管理）〕
接收	您从形成者那里接收了哪些 SIP？是如何获得的？〔这可能包括外部和内部形成者通过文件传输协议（FTP）、CD/DVD、电子邮件、系统工作流程等主动提交、要求提交和临时提交的内容〕
接收	如何对 SIP 进行验证？〔这可能包括评估和接受内容和格式、验证 SIP 的构件、固定性检查、技术性保护措施（TPM）检查、验证元数据等〕
接收	如何根据 SIP 生成 AIP？〔这可能包括重新整理和内容著录、创建唯一且持久的标识符、结构图等〕
接收	您从 AIP 中提取或从其他来源收集哪些元数据，以及如何提取？〔这可能包括技术元数据（如格式识别和验证）、描述元数据以及管理元数据〕
归档存储	您是如何存储 AIP 的？〔这可能包括将数字对象从载体中移出、在线控制和基于合同的离线控制、选择适当的存储等〕

---

❶ PEARSON D, COUFAL L. Digital preservation environment maturity matrix〔R/OL〕.〔2022-02-01〕. https://www.nsla.org.au/sites/default/files/documents/nsla.digpres-environment-maturity-matrix.pdf.

续表

关键过程域	具体内容（以问题的形式呈现）
归档存储	您采取了哪些预防措施来更新归档载体/存储？［这可能包括将文件复制到新载体（可能是相同类型的载体或其他技术）、更换存储系统，包括存储区域网络（SAN）、网络附属存储（NAS）或其他旋转磁盘或固态存储系统］，注：归档载体可以是 CD、磁带、旋转光盘等
	您会执行哪些例行和特殊的错误检查，以确保 AIP 的组件在归档存储或者内部归档存储数据传输的过程中不会损坏？［这可能包括完整性检查、循环冗余检查等］
	您的图书馆有哪些 IT 灾难恢复计划和业务连续性计划，以保护您的数字资产？［这可能包括多个副本、备份、异地存储、不间断电源等］
数据管理	您如何存储、维护和更新图书馆数字馆藏内容的元数据？［这可能包括将元数据存储在专用数据库中，或与内容信息一起存储，添加或更新元数据的能力等］
	您如何监控馆藏状态？［这可能包括查询内容的能力以及生成有关馆藏状态的定期和特别报告的能力］
行政管理	您如何（与形成者）协商提交协议和审核提交，以确保它们符合您所在机构的标准？［由谁来做（馆藏、图书馆管理或其他主体）以及如何做］
	您如何管理系统配置？［这可能包括审核系统运行、性能和使用情况，提供性能信息，保存关于"保存规划"的库存报告，并制定和实施系统演化规划］
	根据已经决定的归档策略，您提供了哪些机制来限制或允许对档案馆组成部分的物理访问？［这可能包括门、锁、防护装置等］
	您如何建立和维护系统标准和政策？［谁来负责以及如何完成］
数字保存规划	您如何跟踪数字保存和 ICT 技术环境以及目标社区的服务需求及其知识基础的变化？［这可能包括跟踪新兴的数字技术、信息标准和计算平台（即软硬件），以明确可能导致档案馆计算环境过时以及限制对档案馆的馆藏资源进行访问的技术］
	您如何制定保存策略和标准？［这可能包括评估档案馆的内容，定期推荐档案信息更新（即迁移）、定期（进行）风险分析并（提出风险的）消减策略］
	您如何设计封装包和建立保存行动规划？［这可能包括为 SIP 和 AIP 制定模板，并将其应用于特定的馆藏和提交申请，或制定详细的保存规划（用于迁移、仿真、替换软件等）、原型和测试规划］

续表

关键过程域	具体内容（以问题的形式呈现）
访问获取	您如何提供对数据的访问？[这可能包括与用户沟通以接收请求、生成响应结果（DIP、查询响应、报告）并将响应结果发送给用户]
	您如何确保用户有权访问和接收请求的条目？[这可能包括内部和外部用户和流程]

DPEMM 在澳大拉西亚地区（包括澳大利亚和新西兰）地区的图书馆领域得到了初步的应用和探索。2013 年，NSLA 在发布 DPEMM 后就对其所属的十家图书馆的数字保存环境进行了评估和审计，取得了良好成效。❶ 虽然该模型主要在数字图书馆领域使用，但由于其基本框架与 OAIS 参考模型中的功能实体保持高度一致，仍然对数字档案馆综合评估（尤其是业务能力评估）具有重要的参考借鉴价值。

8.2.2.4 DPC – RAM

DPC – RAM 是一种数字保存成熟度建模工具，旨在帮助组织机构快速完成数字保存能力的评估与测试。该模型来自一系列现有的成熟度模型，主要基于艾德里安·布朗（Adrian Brown）提出的 DPMM，同时参考了美国 NDSA 的"数字保存级别"、DPCMM、CoreTrustSeal 以及组织成熟度评估（AOR）工具包。从结构来看，DPC – RAM 主要定义了两种能力类型——组织能力与服务能力，共计 11 个元素，如表 8 – 2 – 7 所示。其中，组织能力部分主要定义高层级的元素；而服务能力则主要定义操作层的元素，侧重较低的粒度级别（可能针对特定内容流）的元素。DPC – RAM 采用连续式的表示方法，对于每一种元素，它都定义了从 0 ~ 4 五个级别的成熟度（分别是无意识级、意识级、基本级、已管理级、已优化级）。❷

表 8 – 2 – 7 DPC – RAM 的能力类型

	组织能力	
A	组织生命力	治理，组织结构，数字保存活动的人员配备与资源配置
B	政策与策略	管控数字档案馆的运作与管理的政策、策略与程序

---

❶ SLADE S, PEARSON D, COUFAL L. A digital preservation environment maturity matrix for NSLA libraries [EB/OL]. [2022 – 02 – 01]. https://www.nla.gov.au/sites/default/files/pages_from_ipres2014 – proceedings – slade_pearson_coufal.pdf.

❷ Digital Preservation Coalition. Digital preservation coalition rapid assessment model [EB/OL]. [2022 – 02 – 01]. https://www.dpconline.org/docs/miscellaneous/our – work/dpc – ram/2433 – digital – preservation – coalition – rapid – assessment – model – v2/file.

续表

		组织能力
C	法律基础	管理法律权利和责任，遵守相关法规，遵守与获取、保存和提供数字内容访问相关的道德规范
D	IT能力	支持数字保存活动的信息技术能力
E	持续改进	评估当前数字保存能力、确定目标和监控进度的过程
F	社区	参与并为更广泛的数字保存社区作出贡献
		服务能力
G	获取、移交与接收	获取或移交内容并将其接收至数字档案馆的过程
H	比特流保存	确保要保存的数字内容的（安全）存储和完整性的过程
I	内容保存	保存数字内容的意义或功能，并确保其具有持续可访问性和可用性的过程
J	元数据管理	生成和维护充足的元数据的过程，以支持保存、发现和利用保存的数字内容
K	发现与访问	能够发现数字内容并为用户提供访问的过程

与上文提及的认证标准和成熟度模型相比，DPC-RAM 显得较为"简单"，属于"轻量级"的成熟度模型。虽然 DPC-RAM 无法提供深入、严格的全面评估和认证，但其优势在于不受特定领域、特定业务、特定保存方法的限制，适用范围较广，简单易懂，可在机构内部快速实施，尤为适用于档案馆开展数字档案馆的自评估使用。

8.3 我国数字档案馆系统测试工作

与国外相比，我国数字档案馆评估工作起步相对较晚。国家档案局 2014 年发布的《数字档案馆系统测试办法》标志着我国数字档案馆系统测试工作在全国范围内的启动。数字档案馆系统测试主要面向综合档案馆数字档案馆和企业数字档案馆两种不同类型的数字档案馆，并且有针对性地出台了相应的建设指南和评价标准。截至 2023 年 4 月，我国数字档案馆系统测试工作已取得一定成效，已建成 60 家全国示范数字档案馆。❶ 根据 2021 年 10 月《中国档案报》的报道，我国已有 37 家企

---

❶ 兰台之家. 4月10日整理！"全国示范数字档案馆（室）"名单（欢迎补充）[EB/OL]. (2023-04-11) [2023-09-23]. https://mp.weixin.qq.com/s/R14qLOBXtHXp7DfoMzCfuw.

业完成企业数字档案馆建设试点工作，建成具有国际先进水平的企业数字档案馆（室）。❶

8.3.1 我国数字档案馆系统测试的依据、流程与方法

8.3.1.1 我国数字档案馆系统测试的依据

综合档案馆数字档案馆系统测试的归口部门是国家档案局科技信息化司（以下简称"科信司"），对应的测试依据是《数字档案馆建设指南》和《数字档案馆系统测试办法》；企业数字档案馆系统测试的归口部门是国家档案局经济科技档案业务指导司，对应的测试依据是《企业数字档案馆（室）建设指南》和《企业数字档案馆（室）试点验收专家评价表》。值得一提的是，由国家档案局联合多家单位共同起草的《电子档案管理系统通用功能要求》于2021年3月发布，规定了数字档案馆系统功能的总体要求以及关键业务环节和系统管理的通用要求，也为数字档案馆测试提供了一定的参考。

8.3.1.2 我国数字档案馆系统测试的流程

《数字档案馆系统测试办法》明确了综合档案馆数字档案馆的测试流程。由国家档案局组建并管理系统测试工作领导小组。各档案馆依据《数字档案馆系统测试指标表》自查后满足条件即可申报，获得国家档案局批准即可参与测试。具体流程包括领导小组的成立和管理、数字档案馆自测试、申请测试、国家档案局批复、专家组现场测试（包括技术测试和综合评估）、测试审批、测试情况通报。

与综合档案馆相比，企业数字档案馆试点验收的流程则较为简单，主要分为试点企业准备工作、专家组验收和验收结果公示三步。企业数字档案馆试点验收不同于综合档案馆数字档案馆系统测试，前者需要先申请试点主项，后者则直接申报。与综合档案馆数字档案馆评定级别不同，企业数字档案馆建设采用"先确立试点，再依规建设，后验收工作"的方式逐步积累经验，再逐步在全国范围内推广有益经验和最佳实践。

8.3.1.3 我国数字档案馆系统测试的方法

综合档案馆数字档案馆系统测试涉及定性类、定量类、测查类和评价类四类指标❷，但所有指标最终都将转化为百分制的具体分数。不同于综合档案馆数字档案馆系统测试主要采用量化评估方法，企业数字档案馆建设试点验收主要采用定量与定性相结合的方式给出分项评价。专家组首先通过查看原始数据、听取技术报告、观看系统演示、听取技术报告等多种方式，其次判断企业数字档案馆是否具备某要

---

❶ 蔡盈芳. 企业数字档案馆（室）建设试点工作全面完成 [N]. 中国档案报, 2021-10-18 (1).
❷ 倪永春. 数字档案馆系统测试工作分析与研究 [J]. 浙江档案, 2016 (3): 57-58.

素、是否符合某要求、是否规范，最后以各分项的符合程度进行总体判断。

8.3.2 综合档案馆数字档案馆系统测试内容

《数字档案馆建设指南》从管理系统功能、应用系统开发和服务平台构建、数字档案资源、保障体系四个维度明确了数字档案馆的建设要求。在此基础上，《数字档案馆系统测试指标表》涵盖基础设施（12分）、系统功能（12分）、档案资源（52分）、保障体系（14分）、服务绩效（10分）五个模块，满分为100分，如图8-3-1所示。需要说明的是，《数字档案馆测试指标表》中的"基础设施"对应《数字档案馆建设指南》中的"应用系统开发和服务平台构建"；服务绩效对应《数字档案馆建设指南》正文中提出的"加强绩效管理"的目标。

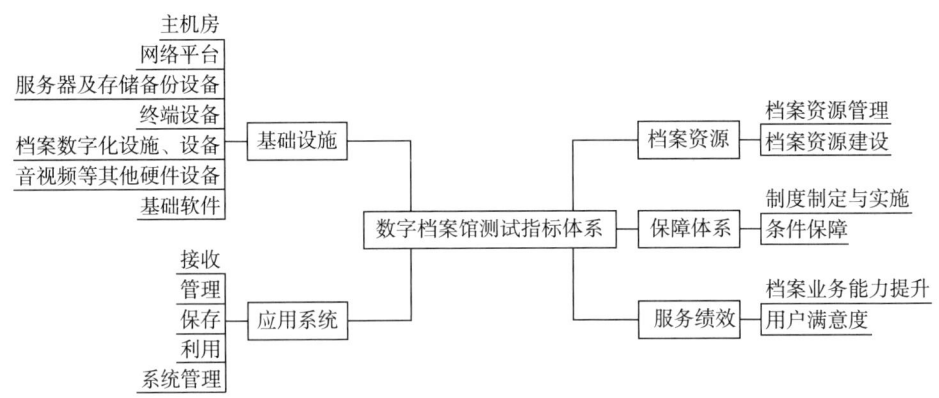

图8-3-1 数字档案馆测试指标体系

8.3.2.1 基础设施

基础设施建设是数字档案馆建设的基础。综合档案馆应基于数字档案馆基础网络架构、主要技术路线与软硬件配置的基本要求，集成建设数字档案馆的基础设施，满足各项管理与服务需求：不仅要满足已有馆藏档案数据的需求，而且要考虑今后一定时期内新增档案数据的管理需求。在测试指标体系中，基础设施占12分，包含主机房、网络平台、服务器及存储备份设备、终端设备、档案数字化设施设备、音视频等其他硬件设备、基础软件等7个方面的测试。

其中，"主机房"包括选址、供电系统、安全防范系统、消防系统、温湿度等5个评价指标；"网络平台"涉及局域网、政务网、互联网、网络设备、网络隔离、网络安全设施等6个评价指标；"服务器及存储备份设备"涉及满足业务需要的专用服务器、在线存储设备、离线存储设备等3个评价指标；"终端设备"主要包括"按在职业务人员总数配备计算机"和"配备自助查档服务计算机终端设备"2个评价指标；"档案数字化设施设备"涉及数字化工作用房、数字化扫描设备、监控设施、专用存储设备等 4 个评价指标;"音视频等其他硬件设备"涉及照片与音视频的采集摄录设备、音视频转码与编辑设备、音视频数字化转换设备等 3 个评价指标;"基础软件"涉及"配备操作系统、数据库、备份恢复系统等系统软件"和"配备字处理、图像查看、音视频播放、杀病毒等工具软件"2 个评价指标。

8.3.2.2 系统功能

档案管理各业务环节的自动化、网络化需以具备"收集、管理、存储、利用"等功能的数字档案馆系统为基础。除 4 项基本业务功能外,数字档案馆系统还应具备用户权限管理、日志记录等系统管理功能。系统功能在测试指标体系中占 12 分,包括接收、管理、保存、利用、系统管理 5 个维度。

其中,"接收"涉及"在线和离线接收目录数据、数字档案""能够对接收目录数据、数字档案的准确性、完整性、可用性、安全性进行检测""系统与应接收范围内的立档单位档案信息系统实现对接""能接收文本、图像、音频、视频、数据库等不同类型数字档案"4 个评价指标;"管理"涉及数据组织分类与编目、目录数据与数字档案关联、数据编辑与发布、辅助鉴定、实体档案管理、统计等 6 个评价指标;"保存"涉及分类存储、格式转换、离线备份、在线备份、备份数据恢复等 5 个评价指标;"利用"涉及档案利用登记注册、阅览服务接待管理、档案利用审核、检索、数据阅览、数据打印输出、不开放数据控制利用、利用过程监控、辅助编研、利用统计和用户使用评价等 10 个评价指标;"系统管理"涉及用户管理、日志记录与审计、代码与数据字典管理、业务流程可定制、数据导入与导出等 5 个评价指标。

8.3.2.3 档案资源

数字档案资源建设是数字档案馆建设的核心内容,同时也是提升数字档案馆信息服务水平的前提。基于在数字档案馆建设中的基础性地位,档案资源的建设质量与管理成效成为测试的重要内容。在测试指标体系中,档案资源分值占 52 分,占比最高,包括档案资源建设和档案资源管理 2 个维度。

其中,"档案资源建设"涉及目录数据库、档案著录、数字档案接收、馆藏档案数字化、数字资源采集等 5 个评价指标;"档案资源管理"涉及资源总库、数字档案资源管理库、基于政务网的数字档案资源利用库、基于互联网的数字档案资源利用库、数字档案资源库分类管理、划分安全域、防篡改等 7 个评价指标。

8.3.2.4 保障体系

通过完整全面的保障体系确保数字档案馆系统安全是数字档案馆科学运作和安全运维的前提。保障体系在测试指标体系中占 14 分,包括制度制定与实施以及条件保障 2 个维度。制度上,要求建立数字档案馆各项制度并按要求实施。各项制度应涵盖机房管理、设备管理、安全管理、人员管理、数字资源管理、风险应急处置、数字化工作管理等方面，保障数字档案馆运行的稳定性和安全性，增强数字档案馆风险应对能力。条件上，要求建立与数字档案馆建设运行相适应的体制机制，覆盖组织机构、发展规划、人员培训、经费保障、标准规范等方面。

8.3.2.5 服务绩效

提供档案信息服务和共享利用是数字档案馆建设的动力与目标。服务绩效是数字档案馆信息服务成效的直观反映，是绩效管理的重要组成部分。在测试指标体系中，服务绩效占10分，包括档案业务能力提升和用户满意度2个维度。

其中，"档案业务能力提升"涉及数字档案全流程管理、辅助实体档案管理、政务网服务、互联网服务、资源馆际共享、档案网站服务项目、专题展览利用登记时间、检索时间馆内利用人次、政务网访问人次、互联网访问人次、数字档案使用比例等13个评价指标；"用户满意度"涉及局域网用户满意度、政务网用户满意度、互联网用户满意度、现场专家满意度等4个评价指标。

8.3.3 企业数字档案馆系统测试内容

《企业数字档案馆（室）建设指南》从基础设施、电子档案管理系统、数字档案资源、制度规范、安全与保密、经费与人才6个层面明确了企业数字档案馆的建设内容。在此基础上，《企业数字档案馆（室）试点验收专家评价表》增加"电子文件归档""试点验收材料准备情况"两项内容，规定从基础设施、电子档案管理系统软件功能、电子文件归档、数字档案资源、安全保密体系、制度规范、试点验收材料准备情况7个层面对企业数字档案馆进行评价。

8.3.3.1 基础设施

基础设施是企业数字档案馆建设的基础，主要包括网络平台建设和硬件设备。为保障信息安全，企业数字档案馆建设应基于与互联网隔离的企业网或企业档案部门局域网。网络平台建设需要考虑电子文件收集、归档和电子档案管理及开发利用的需要。硬件设备包含服务器、信息采集设备、存储设备。企业应根据电子档案管理系统及基础软件系统部署和高效稳定运行需求配备服务器。扫描仪、视频采集转换设备等信息采集设备需能满足日常工作需求。根据科学、可行的存储备份策略，配备在线存储设备与离线存储设备，根据实际工作需要自主选择是否配备近线存储设施，保证存储备份设备稳定与适当冗余。

8.3.3.2 电子档案管理系统软件功能

电子档案管理系统是企业数字档案馆建设的核心内容，主要包括收集、整理、保管、统计、利用、系统管理、传统载体档案辅助管理等方面。系统建设应符合《企业电子文件归档和电子档案管理指南》《电子档案移交与接收办法》等有关要求。各项功能应遵循全程管理、前端控制、统一管理的基本原则，保障电子档案真实、完整、可用、安全。同时，在系统应用的整体设计上，重点考察功能模块划分是否合理、界面以及输入输出设计是否会影响系统的可操作性、实用性以及档案管理与利用效果等。元数据是保障电子档案真实完整的重要因素，也需要评价其完整性与科学性。

8.3.3.3 电子文件归档

电子文件归档作为电子档案管理核心业务活动之一，涉及文件实体与管理责任的转移，其规范性是企业档案齐全、完整、系统的前提。在《企业数字档案馆（室）试点验收专家评价表》中，电子文件归档作为一项独立的考察内容出现，主要包括归档系统、归档数量、管理过程、元数据、存储格式、"四性"检测等方面。电子文件及其元数据归档既可以通过电子文件管理系统进行，也可以通过具有电子文件管理功能的业务系统进行。评价工作重点考察各业务系统的电子文件归档数量，考察电子文件归档工作的具体做法（包括归档接口、归档方式、归档时间、整理、移交、保管等）是否科学。其中，元数据是电子文件的重要组成部分，需要与电子文件同时归档，确保元数据齐全完整，符合规范要求。电子文件归档时企业应选择适用于长期保存的存储格式或系统具备将其转换为标准格式的功能，保障电子文件长期可用、可读。由于归档电子文件应满足真实、完整和可用的质量要求，因此归档系统需要具备"四性"检测功能，从源头把控电子文件归档质量。

8.3.3.4 数字档案资源建设

数字档案资源建设是保证数字档案馆发挥效用的基础，主要包括传统载体档案数字化、档案著录项、数字化存储格式、专题数据库建设等内容。其中，传统载体档案包括文书档案、业务档案、科研档案、基建档案、设备仪器档案、会计档案等类别。纸质档案数字化工作应按照《纸质档案数字化规范》（DA/T 31—2017）进行，录音、录像等多媒体档案数字化参照《录音录像档案数字化规范》（DA/T 62—2017）进行。数字化采用的存储格式应平衡保存与利用的需要，选择通用标准格式。此外，也应以需求为导向，对利用率高、内容重要的档案资源开展相应的专题数据库建设。

8.3.3.5 安全保密体系建设

"安全保密，合法合规"是企业数字档案馆建设的基本原则之一，主要包括设备配置、人员管理、制度规范与分级保护4个层面的内容。设备配置主要指安全设备配置及网络安全与保密；人员管理上实现"三员"管理；制度规范则涵盖信息资源利用范围管控、信息发布审核制度、数据访问权限管理、安全与保密检查等内容。安全检查标准根据档案资源是否涉密进行划分，其中非涉密信息系统按等级保护管理的要求进行安全设计和建设，可参照《计算机信息系统安全保护等级划分准则》（GB/T 17859—1999）、《信息安全技术 网络安全等级保护基本要求》（GB/T 22239—2019）、《档案信息系统安全保护基本要求》、《档案信息系统安全等级保护定级工作指南》等；涉密信息系统参照《涉及国家秘密的信息系统分级保护技术要求》和《涉及国家秘密的信息系统分级保护管理规范》等。

8.3.3.6 制度规范建设

科学全面的制度规范是企业数字档案馆科学发展和安全运维的前提，主要包括制度和标准两方面。制度建设包括人员岗位职责制度、系统运行维护管理制度、机房管理制度等；标准包括传统载体档案数字化标准、电子文件归档标准、档案分类标准、档案利用标准等。在数字档案馆建设过程中，应坚持标准先行的原则，确保数字档案馆能够规范运行。根据项目进展情况有步骤地采用或制定制度规范，优先采用国内成熟制度规范作为本企业数字档案馆建设制度规范；国家制度规范不能满足需求或无相应标准规范时再自主编制。此外，制定的制度规范应定期进行审查和更新。

8.3.3.7 试点验收材料准备情况

企业在进行数字档案馆验收评价前，应准备好试点工作总结报告、试点工作技术报告、数字档案馆系统测试报告、测试用例表、相关管理制度及标准规范等一系列验收材料，确保验收材料的完整齐全。

8.4 数字档案馆评估的基本原则

数字档案馆评估能否全面、客观地反映评估对象的全貌，提供有价值的参考依据，很大程度上取决于评估方法的选取是否科学、指标体系的制定与执行是否合理。评估方案的制定要符合数字档案馆建设的战略导向，兼顾现实性与前瞻性，具有科学性、系统性和可行性。

8.4.1 政策引领，标准先行

数字档案馆评估应坚持政策引领、标准先行的原则。我国在档案信息化及数字档案馆建设方面发布了一系列政策性文件和规范性标准，对数字档案馆的发展进行了顶层设计，明确数字档案馆建设发展的方向与任务。在不同时期，数字档案馆的建设任务与标准有阶段性、战略性的差异。《"十四五"全国档案事业发展规划》明确提出要深化档案信息化战略转型，强调数字档案馆应当加强电子档案长期保存技术和管理研究，创建科学的可信存储与验证体系，保证电子档案真实、完整、可用、安全,加强大数据、人工智能等技术的应用。只有将政策与标准规范对数字档案馆的要求体现在评估体系中,才能检验数字档案馆建设发展状况是否符合要求。数字档案馆评估体系的设计应以数字档案馆相关的国家政策、标准、规范等为依据,保证评估指标的权威性、评估标准的一致性与评估结果的客观性、真实性。

8.4.2 目标导向,系统严谨

数字档案馆评估应坚持目标导向、系统严谨的原则。首先,应围绕数字档案馆的目标与任务,构建科学全面的评估体系,评价指标与方法应有充分的科学依据,含义准确。评估指标在业务侧应符合数字档案馆的运行规律,满足技术应用、管理方法的需求,在用户侧能体现用户实际需要。其次,数字档案馆是一个综合性的工程,指标体系也应反映系统性的特点,综合考量数字档案馆体系结构及各要素间的关联,形成具有全局意义的评价指标体系。各指标相对独立,从不同侧面反映目标对象的标准,既不矛盾冲突,又不重复出现等价指标。此外,评估工作还具有一定的前瞻性,反映数字档案馆的发展趋势,发挥数字档案馆评估的鉴定作用、诊断作用、导向作用与决策作用,以便为档案信息化发展提供相关决策服务。

8.4.3 动态开放,灵活通用

数字档案馆评估应坚持动态开放、灵活通用的原则。由于信息技术的发展日新月异、管理方法不断创新、档案信息化逐步深化,数字档案馆也处于动态发展的状态。数字档案馆评价体系的建构,也需要用发展的眼光来看待。由于当前数字档案馆建设还未完全达到成熟的水平,相应的指标体系、标准规范还存在一定的发展空间,因此需要基于档案信息化实践的推进不断完善。同时,全国各地数字档案馆建设水平存在差异,可能会直观体现于不同指标的发展状况不同,不能使用强硬僵化的指标体系来"一刀切"。为使评估体系更具通用性,应在统一原则标准的同时,留下可以灵活调整的余地以及自主拓展创新的空间,并始终保持评估体系对社会开放,以便吸引更多力量参与到评估和评估体系的完善中。

8.4.4 具体可测,易解可行

数字档案馆评估应坚持具体可测、易解可行的原则。评估体系的指标应对象明确,避免使用模棱两可或者抽象晦涩的表述,充分考虑指标可量化性与评价数据获取的难易程度。具体可测的指标数据不仅能够直观反映数字档案馆在该项的发展水平,而且便于评价结果的比较。例如,同一数字档案馆不同指标评价结果的比较有助于数字档案馆建设者查漏补缺、补齐短板,不同数字档案馆评价结果的比较则有利于互相吸取先进经验，共同进步。从数字档案馆运行与发展的实际出发，充分考虑现实的环境、技术、人员等因素，选取具有针对性的指标，构建容易理解、可操作性强的评价体系，过于烦琐的评估方案会增加不必要的工作负担，降低评估效率，造成人力、财力、物力的资源浪费，而成本也是选择评估手段时的重要考量因素。

8.5 我国数字档案馆成熟度模型的构建[1]

基于对国外数字档案馆评估标准与模型以及我国数字档案馆系统测试标准规范与实践的分析，借鉴成熟度模型，可构建出一套符合我国国情的数字档案馆成熟度模型。

8.5.1 数字档案馆成熟度模型的构建方法

8.5.1.1 数字档案馆成熟度模型的表示方法

如本章第8.2.2.1节所述，成熟度模型主要有两种表示方法——阶段式表示法和连续式表示法。两者各有优劣：前者有助于从整体上评定组织的管理能力等级，有助于推进组织管理能力的整体提升；而后者则有助于从关键能力上评定组织的各项管理能力等级，有助于推进关键能力的提升，进而带动整体管理能力的提升。在本章第8.2.2节提及的4个成熟度模型中，DPCMM和CRPC属于混合式，DPEMM属于阶段式，DPC–RAM属于连续式。著者认为混合式能够同时发挥阶段式和连续式的优势，故采用混合式表示方法构建数字档案馆成熟度模型，具体理由有如下两个方面。

一是阶段式能够较好地描述和评价数字档案馆的整体建设水平，体现出循序渐进的发展路径，符合数字档案馆的基本发展规律。由于数字档案馆主要职能就是收集、管理、存储和利用，因此这些能力很大程度上决定了数字档案馆整体建设水平。如果采用阶段式，每一成熟度等级都有其对应的不同关键过程域，既不利于对某一具体能力进行全面系统的描述和评价，也不利于对数字档案馆的不足进行精准定位。二是连续式能够较好地评价某类能力的高低，体现出能力提升的发展路径。但连续式却无法反映数字档案馆的整体建设水平，对数字档案馆的评价容易忽视整体性和阶段性。

8.5.1.2 关键过程域的选取方法

基于本章第8.2节和第8.3节的分析，可发现多数数字档案馆成熟度模型都在

---

[1] 刘珂凡. 我国综合性数字档案馆成熟度模型研究[D]. 北京：中国人民大学，2018.

不同程度上借鉴和吸收了已有的理论研究成果、现行标准规范、相关理论模型以及行业最佳实践经验。通过定义解析可以发现，数字档案馆是一个发挥具体职能并由多要素共同作用的集成管理体系。其中，"多要素集成管理"构成数字档案馆的外部框架，而通过综合利用各要素实现的"数字档案馆功能"则构成数字档案馆的内部支撑，因此，要素和功能二者共同构成了数字档案馆的完整逻辑架构。从成熟度的角度来看，二者共同构成了数字档案馆建设过程中必须解决的所有关键问题域，符合成熟度理论对关键过程域的定义。综上，著者将以理论研究、标准规范、相关模型、最佳实践案例为基本依据，据此分析得出的数字档案馆主要功能和关键要素将成为数字档案馆成熟度模型的关键过程域。

8.5.1.3 成熟度模型的使用方法

使用数字档案馆成熟度模型开展评价的具体方法主要有两种：一种是只设计成熟度模型，使用方法依据认证机构 CMMI Institute 发布的评估能力成熟度级别的标准 CMMI 评估方法（SCAMPI）进行评价；另一种是既设计成熟度模型，又提供简单的评价方法，例如 DPCMM 的"关键过程域评分综合法"。这种方法能够实现能力等级和整体成熟度等级的相互转换，且简易可行。基于此，著者将参照 DPCMM 的"关键过程域评分综合法"，简要说明数字档案馆成熟度模型的使用方法。

8.5.2 数字档案馆成熟度模型关键过程域和关键实践识别

8.5.2.1 数字档案馆主要功能识别

首先是基于理论的分析。学术论文中的数字档案馆定义是学者对数字档案馆认知的凝练，可以从中分析出数字档案馆的主要功能，具体如表 8 - 5 - 1 所示。经过对表 8 - 5 - 1 的分析，可得出两点结论：一是数字档案馆主要功能与传统档案馆"收集、管理、存储、利用"的基本职能总体保持一致，同时，馆藏资源数字化和安全保障也应作为主要功能的组成部分；二是数字档案馆的核心职能至少包括数字档案资源的长期保存和利用服务。

表 8 - 5 - 1　学术论文中数字档案馆主要功能梳理

学者	主要功能表述	核心功能表述	年份
李国庆❶	馆藏数字化 + 管理职能数字化（采集、整理、存储、利用等全过程）	未提及	2002

---

❶ 李国庆. 深圳数字档案馆建设的理论架构及阶段性成果 [J]. 中国档案, 2003 (3): 11 - 14.

续表

学者	主要功能表述	核心功能表述	年份
刘荣❶	收集和数字化功能、存储功能、管理功能、检索利用功能、发布传播功能、安全管理功能	未提及	2002
傅荣校等❷	馆藏数字化+传统档案馆"收、管、存、用"的基本职能	未提及	2005
金更达等❸	①管理功能：前端控制，实现电子文件的"档案化"管理；元数据自动实时捕获；集成管理；②数字化功能；③长久保存功能：确保电子文件长期有效；④利用功能：档案资源开发利用，跨库检索，网络信息服务；⑤安全保障功能	保障数字信息资源的真实、完整和持久有效性，并实现信息资源跨库共享	2005
李泽锋❹	与OAIS参考模型功能保持一致，包括收集、档案存储、数据管理、保存规划、访问和行政管理六大功能实体	数字信息长久保存和利用	2010
郭伟等❺	收集、管理、存储、利用	未提及	2015
刘越男等❻	收集、存储、长期保存和提供利用	数字资源长期保存	2015

其次是基于标准规范的分析，具体如表8-5-2所示。经过对表8-5-2的分析，可得出三点结论：一是数字档案馆的主要功能为收集、管理、保存、利用和系统管理；二是数字档案馆的核心功能为长期保存；三是数字档案馆长期保存功能的实现应特别关注保存规划和长期保存策略。

最后是基于实践案例的分析。数字档案馆在实际建设过程中都呈现出相同或相似的主要功能，具体如表8-5-3所示。经过对表8-5-3的分析，可得出两点结论：一是数字档案馆应具备"收、管、存、用"四项基本功能；二是安全保障也是数字档案馆的主要功能之一。

---

❶ 刘荣. 数字档案馆的功能及其实现技术［J］. 档案学研究，2002（3）：49-51.
❷ 傅荣校，陈荣红. 数字档案馆模式研究（一）：现阶段不可能有统一模式［J］. 档案学通讯，2005（4）：44-47.
❸ 金更达，何达多，何嘉荪. 功能需求分析：数字档案馆系统设计之一［J］. 档案学研究，2005（4）：42-46.
❹ 李泽锋. 基于OAIS的数字档案馆功能模型研究［J］. 档案学通讯，2010（3）：60-65.
❺ 郭伟，方昀. 数字档案馆顶层架构参考模型设计［J］. 档案学研究，2015（5）：106-109.
❻ 刘越男，杨建梁. 从机构、系统到体系：数字档案馆概念的发展［J］. 档案学通讯，2015（4）：50-55.

表8-5-2 标准规范中数字档案馆主要功能梳理

标准规范名称	主要功能关键词提取	其他关键词提取
《数字档案馆建设指南》	①基本业务功能：收集、管理、保存、利用；②其他主要功能：用户权限管理、系统日志管理、数据备份与恢复、系统及其数据维护安全等功能	保存功能＝长久保存策略＋存储架构选择
《企业数字档案馆（室）建设指南》	①基本业务功能：收集、整理、保存、统计、利用、系统管理、传统载体档案辅助管理；②其他管理功能：文件材料分发控制、工作计划进度管理、业务监督指导	未涉及
《电子档案管理系统通用功能要求》	①总体功能要求；②业务功能要求：接收、整理、保存、利用、处置、统计管理；③系统管理要求	未涉及
OAIS参考模型	接收、档案存储、数据管理、保存规划、利用、行政管理	核心功能：长期保存

表8-5-3 实践案例中数字档案馆主要功能梳理

地　区	主要功能
北京市数字档案馆❶	电子档案接收、管理、长久保存、开发利用
四川省成都市数字档案馆❷	电子档案接收、管理、灾备、长久保存、查询和共享
山东省青岛市数字档案馆❸	电子档案接收、管理、存储、开发利用
广东省深圳市数字档案馆❹	电子档案收集、信息管理、存储、利用、安全维护
江苏省太仓市数字档案馆❺	电子档案接收、管理、长久保存、共享利用
江苏省电子档案中心❻	电子档案接收、管理、长久保存、共享利用

---

❶ 崔伟. 北京数字档案馆（电子文件中心）建设综述［J］. 北京档案，2017（1）：5-7.

❷ 王芳. "一馆四中心"构建成都数字档案馆：成都数字档案馆建设的实践［J］. 四川档案，2017（5）：41-42.

❸ 孙立徽，何畏，郭懿峰. 青岛市档案局数字档案馆建设情况考察报告［J］. 云南档案，2010（4）：10-12；史志伟. 循序渐进　稳步进取：谈山东数字档案馆（室）建设［J］. 山东档案，2013（3）：10-11.

❹ 李国庆. 深圳数字档案馆建设的理论架构及阶段性成果［J］. 中国档案，2003（3）：11-14.

❺ 陆坚. 创建省5A级数字档案馆的探索与实践［J］. 档案与建设，2012（10）：65-67；徐有法，安亚翔. 江苏数字档案馆建设现状与展望［J］. 档案与建设，2013（2）：60-61.

❻ 江苏省数字档案馆建设研究课题组. 坚持应用导向 强化顶层设计：加快江苏数字档案馆建设的调研与思考［J］. 档案与建设，2013（3）：4-6，19.

综上，对表8-5-1、表8-5-2和表8-5-3得出的主要结论进行归并和汇总，可识别出7项数字档案馆的主要功能，分别是收集、管理、存储、利用、馆藏数字化、安全保障、系统管理，其中，长期保存和获取利用为核心功能。

8.5.2.2 数字档案馆关键要素识别

首先是基于理论的分析。评价指标能够在一定程度上反映学者对数字档案馆关键因素的认知，可以从中分析出数字档案馆的关键要素，具体如表8-5-4所示。经过对表8-5-4的分析，可得出结论：数字档案馆的关键要素至少包括资源、技术、利用服务和保障体系，其中，保障体系包括制度及标准规范、人员、资金。

表8-5-4 学术理论中数字档案馆评价指标梳理

学者	一级指标	二级指标
周林兴[1]	馆藏指标	馆藏自然情况、馆藏组织情况、馆藏管理情况
	技术指标	系统技术、用户服务技术
	服务指标	利用服务范围、服务质量
潘连根[2]	馆藏评价	馆藏自身情况、馆藏组织情况、馆藏管理情况
	技术评价	系统技术、信息检索技术、用户服务技术、界面技术
	服务评价	利用服务模式、利用服务数量、服务质量
	管理评价	知识产权管理、标准化管理、人员管理
	效益评价	成本核算、产出效益
肖秋会[3]	管理体系指标	治理、政策、策略、合作、资金
	技术体系指标	收集、存储、获取、存储管理、开源/中立格式、媒介更新、元数据保存
	标准体系指标	标准（系统层面、业务层面、数据层面）
洪萍[4]	馆藏指标	馆藏自然情况、馆藏组织情况、馆藏管理情况
	技术指标	系统技术、用户服务技术
	服务指标	利用服务范围、服务质量
	管理指标	组织建设、资金管理、人员管理、制度管理

其次是基于标准规范的分析。本章分别对国内外最具代表性的数字档案馆评估

---

[1] 周林兴. 论数字档案馆评价指标体系的构建 [J]. 湖北档案, 2005 (4): 8-10.
[2] 潘连根. 数字档案馆评价体系初探 [J]. 浙江档案, 2005 (9): 24-27.
[3] 肖秋会, 陈梦. 基于CMM的机构数字保存能力成熟度模型研究 [J]. 档案学通讯, 2016 (1): 55-60.
[4] 洪萍. 数字档案馆评价方法研究 [J]. 科技情报开发与经济, 2011 (8): 146-148.

标准展开分析。其中,《数字档案馆系统测试办法》的一级指标包括基础设施、系统功能、档案资源、保障体系和服务绩效,《空间数据和信息传输系统 可信数字仓储的审计和认证》的一级指标为组织基础设施、数字对象管理、基础设施与安全风险管理。分析发现,二者虽设计角度不同,但均考虑了系统功能、保障体系(组织基础设施)和基础设施三部分,可见,这三个部分是数字档案馆的重要组成因素。其中,《数字档案馆系统测试办法》中的保障体系主要包括制度及标准规范、组织政策、人员和资金,《空间数据和信息传输系统 可信数字仓储的审计和认证》中的组织基础设施主要包括治理与组织生存能力、组织架构与人员、程序问责与保存政策框架、财务可持续性以及合同、许可证与责任,也属于保障体系的范畴。可以说,数字档案馆的关键组成要素至少包括软硬件基础设施、技术、资源、系统和保障体系(制度及标准规范、组织政策、资金和人员)。

最后是基于实践案例的分析。关键要素在建设实践中的表现就是数字档案馆的主要建设内容,本章梳理分析了各地数字档案馆的主要建设内容,如表8-5-5所示。经过对表8-5-5的分析,可以得出结论:数字档案馆建设是多因素共同作用的集成体,这些重要因素至少包括软硬件基础设施、数字资源、系统、保障体系(组织政策、制度及标准规范和人才)。

表8-5-5 数字档案馆主要建设内容梳理

地区	主要建设内容
北京市数字档案馆	①软硬件基础环境建设; ②档案数字资源库建设; ③应用系统建设:电子文件中心系统平台(数字档案室)、电子档案接收系统平台、档案管理系统平台、档案利用系统平台; ④保障体系建设:组织政策建设、标准规范体系建设、人员建设等
四川省成都市数字档案馆	①软硬件基础设施建设; ②网络平台建设; ③应用系统开发; ④信息资源建设
山东省青岛市数字档案馆	①档案信息数据库建设; ②规范标准建设; ③信息化人员建设; ④应用系统开发

续表

地区	主要建设内容
广东省深圳市数字档案馆	①软硬件基础设施建设； ②应用系统开发； ③数字信息资源建设； ④标准规范体系建设； ⑤人员建设
江苏省太仓市数字档案馆	①基于B/S架构的馆室联网综合应用系统； ②集中式、分布式并举的数据库管理； ③开发电子文件和现行文件管理系统

综上，对上述主要结论进行归并和汇总，可识别出9项数字档案馆的关键要素，分别是数字资源、软硬件基础设施、技术、系统、利用服务，以及保障体系所包括的组织政策、制度及标准规范、人员、资金。

8.5.2.3　数字档案馆成熟度模型关键过程域及关键实践识别

（1）关键过程域识别

依据第8.4节明确的基本原则，本节将对识别出的主要功能和关键要素依照成熟度模型的构建原则进行进一步分析、判断和筛选，以最终确定关键过程域。这些主要功能和关键要素是收集、管理、保存、利用、系统管理、馆藏数字化、安全保障、数字资源、软硬件基础设施、技术、系统、利用服务、组织政策、制度及标准规范、人员、资金。分析和筛选的过程有以下7个方面。

第一，"技术"以软硬件基础环境为基础，并通过系统功能呈现。为避免落入对技术细节的讨论，"技术"不宜作为数字档案馆的关键过程域。

第二，"系统"是整个数字档案馆的中心。系统的外在表现就是其主要功能，内在构架就是软硬件基础设施，组织机理就是对各关键要素的综合运用。如果选用系统作为关键过程域，则内涵太广，会与其他功能和关键要素重复。因此，"系统"不宜作为数字档案馆的关键过程域。

第三，"数字资源"的主要来源为传统载体档案数字化和原生性电子档案接收进馆，而"馆藏数字化"和"收集"均已经作为主要功能存在，将"数字资源"拆分为"馆藏数字化"和"收集"，可以分别作为两个关键过程域。

第四，"管理"在数字档案馆中的具体内涵是数据管理，即对档案数据进行整理、分类、挂接、检索、统计、处置等一系列基本操作，确保档案数据有序可控，在选用关键过程域时可以将管理改为"数据管理"。

第五，"利用"和"利用服务"内涵相似，由于"利用服务"的目的是更好地服务于用户的获取利用,因此只保留"利用"这个表述。

第六,"长期保存"和"获取利用"是可识别的核心功能,赋予"保存"和"利用"等功能更明确的职责,而"长期保存策略"又是实现长期保存的关键环节,在选用关键过程域时可用"长期保存策略"代替"长期保存",用"获取利用"代替"利用"。

第七,其他功能或要素继续保留。

经过筛选分析,最终确定的关键过程域有 12 个,分别是收集、馆藏数字化、数据管理、长期保存策略、获取利用、安全保障、系统管理、软硬件基础设施、组织政策、制度及标准规范、资金和人员。

(2) 关键实践识别

在识别 12 个关键过程域的基础上,根据我国《数字档案馆建设指南》《数字档案馆系统测试办法》《企业数字档案馆(室)建设指南》《电子档案管理系统通用功能要求》等标准规范,对各关键过程域所属关键实践进行甄别。甄别结果如表 8-5-6 所示。

表 8-5-6 数字档案馆成熟度模型关键实践识别

关键过程域	关键实践
收集	验证、接收、登记
馆藏数字化	各类资源数字化
数据管理	档案数据本身管理、元数据管理、辅助实体档案管理
长期保存策略	格式转换、存储体系、定期检测、数据备份
获取利用	信息检索、资源开发、共享利用
安全保障	安全防护策略、数据迁移、数据恢复
系统管理	用户信息管理、审计追踪、分类方案与元数据方案的定义和维护
软硬件基础设施	机房及配套、网络系统、服务器系统、存储架构、应用软件
组织政策	发展规划、政策支持
制度及标准规范	标准规范建设、制度建设
资金	资金支持
人员	人员结构、知识技能

8.5.3 数字档案馆成熟度模型构建

本节将采用混合式表示方法构建成熟度模型。成熟度模型具体呈现为两种:一种是描述数字档案馆整体成熟度的阶段式数字档案馆成熟度模型,另一种是描述数字档案馆关键能力水平的连续式数字档案馆成熟度模型。同时，将参考 DPCMM 中成熟度模型的使用方法，简单阐述成熟度模型的使用方法。

8.5.3.1 阶段式数字档案馆成熟度模型

数字档案馆发展阶段的划分主要有两个角度：功能角度和资源角度。从功能角度出发，存在由馆藏数字化到基本职能数字化再到长期保存和智能化管理的逐级发展阶段；从资源角度出发，存在由数字化馆藏资源到原生性电子档案资源的逐级发展阶段。从成熟度的角度来看，数字档案馆的发展阶段也就是其逐级成熟的大致路径，是设置各成熟度等级的基本参考。结合我国数字档案馆建设的阶段性特点、阶段式成熟度模型的等级定义和特征，参照我国有关标准规范，以识别出的关键过程域为基础，对阶段式综合性数字档案馆成熟度等级进行定义，并构建阶段式综合性数字档案馆成熟度模型，如表 8-5-7 所示。

表 8-5-7 阶段式综合性数字档案馆成熟度模型

成熟度等级	等级特征
1级：初始级	数字档案馆系统搭建完成，具备收集、管理、保存和利用数字档案信息资源的基本功能。但职责任务尚未明确，各项业务流程尚不清晰，电子档案长期保存策略尚不明确，数字资源开发利用程度低
2级：已管理级	数字档案馆系统运行良好，具备收集、管理、保存和利用数字档案信息资源的基本功能。职责任务基本明确，业务流程初步确定，档案工作者可以顺利进行电子档案的收集、管理等基础性工作，初步制定电子档案长期保存策略，数字资源开发利用程度较低
3级：已定义级	数字档案馆系统运行稳定，除具备收集、管理、保存和利用数字档案信息资源的基本功能外，更加注重对长期保存策略的研究制定。职责任务和各项业务流程明确定义并清晰呈现，业务专人专责，数字资源开发利用程度较高
4级：量化管理级	数字档案馆系统运行长期稳定，除具备收集、管理、保存和利用数字档案信息资源的基本功能外，明确定义并坚决执行长期保存策略，实现电子档案全程管理，有明确清晰的业务考核量化指标，数字资源开发利用程度高
5级：优化管理级	数字档案馆系统运行长期安全稳定，能根据最新技术要求更新完善系统功能，定期抽查档案数据保存状况，对设备更新、格式转换能迅速应对，各项业务规范有序推进、持续优化，实行常态化考核，不断推进数字资源开发利用更加深入、更为便捷

8.5.3.2 连续式数字档案馆成熟度模型

关键过程域就是数字档案馆应该具备的基本能力。如果从能力评判的角度来看，数字档案馆的发展阶段也呈现出明显的发展成熟特点。资源上由馆藏数字化到原生数字资源的进步，反映在具体能力中就是收集、数据管理、保存等能力的逐步提升；而在系统功能上的发展进步，则更明确地显示出具体能力的优化。可见，数字档案馆的能力进步路径是清晰的，各能力等级既遵循数字档案馆整体发展成熟的路径，也有其明确的特征。结合数字档案馆能力的发展提升路径、连续式成熟度模型的定义及其等级特征，参照我国有关标准规范，以识别出的关键过程域及关键实践为基础，对连续式综合性数字档案馆能力等级进行定义，并构建出连续式综合性数字档案馆能力成熟度模型，如表8－5－8所示。

表8－5－8 连续式综合性数字档案馆能力成熟度模型

关键过程域	0级：不完整级	1级：已执行级	2级：已管理级	3级：已定义级
收集	只接受脱机移交，不支持在线移交；对移交内容、质量和移交介质不作具体要求；对元数据移交不作硬性要求；无法实现对所有类型数字档案的接收；不能鉴定移交数据的真实性、完整性和可靠性	同时支持脱机移交和在线移交，但在线移交占比很小且功能不够完善；对移交内容、质量和移交介质有明确要求；能够实现对大部分类型数字档案的接收；对数据鉴定有初步要求，但不够详细	在线移交占比较大，功能明显完善；明确并显现在线移交流程规定、数据封装要求、数据鉴定要求和元数据要求；对脱机移交有明确并显现的内容、质量和介质要求；能够实现对大部分类型数字档案的接收，并积极探索对新型数字档案的接收	在线移交为主流方式，明确执行移交流程，严格遵照数据封装要求和鉴定要求，并能根据技术变革和国家规定适时调整和完善相关要求
馆藏数字化	只能对文本、照片等文件类型进行数字化扫描，没有数字化质量具体要求	能对文本、照片、视频等多类型文件进行数字化转换，配备了各类型文件对应的专业数字化设备；有明确的数字化质量要求	采用外包等多种形式高效推进数字化工作；能够实现对所有馆藏类型文件的数字化；严格遵照数字化质量要求进行质量检查	能够根据实际情况持续改进和优化数字化工作；对数字化工作进行定期考核

续表

关键过程域	0级：不完整级	1级：已执行级	2级：已管理级	3级：已定义级
数据管理	对所接收各类数字档案信息能够进行整理、分类、著录、挂接、检索、统计等基本操作；有初步的辅助实体档案管理功能；电子档案入馆后，不能持续生成元数据	具备分类方案定制和拓展功能；辅助实体档案管理功能能够满足日常管理需要；电子档案入馆后，能够根据实际情况补充元数据，并在后期管理中持续生成部分元数据	具备明确的元数据定义，能够全程生成和捕获所有已定义元数据；对档案内容数据及其元数据等相关信息建立持久联系，形成长期保存档案数据包和利用数据包	能够持续优化和改进对分类方案和元数据的定义，定期对数据管理工作进行评估；能够实现对电子档案入馆前的前端控制和全程管理；严格执行元数据方案，并能够持续优化和改进
长期保存策略	没有明确的长期保存策略；不对数据格式进行转换；档案进入存储系统后不进行任何备份操作	有不够明确的长期保存策略；能够统一文本数据格式，但其他类型的数据格式不作要求；数字资源集中存储；能够定期进行数据备份	有明确的长期保存策略，并明确呈现；能够统一数据格式，选用符合长期保存的数据格式；能够分类、分级、异地存储数字资源，初步实现云存储架构；有定期数据检测、数据备份的明确工作计划	在严格执行长期保存策略的基础上能根据技术变革和国家规定适时调整和完善相关策略；能够对数据长期保存能力进行定期审计和评估
获取利用	只实现局域网上的档案查阅利用，尚未进行数据编研开发	能够在政务网和互联网开辟档案信息查阅窗口；能够进行简单的数据挖掘开发，并将开发成果及时发布	有明确的档案资源开发计划；能够根据社会热点主动进行数据挖掘；能够实现馆际档案资源共享；外网查阅功能进一步完善，网站内容丰富，支持多种方式检索	严格执行档案资源开发计划，能够对档案信息智能编研、深度挖掘，定期有编研成果发布；档案开发利用形式多样；注重与利用者的交流互动；能够辅助开展数字档案的增值服务

续表

关键过程域	0级：不完整级	1级：已执行级	2级：已管理级	3级：已定义级
安全保障	整体安全防护等级低，建立基本的安全管理制度；尚未综合评估系统的安全保护等级；没有明确的数据迁移和恢复方案	整体安全防护等级中等，建立健全安全管理制度；配备必要的软硬件设施，系统安全防护等级符合国家规定；有简单的数据迁移和恢复方案	整体安全防护等级较高，根据信息技术发展，不断完善安全管理制度；系统安全防护等级进一步提升，达到二级及以上；有详细的数据迁移和恢复方案	整体安全防护等级高，定期评估系统安全防护能力；能够定期进行应急处置演练
系统管理	没有明确的权限规定，不进行用户身份认证，不追踪审计系统日志	有明确的权限规定，并在系统中严格执行；系统运行出现问题后能够通过系统日志进行追踪；系统运行良好	用户权限颗粒度进一步细化；能够定期审计系统日志，善于主动发现系统运行和用户操作中存在的问题；系统运行稳定	能够根据实际情况持续优化权限设置；系统运行长期稳定，能够随业务发展推进系统迭代和更新
软硬件基础设施	布设局域网，但未接入政务网和互联网；服务器基本满足业务和数据增长需要；终端设备基本满足主要业务工作需要	接入政务网和互联网；服务器满足业务和数据增长需要；终端设备基本满足所有业务工作需要	接入政务网和互联网，并开展档案接收、共享利用、信息发布等业务；服务器处理能力和存储能力具备较强的拓展性；各业务终端设备配备到位且功能齐全	能根据实际情况及时升级更新防护手段，调整防护策略；所有设备充分满足业务工作需要并支持持续更新
组织政策	制定包括建设目标、基础设施、资源建设等内容的数字档案馆发展规划，但尚未设立并运转与数字档案馆运行维护相关的组织机构，岗位职责不明确	设立并运转与数字档案馆运行维护相关的组织架构，明确组织框架；明确各业务口职能任务	有明确的数字档案馆升级提升计划；推进数字档案馆发展建设列入有关规划	持续完善和优化组织政策；能根据外部环境变化及时调整内部政策

265

续表

关键过程域	0级：不完整级	1级：已执行级	2级：已管理级	3级：已定义级
制度及标准规范	尚无明确的单位制度规范	根据国家有关标准规范建立部分制度规范，初步建立单位制度规范体系，并按规定严格组织实施	制度及标准规范体系比较全面，覆盖各项业务活动	持续推进制度及标准规范体系的完善和优化
资金	数字档案馆建设获得财政一次性资金支持	数字档案馆维护纳入上级部门年度工作任务，获得持续的维护和后期开发经费	尝试拓展除财政拨款外的其他资金来源渠道，并初见成效	通过开发档案周边产品、组织活动、接受社会捐赠等多个途径获得持续的资金支持
人员	不具备从事数字档案馆技术维护的计算机专业人员	具备从事数字档案馆技术维护的计算机专业人员，但其他业务人员未经过岗位培训，业务人员以原职工为主	有明确的岗位培训计划，定期组织技能培训和技能考核；积极引进专业人才	根据实际情况持续优化和完善培训计划，调整培训内容，形成培训课程体系；注重开展日常业务学习；建立完善的绩效考核方案

8.5.3.3 数字档案馆成熟度模型使用方法

由于阶段式表示方法和连续式表示方法共享关键过程域和关键实践，二者之间具有强转换关系，可综合描述数字档案馆管理能力的高低。借鉴DPCMM的"关键过程域评分综合法"，实现连续式和阶段式成熟度模型的转换。著者设计的具体使用方法为：对连续式能力成熟度模型中各能力等级由0~3级分别赋分1~4分，各能力得分总和最低分为12分，最高为48分，若得分为12分，则为"1级：未定义级"；若得分为13~21分，则为"2级：已管理级"；若得分为22~30分，则为"3级：已定义级"；若得分为31~39分，则为"4级：量化管理级"；若得分为40~48分，则为"5级：优化管理级"。

具体来说，数字档案馆成熟度模型的使用流程为：首先，采用连续式数字档案馆成熟度模型对各能力等级进行评定，得到具体能力的成熟度等级。其次，分别赋予各能力对应的分值，将分值汇总后，评定该数字档案馆所处的阶段式成熟度等级。最后，结合阶段式和连续式成熟度模型，分别从整体成熟度和能力成熟度两个层面指出存在问题，并有针对性地提出循序渐进的改进计划。

第 9 章
技术赋能
——我国档案数据中心发展与建设

在数字转型走向纵深的当今社会,数据已然成为一种战略性生产要素。在档案信息化建设实践中,各级档案部门积极响应国家战略,开始依托云计算平台,建设档案数据中心或数据共享中心,积极探索应用大数据、人工智能、区块链、物联网、移动互联等新一代信息技术。档案数据中心作为数据时代数字档案馆系统迭代升级的产物之一,在档案数据的统一归集、集成管理、协同共享、智慧服务中扮演着重要角色。本章聚焦技术赋能背景下的档案数据中心建设,探讨档案数据中心的内涵与特征、目标和定位、关键技术、整体框架及其实现路径和方法。

9.1 内涵与特征

9.1.1 内涵

学界和业界尚未对"档案数据中心"的概念界定达成共识,"档案数据中心"的说法更多地出现在各级档案部门的信息化建设项目中。国家档案局发布的《数字档案馆建设指南》和《数字档案馆系统测试办法》是国家综合档案馆进行数字档案馆系统建设的主要规范和准绳。考虑到数字档案馆系统必然涉及基础软硬件系统的搭建、数据资源的建设、业务标准和规范的制定以及各类应用系统的开发,可以在一定程度上认为"档案数据中心"是构建在数字档案馆系统基础之上的。探讨档案数据中心建设的相关问题是无法回避数字档案馆系统的,否则档案数据中心建设将不存在任何行业特征。

虽然档案数据中心以数字档案馆系统为基础,但两者仍有所侧重,并不相同。从《数字档案馆建设指南》和《数字档案馆系统测试办法》来看,数字档案馆系统通常是信息化系统，相对具象化。数字档案馆的建设主体是各级各类档案馆，建设规模可大可小，建设的关注点更偏向业务功能的设计和软件系统的开发，业务功能主要强调馆藏数字档案的接收、管理、长期保存和利用。而在政府数字化转型的大环境中，由于自上而下的行业区域一体化顶层设计愈发普遍，呈现出平台的统一、业务功能的趋同和数据自下而上地归集等趋势，因此档案数据中心的建设主体有别于数字档案馆系统，往往由行政级别相对较高的市级、省级乃至国家主导。

从字面上看，档案数据中心与常规的数据中心并无本质区别，属于数据中心的一种。数据中心的建设重点在于基础设施、技术框架和数字资源。建设的行政层级越高，则数据中心的抽象程度越高，也就是说，高行政级别的信息化建设更关注整体架构、数据标准化和共性目标功能的设计，对个性化功能需求的响应程度较低。而数字档案馆系统可以由任何层级的档案管理部门根据自身业务需求进行个性化的建设。与数字档案馆系统相比，档案数据中心虽然也涉及业务功能层面的设计，但是此类内容已体现在大量的研究论文和实践案例中。因此，本章讨论的档案数据中心是以区域化数据中心的形态为前提展开的，数字档案管理的具体业务功能设计不在本章讨论范畴。

9.1.2 特征

虽然数字档案馆和档案数据中心都强调档案信息的存储海量化、共享利用和以用户为中心的服务等，但是数字档案馆更像是管理自动化、资源数字化、空间虚拟化、信息共享化的实体档案馆或档案信息化系统。在诸多的数字档案馆建设实践中，受制于对信息系统集成的认知，或是受采购政策的影响，建设方往往倾向于采取基础软硬件建设和应用软件系统开发分开建设的方式。这种各自为政的传统信息系统建设模式使数字档案馆系统在整体架构和性能方面存在一定的局限，也限定了数字档案馆系统基本服务于单一的档案馆。

在政府数字化转型的时代背景下产生的档案数据中心则与之不同，顶层设计必然要求数据和业务规范实现自上而下的统一，行政层级较低的区域（区、县）更多地成为业务规则和功能的使用方，而非建设方。档案数据中心的建设只能由高层级档案管理部门负责，数据从低层级区域向高层级区域汇总归集成为必然。考虑到需要面向区域提供数字档案管理、存储和利用的服务，档案数据中心建设应该涵盖三个方面，一是为区域一体化平台提供基础网络、算力、存储和安全防护；二是为区域数字档案管理的标准化接口和相关服务引擎提供完整的服务管理和状态监控服务；三是实现区域档案数字资源的归集和长期保存、信息挖掘利用以及其他相关应用服务。

档案数据中心的建设内容涵盖基础设施、平台和应用系统，这也是数字档案馆系统建设所涉及的内容。但从管控和服务范围上看，数字档案馆系统仅向独立的档案管理部门提供数字档案管理服务，而档案数据中心则是在统一的标准规范下向多个档案管理部门提供数字档案"收、管、存、用"服务，其建设过程需要采用新的技术和思想。基于此，可以将档案数据中心视作政府数字化转型和技术发展的背景下数字档案馆系统达到的一种相对高级的形态。其特征主要表现在以下五个方面。

　　一是基础设施建设采用先进的管理设备、技术、平台。云计算、大数据、区块链、人工智能等新技术的开发使用是档案数据中心运行的关键。二是新技术的运用使系统架构设计变得尤为重要，需综合考虑网络设计、分布式计算、存储设计和大数据平台设计等方面。三是实现应用系统的部分或全部 SaaS 化的敏捷开发以及开发运维一体化，强调持续集成（CI）和持续交付（CD）能力。四是考虑到数据标准化和业务规则统一的需求，数字中台建设将会成为比功能建设更为重要的一项内容。具体来说，数字中台又可分为数据中台、业务中台和技术中台。五是从档案资源的数字化走向数据化。档案资源的数据化是以利用服务为导向，充分运用大数据、人工智能等新技术的必然结果，也是档案事业数字转型的体现之一。

9.2　建设定位

9.2.1　数字档案馆建设存在的问题

　　数字档案馆的建设已有大量实践案例，其建设的形态和路径也基本相同。特别是国家档案局发布《数字档案馆系统测试办法》并在全国范围内开展测评后，数字档案馆建设的同质化倾向愈发明显，绝大多数的数字档案馆系统建设可分为基础设施建设、系统功能建设和档案资源建设。[1] 在基础设施建设方面，由于基础硬件与应用系统分开建设，二者可能分别由不同的供应商负责建设，因此软硬件之间并未形成真正意义上的"系统集成"。在系统功能建设方面，可按照使用对象将其分为数字档案室系统和馆藏档案管理系统，两个系统共同构成数字档案馆系统全部的功能建设。其中，越来越多的地区利用政务云资源以统建的方式建设数字档案室系统，而馆藏档案管理系统则采取网络物理隔离，以离线方式实现与数字档案室系统的档案数据交换。在档案资源建设方面，则是由室藏和馆藏档案目录加档案数字复制件构成，其中纸质档案数字复制件占据了主要构成部分。

---

[1] 考虑本章主要从技术层面讨论建设路径，故《数字档案馆系统测试办法》涉及的保障体系建设和绩效评估不在本章的讨论范畴。

《数字档案馆建设指南》和《数字档案馆系统测试办法》为数字档案馆建设提供了基本遵循和参考依据,极大地推动了我国数字档案馆的发展以及技术和业务上的创新。但总体而言,数字档案馆系统的架构无法全面适应政府数字化转型的需要,缺少新技术、新框架的整体适配,系统架构无法满足大量数字资源的管理和处理需求,功能大量重复,数据资源处理仍然采用人工分类建库的方式,没有模型、标签等概念,也缺乏将数据治理的理念应用于数据质量管控的思想,具体表现在以下四个方面。

一是规划和建设分离的模式导致基础硬件与软件架构的匹配度较低。基础硬件建设属于一次性投入,缺乏升级空间,所谓的"升级改造"基本就是推倒重来;软件在高并发和大批量操作的情况下将会面临计算机接口(I/O)处理性能不足的问题,导致系统无响应甚至崩溃。二是未对应用软件整体架构进行统一规划,缺乏对整体架构演进的考虑。各个应用系统存在功能重复、底层数据无法共享的问题,进而导致系统"烟囱林立"和数据冗余。三是数据标准化程度有限。一个区域内的同门类档案可能存在不同的著录规则,数据一致性差导致数据交互复杂,加之系统数据结构存在差异,进而在数据归集、迁移中出现数据丢失、重复、错误等问题。四是缺乏核心技术能力,导致应用创新难度增大。在数据处理方面,缺少先进技术框架支撑,数据展现"呆板",无法适应各类使用需要;缺少整体性的支撑技术,在服务管控、用户体验提升、服务敏捷性上显得非常迟缓。

9.2.2 档案数据中心的建设目标

随着信息技术的快速迭代发展,传统数字档案馆建设模式的弊端逐渐显露,在政府数字化转型的背景下,档案数据中心作为区域性的平台,既承担传统数字档案馆进行电子档案"收、管、存、用"的功能,又赋予这些传统功能以新的定义和要求。数字化转型强调以用户为中心和以服务为导向,推动档案数据中心逐渐从IT信息管理走向更高层级的数据连接和处理方式,而不只是业务流程的自动化技术,更加注重较大范围内数据的连接,使数据分析能够更综合和迅速,让业务流程运用更趋智能化,直至出现新的业务模式。

一是实现档案数据的海量汇聚。随着政府数字化转型的持续深入,数字形态的数据和文件早已成为政务数据归档的主要对象。政务云的广泛应用使政务数据存储的地域边界逐渐消失,低层级行政区域的数据资源向高层级行政区域归集汇聚成为必然。在许多地区的信息化建设规划中,强调政务数据资源的集中归集并不少见。从业务归属来看,政务档案的归属权和管理权仍属于各地区的档案管理部门,但从技术存储的角度来看,可以存储于统一的政务云。由于统一归集存储和不同管理权限的需求并非不可调和,因此在建设档案数据中心时,需要从更宏观的视角出发,将全域档案视为有机统一体,有节奏、有计划地汇聚区域内各地区、各门类的档案资源,为后续统一的信息资源开发利用奠定数据基础。

二是打造前沿技术的赋能平台。档案业务需要不断顺应新时代的发展要求,依托前沿技术实现档案存储、管理和利用。在云计算、大数据、人工智能等信息技术高速发展的今天,档案管理部门要积极应用这些前沿技术,通过不断的适配调整,实现档案业务从信息化到智慧化的转变。档案业务非常适合前沿技术的落地和效果的展现,这是因为档案数据以非结构化数据为主,而非结构化数据是人工智能发展的重要阵地,具有和档案业务进行共创融合的天然条件。通过人工智能,可以将非结构化的档案数据进行摘要提炼、标签设置,实现对档案数据的分类、统计和分析。

三是打通传统业务的数据壁垒。由于档案具有不同的类型和密级,并且档案信息化水平参差不齐,各厂商在建设数字档案馆时采用的技术和框架都是面向具体业务,在数据互联互通上缺少通盘考虑和顶层设计。同时,各厂商的数据规范、数据质量和数据维度各不相同,在数据互联互通的过程中需要兼顾不同的技术和标准,实现数据的映射、清洗和融合。档案数据中心则可以利用数据中台的能力,从数据上云开始,结合数据的汇聚、清洗、归集、建模、应用等各层服务,逐步从原始、杂乱的数据过渡到标准化、可查询、可利用的数据。

四是加速业务系统的云化进程。云化并非简单地指代应用系统或者数据上云,而是指充分运用云计算的构建思想实现档案数据中心的系统架构和运维管理的云化。档案数据中心是面向数据存储、数据展现、数据利用、数据决策的综合性信息平台,在满足数据全生命周期管理的同时,也需要积极面向生产数据的业务系统,在数据源头进行云化的规划和引导,提升各业务系统和云数据中心的适配程度。档案云数据中心具有大数据、基础业务能力支撑和 AI 支撑的作用,业务系统需要面向云平台组件进行赋能开发,在开发过程中可以充分使用档案云数据中心的各项能力,用数据中台完成数据管理和利用,用业务中台实现基础能力支撑,用 AI 能力提升业务系统的智慧化水平。

9.3 关键技术

9.3.1 云原生

国家以及各省市发布的数字化转型意见和档案事业发展"十四五"规划均对档

案信息化建设提出了新的要求，倡导对人工智能、大数据、区块链和物联网等新技术的探索与应用，旨在提高档案资源开发利用的深度和广度，提升服务的敏捷性。完成上述任务必须以新的理念、技术和平台为支撑，而云原生（cloud native）则是这些技术和理念的综合体现。

云原生是一种构建和运行应用程序的方法，是一套技术体系和方法论。云原生是一个组合词，由英文中的 cloud 和 native 构成。Cloud 表示应用程序部署在云环境，而不是传统的数据中心；Native 表示应用程序在设计之初就考虑到云环境，原生为云而设计，在云上以最佳状态运行，充分利用和发挥云平台的弹性、分布式等优势。Pivotal 公司于 2013 年首次提出云原生的概念，其官网将云原生概括为微服务、DevOps、持续交付、容器化四大要素，如图 9-3-1 所示。

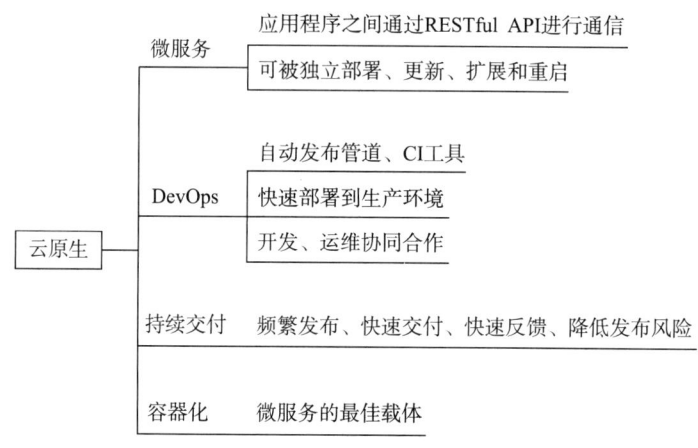

图 9-3-1　云原生的四大要素

关于微服务，属于同一业务的服务能够通过微服务框架相互发现，可作为独立的服务而存在，并利用弹性基础架构和应用架构进行高效扩展。微服务之间通过 RESTful 规范的应用程序编程接口（API）进行交互协作，使用最佳语言和框架开发。云原生应用的每项服务可以使用最适合该服务的语言和框架开发。

关于 DevOps，DevOps 是开发（development）和运行（operations）的组合词，是一组过程、方法与系统的统称，是一种重视"软件开发人员"（Dev）和"IT 运维技术人员"（Ops）之间沟通合作的文化、运动或惯例。通过自动化"软件交付"和"架构变更"的流程，使构建、测试、发布软件能够更为快捷、频繁和可靠。云原生应用的每项服务都有一个独立的生命周期，通过敏捷的 DevOps 流程进行管理。多个持续集成和持续部署的流水线可以协同工作，以部署和管理云原生应用程序。

关于持续交付，持续交付是一种敏捷的软件工程方法。与传统的瀑布式开发模式不同，持续交付必须不停机更新，快速迭代。绝大部分移动应用都采用持续交付的方式开发。这种方式可以减少软件开发成本与时间，减少风险，同时意味着应用系统的各个部分处于持续的功能迭代更新，系统的升级和改造不再是过去那种"推翻重来"的模式。

关于容器化，基于 Linux 容器（LXC）技术的 Docker 是应用最为广泛的容器引擎。容器化能够为微服务提供实施保障，起到应用隔离作用。云原生应用程序是打包为轻量级容器的独立自治服务的集合，与虚拟机相比，Docker 可以实现更加快速的扩展，优化基础架构资源的利用率。

云原生是一系列云计算技术体系和企业管理方法的集合，既包含了实现应用云原生化的方法论，也包含了落地实践的关键技术。云原生应用利用容器、服务网格、微服务、不可变基础设施和声明式 API 等关键技术，构建容错性好、易于管理和便于观察的松耦合系统，结合可靠的自动化手段可对系统做出频繁、可预测的重大变更，让应用随时处于待发布状态。云原生技术有利于组织机构在公有云、私有云和混合云等新型动态环境中构建和运行可弹性扩展的应用，借助平台的全面自动化能力，跨多云构建微服务，持续交付部署业务生产系统。

在部署方面，虚拟机分钟级的弹性无法满足快速扩缩容的需求，更加轻量级的容器技术成为微服务部署的最佳载体。容器技术很好地解决了应用移植过程的环境一致性问题，使微服务实现快速弹性部署。敏捷开发带来应用的快速迭代，同时也增加了版本发布的风险与业务运维的复杂度。DevOps 理念提倡开发、测试、运维之间的高度协同，确保在完成高频率部署的同时，提高生产环境的可靠性、稳定性、弹性以及安全性，能够在很大程度上消减频繁发布带来的风险。

此外，云原生应用可充分利用云平台服务优势。云平台提供了简单快捷的扩展能力，并与硬件解耦，提供了更大的灵活性、弹性和跨云环境的可移植性，能实现云原生应用的快速构建和部署。云原生将云计算作为竞争优势，意味着将云目标从节约 IT 成本转向推动业务增长的引擎。

9.3.2 微服务

微服务和云原生的关系极为密切，从本质上看，微服务和云原生是架构开发人员和运维人员对同一事物的两种表达。架构师和开发工程师在讨论技术架构时，通常使用"微服务架构"的表述，即以微服务为基础，将 CI/CD、DevOps、容器等基础设施环境都包含在内；而运维工程师在讨论技术架构时，则通常使用"云原生架构"的表述，以容器等基础设施环境为基础，微服务、CI/CD、DevOps 等都包含在内。

在讨论微服务之前有必要探讨一下容器技术。容器是一种轻量级的虚拟化技术，能够在单一主机上提供多个隔离的操作系统环境，通过一系列的命名空间

(namespace)进行进程隔离,每个容器都有唯一的可写文件系统和资源配额。❶ 容器技术分为运行时和编排层,运行时负责容器的计算、存储、网络等,编排层负责容器集群的调度、服务发现和资源管理。容器服务能够提供高性能、可伸缩的容器应用管理服务,容器化应用的生命周期管理可以提供多种应用发布方式。容器服务简化了容器管理集群的搭建工作,整合调度、配置、存储、网络等,打造云端最佳容器运行环境。通过容器技术,用户可以将微服务及其所需的所有配置、依赖关系和环境变量打包成容器镜像,轻松移植到全新的服务器节点上,无需重新配置环境,使容器成为部署单个微服务的最理想工具和载体。

与微服务相对的是传统的单体应用,即将所有功能都打包成一个独立单元的应用程序,且通常采用传统的程序开发模式,例如瀑布式开发模式。绝大部分数字档案馆系统采用的就是这种开发模式。这种开发模式的问题包括:①各应用程序有很多相同业务逻辑的重复代码;②接口调用关系混乱;③单体应用越来越庞大和复杂,应用边界模糊,功能归属混乱;④开发、测试、部署、维护愈发困难等。这些问题导致开发团队互相推诿扯皮,经常陷入功能边界和责任归属上的争论而造成项目整体进度的缓慢和功能需求响应不及时。相比传统的单体架构,微服务架构具有降低系统复杂度、独立部署、独立扩展、跨语言编程等特点。微服务是顺应软件开发所追求的低耦合与高内聚的产物,将大型复杂软件应用拆分成多个简单应用,每个简单应用描述一个简单业务,系统中的各个简单应用可被独立部署。微服务之间是松耦合的关系,可以独立地对每个服务进行升级、部署、扩展和重新启动等流程,从而实现频繁更新却不对终端用户产生任何影响。❷

但灵活的架构和敏捷的开发也带来了运维方面的挑战。微服务框架作为微服务开发和运行治理的必要支撑,能够实现微服务的注册、发现、治理等。在微服务技术架构实践中,主要有侵入式架构和非侵入式架构两种实现形式。侵入式架构是指服务框架嵌入程序代码,实现类的继承,以服务治理平台 Spring Cloud 最为常见;非侵入式架构则是以代理的形式,与应用程序部署在一起,接管应用程序的网络且对其透明,以服务网格为代表。中国信息通信研究院制定的《分布式应用架构技术要求第一部分:微服务平台》对这两种架构进行了详细的描述,并提出相应的技术要求。❸

---

❶❸ 云计算开源产业联盟. 云原生技术实践白皮书(2019年)[EB/OL]. (2019-04-24)[2021-11-15]. http://www.caict.ac.cn/kxyj/qwfb/bps/201904/P020190424348169089703.pdf.

❷ 中国信息通信研究院. 云计算发展白皮书(2018年)[EB/OL]. (2018-08-13)[2021-11-15]. http://www.cait.ac.cn/kxyj/qwfb/bps/201808/t20180813_181718.htm.

9.3.3 分布式架构

分布式架构是指按照业务功能将服务拆分成独立的子服务和独立的库表，使其可以独立运行，具有高复用性，服务之间进行通信和交互，有利于降低业务间的耦合度，便于开发维护和水平扩展。系统拥有多种通用的物理和逻辑资源，分散的物理和逻辑资源通过计算机网络实现信息交换，可以动态分配任务。系统中存在以全局方式管理计算机资源的分布式操作系统，从用户角度来看，分布式系统只有一个模型或范型。在操作系统之上有一层软件中间件负责实现这个模型。[1]

分布式架构的重点在于解决计算力的保障问题，以及在提高计算力的同时确保系统的可靠性、可用性和安全性而产生的一系列问题，例如弹性伸缩、负载均衡、分布式存储等，其目标在于构建一个分布式的安全可靠的计算力基础平台。信息系统架构方式的演进通常伴随着接入数据和所提供的业务由少变多的过程。信息系统架构已经历单机架构、集群架构、分布式架构、分布式多活数据中心架构等阶段，伴随信息系统架构一同演进的还有各种外围系统和存储系统，例如关系数据库的分库分表改造、从本地缓存过渡到分布式缓存等。

要厘清分布式架构和云原生的关系，要先厘清分布式架构与云计算之间的关系。云计算的本质是按需分配资源和弹性计算，针对数据呈指数上升的现状，分布式架构是最适合构建云平台的架构方式。云原生应用即专门为在云平台部署和运行而设计的应用，采用云原生的设计模式可以优化和改进传统应用模式，使应用更加适合在云平台上运行。云原生发展的本质需求来自 SaaS 层设计理念的改进，该改进进一步推动 PaaS 层（特别是中间件）的升级，从而确保云平台的架构能够更好地服务于云原生架构的改变。

因此，云原生和分布式架构的升级和迭代是一个滚动的过程。为了更好地发挥云平台的优势，产生了云原生的需求以及设计模式的改变；而在这个过程中，云原生也反过来推动了底层架构的升级。该过程充分反映了数据时代开发理念的特征，即滚动而非单向。

---

[1] 朱祺. 分布式系统架构与云原生：阿里云《云原生架构白皮书》导读 [EB/OL]. （2020 - 07 - 21）[2021 - 12 - 20]. https://developer.aliyun.com/article/768344.

9.4 技术路径

9.4.1 建设框架

与一般信息化项目建设内容相似,档案数据中心建设大致可以分为IT基础设施、数据采集—存储—标准化、数据实时处理和AI、数据产品等4个层级,数据服务和治理则贯穿4个层级,如图9-4-1所示。从实现层面来看,在建设档案数据中心的过程中,技术是不可或缺的,构建数据平台通常从基础设施建设开始,然后配合业务需求,逐步完善和打通各个技术环节。如前文所述,档案数据中心是以大数据技术为基石构建的新型数据平台,所以本节将不再对传统技术框架下的构建路线和方案进行讨论。由于档案信息化管理水平想要从数据流程自动化的初级阶段演进到通过数据分析提供数据报表和可视化的中级阶段,最终演进到数据与业务深度融合并具备洞察力与预测分析的高级阶段,就需要以大数据技术为基石构建新的数据平台,因此本节所讨论的所有技术内容都是以大数据为背景展开的。需要说明的是,在实际工作中并不一定严格按照4个层级进行建设。每个层级之间并非"泾渭分明",层级仅仅是对建设内容的总体概括。层级之间存在大量的技术交织与关联,例如,基础设施建设往往与大数据平台的技术支撑框架相关,前者必须与后者的分布式特性相吻合,这也是大数据平台建设更加强调"集成"的原因所在。因此,本节并不一定严格按照4个层级逐层展开分析。

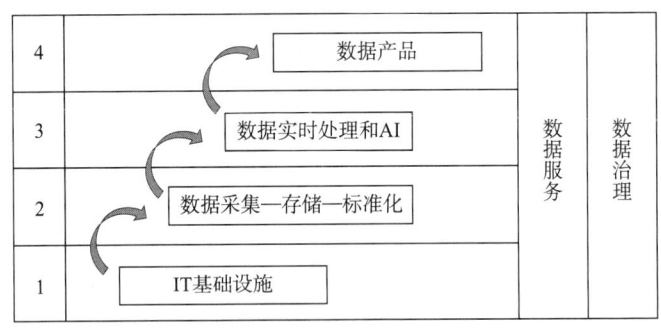

图9-4-1 档案数据中心的建设框架

关于IT基础设施,构建IT基础设施包括硬件机器的安装、组网和调试、操作系统和必要软件工具的安装,然后在硬件资源上安装和维护一个大数据集群,由其承载全部数据的存储和处理任务。广义来讲,用于支撑平台运行的基础服务(如DevOps)、数据和算法服务使用的容器和容器编排服务等也都属于基础设施。数字档案馆的IT基础设施大多建设在自有机房。随着政务云服务的普及,越来越多的档案应用设施被迁移到政务云上,稳定、安全的政务云平台能够让档案管理部门将更多的时间用于业务层面的研究处理,减少技术层面的投入,对于区县一级的档案管理部门更是如此。但考虑到档案信息的特殊性以及政策制度的相关规定,采用政务云和自建机房相结合形成"混合云"架构更适合档案数据中心的建设。需要注意的是,在云平台上必须高度重视数据安全问题。

关于数据采集—存储—标准化,这一过程可以简单地表述为数据仓库的建设过程。首先需要整合分布在各个业务系统中的数据,在进行必要的规范化处理之后,将数据存储到统一的大数据平台上。这是一个长期迭代的过程,特别是在建设初期,上层对数据的广泛需求和下层集成数据源的繁重工作之间会存在冲突。因此,该阶段的工作通常无法一次性完成,而是需要长时间通过启动多个大型项目来驱动该阶段的建设工作,然后在中后期维持一个规模较小的团队持续跟进其他数据源的接入工作。

关于数据实时处理和 AI,这两项技术是现代大数据平台标志性的技术能力。数据实时处理是指通过流式计算、非关系型数据库(NoSQL)等技术实现大体量数据的实时处理和读写,数据的实时处理能力对实时性要求很高的业务场景至关重要,这也是传统数据平台的局限所在。由于实时处理对技术和研发人员的要求较高,因此多数组织机构优先完善平台的批量处理能力,然后逐步拓展到实时处理领域。机器学习对技术能力的要求更高,且参与人员的角色和背景与传统的 IT 人员有所不同。进入该阶段时,IT 团队需要引入数据科学家、算法工程师等 AI 领域的人才。此外,数据实时处理和 AI 的能力是可以同步培养的,相互之间没有明显的依存关系。当档案数据中心具备本层级的技术能力之后,就可以有力地支撑应用能力模型中的最高层级"深度洞察与预测"。

关于数据产品,从技术维度来看,组织机构的数据能力仍有上升空间,也就是以业务领域为划分依据,将现有各层级上的技术能力进行提炼并培育成"数据产品",从功能、性能、灵活性和可扩展性等多维度进一步提升数据平台的技术成熟度。部分长期服务于某些行业的乙方公司,基于常年积累的经验,甚至有能力将一些完善的内部数据平台进行二次封装与提炼,形成行业解决方案。

从数据服务和数据治理这两个纵深维度来看,数据服务是指将数据平台上的各种数据以服务的方式提供给其他系统,这种"服务"可以通过 RESTful API、Java 数据库连接(JDBC)、开放式数据库连接(ODBC)等形式或协议实现,这是将数据应用能力辐射到各个系统与业务领域的关键步骤,没有灵活有效的数据接口,数据平台的作用就会受到限制;而数据治理就是对数据资产进行清晰的梳理,明确管理职责,建立配套的标准规范,同时要确保所有策略和规范能落地执行,其最终目的是保障数据质量。

9.4.2 基础设施建设

档案数据中心具有数据来源区域广、数据表单规模大、I/O 吞吐量高、数据分析要求多样等特征，特别是在应对大规模流量时，除大规模数据量引起的存储及性能方面的挑战外，维护平台的稳定性和可靠性变得尤为重要。例如，在出现硬件故障、高峰流量甚至异常流量的情况下，平台内部组件间的问题就会层层传导，出现"蝴蝶效应"，最终导致系统崩溃。在构建基础设施时应抛弃分别规划硬件设施与大数据技术平台的思想，不再将网络、安全、计算、存储视为各自相对独立的建设单元，改变管理上各自为政的做法，综合考虑分布式计算存储与大数据基础支撑平台。同时，随着微服务和容器的发展，设计、开发和运行软件的方式都发生了重大变化，应用程序在可扩展性、弹性、故障和变化速度等方面也都得到优化。因此，基础设施建设也必须适应技术的发展变化。

大量的数字档案馆建设案例表明，基础设施的虚拟化已经非常普遍。但如前文所述，传统的虚拟化平台只能提供运行的基础资源，政务云平台和档案馆自建的数据中心皆是如此。这种硬件架构无法有效支撑深度学习、区块链、边缘计算和互联网转型等场景的技术需求。档案管理部门在建设档案数据中心时必须认真考虑档案数据中心与政务云之间的关系，建议基础设施建设采用基于云原生思想的混合云模式，如图 9-4-2 所示。

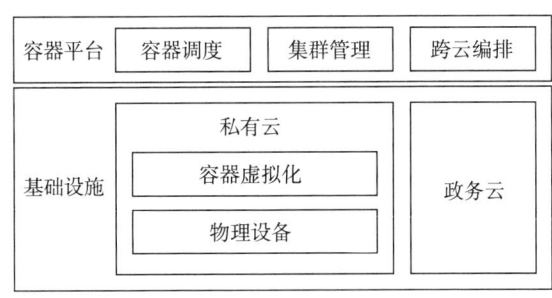

图 9-4-2 基于容器的混合云模式

档案数据中心在数据存储方面的挑战主要表现在两个方面：一是结构化数据的存储。二是非结构化数据的存储。由于电子数据和文件在归档时需要进行封装、拆包、校验、规范化处理、再封装等 I/O 操作，需要与档案主管部门实时进行数据或消息交换，因此平台在实时处理方面面临巨大的挑战，必须建设一个能够对非结构化数据进行高效存取和数据分析的硬件平台，这就涉及如何选择高效的分布式文件系统。

对象存储（object storage）是一种扁平结构的存储方式。在对象存储中，数据会被分解为"对象"的离散单元,并保存在单个存储库中,而不是作为文件夹中的"文件"或服务器上的"块"。对象存储卷会作为模块化单元来工作。每个卷都是一个自包含式存储库,均含有数据、允许在分布式系统上找到对象的唯一标识符以及描述数据的元数据。对象存储适用于数字内容的存储,对象具有足够的信息供应用快速查找数据,其灵活性和扁平性意味着它可以通过扩展来存储海量数据,在非结构化数据存储方面具有优势。档案内容及其元数据进行对象绑定保存在分布式文件系统当中,各个应用系统以 RESTful 方式进行 https 访问。多数主流的开源分布式文件系统(如 Ceph、MinIO)都能提供良好的对象服务存储服务,并支持云原生在容器编排技术 Kubernetes(以下简称"K8s")和 Amazon S3、阿里云对象存储服务(OSS)等公有云服务的存储接口,适合构建混合云。

容器的管理和编排可采用基于 K8s 的第三方平台产品。K8s 是一个开源的容器编排引擎,支持自动化部署、大规模可伸缩和应用容器化管理,可简单将其理解为虚拟机的管理平台,其目标是实现更简单高效地部署容器化应用。K8s 提供了应用部署、规划、更新和维护的一种机制。同时,为确保底层基础设施的稳定可靠,必要的监控是不可或缺的组成部分。线上问题从发现到定位再到解决,通过监控和告警手段可以有效覆盖"发现"和"定位",甚至可以通过故障自愈等手段实现"解决",服务开发和运维人员能及时有效地发现服务运行的异常,从而更高效地排查和解决问题。因此,K8s 通常与监控服务(如普罗米修斯监控系统 Prometheus)进行搭配。

9.4.3 数据平台建设

档案数据中心平台包括大数据技术平台和中台。[1] 其实,二者之间并没有明确的建设边界,第 9.4.2 节介绍的基础设施因分布式计算存储和云原生的建设模式都是为了服务于大数据技术平台的建设,所以在一定程度上也属于大数据技术平台的范畴,更能体现出档案数据中心区别于传统数字档案馆系统建设的不同。由于可供参考的档案大数据技术平台建设案例极少,因此只能根据数字档案馆建设的实践经验,将档案大数据技术平台面临的挑战归纳为以下四个方面。

一是数据存储。如第 9.4.2 节所述,其主要面临结构化和非结构化数据存储带来的挑战,除采用前述的对象存储外,还可辅之以缓存技术。

二是数据查询,包括海量数据的即时查询、跨数据中心的查询以及业务系统在调用查询时的实时反馈等,而且数据中心的查询和分析对业务系统应当是完全透明的,同时也要满足性能和延时性的要求。

---

[1] 本章所讨论的档案数据中心建设聚焦平台的建设路径,并不涉及具体的业务功能软件设计。

三是服务稳定。针对海量数据，需要考虑熔断及限流方案，以确保服务稳定，包括实时处理时的延时、峰值的处理能力等，甚至在流量异常的情况下，都需要保证大数据平台是稳定的且业务平台是可靠的。

四是系统运维。面对常见的硬件和网络故障（如设备宕机、磁盘损坏等），需保证在发生重点故障时能够及时发现问题，确保系统运行的可靠性和稳定性。

基于此，档案大数据技术平台将包括数据接入层、数据处理层以及数据存储与查询层，如图9-4-3所示。通过数据接入层的各式组件接入数据❶；在数据处理方面分为离线计算、在线计算、机器学习3种处理方式；数据存储与查询层包括列式数据库HBase、搜索和数据分析引擎Elastic Search等，主要是根据管理需求选择合适的组件来支持关键字查询或全文搜索、指标统计分析等工作。

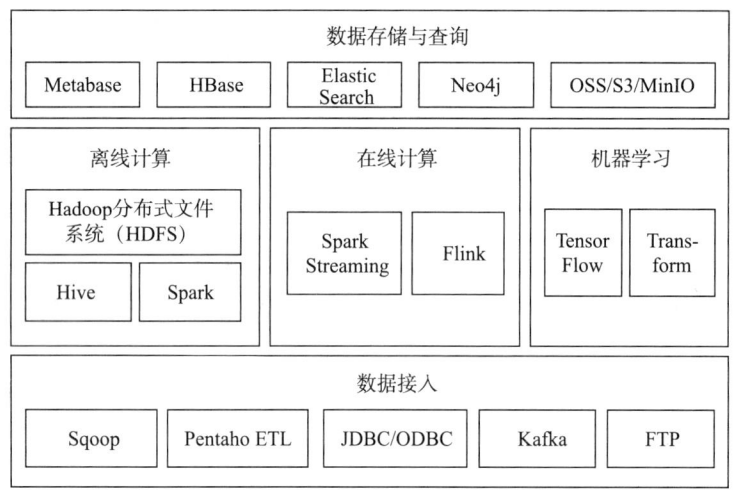

图9-4-3　档案大数据技术平台架构

数据接入层可以通过将Kafka等分布式日志/消息队列组件作为消息通道，实现数据路由、数据缓冲，承担峰值压力。数据处理层可以应用Spark Streaming或Flink实现实时数据处理，进行处理能力控制、资源控制和数据限流。数据存储与查询层，可以应用Elastic search支持跨全文搜索，同时应用对象存储（如Amazon S3和阿里云OSS）支撑线上高并发和高吞吐量的文件存储。

档案大数据技术平台建设还需要关注数据库的设计。数据库设计关系到如何对电子档案的元数据、主数据、标签数据及文件本身进行管理，以及系统的整体运作效率、灵活性和可扩展性。由于档案数据类型丰富多样，无法使用一种"数据库引擎"满足所有需求，因此需要使用不同的数据库来解决不同的问题。对此，可以采

---

❶ 此处涉及档案数据中心建设的第二个层级，即数据采集—存储—标准化。

用关系数据库管理系统（RDBMS）和 NoSQL 数据库混合使用的方式，既有利于实现数据的管用分离，也有利于更好地管理以半结构化数据［如 XML、JavaScript 对象表示法（JSON）］形式进行存储的电子文件元数据。在这种混合式数据库架构中，由于关系型数据库只承担最基础的信息管理（如 SIP、AIP 信息包的基本描述信息），所以应尽可能简化。管理和使用半结构化数据的任务则由 NoSQL 数据库承担。在实际业务场景中，其数据结构会根据业务调整不断发生变化（如业务环节、信息的变更）。由于 NoSQL 数据库的反范式化操作无需事先定义实体关系、字段，添加新的属性或组合对象都非常灵活，也就意味着拥有更强的应对业务变化的能力，因此采用 XML 或 JSON 构建数据物理模型是非常理想的选择。为提高系统的灵活性和性能，可采用 Redis 数据库作为数据缓存，同时可将 Redis 作为永久数据持久层，负责与主数据库的连接。

档案大数据技术平台建设还要建立完整的数据平台持续运维与监控体系。具体来说，可以通过 Apache Ambari 等对数据基础组件进行安装和监控，通过 Zabbix 进行服务、网络、硬件等相关信息的收集和监控，同时将监控信息通过 Metrics 接口接入 Grafana，进行更优化的展现；对于无法采集的信息，通过 Exporter 置入 Prometheus 中进行监控，最终形成一套完整的对大数据平台底层硬件平台和各类数据服务组件的状态监控。此外，各类微服务组件相关状态的收集、分析、定位也可以通过该方式予以实现，此处不再赘述。

9.4.4　数据标准化

数据标准化是档案数据治理和管理的核心问题，包括元数据、主数据、参考数据的标准化、数据质量模型、共享交换的接口标准、数据治理规划与实施、安全与隐私等内容，涉及非常广泛。因篇幅所限，本节将重点从元数据框架模型构建的角度探讨档案数据标准化的问题。

由于档案数据中心需要汇集各门类以及不同业务的电子档案，数据异构、多源，复杂度高，因此如何以统一的视角看待归档数据，为长期保存和挖掘利用做好数据准备成为档案数据中心面临的首要问题。国家档案主管部门已经出台多部面向不同门类和业务类型的档案元数据标准，但各元数据标准缺少统一的框架对归档信息进行组织，使管理系统在管理、展现和分析不同门类和业务类型的电子档案时仍然面临很多问题。因此，需要在信息组织的层面上建立足够抽象和通用的数据框架标准，以实现四个目标：一是能够灵活应对来自不同业务系统的数据；二是以每一笔业务为单位，将业务信息完整地归档并进行组织；三是建立全方位的数据视角，消除数据组织上的差异性，确保归档数据的一致性；四是确保归档数据的完整和长期可用。

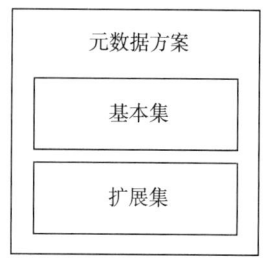

图 9-4-4 元数据方案基本集和扩展集逻辑

XML 作为一种通用描述语言，能降低对特定技术环境的依赖性，提高归档数据的互操作性，并在移交接收、存储、管理和利用过程中保证其长期可读性，因而成为描述各类电子档案元数据标准的通用语言。构建统一元数据框架，首先需要从逻辑上将元数据分为两个部分，如图 9-4-4 所示，一是元数据的基本集，即管理所需元数据的最小最基本集合；另一个是元数据的扩展集，即在管理实践中，即便是同类电子档案仍然有可能因业务不同而产生不同的元数据项目。因此，需要对基本集进行自定义的扩展，在原始门类的基础上派生出新的业务门类。需要说明的是，在元数据方案实例化设计时，基本集与扩展集并不一定要"泾渭分明"地分割或隔离，而是可以根据系统设计的需要决定如何将基本集和扩展集进行有机关联。

OAIS 参考模型的信息模型从概念上提供了抽象的归档信息表达框架，具有非常突出的业务兼容性。参考该模型，可设计归档信息包的结构，由封装信息、业务信息、保存描述信息和外部描述信息等共同构成，如图 9-4-5 所示。

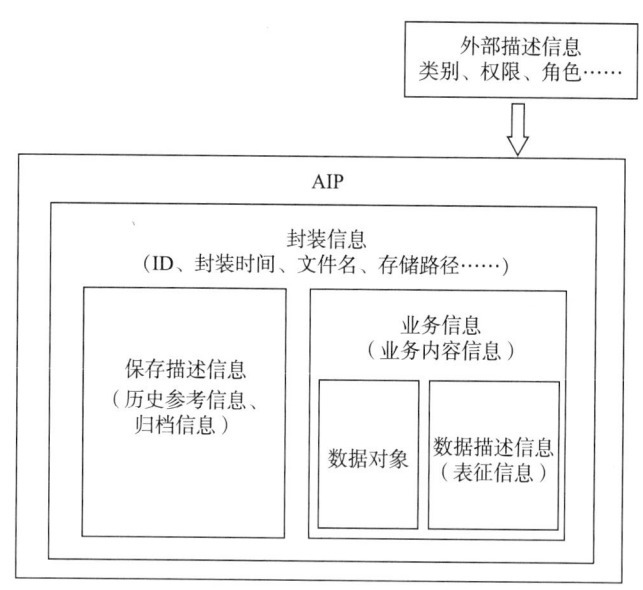

图 9-4-5 归档信息包逻辑结构

在构造逻辑数据模型的过程中，应采用图形化的展现方式和面向对象的设计方法，有效组织来源多样的各种业务数据，使用统一的逻辑语言描述业务。而在构造物理数据模型时，则侧重提供用于数据存储结构和访问机制的更高层描述。因此，实际用于数据存储的物理模型未必严格按照逻辑模型的组织形式和结构对数据进行组织。

9.4.5 数据中台建设

信息化建设通常会遇到两类问题：一是许多业务或功能需求高度相似、通用化程度很高，但没有专门的团队负责规划和开发，大量的系统重复开发和建设，即"重复造轮子"（reinvent wheels），导致复用性低、效率低、资源浪费、用户体验不统一。二是在早期业务发展过程中，为优先解决当时面临的业务问题，垂直的、个性化的业务逻辑与基础系统耦合度高。由于缺乏平台层面的规划，横向系统之间、上下游系统之间的逻辑交叉问题突出，导致在新业务、新需求的拓展过程中，无法实现直接复用，甚至无法快速迭代，形成"烟囱式架构"。

上述两类问题在传统数字档案馆系统建设中表现得非常突出。数字档案馆系统大致可以分为数字档案室系统、移交接收系统、馆藏档案管理系统、数字资源长久保存系统和档案服务利用平台等子系统。由于绝大部分的项目建设缺乏前期的统一技术规划和架构设计，仅是简单的产品堆叠，产品内部的功能和架构设计同质化严重，带来的后果就是每一个新系统的建立都相当于竖起一座新的"数据烟囱"，使得数字档案馆内部系统"烟囱林立"。各系统相似功能重复建设，"烟囱"越多，档案馆业务数据越难打通，馆内业务协同越困难，系统建设费用越高昂，这是传统数字档案馆系统建设的弊端，同时也是数据中台被提出的原因。

数据中台是阿里巴巴于2015年首次提出的概念。随着业务的快速发展和组织结构的快速变革，阿里巴巴各平台（如淘宝、聚划算、天猫、1688等）因为有着各自独立的订单、商品、库存、价格、仓储、物流等基础业务系统，所以在企业内部形成越来越多的数据壁垒和"烟囱"。在此背景下，阿里巴巴提出数据中台的概念，不断提升共享服务部的职权，对各业务部门重复使用、反复建设的功能和系统进行统一规划和管理。如前文所述，与传统数字档案馆不同，档案数据中心是政府数字化转型的产物，必定以一个区域为范围（如市域、省域）进行统一规划、设计和建设，数据治理和管理的要求也必定是自上而下统一的，即"纵向到底，横向到边"。显然，传统数字档案馆建设形成的"数据烟囱"是区域一体化档案数据中心建设的障碍，暂且不论如此之多各自独立、各行其是的分系统如何相互配合和统一管控，单就功能运维、数据迁移、系统升级的成本就无法控制，所谓的升级改造基本就是将原系统推翻，重新建设，数年后周而复始。

此类问题的本质是组织机构的业务发展与技术规划不匹配的问题，这种问题在电子政务领域也逐步显现。因此，如何能够机制化、产品化地解决这些问题，更好地通过产品的形式，将组织内部具有高通用性的数据、功能、产品甚至经验进行统一规划和开发，帮助前台业务部门更多地关注业务，提高业务的规范性，提升业务运作效率，是开发数据中台的基本出发点。

对用户的需求及时反馈，是一种求快运行模式；而相对于前台来说，后台是相对稳定的后端资源，复杂程度偏高，慢中求稳，造成前台和后台响应速率的失衡。数据中台的出现相当于在前台与后台之间增加一条缓冲带，能够有效解决前台和后台之间速率对应匹配失衡的问题，使系统应用的内部形成稳定闭环，进而高效实现数据赋能业务。

数据中台是数字中台的一种，关于数字中台的概念莫衷一是，可将其理解为将组织的共性需求进行抽象，打造为平台化、组件化的系统能力，并以接口、组件等形式共享给各业务单元使用，使组织可以针对特定问题，快速灵活地调用资源构建解决方案，为业务的创新和迭代赋能。简言之，数字中台是机构数字能力共享平台，是平台的平台。❶ 通过构建数据中台，在传统的系统数据后台与应用前台之间增加一个层级。这个层级可以是技术化的，例如微服务开发框架、DevOps 平台、基于云原生技术的容器云等；也可以是业务和数据的，例如用户中心、元数据标准定义、业务规则定义、好差评、任务中心等，是各种微服务的集散地；还可以是组织的，用于释放组织内部的能力，例如内部业务调度中心、共享服务等。就档案数据中心而言，数据中台并无明确的建设形态和要求，但从数字档案馆建设实践面临的问题来看，档案数据中心的数据中台建设应重点考虑数据标准、质量控制和业务规则，在一定程度上类似于数据治理平台，或是将数据治理功能置于档案数据中心的数据中台中，如图 9-4-6 所示。例如，浙江省档案馆的省域档案数据中心项目就是通过数据中台和业务中台双中台来控制数据标准和业务规则；浙江省杭州市的市域一体化数字档案平台虽然并未提出明确的中台概念，但是其基于微服务技术正在打造的数据治理中心已具备了数据中台的思想。

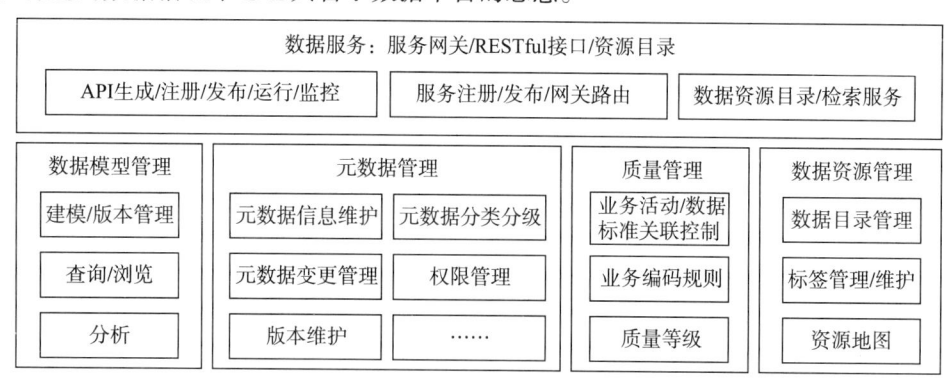

图 9-4-6 档案数据中心的数据中台逻辑架构

---

❶ 艾瑞数智. 2019 年中国数字中台行业研究报告 [EB/OL]. (2019-11-06) [2021-12-20]. https://baijiahao.baidu.com/s?id=1649412841477139915&wfr=spider&for=pc.

9.4.6 安全体系建设

随着网络信息技术的迅猛发展以及大数据、云计算和移动互联网的广泛应用，网络安全事件与日俱增。为保护国家、企业及个人的信息安全，国家及相关机构出台了一系列的政策法规，共同维护网络安全和数据安全。2016年颁布的《网络安全法》第二十一条规定，国家实行网络安全等级保护制度。2019年5月，公安部发布了网络安全等级保护制度2.0，是对等级保护制度1.0的重大升级，等级保护对象范围在传统系统的基础上扩大到云计算、移动互联、物联网、大数据等，对等级保护制度提出了新的要求。等级保护测评分为安全物理环境、安全通信网络、安全区域边界、安全计算环境、安全管理中心、安全管理制度、安全管理机构、安全人员管理、安全建设管理、安全运维管理等10个层面，变被动防御为主动防御，全面提升网络安全防护能力。

根据国家档案局发布的《档案信息系统安全等级保护定级工作指南》和《档案信息系统安全保护基本要求》，数字档案馆系统信息安全防护等级应根据所在行政区域级别定级，最低应符合信息安全等级保护二级的要求。考虑到档案数据中心建设规模和涉及数据的广泛性，应根据等级保护制度2.0要求进行合规建设。由于档案数据中心将会面临更严格的全流程监管和更严谨的测评标准，因此档案管理部门必须从规划建设阶段开始就对标等级保护制度2.0要求，统筹规划安全建设，合理规划安全域，建立健全安全技术保障体系和安全管理体系。档案数据中心信息安全保障的目标主要包括以下五个方面。

一是实现数据全生命周期安全保护。档案数据中心应实现全方位的数据安全保护，在数据全生命周期（包括数据采集、存储、传输、处理、交换和销毁等）进行防护，构建纵深防御体系，并通过必要的防护手段保障每个阶段的档案数据安全。保证在组织机构转型过程中，数据能够安全地共享交换，创造价值。

二是实时数据安全态势感知。清晰准确地感知数据安全实时风险态势是机构或企业的重要能力。所以需要将数据资产分布状况和敏感数据访问行为进行动态展示，并预测数据资产可能面临的安全风险，整体展示清晰、透明、可控的数据资产分布及安全态势。

三是实现有效追责溯源。数据在使用过程中，可能因各种原因发生数据泄露。档案数据中心建设应实现以身份替代账户，使每个操作都可追溯到行为人的真实身份，记录所有操作日志，做到事前防范、事中预警、事后追溯，责任到人。

四是实现智能化维护和管理。数据安全系统应能够按照要求提供运维报告，对危险事件进行告警和通知，便于紧急事件处理，实时进行数据操作监控，定期进行日志分析，对整体运维管理提出改进建议，实现数据智能化安全管理，有效降低管理维护人力成本。

五是信息安全的合规遵循。档案数据中心应符合《网络安全法》、等级保护制度2.0等信息安全法规和标准对数据安全和业务连续性的要求，通过细粒度的访问控制和精细化的事件审计信息实现法规遵从。

基于数据安全现状，以业务需求为导向，采用层次化、开放式、松耦合架构，利用网络技术、云计算、大数据等技术和理念，可构建全生命周期的数据安全防护体系，如图9-4-7所示。该体系按照统一组织规划建设、统一安全架构设计、统一总体服务功能、统一安全管理的原则，构建全方位的数据安全域防护体系。传统的网络通信防护和区域边界防护手段已有大量配套的安全设备和手段，此处不再赘述，并将聚焦数据安全生命周期管控、安全感知和风险监控以及安全策略体系。

一是数据安全生命周期管控，涉及数据的采集、存储、传输、处理、交换和销毁等。就数据采集而言，主要关注数据的采集源，需提前完成数据资产定性，梳理采集内容、采集方式、敏感信息等，并采用命令级访问控制技术实现对数据采集分析和使用人员授权的合规性管控。就数据存储而言，主要关注存储保护能力建设，梳理存储位置、存储方式、数据归档周期、数据分类、数据级别等，对入库数据进行安全审核，确保数据存储安全，制定数据的备份和恢复策略、存储保护措施。就数据传输而言，主要关注数据传输加密和防泄露建设，需确保传输通道方式（SM1～SM4）、校验方式符合相关规范和传输策略，并可监测相关通道的数据流量及通道状态。就数据处理而言，主要关注数据交换阶段所需要的数据脱敏和数据加密，遵循最小化权限原则，限定数据的使用范围，审计数据的操作过程。就数据交换而言，主要关注数据交换的权限划分，需对相关数据应用申请进行安全审查，跟踪敏感数据的访问，对敏感数据进行溯源，展示数据交换过程和内容，并对交换过程中的异常数据进行监测分析。就数据销毁而言，主要关注数据销毁操作流程，明确销毁数据对象、销毁方法、销毁操作流程及销毁责任人。

二是安全感知和风险监控。安全感知已成为机构或企业的重要安全能力，是基于环境的、动态的、整体的洞察安全风险的能力。在该安全防护层次，以安全审计数据、风险数据、告警数据、运行数据、业务运行状态等为基础，从全局视角提升对安全威胁的发现识别、理解分析和相应处置能力，为安全决策提供支撑。

三是安全策略体系。档案数据中心需要规划整体的数据安全治理体系，定义和分类敏感数据，结合自身实际制定数据安全合规审核标准以及数据库故障应急响应策略和制度等，通过安全策略和技术手段，构建完整的安全防护链。

每个层级具体的安全防护措施如表9-4-1所示。

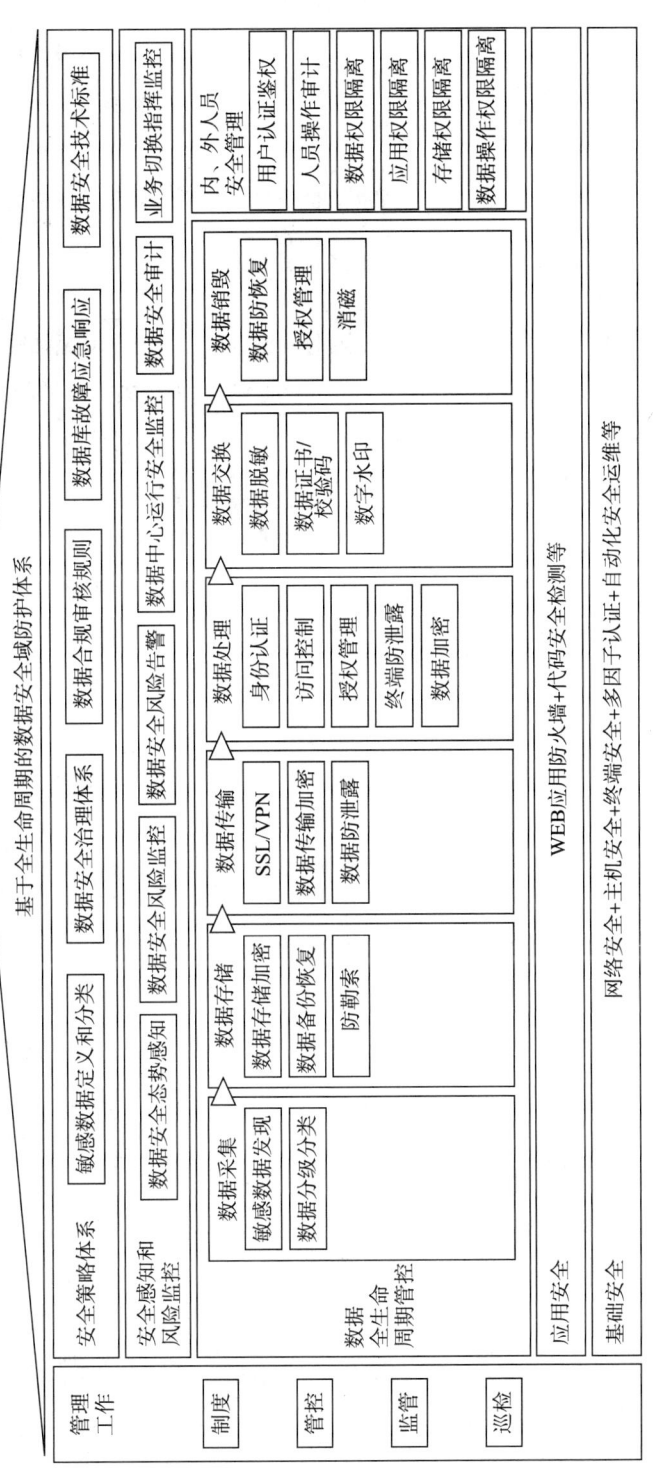

图 9-4-7 全生命周期的数据安全防护体系

表 9－4－1　相关安全防护措施

安全防护层级	所在阶段	对应措施
数据安全生命周期管控	数据采集安全	敏感数据发现
		数据分类分级
	数据存储安全	数据存储加密
		数据备份恢复
		防勒索
	数据存储安全	SSL/VPN
		数据传输加密
		数据防泄露
	数据传输安全	身份认证
		访问控制
		授权管理
		终端防泄露
		数据加密
	数据交换和共享安全	数据脱敏
		数字证书/校验码
		数字水印
	数据销毁安全	数据防恢复
		授权管理
		消磁
安全感知和风险监控	—	数据库安全审计
		数据库运行安全监测
		运行安全监控
		安全风险告警
		数据安全风险监控
		数据安全态势感知
安全策略体系	—	敏感信息定义和分类
		信息安全治理体系
		合规审核规则
		数据库应急响应机制